本成果受 中国社会科学院 上海研究院资助出版
上海市人民政府

·中俄社会变迁比较研究系列·

丛书主编 / 李培林

中俄现代化中的
城市发展

URBAN DEVELOPMENT IN CHINA
AND RUSSIA
Patterns of Modernization

变迁与治理

李培林 〔俄〕戈尔什科夫（M. K. Gorshkov） 等 / 著

社会科学文献出版社
SOCIAL SCIENCES ACADEMIC PRESS (CHINA)

总　序

　　"中俄社会变迁比较研究系列"丛书，目前已经出版了五本专著，即《中俄社会分层：变迁与比较》、《中俄青年比较：现在与未来》、《中国梦与俄罗斯梦：现实与期待》、《中国和俄罗斯的中等收入群体：影响和趋势》和《中俄社会平等和公正：比较与评估》，其中的两本已由施普林格出版集团（Springer Group）出版了英文版，这次出版的《中俄现代化中的城市发展：变迁与治理》，是该系列丛书的第六本著作。这些著作是中国社会科学院社会学研究所与俄罗斯科学院社会学研究所从 2009 年开始合作进行的连续滚动课题"中俄社会比较研究项目"的系列研究成果，该研究项目得到中国社会科学院国际合作局和俄罗斯人文科学基金会的资金支持，由我和俄罗斯科学院联邦理论与应用社会学中心社会学研究所所长伊尔·戈尔什科夫（M. K. Gorshkov）院士共同主持。应当说，当时完全没有想到这项研究能够持续这么长时间，双方能够合作得这么愉快，而且如此富有成效。这些成果不但出版了中文版和俄文版，英文版有的也已经面世，有的即将出版。

　　在中国和俄罗斯之间进行社会学比较研究，有很多可比之处，也有一些不可比的因素。中国和俄罗斯都是人口众多、幅员辽阔的大国。中国有 14 亿多人口，国土面积约 960 万平方公里；俄罗斯人口约 1.5 亿人，国土面积则高达 1700 万平方公里。从经济层面看，中国过去经济发展水平远落后于俄罗斯，但目前经济发展水平相仿，2020 年两国人均 GDP 都在 1 万多美元。从社会层面看，俄罗斯属于工业化、城市化国家，农民的比例已很小；而中国还在快速城市化过程中，2020 年按常住人口计算，农村居民仍占全国总人口的约 37%，俄罗斯的大学毛入学率、社会保障水平都要高于中国。从文化层面看，中俄都有过一段很长时期的计划经济，俄罗斯属于东正教国家，80% 以上的人信仰东正教，总体上属于欧洲文化，中国则是儒家文化，绝大多数人不信教，属于东亚文化圈。

"中俄社会比较研究项目"有几个显著的特点：一是超越过去一般国际合作研究中存在的相互访问多、学术会议多，但研究成果不多的弱点，一开始就确定了合作研究的成果导向；二是双方的研究都以全国大规模抽样调查数据为基础，对事实的描述和分析都有调查数据的支撑；三是分阶段地持续推进长期合作研究，至今已经进行了 14 年，而且为了克服语言的障碍，双方的交流都以英语进行。

俄罗斯科学院联邦理论与应用社会学中心社会学研究所（原为"俄罗斯科学院社会学研究所"，2017 年更为现名）可能是世界上人员规模最大的社会学研究机构。我要特别感谢社会学研究所所长伊尔·戈尔什科夫院士和常务副所长鲍丽娜·科兹列娃（P. M. Kozyreva）教授，他们卓越的组织能力、合作精神和工作效率是这项合作得以成功的关键。我也要感谢中国社会科学院社会学研究所的一批中青年学者，他们在这项合作研究中显示出优秀的科学素质、研究能力和团队精神。

是为序。

2023 年 6 月 20 日于北京

目　录

第八篇　城市文化变迁

第九篇　城市环境文化和绿色低碳生活

第十篇　城市社会治理及评估

导　论

面对未来：中国城镇化的特征、挑战和趋势

李培林

中国的城镇化道路是中国式现代化的一个重要维度。对于已经完成现代化的发达国家来说，城市生活成为国民生活的常态，城镇化似乎已经不再是一个热门话题，人们更多的是在谈论"城市病"。但对仍处于城镇化发展中后期的中国来说，在绝大多数人的心目中，城市一直是生活美好、经济发达和现代化的象征。改革开放以来的40多年中，中国展开了规模宏大的城镇化，并实现了跨越式发展，也形成了自身的鲜明特征。现阶段中国的城镇化正处于步入高质量发展的转折点上，我们需要清醒地认识我国城镇化的特征、挑战和未来发展趋势。

一　我国城镇化的鲜明特征

中国的城镇化，与世界各国的城市化一样，遵循着世界城市化的一般规律。但中国的城镇化，也由于其巨大人口规模、社会结构特征和国家治理制度，形成了自身的一些鲜明特征。这些特征在某种程度上，决定了中国城镇化面对的特殊问题和可能的选择。

1. 改革开放以来我国城镇化的跨越式发展

中国是具有几千年农业文明的大国，定居和农耕是中国传统社会的主要特征。直到新中国成立初期的1950年，中国仍然是一个典型的农业大国，城市化率只有11.8%，工业文明对中国来说还是一种陌生的文明，而那时欧美国家城市化率已经普遍超过50.0%，英国城市化率达到78.9%，美国达到64.2%。①

---

① 参见世界银行数据库。

1950 年到 1960 年代初，由于国民经济的恢复和大规模工业建设，我国城镇化也经历了一个快速发展时期，到 60 年代初城镇化率达到 17.0%，城镇化率年均增长 0.52 个百分点。但由于"大跃进"和三年困难时期，特别是"文革"期间 1000 多万知识青年"上山下乡"，城镇化长期停滞。从 1962 年到 1978 年，在长达 17 年的过程中，城镇化水平几乎没有任何提升，一直停滞在 17.0%。而 1980 年世界平均城市化率已经达到 42.2%，发达国家平均城市化率达到 70.2%。

1978 年改革开放以后，中国城镇化进入跨越式发展时期。1978 年到 1990 年，城镇化率从 17.0% 提高到 26.4%，年均增长 0.72 个百分点；1990 年到 2000 年，城镇化率从 26.4% 提高到 36.2%，年均增长 0.89 个百分点①；2000 年到 2010 年，城镇化率从 36.2% 提高到 49.7%，年均增长 1.23 个百分点；2010 年到 2020 年，城镇化率从 49.7% 提高到 63.9%，年均增长 1.29 个百分点。1990 年到 2020 年，可以说是中国城镇化跨越式发展的"黄金 30 年"。

这种城镇化的跨越式发展，一方面是相对于中国自身的城镇化历程而言，在中国历史上城镇化从未有过如此快速的发展；另一方面也是与起步较早的发达国家的快速城市化时期相比较而言。例如，英国在 1851~1861 年的 11 年间，城市化率由 54.0% 提高到 62.3%，年均提高 0.75 个百分点；德国在 1890~1900 年的 11 年间，城市化率由 42.5% 提高到 54.4%，年均提高 1.1 个百分点；美国在 1900~1910 年的 11 年间，城市化率由 39.6% 提高到 45.7%，年均提高 0.55 个百分点（简新华、黄锟，2010）。在中国城镇化发展的"黄金 30 年"，到处是大规模建设的吊车和脚手架，无数的城市中高楼如雨后春笋般拔地而起。最典型的例子是深圳，芝加哥曾创造了工业大都市崛起的神话，而深圳更是创造了工业大都市的奇迹，从一个小渔村发展成人口超千万的大都市只用了 20 多年。

---

① 我国 2000 年之前是以户籍人口计算城镇化率，从 2000 年第五次全国人口普查起采用常住人口计算城镇化率，所谓"常住人口"，即包括外地人口，只要在本地区居住半年以上，就统计为常住人口；反之，本地人口外出半年以后，就不把其统计为本地的常住人口。由于当时进城常住的务工经商的农村户籍人口总量还较少，这种统计口径的变动，并没有使当年城镇化率出现非常规的增长。随着进城常住的农民工及其亲属的增多，户籍人口城镇化率和常住人口城镇化率逐步拉开差距，到 2020 年二者相差约 18.5 个百分点。

城镇化跨越式发展的特征并非中国独有，后发展国家通常会有这种现象。一些拉美国家的城市化，也具有鲜明的"跨越式"发展的特征。1950年，拉美国家平均城市化率为41.8%，但30年后的1980年，快速上升到64.0%，年均增长0.74个百分点，接近当时欧洲的城市化水平，而到1997年其平均城市化率达到77.7%（孙鸿志，2007）。在亚洲，日本的城市化也曾出现过跨越式发展时期，在1950~1980年的31年，日本的城市化率从35.7%提高到76.2%，年均提高1.31个百分点（王亚男、冯奎、郑明媚，2012）。

跨越式发展也会带来一系列城市发展失衡问题和各种"城市病"，最典型的就是拉美国家大都市里让人震撼的漫山遍野的"贫民窟"现象。中国城镇化的跨越式发展也带来发展阶段的叠加，应该在不同发展阶段解决的"城中村"问题、"城市病"问题、城市"现代风险"应对问题同时并存。

2. 城市人口规模和地域空间的急剧扩展

我国城镇化的快速发展，最突出地表现在城市人口规模和地域空间的急剧扩展。1990年至2020年的31年间，我国市辖区人口在300万人以上的特大城市从6个增加到20个。与此同时，城市的地域空间也立体地扩张，各类人口规模城市的平均区域面积急剧扩大。根据国际社会公认的标准，土地城镇化与人口城镇化的合理比值是1∶1.12左右，而我国的土地城镇化速度远远超过了人口城镇化速度，1990~2000年，土地城镇化速度是人口城镇化速度的1.71倍，2000~2010年，土地城镇化速度是人口城镇化速度的1.85倍（王亚男、冯奎、郑明媚，2012）。

在城市人口规模方面，学者们曾建立各种模型以为最优城市人口规模设立界限。汉德森（J. V. Hendeson）认为，最优城市人口规模取决于城市边际社会收益和边际社会成本的比较，当城市扩张产生的"城市病"（交通拥挤、房价高企、环境恶化、资源承载能力不足等）带来的边际社会成本高于边际社会收益时，城市人口的增长就是"不经济的"（Hendeson，1974）。王小鲁和夏小林对中国的城市最优人口规模进行过测算，认为中国的城市最优人口规模在100万人到400万人之间（王小鲁、夏小林，1999）。

　　然而，与学者们关于城市最优人口规模的理论和测算相反，在现实中城市"最优人口规模"或"适度人口规模"的界限不断被突破和改写，国际上千万人口以上的超大城市不断涌现，激发人们想象的翅膀朝着城市"越大越好"飞翔。韩国的首都首尔，人口和经济占比都超过了全国的1/4。中国的城市发展实践，似乎也在验证这种"越大越好"的想象。根据第七次全国人口普查数据，中国城区常住人口超过1000万人的超大城市已达7个，即上海、北京、深圳、重庆、广州、成都、天津，500万～1000万人口的特大城市也达到了14个，而这些城市的人口平均聚集经济效益（人均GDP），远高于大、中、小各类城市的平均水平。

　　我们似乎迄今还没有一种有经验支持的完善理论，来确定城市人口规模的极限。但城市"越大越好"的想象，显然会引导走向难以持续的状况。

3. 城市成为经济转型中心和消费中心

　　随着我国经济增长动力发生深刻变化和产业结构升级的需要，原来被作为工业化的自然结果的城镇化，被寄予促进经济转型和扩大消费的厚望。由于中国城镇化过程中存在的巨大城乡差距，城市特别是大城市，成为中国的消费中心。直到2020年，在中国居民总消费支出中，城镇居民消费支出占到77.7%。

　　在改革开放以后相当长的一段时期，投资和出口扮演着推动我国经济高速增长的主要角色。进入21世纪以后，投资和出口对经济增长的拉动作用明显减弱，而消费逐步成为推动经济增长的基础性力量，最终消费支出对经济增长的贡献率在2015年以后达到60%左右。特别是面对国际经济增长放缓态势形成的影响，中国在2020年提出要逐步形成以国内大循环为主体、国内国际双循环相互促进的"新发展格局"。

　　其实自1998年以来，中国一直强调扩大消费的政策。然而令人费解的是，从2000年到2019年，中国的最终消费率［（居民最终消费＋政府最终消费）/国内生产总值］，从63.6%下降到56.0%，特别是居民消费率（居民消费/国内生产总值）从2000年的46.7%下降到2010年的34.3%（是近20年的最低点），到2019年又恢复到39.2%（国家统计局，2021：937）。这一比例不仅远低于发达国家，也低于发展中国家的平均水平，

2019 年美国为 67.9%，法国为 53.7%，日本为 55.2%，巴西为 64.8%，俄罗斯为 51.2%，印度为 60.5%。近十几年来（排除近两年新冠疫情对居民消费的特殊影响），我国社会消费品零售总额的增长和居民收入水平的增长，都快于 GDP 的增长或同步增长，但居民平均消费倾向（平均消费支出与平均可支配收入之比）却持续走低。关于中国人的储蓄偏好说似乎也无法解释这一现象，因为在此期间我国居民储蓄存款余额的增长明显放缓，家庭因房贷形成的金融负债率则不断升高。有的经济学家的解释是，中国作为一个脱离"温饱"阶段不长的发展中国家，消费结构升级遇到了门槛，在教育、文化、媒体、医疗、保健、住房和体育等一系列新兴消费领域，还没有形成有效消费供给体系（王国刚，2010）；社会学家则更加强调收入差距过大对大众消费的抑制作用，呼吁促进中等收入群体成长、建设橄榄型社会（李培林、朱迪，2015；李培林，2017）。近十几年来，随着中国新发展理念的形成，绿色低碳发展成为中国经济增长的硬约束，仍处于工业化后期的中国经济，大城市普遍开始了"去工业化"的过程，城市经济的转型升级，似乎也成了服务业产值比重不断升高的过程。2013 年中国服务业产值比重首次超过工业产值比重，2020 年中国服务业就业人数接近农业和工业就业人数之和（47.7%），都成为具有象征意义的转折点。然而相关专家也发出警示，认为过早的"去工业化"是跌入"中等收入陷阱"的主因，对于刚刚步入工业化后期的中国而言，工业化进程远未结束，工业推动中国经济发展的主要地位没有变化，工业的发展依然是推动全员劳动生产率提高的主要力量（黄群慧，2014）。中国需要的是基于科技创新和绿色发展的新型工业化，而不是"去工业化"。

4. 城市发展中的市场和政府双驱动

从欧美发达国家的城市化过程来看，一个最鲜明的特征，就是市场机制的驱动。城市经济的聚集效益，成为城市快速发展的主要诱导因素和推动力量。在中国城镇化的跨越式发展中，市场经济的发展也是一个主要因素，但与欧美城市化过程相比，自上而下的政府推动是中国城镇化的一个鲜明特征。从城市的规划、土地的出让和拍卖、基础设施建设到建筑工程的审批和改造拆迁等，政府都成为城市资源配置的重要力量（李强、陈宇琳、刘精明，2012）。

中国城镇化过程中政府推动的特殊作用，从某种意义上说也是由两个重要条件决定的。一个是土地所有权的公有制度。根据中国的法律（主要是《中华人民共和国宪法》和《中华人民共和国土地管理法》），所有的城市土地都归国家所有，所有的农村土地都归农民集体所有。土地使用权可以依法转让，但任何单位和个人不得侵占、买卖或者以其他形式非法转让土地。国家为公共利益的需要，可以依法对集体所有的土地进行征用。中国土地所有权的公有制度，决定了中国城市建设中任何涉及土地的建设，都必须得到政府的审批和许可。另一个是中国基础设施建设的"项目制"（渠敬东，2012）。政府通过规划和设立各种投资"项目"，进行大规模城镇化基础设施建设，如建立开发区、建设新区和新城、建设中央商务区、实施旧城改造等，通常都是通过"项目制"实行。城镇化最有象征意义的政府推动，就是相当一部分省会城市都在政府主导下建立了新城，并把政府机构迁入新城，使新城成为新的城市中心。

政府的推动力量在某种程度上加快了城镇化的进程，是中国城镇化呈现跨越式发展的重要影响因素。但这种政府推动也有不利的影响，就是地方政府具有征用拍卖土地获得收入的冲动，从而造成土地城镇化速度远高于人口城镇化速度的局面，这在很大程度上降低了中国城市的土地产出效益和聚集经济效益。

5. 城市中的巨大流动人口

城镇化的过程本身就意味着人口从乡村向城镇的集中，但巨大流动人口的出现，也是改革开放以后中国城镇化的一个重要特征，甚至是经济发展的风向标。

在传统中国的乡土社会，小农经济把家庭和劳动力束缚在土地上，"安土重迁"是长期形成的生活惯习。根据国家计划生育委员会在20世纪80年代末的一项以200多万人为样本的抽样调查数据，甚至直到1988年，全中国85.1%的人从未离开过出生地所在的县，而仅有约6%的人有过跨省迁移（罗志恒、占烁、吕子亮，2020）。

伴随着全球化、市场化、工业化和城镇化进程的加快，加之促进人口流动政策的实施，我国流动人口快速增长。根据国家统计局网站公布的我国人口普查数据，1982～2020年，全国流动人口总量从657万人增加到

3.76 亿人，占全国人口的比重从 1.9% 增加到 26.6%。当然，流动人口并不能全部反映人口从乡村向城镇的集中，因为流动人口包括了人口在调查时点的跨省流动、省内流动和辖区内的"人户分离"。但人口从乡村向城镇的集中是人口流动的主要驱动力，在 2000 年、2010 年、2020 年的人口流动总量中，从乡村向城镇的流动人口分别占到流动人口总量的 52.2%、63.2% 和 66.3%。而在从乡村向城镇流动的人口中，又主要是劳动力的流动，即所谓的进城"农民工"。根据国家统计局公布的《2021 年农民工监测调查报告》，2021 年全国农民工总量为 2.93 亿人，其中外出农民工 1.72 亿人，年末在城镇居住的进城农民工 1.33 亿人。

大量劳动力从乡村向城市的流动，成为中国经济增长和劳动生产率提高的重要驱动力，每个劳动力从农业向非农产业的转移，都意味着整体劳动生产率的提高。然而，庞大流动人口的出现，也存在城乡分割管理的户籍制度的原因，绝大多数进城务工经商的农民工及其随迁亲属，难以转化为享受城市居民同样待遇的"市民"。2020 年，中国的常住人口城镇化率达到 63.9%，但户籍人口的城镇化率只有 45.4%，这两种城镇化率相差 18.5 个百分点，意味着全国还有约 2.6 亿在城镇常住的农村户籍人口，其主体是在城镇工作生活半年以上的农民工及其亲属，他们还没有获得城市户籍以及相应的福利待遇，没有实现真正的"市民化"。

二 我国推进城镇化面临的挑战

2021 年我国城镇化率接近 65%，进入城镇化中后期发展阶段。而中国城镇化的鲜明特征，决定了其所面临的问题和挑战既有这一发展阶段的常规性问题，也有自身的一些特殊挑战。

1. 城镇化发展的动力发生深刻变化

中国的城镇化也遵循着世界城市化的一般规律，即主要依赖工业化的推动。但与其他国家城市化不同的是，中国的工业化水平与城镇化水平的落差较大，城镇化长期滞后于工业化。直到 2020 年，在中国的 GDP 中，农业产值比重已经下降到 7.7%，但农村常住人口占总人口的比例仍高达 36.1%。随着城市产业结构升级的加快和城市绿色发展的要求成为硬约束，我国的大城市普遍开始了"去工业化"的过程，城市经济中的服务业占比不断升高，城镇化发展的动力发生深刻变化，工业和服务业在推动城镇化中的力量呈现此消彼长的态势。

关于在推动中国经济增长和城镇化过程中工业和服务业的作用比较，目前还存在很多争论。从已有的研究结果来看，工业对投资和出口的拉动作用更为显著，而服务业在吸纳劳动力和提供就业机会方面发挥着更大的作用（郭克莎、彭继宗，2021）。一些学者认为，相比于工业，服务业的生产效率和增长率都较低，其在城市经济中比重的提高，会削弱城市发展的动力，这通常被称为"鲍莫尔病"①。也有不少学者持不同看法，认为服务业种类很多，相当一部分现代服务业的经济效率和技术水平要高于工业。而且与工业相比，某些现代服务业的经济聚集效应更明显，比如在英国，金融保险业的集中程度比制造业高35倍，信息和通信业比制造业高7倍（Campos，2012）。特别是在数字技术时代，数字赋能会促使服务业超常发展，从而成为经济增长和城市发展的新引擎（江小涓，2011；江小涓，2021；Lee & Mckibbin，2018：247-263）。2021年，在中国乌镇召开的世界互联网大会提出，互联网产业的发展要有利于解决"鲍莫尔病"和"数字鸿沟"，实现包容性增长。

显然，当城市发展中"去工业化"成为普遍的长期趋势时，现代服务业能否迅速成长为城市发展的新引擎，就成为城镇化过程中实现动力转换的关键议题。

2. 城乡之间依然存在的巨大发展差距

中国城镇化的跨越式发展以及各种资源大量向城市集中，也造成了中国城市发展中存在的巨大城乡差距。直到2021年，农村居民年人均可支配收入为1.9万元，只相当于城镇居民年人均可支配收入4.7万元的约

---

① "鲍莫尔病"是对美国经济学家威廉·鲍莫尔（William Baumol）提出的一个经济现象的概括。1967年，鲍莫尔在《美国经济评论》上发表了一篇题为《非平衡增长的宏观经济学：城市危机剖析》的论文。在这篇论文中，鲍莫尔指出：一个经济中，各部门劳动生产率的增长通常是不一致的。当存在这种差异时，生产率增长较快的"进步部门"的工资上涨会同时带动那些生产率增长较慢的"停滞部门"的工资上涨，而这种效应会导致"停滞部门"吸引更多的劳动力、形成更大的产出。长此以往，"停滞部门"在整个经济中所占的比例将会越来越高，而整个经济的生产率增长则会因此而降低。有的学者认为，服务业相比较制造业，就是"停滞部门"经济。

40%，加上资产和各种有形的、无形的福利待遇上的差距，城乡之间的生活差距和发展差距是巨大的。这种巨大的城乡差距，也是中国总体收入差距过大、基尼系数超过 0.46 的主要影响因素。中国由于人多地少，农户户均耕地面积只有 0.6 公顷，绝大多数农民仅靠农业产出收益难以过上体面的生活，大量的农村富余劳动力要靠外出打工收入来补贴生活。2020 年农民外出打工的工资性收入已占农村居民全部收入的 40%，成为农民收入增长的重要因素。这两个 40%，即农村居民人均收入仅相当于城市居民人均收入的 40% 和农民的非农打工收入占其全部收入的 40%，说明中国农民的发展困境。特别是 1995 年之后出生的新一代农村青年，已经很少有人愿意留在他们祖祖辈辈生活的故土和村落，实际从事农耕的都已经是中老年劳动力，可能也是中国最后一代传统小农。

伴随我国快速的城镇化，也出现了常住人口城镇化快于户籍人口城镇化的"半城市化"问题（王春光，2006）和大量农民工进城打工带来的农村"三留守"（留守老人、留守妇女、留守儿童）问题。在我国劳动力总量逐年减少的情况下，城市对农民工吸引力的减弱也会对城市自身的发展造成极大影响。加快推进农业转移人口的市民化和在公共服务、社会福利上的城市社会融入，并防止一些乡村走向衰败和凋敝，成为落实新型城镇化战略和乡村振兴战略的重要任务。

从国家战略的层面来看，一方面，要推动实现农业和农村的现代化，让绝大多数农民富裕起来，因为没有农村的现代化，也不可能实现国家的现代化；另一方面，作为一个人口大国，要确保国家的粮食安全，要把"饭碗端在自己手里"，以应对各种可能的风险。这是中国走向现代化需要解决的最大难题，也是在中国城镇化进程中城市发展孤军突进的风险所在。从这个维度来看，我国提出的新型城镇化战略和乡村振兴战略，其核心要义就是破除城乡二元结构、促进城乡一体化发展。

3. 人口结构变化对城市发展影响深远

2010 年以来，我国的人口结构发生两个深刻变化，即老龄化的加速和劳动年龄人口的下降。2020 年，我国 60 岁及以上人口为 2.64 亿人，占总人口的比例从 2010 年的 16.2% 上升到 18.7%；65 岁及以上人口为 1.91 亿人，占总人口的比例从 2010 年的 9.8% 上升到 13.5%。与此同时，准确地说是从 2014 年开始，劳动年龄人口（15～64 岁）的总量和占总人口的比例出现双下降。2013 年到 2020 年，我国 15～64 岁劳动年龄人口总规模从 10.10 亿人的峰值下降到 9.68 亿人，减少了 4200 万人；劳动年龄人口占总人口的比例，也从 2013 年的 73.9% 下降至 2020 年的 68.6%（国家统计局，2021：33）。人口结构的这两个深刻变化，都对我国的城市发展产生了重大影响。

老龄化造成中国老年抚养比在 2010 年以后加速升高，而且中国老龄化的特殊性是，现在绝大多数 60 岁以上的城市老年人，都是独生子女家庭，代际养老遇到诸多困难。城市的社会养老问题日益突出，尽管居家养老仍然是主流的城市老年人的生活方式，但随着老龄化的加深和失能半失能老人的增多，会出现对康养结合的养老机构的巨大需求。同时，中国从业人员的退休年龄较早，一般劳动者男 60 岁、女 55 岁就退休，延迟退休年龄的制度虽已讨论多年，但因存在各种争议不断延后出台，并实行软约束的渐进体制过渡。这就使得中国城市中 60 岁以上老年人中的实际不从业人员的比例相对较高。老龄化对城市经济活跃带来很大影响，从 2020 年人口普查数据显示的全国老龄化最严重的前 50 个城市来看，相当一部分老龄化严重的城市都面临着就业机会少、年轻人出走、消费不振、增长乏力等问题。

劳动年龄人口的大幅度减少，也对城市发展产生重要影响。改革开放，特别是 1990 年以来，中国城镇化的跨越式发展，很大程度上得益于农村富余劳动力向城市的转移。大量的农民工进城支撑了中国城市大规模的城市建筑工程、制造业和一般服务业的快速发展。但这种情况目前已发生转折性变化，城市一般服务业的劳动者平均年龄在攀升，即便是在经济增长下行、城市失业率升高、大学毕业生"就业难"的情况下，城市制造业也出现"招工难"问题，各大城市更是开出各种优惠条件对高素质人才展开"抢人大战"。

我们目前还缺乏深入的相关研究，来解释这种人口结构的深刻变化是否会导致中国城镇化进程和人口向大城市集中的趋势放缓。从世界城市发展的进程来看，城市劳动力素质的提高和产业技术的快速提高以及带来的劳动生产率的提高，也会减少城市发展对劳动力供给的需求。不过从日本城市的发展来看，自 2011 年日本总人口出现下降之后，东京都市圈的人口总量仍在持续增加，而且东京都市圈的人口密度远高于以上海为中心的长三角都市圈（许庆明、胡晨光、刘道学，2015）。

4. "城市病"治理的老难题和新难题

城市在发展中必然会遇到一些突出的普遍问题，如交通拥堵、环境恶化、资源短缺、房价高企、就业困难等这些通常被称为"城市病"的老难题。中国为解决这些"城市病"的老难题也采取了各种特殊举措。例如为了解决城市环境污染问题，实行了严格的、大规模的生产和生活能源使用减碳措施，包括关闭众多碳高排放企业、投放巨额财政补贴实行生活取暖"煤改电""煤改气"等；为了解决北方城市普遍缺水的问题，实施了跨越数千公里、调水数百亿立方米的"南水北调工程"；为了解决城市房价的飙升，普遍实行城市住房的限购政策；为了解决特大城市的交通拥挤，实行了家庭购车限制和限行制度；等等。

然而，中国的城镇化也面临着一些自身的突出问题。从社会学的视角来看，主要是城市的包容性问题和社会活力问题，而且这是两个相互关联的问题。国务院发展研究中心和世界银行联合课题组在一份题为《中国：推进高效、包容、可持续的城镇化》的研究报告中，把效率、包容性、可持续性列为中国城镇化的三大挑战，并从社会不平等、户籍制度、公共服务供给、住房供给等多个维度分析了包容性问题（国务院发展研究中心和世界银行联合课题组，2014）。城市在发展中追求环境美丽、市容整洁、生活美好是必然的过程，但城市不应只成为富人的天堂，应当让各个社会阶层都有实现梦想的空间和机会，这是城市活力和竞争力的重要社会结构基础。国际经验表明，社会和人口流动性的增加，对增强城市社会活力、促进城市产业发展和弱化社会不平等发挥着重要作用。而迄今为止，我国城市，特别是大城市对外来人口落户的限制仍然以各种各样的形式存在，包括设立受教育水平、技术、投资、收入等不同的门槛。

实际上，在我国劳动年龄人口总量减少趋势加快的情况下，城市流入人口将会受到重大影响，而城市流入人口是城市社会活力的重要源泉。

5. 新冠疫情对城市治理的考验

新冠疫情波及范围之广、持续时间之长、对经济社会生活影响之巨大，是前所未有的。新冠疫情作为具有突发性、不确定性、不可预测性、迅速扩散性等特点的"现代风险"，与"非典"相比，最大的不同之处是打破了人们关于"现代风险"的"来得快、走得也快"的认识，表明这种"现代风险"可以"常态化"存在。

在迄今为止的城镇化历史上，城市发展的结果就是不断地缩短人们的"社会距离"。"社会距离"的缩短成为城市社会生活的鲜明特征和活力源泉，而新冠疫情就像是一道人类"社会距离"的"魔咒"，对其防控的最基本要求就是保持"社会距离"，这是城市治理从未遇到过的难题。

面对新冠疫情，中国采取了与世界其他国家不同的"动态清零"疫情防控总方针，要求及早发现、快速处置、精准管控感染者和密接者、确保疫情不出现规模性扩散。在疫情发生的城市，这对保持"社会距离"有了更严格的要求。这种中国式疫情防控措施在国际上也受到一些质疑和非议，认为成本太高、过分影响经济社会生活。但中国作为人口众多、人口密集的发展中国家，人均医疗资源远少于发达国家，一旦疫情大规模扩散，对经济社会生活的影响特别是对具有基础病的老年人和缺乏医疗保障条件的弱势群体是更加致命的。

新冠疫情防控带来的物理空间隔离，大大增加了人们对互联网的依赖。在疫情影响下，各种实体产业，尤其是酒店、餐饮、旅游、休闲、娱乐、零售等服务业，受到前所未有的冲击，而与互联网相联系的"新业态经济"出现爆发式增长，居家办公和上网课似乎成为一种生活的常态。"微信群"似乎也替代"社交圈"成为人们社会生活的基本交往方式。互联网、大数据等信息技术，在疫情防控和保障生活生产中发挥了巨大作用，健康码、出行码、核酸检测和疫苗接种等个人信息电子证明，为精准防控提供了基础条件。但网络安全问题也成为一种巨大风险所在，一旦互联网瘫痪或崩溃，就会导致极其严重的后果。

新冠疫情的常态化防控和城市经济社会生活的正常运行，成为当前城市治理的最大难题。

三　我国城镇化发展的未来趋势

中国城镇化道路的一个特色，就是在不断总结实践经验和吸纳各方面研究成果的基础上，推出城镇化的长期发展规划，并分阶段推进。2014 年和 2021 年，中国先后制定了《国家新型城镇化规划（2014—2020 年）》和《国家新型城镇化规划（2021—2035 年）》。但是，由于城镇化的自身规律和中国城镇化的一些特有给定条件，中国城镇化的未来趋势有时也并不完全沿着规划的最优轨迹行进，把握这些趋势对应对中国城镇化的挑战至关重要。

1. 城镇化水平将会继续提高并突破 75% 的天花板

迄今为止，关于一个国家城镇化水平的峰值，尚无定论。目前，在人口规模超过 3000 万人的发达国家中，城市化率已普遍高于 80%，对这些国家来说，城市化水平的继续提高，已不再是发展水平的表征，而只不过是人口居住集中程度的显示。因为这些国家的农业从业者，已只占全部就业人口的 1%～3%，绝大多数乡村常住人口，都是非农从业者，他们居住在乡村只是一种生活地点和生活方式的选择。

在中国，由于农民人数众多、人多地少，很多学者的相关研究认为，中国即便实现了国家现代化，也不可能像发达国家那样，把 80% 以上的人口集中到城市居住。根据国务院发展研究中心在 2010 年前后的一项研究的预测，中国城镇化的峰值将在 70%～75%，到 2030 年会达到 67% 左右（王亚男、冯奎、郑明媚，2012）。但类似于这种关于中国城镇化天花板的预测和估计，总是被实践突破，因为 2021 年中国常住人口的城镇化率已经达到 64.7%。近期相关研究机构的模型预测，则做出了更为乐观的估计，有的预测我国城镇化进程在 2020 年之后还将持续 20 年以上的时间，到 2035 年城镇化水平将稳定在 80% 以上（国家发展和改革委员会城市和小城镇中心，2021）。还有的认为，长期来看，我国城镇化水平达到 80% 左右较为符合我国国情，最高情况下应不会超过 85%（中国城市规划设计研究院，2021）。也有的学者对中国城镇化的继续快速发展表示出疑虑，认为过去几十年的经济增长及城镇化发展存在诸多"结构性失衡"，支撑以往快速发展的"人口红利"、"土地红利"和"投资红利"都已开始显现"拐点"，城镇化发展之后实现"从失衡到均衡"需要付出不断趋高的成本（朱金、赵民，2014）。

城镇化是一种现代化的大趋势，很多国家的经验表明，由于城市在生活和就业机会方面的优势所产生的强大吸引力，即便是在经济增长缓慢的时期，城镇化也会继续推进，75% 的城镇化率也肯定不是中国城镇化率的天花板。但对中国来说，今后推进城镇化的关键指标，可能还不是城镇化率，而是城镇化的发展质量指标，特别是能否使大量农村户籍的城镇常住人口实现"市民化"，能否将户籍人口城镇化率与常住人口城镇化率这两个指标并轨，能否大幅度缩小城市和乡村的生活水平差距。

2."城市群"和"都市圈"的快速兴起

"城市群"（urban agglomeration）和"都市圈"（metropolitan area），都属于城市功能地域布局的术语，是一种城市化发展的趋势特征，但迄今似乎并没有统一的严格定义。在中国的学术话语中，二者之间具有显著的区别，城市群通常是指以一个或多个中心城市为核心，以发达的交通、通信等基础设施网络为依托，形成经济联系紧密、高度一体化的城市群体。而都市圈通常是指以超大城市、特大城市或辐射带动功能强大的大城市为中心，以 1 小时通勤圈为基础范围的城镇化空间形态。

尽管学界对城市群和都市圈的研究和讨论已有较长时间，但直到 2006 年，中国在"十一五"规划（2006—2010 年）中才第一次正式引用"城市群"的概念，提出"要把城市群作为推进城镇化的主体形态"，希望通过"城市群"的发展打破行政区划壁垒、优化资源配置、统筹区域协调发展（《中华人民共和国国民经济和社会发展第十一个五年规划纲要》，2006）。"都市圈"的概念引入中国的政府文件在时间上更迟一些，在 2014 年发布的《国家新型城镇化规划（2014—2020 年）》中，提出"特大城市"要适当疏散经济功能和其他功能，推进劳动密集型加工业向外转移，加强与周边城镇基础设施建设连接和公共服务共享，推进中心城区功能向 1 小时交通圈地区扩散，培育形成通勤高效、一体发展的"都市圈"。

而在 2020 年制定的"十四五"规划（2020—2025 年）中，城市群和都市圈的发展都被上升为中国新型城镇化道路的重要内容。该规划对中国未来城镇化总的要求是，"坚持走中国特色新型城镇化道路，深入推进以人为核心的新型城镇化战略，以城市群、都市圈为依托促进大中小城市和小城镇协调联动、特色化发展，使更多人民群众享有更高品质的城市生活。"

随着中国高速公路、高铁、城际轨道、城市地铁和航空等方面的快速发展，人们传统的生活半径、生活时空观念和工作方式都发生了深刻变化。我国的城市群和都市圈也随之迅速兴起，特别是京津冀、长三角、珠三角、成渝和长江中游这五大城市群，都在推进同城化发展。以超大城市和特大城市为中心的都市圈展示出越来越强大的辐射能力，形成 1 小时通勤圈、90 分钟商务圈、1 日物流圈等。

城市群和都市圈的兴起，冲破了行政区划对跨域城镇化发展的束缚，同城化的发展也极大降低了交易成本，促进了统一大市场的形成。

3. 逆城镇化的趋势将逐步展开

根据城镇化发展的规律，"逆城镇化"是继人口向大城市集中、城市扩展郊区化之后，城镇化发展的一个新阶段。"逆城镇化"可以说有三个规定性：一是乡村人口的外流出现逆转，但农耕者人数可能继续减少；二是乡村居住人口的结构发生深刻变化，绝大多数居民成为非农从业人员；三是乡村生活复兴，改变了乡村人口特别是乡村劳动力外流导致的乡村凋敝和衰落。

由于我国城镇化的跨越式发展特征，城镇化在区域之间的发展很不平衡，总体上会出现发展阶段叠加的现象，即在城镇化总体上尚未完成人口从乡村向城市集中的阶段和郊区化阶段的时候，"逆城镇化"现象已经在一些地方开始大量出现，并预示着未来的发展趋势。这些先兆包括：一是乡村休闲旅游人数增长迅猛，近年来每年全国休闲农业和乡村旅游的人数达数十亿人次，形成几千亿元的消费；二是由于大城市的生活成本高昂，从大城市到乡村异地养老的现象越来越多，全国各地气候宜人、舒适安逸的乡村和小城镇，越来越多的"康养中心"涌现；三是城里人因各种原因到乡村、小城镇长期居住，使乡村生活重新活跃起来；四是一些进城农民工、中高等院校毕业生、退役士兵以及科技人员等返乡下乡创业和就业，推动了乡村的农业与非农产业的融合发展。

即便是我们根据现在的预测，到 2035 年中国城镇化率达到 75% 左右，按总人口计算也还有约 3.5 亿人是乡村居民。但那时，乡村常住居民中的相当一部分，已经不再是农民，这些乡村外来人员将成为推动乡村生活复兴的重要力量。我国无论是在发展规划、基础设施建设、公共服务提供、产业融合发展政策还是在破除城乡分割的制度安排上，都需要为未来的逆城镇化趋势做好准备。

4. 改革城乡分割的户籍制度是一个长期过程

中国以 1958 年《中华人民共和国户口登记条例》为标志形成的城乡分割的户籍制度，其初衷是为了保证重工业发展战略的实施，保障短缺情况下的城市粮食供给，并通过限制农民向城市迁移维护社会稳定，但由于制度的路径依赖，逐步形成了在就业、教育、社会保障、公共服务、社会福利等方面一整套的城乡分割的制度体系。改革开放以后，为了推进工业化、城镇化的发展，从 1984 年开始，我国不断放宽对农民进城务工经商的限制，并积极进行户籍制度改革的探索，为农民工的"市民化"创造条件（王美艳、蔡昉，2008）。从总体上看，中国这种特殊的城乡分割的户籍制度，一方面为实现中国社会大转型过程中的社会稳定和有序流动起到了关键性的作用，但另一方面阻碍了劳动力的流动和市场资源的优化配置，特别是导致巨大的城乡发展差距（吴晓刚，2007；陆益龙，2008），而这是中国实现现代化的最大软肋。

对户籍制度改革大的方向已经基本达成共识，就是逐步放宽对乡村人口向城市集中的限制，促进城乡一体化发展。但对户籍制度改革的侧重、步骤和速度，学界仍然存在不同的见解。有的研究认为应该加快户籍制度的全面改革，因为城市移民的流入是劳动力市场扩大的主要源泉，全面的户籍制度改革是中国经济持续发展的重要动力（都阳等，2014）。也有的研究认为，不同城市规模的户籍制度改革措施对人口迁入的影响程度存在明显差异，城市户籍门槛存在随人口规模扩大而提高的层级现象，200 万人口以下的城市，其户籍制度改革对城市人口迁入的效应远比 200 万人口以上城市显著（杨晓军，2017）。户口一元化和迁移落户条件的宽松化并未诱致过多人口涌向大城市，外来人口难以在规模较大的城市落户。还有的研究认为，户籍制度改革扩大了城市规模分布差异，导致城市层级呈现明显的中心—外围结构（Bosker et al.，2012）。

迄今为止，绝大多数学者对户籍制度弊端的分析，都集中在户籍制度限制和阻碍劳动力与资源得到有效配置，不利于城镇化的发展，也加剧了社会不平等。但事实上，城镇化发展到现阶段，户籍制度弊端的另外一面也逐步显现，就是限制和阻碍了城市人口向乡村的流动和"逆城镇化"趋势的形成。所以，户籍制度改革的任务，应该包括促进城乡之间人口和资源的双向流动，为城乡一体化发展做好制度安排。

其实，户籍制度改革的主动权在城市自身，城市发展的人才和劳动力需求形成户籍制度改革的动力，而农村转移人口"市民化"的成本则形成户籍制度改革的财政压力，所以户籍制度改革的进度是这种动力和压力的比较。当前在经济增长下行、地方财政收入增长放缓的情况下，户籍制度的改革也会成为一个长期过程。

5. 城镇化进入全面提升发展质量的新阶段

我国城镇化已经处于快速发展的中后期，尽管经济增长的下行压力增加，但城镇化动力仍然强劲，蕴含着巨大的内需潜力和发展动能。中国从2012年开始，提出了"新型城镇化"的理念，这标志着中国的城镇化，进入全面提升发展质量的新阶段。

新型城镇化的"新"，主要体现在两个方面的新要求。一个是"以人为本"的价值理念的新要求，即城镇化不仅仅是物理空间和生活方式的变化，更是全体人民走向高品质生活、高质量发展的道路。在这方面，城镇化推进的重点，是促进城乡一体化发展，加快农业转移人口的"市民化"过程，推动城市基础设施、公共服务、产业链条等向乡村延伸。另一个是城镇化"集约、智能、绿色、低碳"发展的新要求，这实际上意味着中国的城镇化已经终结了粗放式扩张的发展阶段，从土地使用、环境保护、资源节约、能源低碳、数字化治理到垃圾分类、"厕所革命"、背街小巷整治等，可持续发展和高质量发展都成为城镇化的"硬约束"。当然，对于中国来说，人们对新型城镇化也具有一种期待和厚望，即城镇化能够继工业化之后，成为经济社会发展的新引擎。

综上所述，改革开放以来，中国城镇化成为中国社会结构转型的重要推动力量，在遵循现代化一般规律的同时，也因为自身的国情形成一些特殊的鲜明特征和严峻挑战。在未来一、二十年的发展中，中国城镇化在把握机遇和应对挑战中的选择，也将成为决定中国现代化进程的关键因素。

俄罗斯半个多世纪以来的城市变迁

车尔尼什（M. F. Chernysh）　戈尔什科夫（M. K. Gorshkov）

20 世纪 70 年代，许多专家认为，苏联的城镇化进程在明显放缓。虽然人们仍然在从农村地区向城市迁移，但速度已远无法与 20 世纪 30 年代、40 年代相提并论。这或许是因为苏联政府曾付出巨大努力，实施改善农村人居环境的政策，提高农村居民的生活水平，使其尽可能接近城市居民的生活水平，以便来遏制这种人口迁移趋势。这项政策的理论基础是早在 20 世纪 50 年代就提出的"消除城乡差距"的理念，也是国家实现平等计划的关键条件。然而，缩小城乡差距不应必然通过大规模人口迁移，也不应导致农村土地荒废。为维持农村地区的人口，政府当局不仅推出了各种激励措施，甚至还出台了各种限制，特别是户口登记制度，即俄罗斯公民必须在合法居住地登记，如果没有登记，则不能申请工作或享受任何公共服务。和其他所有限制性制度一样，户口登记有许多例外、漏洞，让居民能够找到不受其限制的方法。国家政策的不一致性便是其中之一。比如，位于大城市的大型企业可以从农村地区雇用移民，并为他们提供临时合法居所，这就是所谓的"限期居住"。经过一定时间（视具体情况而定）后，雇主可向"限期居住者"分配市内住房，并为其进行永久登记。如此，迁入城市的农村居民便能够自由选择工作地点，而这种自由原本只属于城市居民。另外，政府还允许人们在配偶居住地登记，这显然是另一个可以利用的漏洞。通过该政策，农村地区的居民，或曾在农村、小城镇居住的居民可以通过结婚（甚至是假结婚）迁入大城市。

杰伊·福雷斯特（Jay Forrester）是系统分析领域的权威专家，他认为从规模较小的人类住区向大城市迁移是一个自然过程，可以平衡两种人类住区之间的压力（Forrester，1974）。经济发展推动大城市发展，同时规模较小的人类住区可提供的工作岗位和社会服务则不断减少，工资水平也在下降。由于该人类住区的生活水平全面降低，更多人希望搬迁到大城市。人口迁移会持续，直到更换居住地变得困难，甚至不切实际为止。在苏联时期，人口迁移得到遏制不仅是因为政府投资发展农村基础设施，也因为它推行了一套全面的行政措施。虽然政府从来没有能够彻底遏制人口迁移，但它确实极大限制了这种趋势，并将向大城市迁移的移民规模维持在与国家及其经济能力相适应的水平。然而，即使是在这种可控的情景下，不间断的城镇化也产生了一系列问题，包括非经济领域的问题，并存在于社会关系和公众头脑中。

农村人口迁入城市，无疑也在文化领域产生了一些后果。苏联时期，约有一半的大城市人口曾是第一代农村或小城镇的居民。大约 1/4 的人口的父母从规模较小的人类住区迁入城市，只有 25% 的人口是城市原来的居民，即至少从家族第三代起便居住在了他们出生的城市。"非城市原来的居民"在心理、习俗方面仍然具有许多农村文化的特征，并具有所有相关的优点和缺点。这类人希望在不需要高技能的工作岗位工作。"新城市人"不会像"城市原来的居民"那样，经常利用已有的手段保护工人的权利，即使管理层违反了劳动法，他们也不会频繁质疑管理层的决定。因此，企业领导倾向于通过短期高压工作完成计划，并将员工数量维持在多于所需人数的水平。"过多工人"成为苏联解体后经济体商业文化的主要特征。企业倾向于雇用来自邻邦的移民，这些移民愿意为定居而接受较低的工资，不一定具备高素质，而且不会申请任何国家社会服务。

从农村地区和小城镇迁移到大城市的移民，发现自己所处的环境几乎很少有外部的社会控制。在被俄罗斯社会史学称为"停滞"时期的 20 世纪 70 年代，酗酒现象普遍存在，这也有其文化的根源。不仅如此，这种现象还与没有完全实现第二次社会化的农村人口，以及失范、孤独和疏离等城市社会环境的产物有关。大部分人口向城市迁移也滋生了社会冲突，"城市原来的居民"普遍认为，从农村地区迁入城市的人不了解城市生活价值观，因此破坏了当时苏联时期形成的、仅仅存在于城市环境中的城市文化。移民最终能够适应城市环境，但鉴于不断有人从农村地区迁移到城市，所以反移民的态度成为城市文化不可分割的部分。

苏联城市的社会樊篱常常与地理边界融为一体。20 世纪 60 年代前，苏联城市由城市街区和类似小镇的郊区组成。那里大部分的住房由私人拥有，具备所有常见的特征，如家庭农场、蔬菜园，甚至牲畜。而在 20 世纪 60 年代掀起的住房建设热，促成了此类城市的转型——私人住宅离市中心越来越远，由越来越高的公寓楼组成的巨大"通勤城镇"横亘在它们之间，而且还在不断发展。城市的中心分布着政府和市政机构、文化设施、咖啡馆和餐馆。这里往往也是苏联精英的住区，而且他们所住房屋的舒适程度高于平均水平。苏联时期，位于市中心的私人住宅曾经被认为是其主人威望和崇高地位的标志（Truschenko，1995）。值得一提的是，在很长一段时间里，城市的这些区域往往是公共公寓的所在地，而公共公寓是革命后几年推行的"巩固"政策的成果。所谓"通勤城镇"则是大规模住房开发的产物，这里没有完善的公共基础设施，但随着人们在这些地区居住时间的增加，公共基础设施也逐渐出现。那个时期的建筑设计通常很简单，没有品位。文学作品和电影常常通过将有"灵魂"的旧城市街区与死气沉沉的新建筑进行对比，对此大加抨击。话虽如此，"通勤城镇"仍然具有成本效益，且以相当完善的模式不断发展，直到苏联解体。

苏联解体后的最初几年里，住房投入使用的速度相当缓慢。在向市场经济过渡的同时，大城市和小城镇运作方式的制度基础也发生了变化。首先，俄罗斯政府在短时间内便放弃了苏联时期政府承担的所有社会义务。住房计划终止，住房建设则被移交给私营企业完成。但市政当局仍然掌控着分配用于发展的土地的权力，从而为大规模腐败提供了土壤。其次，俄罗斯政府规定，公民居住的住房将成为自己的财产，这成为住房市场繁荣的起点。俄罗斯公民从此可以买卖住房，但同时，即便能够提供证明其处于贫困之中的证据，他们也几乎不再可能获得免费房屋。最后，一小部分人口拥有更高的消费能力，他们中的部分人有能力购买、建造不同大小和质量的住房。银行正在逐步制订计划，允许有能力的人获得购房抵押贷款，从而显著改善生活条件。比如，如果公民已经找到工作并可以支付首付，那么他们便可以在其他生活环境更好的城市购买住房。抵押贷款无疑促进了住房市场的加速发展，与此同时，它们也刺激更多人口往大城市迁移，而事实证明，这对规模较小的人类住区不利。

以抵押贷款方式获得住房具有各种市场优势，从而促使抵押贷款激增，但也造成许多贷款者陷入了著名哲学家玛莎·努斯鲍姆（Martha Nussbaum）所说的"悲剧性两难困境"。人们在偿还抵押贷款的同时，将无限期地搁置其他重要目标，如建立家庭、生育子女、继续接受教育、投资儿童教育等。用抵押贷款购买的住房通常相对较小，因为更宽敞的公寓也更昂贵，许多购房者无力负担。无论是过去还是现在，住房市场的主要房源都是一室或两室公寓，适用于无孩或只有一个小孩的家庭。这一因素以及其他因素对出生率造成了外部限制——俄罗斯联邦的出生率已经降至历史最低水平。

此外，需要注意的是，随着经济危机的加剧，不同地区之间以及地区内不同住区类型之间的差距不断扩大。工业企业纷纷倒闭，农业部门也在逐渐衰退。只有大城市才有劳动力市场和充足的流动资金，人们才有机会创业就业。在这种情况下，为了更好地生存下去，居住在农村和中小城镇的相当一部分在业人口搬到了大城市。其中最热门的城市是莫斯科，其次是圣彼得堡。后者必须发挥其巨大的文化潜力，努力成为旅游及其他服务业中心，优先发展文旅产业，而不是生产和工业部门。

人口以各种形式流向莫斯科和圣彼得堡等大城市。由于无法在首都买房，许多邻近地区的居民会选择"外出务工"（Plyusnin et al.，2013）。他们在居住地没有稳定的收入，因此会不时地暂时搬到大城市，这就为个人和集体提供了暂时的季节性就业机会——例如出租车司机、维修和建筑工人、咖啡馆和餐馆服务员。赚到一点钱后，他们就会回到家乡，但通常也只是暂时留在那里。随着这些"钟摆式"流动人口适应了大城市的生活，他们往往会在找到稳定的工作之后就搬家、租房或购买最便宜的房子。另一类人口的地域流动与暂时搬到某地接受教育有关，即去上大学。在地区中心或国家首都的大学读书的年轻人通常会尽其所能，在毕业后继续留在大城市。他们会找工作和租房，开始发展自己的事业，努力成为永久居民。那些来自边远地区，在大城市奋斗的人具有更强的生产力、强烈的进取心和远大抱负，这些是许多城市本地人所缺乏的品质。正是这些"新城市居民"构成了社会基础，导致城市社区底层以及经济、政治和媒体精英，包括顶级精英的进一步再生产。

作为俄罗斯最大的两座大都市，莫斯科和圣彼得堡在苏联解体后处于特别有利的地位。这两座城市是俄罗斯头部企业总部的所在地，包括原材料公司。其税收被纳入地方预算，从而进一步激发了城市经济的发展潜力。首都是联邦政府机构的所在地，仅仅是它们的存在就导致了富裕人口的增加。人口的高度集中和相对富裕的人口群体的存在，为当地贸易业、服务业和金融业的快速增长创造了先决条件。随着首都经济活力进一步增强，首都本身在来自俄罗斯其他住区的人们眼中变得更具吸引力，不仅是农村和中小城镇，还有其他大型住区。最有机会搬到首都的人是地方精英阶层，他们能够承担莫斯科高昂的房价。通常情况下，高级地方官员会继续留在原任职机构，维持他们的额外收入，包括非法获利，但会在首都为自己和子女购买住房。地方精英的后代将迁往莫斯科，加入富人阶层，扩大首都的消费规模，导致首都的住房、土地等资源价格上涨。时至今日，莫斯科人的收入水平远高于俄罗斯人平均收入水平，消费经济相当发达。与任何地区的首府城市相比，这座城市提供了更多的提升社会阶层的机会，更不用说农村和中小城镇了。因此毫不意外地，首都的城市规模不断扩大，超出了莫斯科环城公路的范围，同时不仅纳入了邻近的郊区，还纳入了莫斯科州更偏远的地区，一直到邻近的卡卢加州。有关莫斯科人口的统计数据一直是不准确的，因为仅考虑了官方登记的城市居民。但即使根据官方数据，目前莫斯科的居民人数也高达1265.505万人，如果加上临时和间歇居住在莫斯科的人，那么这个数字将增加到1500万人。[①] 如果算上郊区，莫斯科地区的人口规模将接近1800万人，约占全国总人口的14%。莫斯科的消费标准比俄罗斯其他任何地方都高得多。这座城市占俄罗斯所有农产品消费的1/4，占所有新车销量的一半，占所有高端品牌服装销量的1/3。在过去的20年里，莫斯科与其他城市之间的经济社会差距不断扩大。

---

① 参见 https://rosstat.gov.ru/folder/313/document/131933。

在整个社会中，莫斯科与其他地区之间的差距表现为一种"爱恨交织"的心理情结。一方面，生活在俄罗斯边缘地区的人们承认，莫斯科是毋庸置疑的全国中心，是一个"权力之地"和繁华之地，拥有巨多的文化资源和受教育机会，以及最发达的劳动力市场。另一方面，俄罗斯各地的公众舆论认为莫斯科榨取了本国丰富的原材料，变成了一个攫取各地资源的"寄生虫"。在蹂躏边缘地区的同时，莫斯科为了本地和联邦精英的利益耗费了巨额资金，成为政府收入分配的唯一中心，导致"最高"官僚阶层滋生大规模腐败。持这种观点的人还认为，各地区只分到一小块蛋糕，绝大多数地区只能勉强维持生计，这意味着公共部门支出非常有限，特别是医疗和教育方面的支出。

而俄罗斯中小城镇的情况则截然不同。由于人口中最活跃和最有生产力的成员迁出，许多人的潜能被削弱。与大城市相比，中小城镇的富裕人口较少，贫穷人口的比例较高。除了市场经济转型带来的挑战，中小城镇还面临全国人口将集中到 25 个最大城市所带来的难题。公共服务部门的新自由主义改革对农村和中小城镇人口尤其不利。根据教育改革基本规定，保留小型住区的学校在财政上是不可行的，因为这些地区的学龄儿童人数较少，而且还在持续下降。根据人均教育经费原则，一方面，要通过合并学校来削减支出；另一方面，要通过关闭所谓的"不可行"的学校来削减支出，这些学校位于农村和小城镇，学生人数较少。在某些情况下，对于继续居住在农村地区和小城镇的学龄儿童，可以乘坐公共汽车前往新的联合学校；而在其他情况下，学校关闭后，学龄儿童的父母会迁往中央农场或城市。医疗改革也产生了同样的效果：提供住院治疗服务并配备专科医生的小城镇诊所被关闭后，当地人需要到其他城镇就医。改革的设计者们忽略了一个问题，那就是许多小城镇的居民年事已高，无法定期前往距离过远的诊所看病。联邦社会学研究中心的一个名为"小城镇"的研究项目，对其中许多因素进行了更详细的研究。

迄今为止，俄罗斯的城市住区发生了翻天覆地的变化，并且这种改变仍在继续。公众心态也在朝着个性化和扩大消费的方向转变，这也反映了城市变化。城市中出现了大量的中产阶级，目前中产阶级人口约占总人口的 1/5。俄罗斯最大的两座大都市莫斯科和圣彼得堡，属于社会学家萨斯基亚·萨森（Saskia Sassen）提出的"全球城市"类别，是全球文化和数字社会科技传播的渠道（Sassen，2001）。这两座大都市融入了跨越国界的全球互动体系，这反过来又产生了新的文化冲突，这些冲突已经成为新身份形成的驱动因素，也是俄罗斯社会在近期和遥远的未来必须面对的挑战。

第一篇

时间与空间中的城市发展

历史视阈下中国城市的发展与变迁

何祎金

尽管"城市"在日常生活中是再普通不过的词语，但是它在社会科学的历史上有着复杂与多元化的定义，并形成了各有特色的研究传统。从生物有机体的类比到全球化格局下世界城市的出现，对城市的理解伴随着技术、社会与文化变迁而发生变化。受后现代思潮的影响，后结构主义视角的定义突出强调城市为社会和物质要素联结而成的"集合"；后殖民主义理论则批评欧洲中心主义的城市研究对非西方或者全球南方城市发展历史的忽视（Scott，2017：14－15）。事实上，"非西方城市"在社会学学科历史中有着特殊的意涵。在古典社会学时期形成的城市研究传统中，以中国为代表的东方城市在西方话语中被塑造为发展"停滞"的理想类型。

然而，这种带有强烈刻板印象的东方主义阐释受到历史与现实的双重挑战，历史视阈下中国城市的发展与变迁展现了强劲的韧性与活力。回看历史中的"中国城市"可以发现，中国是世界城市文明的发源地之一，在古代便形成了长安、开封和泉州等闻名世界的国际大都市。近现代以来，内忧外患相互交织，中国城市的近代化转型在半殖民地半封建的社会形态下面临自主性缺失的困境。新中国成立之后，城镇化是中国现代化进程的重要维度。作为世界上最大的发展中国家，有别于西方以城市为中心的传统城市化模式，以城镇为载体的城镇化取得了举世瞩目的成就，城镇化率从 19 世纪末期的不足 10％，到 2020 年突破了 60％。并且，在从早期速度型城镇化向新世纪质量型新型城镇化迈进的这一过程中，形成了一条有中国特色的城镇化之路。

一　历史时空中的"中国城市"：从古代到近代

中国是世界城市发源地之一，早在 6000 多年前便已经出现了城市的形态。中国历史不断演变，创造了灿烂的城市文明，在人口规模与对外交流上，一些古代城市已经具备了世界都市的特征。至近现代，中国饱受帝国主义的侵扰，半殖民地半封建社会形成，城市化进程也受到影响。

在《说文解字》中，"城市"的汉字构成具有丰富的历史意涵。"城，以盛民也"，表示用来容纳万民的建筑群；"市，买卖所之也。市有垣"，意味着一个有垣墙的交易场所。在国外学者看来，在历史和语言学意义上，"城墙"可能是中国城市起源最为直观的特征，乃至在古代城市化往往意味着一种定居在城墙内的生活（Steinhardt，2013：105）。事实上，城墙与城市的关联并非中国所独有。根据《韦氏词典》的记录，在古英语中，城镇（town）一词的来源便是围场或者圈占地（enclosure），在12世纪才在英语中被固定为"有地名的房屋聚落之地"。

然而，关于中国城市的起源，学界缺少定论，存在防御说、集市说、宗教中心说和地利说几种假设（顾朝林等，1999：8～9）。这些假设各自从单一的军事、经济等维度理解城市的发源，而城市的发展往往具有复杂性和多维度的特点，从而出现了集合性的理解方式。

历史学家根据对我国古代城市发展的考察，指出城市的出现表现为一系列相互联系的标志性事物聚落而成的形态，一般包括：夯土城墙、战车、兵器；宫殿、宗庙、陵寝；祭祀法器与遗迹；手工业作坊；聚落布局在定向与规划上的规则性。它们不仅相互联系，而且互为因果（张光直，1985）。在此基础上，城市史学者从结构与功能的角度，将城市形成的标准定义为：政治、宗教和文化聚落中心的形成；大型建筑的出现；大型祭祀活动与礼器的出现；城墙等军事防御功能的出现和加强；文字与金属漆的出现。并且，因为自然环境与民族文化的差异，城市的起源、形成和发展也有所差异（何一民，2012：6～7）。在这些定义中，城市的构成要素包括物质与非物质性的要素，它们分别承担了政治、军事、经济、文化、宗教和社会生活等方面的功能，并凝结为"城市"这一聚合性的对象。

此外，也有学者认为，对城市的理解不必拘泥于字面含义。中国初期的城市既可以无城，也不必一定有市。在秦汉甚至更后的古代城市，初期城市都是作为政治中心存在，这也是我国古代城市的显著特点（许宏，2000：9）。秦汉之后，随着农业手工业的迅速发展、商品流通的加速，手工业城市和港口城市兴起。在魏晋南北朝和隋唐时期便已经出现了建康（南京）和洛阳这种人口超过百万人的特大城市。在宋元时期，发达的海上交通拓展了海外贸易，也在东南沿海一带兴起了以广州、泉州和明州（宁波）为代表的海港城市。

明清时期，随着水陆交通网络的畅通，商业城镇得到大规模发展是这一时期城市化的显著特点（徐春燕，2017）。在长江三角洲地区，手工业的发展和商品流通推动了商业城镇的兴起，甚至代表一种中国早期的"城镇化"模式（顾朝林等，1999：57）。清代地理学者刘献廷所谓"天下有四聚，北则京师，南则佛山，东则苏州，西则汉口"（刘献廷，1997：193）。北京与苏州是传统的大都市，而佛山和汉口的行政级别只是城镇，但是它们是彼时发达工商业城镇的典型，成为"天下四聚"的两个中心。

19世纪西方发生了工业化推动的城市化，中国的城市化进程也面临近代化转型的问题。进入近代之前，中国城市发展保持着古代传统社会的特征。虽然清末的商品经济空前发达，且发展出了复杂的城市政治与文化，但是仍以农业社会为基本形态（Rowe，2013：324）。鸦片战争之后，城市格局发生了变化，根据变化程度，大致可以分为两类：一类是受帝国主义侵略、外国资本输入而新兴的城市，它们具有明显的殖民地色彩，以青岛和哈尔滨为代表。此外，民族资本主义和现代铁路交通的发展，也影响了城市的变革，唐山、焦作和大冶是这类城市的典型；另一类则是原有的封建城市，受帝国主义入侵和民族资本主义发展的影响，只是发生了局部的变化，如北京、西安和成都等城市（董鉴泓，2004：253～254）。中国近代经济受西方工业文明的冲击，内力与外力相互交织，城市化的发展程度在区域间存在巨大差异。由于殖民者对本土资源的掠夺，城市化也表现出畸形的形式。

此外，近现代的中国城市呈现多元类型，在形成、功能和特点上存在明显的区别。周锡瑞（Joseph W. Esherick）概括了中国七种类型的"现代城市"：条约口岸型城市，指在不平等条约下开放的城市，如沿海的天津和广州；首都城市，以北京和南京为代表；内地城市，通常现代化进展缓慢；旅游型城市，以杭州和苏州为代表；铁路型城市，以徐州和郑州为代表；工业型城市和边境城市（Esherick，1999：3－6）。不管是根据变化程度采取的二分法，还是根据功能特点展开的具体分类，这一时期现代城市的构成特点反映了近代中国的历史现实。整体而言，城市化的进展缓慢，根据施坚雅（G. William Skinner）的估计，19 世纪末期中国的城市人口约为 2350 万人，城市化率约为 6%（施坚雅，2000：259）。西方列强入侵使得中国沦为半殖民地半封建社会，现代意义的城市化不仅缺少自主性，还面临内忧外患的严峻挑战。

二 停滞的理想类型：西方话语中的"中国城市"

在 19 世纪之前，对城市这一特殊聚落空间形式的学术研究非常少见，直到古典社会学奠基人之一韦伯出版《城市》（*The City*）这一论著才改变了这一状况（Gottdiener & Budd，2005：1）。① 作为一门专注现代社会转型问题的学科，城市是社会学最为核心的研究对象之一。韦伯将"城市"理解为要塞与市场的融合。欧洲中世纪形成的"城市共同体"（urban community）被解读为一种只在西方出现的"现代"现象，韦伯认为它与亚洲的历史形成了鲜明的区别。城市共同体的构成特点包括：防御工事、市场、至少部分自主的法律与法院、相互关联的社团、市民参与选举的治理机构。尽管在近东地区也偶尔出现过城市的身影，但那只是一些非常初级的形式（Weber，1966：80 – 81）。韦伯的观点不仅影响了西方的城市研究，还影响了西方学界对东方城市的认识。

韦伯讨论的中国城市个案，强调它缺少西方城市中出现的自主性治理机构与城市社团，且城市中的居住者依旧归属于传统的家族与本土村庄，而非城市共同体本身。尽管存在一些行会组织，但是它们通常在特定领域针对特定问题开展活动，代表的也只是特定群体的利益，而不是整个市民群体。

显然，韦伯对城市发展的理解延续了《新教伦理与资本主义精神》的核心命题，在"西方有与非西方没有"的二元认知下，指出农业社会的家族组织与联结纽带是影响东方城市发展的"神秘障碍"（magical barrier）。但是，西方的基督教动摇了传统要素的根基，教会在中世纪城市的

---

① 德文原版于 1921 年出版，1958 年开始发行英文译本。

政治治理组织中消解了家族的纽带，进而为城市发展奠定了基础。与之相反，东方则一直未能切断这种受家族或宗族羁绊的农业纽带（Weber，1966：99 – 100）。

由于"神秘障碍"的存在，韦伯将中国的城市描述为发展停滞的状态，这种以西方的单向视角来理解城市的方法受到后世学者的批评。韦伯忽视了中国城市中的功能差距：并非所有的城市都是行政功能的城市，还存在经济推动下发展的城市（王笛，2012）。我国学者也意识到，韦伯的城市共同体研究聚焦对市民权利的讨论，实际上接续了政治共同体的核心议题（王小章，2007）。因而，在韦伯的论述中，表面上的问题是中国历史上缺少城市共同体，实际的问题则在于市民身份与相关社群的"缺乏"。

后韦伯时期的研究尝试突破欧洲或者西方中心主义思维的樊篱。事实上，即便是韦伯所谓"非西方没有"的观点，也受到当代学者的质疑。以罗威廉（Rowe T. William）为代表，认为韦伯利用零散材料抽象出的中国城市理解，将其处理为一种与西方城市共同体相对应的理想类型，不仅缺少历史事实的基础，还存在文化自满的问题（罗威廉，2005：5）。由韦伯的城市命题引申出对19世纪武汉三镇各类社会组织的考察，罗威廉强调汉口这一区域中心城市中存在积极活跃的社会力量，甚至形成了一种以行会为中心的市政管理结构，它们挑战了中国城市研究的"韦伯模式"。

从区域入手考察中国的城市历史，罗威廉的研究实际上受到了施坚雅的影响。通过对人文地理学理论的拓展，施坚雅提出了"中心地学说"（central place theory）的区域体系理论架构，以此来理解中国城市发展的历史结构，以区域性的视角超越过往通过行政区划理解社会空间的局限（施坚雅，2000：1）。在"核心 – 边缘结构"下，区域性的自然地理大区概念（marcroregion）是分析历史上中国城市化的适宜单位。城市体系在自然地理的区域中发展，城市的形成和中心功能的演进是地区发展的关键因素。

施坚雅拒绝将中国的城市发展视为一个整体主义的对象，而是强调地理区域与人文环境之间的差异性，在半自给自足的自然经济条件下，区域性的城市体系并不具有相似性（施坚雅，1991：168）。施坚雅将19世纪的中国分为九大区域：华北、西北、长江上游、长江中游、长江下游、东南沿海、岭南、云贵、满洲。不同区域在自然资源上是不同的，形成的区域框架的城市体系也各有特点（施坚雅，1991：54）。九大区域内部形成了核心与边缘的影响与互动结构，以及区域性的中心城市。尽管时有发生的自然灾害、朝代更替和政策变化往往会给城市发展带来重要影响，但是这种影响在不同区域间也存在差异。并且，中国区域间的发展周期也存在明显的不同步现象。

与韦伯注重城市政治功能的解读不同，施坚雅从自然区域出发理解中国城市发展历史的视角极具启发意义。在中国学者看来，以"中心地学说"为基础推导理论，在提供新视角的同时，施坚雅对自然地理因素的强调仍存在可商榷之处。他不仅忽视了九大区域之间的历史互动与联结，也相应淡化了生产、流通、军事和文化等因素对城市历史发展的影响（王旭、赵毅，1992）。中国封建时代的城市发展并没有随着王朝更替而兴衰，主要原因在于中国独特的政治经济体制与地理环境。在行政结构上，县是基本的行政管理单位，通过中央集权的任免制度形成了一套以城市中心为主的管理中心，它同时也是文化、宗教与商贸中心。政治与经济功能在城市的高度结合与统一，使得城市的发展在王朝更替下依然保持了活力（顾朝林等，1999：160）。

西方的城市化由工业化驱动，"停滞的理想类型"的建构含有东方主义的成分，需要一个停滞的东方形象来反衬西方的"现代"。韦伯从未涉足中国，对中国城市的"想象"以彼时中国的记录和游记文献为主，施坚雅和罗威廉的田野调查也大多集中在19世纪，即所谓封建社会晚期的中国城市历史经验。詹妮弗·罗宾森（Jennifer Robinson）批评西方的城市研究受到二元思维的支配，将城市差异解读为一种等级化的分类：西方的城市现代性具有创新、动态、世界主义的特点；第三世界的城市则发展滞后、问题丛生。然而，所有的城市都可能存在贫困、污染等社会问题，且非西方的城市发展也具有创新的可能（Robinson，2012）。在认识论上，为摆脱固有二元思维的局限，罗宾森提出将"城市"视为一个"普通的对象"（ordinary object）来考察。

事实上，在人口基数庞大、资源不足和环境脆弱的不利局面下，与中国的现代化求索一样，作为现代化必由之路的中国城市化展现了强大的韧性与活力。20世纪50年代以来，中国城市化进程进展缓慢。改革开放之后，20 世纪 80 年代以小城镇为载体的城镇化实现了跨越式的发展，形成了有中国特色的城镇化道路，亦构成了中国式现代化的重要维度。

三　城市化的现代求索：中国特色的城镇化之路

世界经合组织（OECD）定义的"城市化"（urbanization）包含两个内容：首先是在城市地区生活的人口比例的提高；其次是大量人口在特定区域聚集而形成城市的过程。[①] 联合国定义的城市化不仅包括人口与社会结构的变化，还包括职业、生活方式、行为与文化方面发生的转变（United Nations，2019：iii）。在中文语境下，有学者提出"urban"包含了"城市"和"镇"的含义，且中国建制镇的规模可能和国外的小城市人口相当。因而，城市化的过程既包括人口向"城市"聚集，也包含向"城镇"转移。城镇化不仅是城市化在中国的特点，甚至将"urbanization"直接译为"城镇化"（张占斌，2013）。

根据联合国 2019 年发布的《世界城市化展望》，2018 年全球约有 55% 的人口居住在城市地区，这一比例预计将在 2050 年达到 68%。2018 年至 2050 年，中国、印度和尼日利亚的城市人口增长将占全球人口增长的 35%（United Nations，2019：1）。尽管发展中国家的城市化水平发展迅速，高速发展对城市自身的承载能力提出了要求，而大部分城市存在无法为市民提供基本服务的问题（Cohen，2006）。也有学者认为今天发展中国家面临的城市化挑战，要远远大于发达国家。从 20 世纪初开始，结合较高的国内生产总值与人均受教育程度，发达国家较为平稳地实现了城市化。并且，发达国家有成熟的城市体系，大城市承担服务行业和研发工作，制造业已经向由中小城市组成的都市圈转移。与之相反，在发展中国家城市化初期，虽然一定程度的人口与产业集中可以降低区域间和区域内部的基础设施支出，但是过度集中的问题并没有受到重视，它极易引发一系列城市问题（Henderson，2002）。

作为复杂的人口与空间现象，对城市化的理解越来越重视城市及其周边地区所形成的联结网络。传统的城市定义，以城市和农村的二分法为基

---

① 参见 https://stats.oecd.org/glossary/detail.asp?ID=2819。

础。因为城市与农村之间往往存在紧密的联结与复杂的互动，且随着交通网络发达程度的提高，城镇与半密集区可以进一步分为密集城镇、半密集城镇、城郊或者半城市化地区（peri-urban areas）。"都市圈"（metropolitan areas）概念的出现将城市与周边通勤区结合起来，人们用其来表达一个功能性整合的城市区域。相比于二分法的理解，后者被认为代表了城市化的新趋势。1975 年至 2015 年，全球大约出现了 4000 个新的城市圈。在低收入国家，这一趋势更为明显，且有一半都市圈是由 1990 年的城镇发展而来。发展中国家小都市圈的发展对基础设施投入、增加发展机会与减轻贫困提出了要求（OCED & EU，2020：112 - 116）。

我国是世界上最大的发展中国家，区域与城乡之间的发展不平衡，科学有序地推进、实现城市化，是现代化进程中无法回避的挑战。中国对城市化的现代求索，走出了一条有中国特色的城镇化之路。首先，尽管在历史上创造了璀璨的城市文明，近代中国的城市化转型仍受到内忧外患的影响。与近代半殖民地半封建社会缺少自主性的城市化相比，新中国成立以来的城市化展现了自主探索的强大韧性与能动性。其次，作为联结城市和乡村的媒介，"城镇"是中国城市化的重要载体。20 世纪 80 年代以来，早期偏重小城镇发展的城市化模式不仅以现实国情为基础，而且这种具有鲜明中国特色的城镇化进程，与西方传统模式中以城市为中心的城市化有着显著区别。再次，在顶层设计上，政府是推进城镇化的主导力量。这种自上而下的城镇化并非采取单一模式的全国推进：一方面，政府主导的推进模式具有集中人力与资源的优势；另一方面，我国不同地区城镇化的基础条件往往存在较大的差异，对因地制宜的城镇化路径提出了要求，在这一过程中体现了制度创新与制度灵活性（李强、陈宇琳、刘精明，2012）。最后，中国的城镇化进程具有阶段性的特征，从城镇化到新型城镇化的展开，经历了从速度型到质量型的转变。在 21 世纪的新型城镇化阶段，破解城乡二元结构难题，更加注重社会公平公正、区域间协调发展和绿色智慧型城市的发展。并且，不同于早期偏重小城镇的发展模式，新型城镇化在空间结构上优化了全国城镇化的战略格局，要求提升城市群与都市圈发展水平，在疏解治理"大城市病"的同时，促进大中小城市和小城镇的协调发展。

(一) 小城镇、大问题：以城镇为载体的城市化

"小城镇"的概念是中国社会变迁的反映，意味着农村社会经济发生了实质性的变化：它是个新型的正在从乡村性的社区变成多种产业并存的、向着现代化城市转变的过渡性社区（费孝通，1996）。费孝通早年的田野观察，已经觉察到了一种比农村社区高一层次的社会实体的存在，但是还缺少清晰的概念。这种类型社区的主体由不从事农业生产的人口构成，既与农村相异，又和它保持密切的联系，之后费孝通把这种社会实体称为"小城镇"，强调小城镇不是一般化的笼统概念，在具有共性的同时，还存在多元化的个性和特点（费孝通，2016：178~184）。①小城镇于农村而言有着重要的功能和意义，它是农村的政治、经济和文化中心。与过去只是承担农副产品市场的功能不同，20世纪80年代的农村经济得到了高速发展，小城镇已经出现了工厂和商店，其功能和意义不断扩大。

1980年10月，国家建委召开的全国城市规划工作会议确立了我国城市发展的基本方针：控制大城市规模，合理发展中等城市，积极发展小城市。彼时我国共有3300多个小城镇，设市建制的105个。在发展地方经济和文化、吸收农业剩余劳动力、缩小城乡差距和工农差距方面，发展小城镇是重要的举措。甚至国家在安排新建项目时，要求优先选择设市建制的小城市，以及自然资源和交通条件好的小城镇。

1984年11月，民政部发布了《关于调整建镇标准的报告》，适当放宽了标准，规定凡县级地方国家机关所在地，均应设置镇的建制。人口总数在2万人以下的乡，乡政府驻地非农人口超过2000人的也可以建镇。在新政策的激励下，我国小城镇的数量由1983年的2968个在次年激增至7186个（浦善新、陈德彧、周艺，1995：373）。

乡镇企业的兴起开辟了"离土不离乡"的城镇化道路。大量涌现的乡镇企业甚至成为小城镇的基础，在生产和消费关系上成为联结大中城市的重要媒介。因为人口向城市过度集中会引发大的社会问题，小城镇通过发展乡镇企业吸收农村大量的劳动人口，可以发挥农村人口"蓄水

---

① 1983年9月，费孝通在江苏省城镇研究讨论会上做了《小城镇 大问题》的报告，小城镇问题在社会上引发了巨大反响。

池"的功能，为农村人口流动提供缓冲的空间。1983 年至 1985 年，短短三年时间，我国乡镇企业单位数从 134 万个激增至 1222 万个；乡镇企业的就业人数从 3234 万人增至 6979 万人，在 1992 年就业人数突破了 1 亿人。[①]

美国学者顾定国（Gregory Eliyu Guldin）根据对这一时期农村城市化和工业化的考察，出版了《告别农民中国：20 世纪晚期城市化与社会变迁》一书。顾定国认为改革开放之后，人口、商品和信息的流动，多元形式的城市化展开，中国人的生活将发生巨大改变，并预测到 2000 年，在建制市和城市化的镇与农村地区，大部分中国人将过上城市化的生活（Guldin，1997）。顾定国也注意到，城市化的过程在彼时中国具有多重维度，可能包含去农业化、城镇化和市民化的三重内容。尽管亚洲一些地方出现了"城乡一体化"（desakotas）[②] 的城市化模式，即通过密集的交易网络将大城市核心与周边区域相连，形成既非农村也非城市的居住方式。中国的城市化不但具有一体化的特征，也有着鲜明的中国特色，城镇化（townization）的过程产生了类似城乡一体化的区域。

城镇化不仅改变了农村的面貌，建制镇的增加和中小城市的发展也对城镇体系的规划提出了要求。为确定城市规模和发展方向，实现城市的经济和社会发展目标，控制大城市规模、合理发展中等城市、积极发展小城市的方针在 1989 年 12 月颁布的《城市规划法》中得到了明确（见表 1）。《城市规划法》还进一步明确了城市人民政府组织编制城市规划的责任。强调从实际出发编制城市规划，城市的发展规模、建设指标和开发程序等，要与国家和地方的经济技术发展水平相适应。

表 1　中国城市分类（按人口）

城市规模	人口
大城市	市区和近郊区非农人口在 50 万人以上

---

① 《中国劳动统计年鉴 2009》，http://www.mohrss.gov.cn/SYrlzyhshbzb/zwgk/szrs/tjsj/201206/t20120627_67041.html。

② "desakotas"来自印尼语的"农村和城市"，最早在城市地理学中用来形容东南亚大城市周边区域农业与城市区域的混合特点。

城市规模	人口
中等城市	非农人口在 20 万人以上 50 万人以下
小城市	非农人口不满 20 万人

20 世纪 90 年代之后，我国社会主义市场经济向前迈进，市场化程度的迅速提高为小城镇建设提供了新的动力。乡镇企业单位数自 1985 年首次破千万个之后，在 1996 年达到了 2336 万个，实现了成倍增长。同时，经济发展水平的提高在转移农村劳动人口的同时，对与户籍高度相关的社会福利和保障提出了更高的要求。1997 年 10 月，公安部印发了《〈关于小城镇户籍管理制度改革试点和完善农村户籍管理制度有关问题的解答〉的通知》，以试点小城镇的方式，为从事非农职业或有稳定生活来源，具有合法固定住所和居住满两年的常住人口办理常住户口。此举在小城镇范围打破了长久的城乡二元户籍制度，是社会体制改革的一项重要举措。

20 世纪 50 年代，《中华人民共和国户口登记条例》和户口迁移政策的提出，以户籍制度严格控制城乡人口的流动，也自此确立了城乡二元的户籍结构。怀默霆（Martin King Whyte）和威廉·帕里斯（William Parish）在 1984 年出版的《当代中国的城市生活》一书试图探寻城市的"中国模式"，该书在西方学界曾被奉为理解中国城市化的经典。其中有对户籍制度作为社会控制系统的描述，认为中国城市居民居住的稳定性在世界范围都较为少见（Whyte & Parish，1984：20 – 21）。怀默霆等人的数据和资料主要集中在 20 世纪 70 年代中期以前，对 80 年代以来的城镇化变革缺少直接的经验。可以看到，中国的城镇化进程逐渐改变了小城镇的城乡二元户籍制度。

1998 年 10 月，党的十五届三中全会通过的《中共中央关于农业和农村工作若干重大问题的决定》提出，"发展小城镇，是带动农村经济和社会发展的一个大战略"。进入新千年，"十五"计划提出，针对我国经济发展水平和市场发育程度区域差异大的特点，通过提高城镇化水平来转移农村人口，可以为经济发展提供广阔市场与持续动力。"十五"计划明确了"发展小城镇是推进我国城镇化的重要途径"，提出各地从实际情况出发推进城镇化，繁荣小镇经济，引导乡镇企业合理布局，逐步形成合理的城镇体系。提高城市规划、建设和管理水平，走出一条符合我国国情，大中小城市和小城镇协调发展的城镇化道路。一方面，在政府的引导下发挥市场机制作用建设小城镇，并通过户籍改革和土地政策形成符合小城镇经济社会特点的行政管理体制。另一方面，发展小城镇并非局限在镇级的社会单位，而是强调城镇体系的建设，在经济与文化联结上，突出了中小城市的带动作用。

（二）新型城镇化建设：由速度型向质量型转变

20 世纪 80 年代至 21 世纪初，小城镇在数量与速度上实现了跨越式发展，但是在基本公共服务、基础设施和资源环境方面还存在较大的进步空间。农民工在城镇化进程中存在"半城市化"的现象，不仅整体收入偏低，社会保障水平和市民化程度也普遍偏低。尽管城镇常住人口已经超过了 50%，但是并未实现均等化的公共服务（倪鹏飞，2013）。并且，一部分城镇未能参与大中城市的产业分工体系，经济关系上与大中城市脱节，"城市病"向城镇蔓延，存在"空心化"和环境污染等问题（张鸿雁，2013）。在经济社会发展进入新阶段，城市化成为发展主要推动力量的背景下，"小城镇依然是大问题"，在破除城乡二元结构与城乡发展上具有重要的战略意义（李培林，2013）。城镇化的建设内容与发展理念也在 21 世纪发生了深刻的变化，质量与内涵的提升成为城镇化的新重点。

2012 年 11 月，党的十八大报告提出坚持走中国特色的新型工业化、信息化、农业现代化道路，推动信息化和工业化深度融合、工业化和信息化良性互动、城镇化和农业现代化相互协调，促进工业化、信息化、城镇化和农业现代化同步发展。针对我国人口多、资源相对短缺、生态环境脆弱和城乡发展不平衡的基本国情，提出改变过去传统粗放型的城镇化模式，以注重质量的新型城镇化引领发展。作为现代化事业的有机构成，新型城镇化融入了生态文明理念和原则，是集约、智能、绿色与低碳的城镇化。结合经济转型升级与城镇化建设的新发展现实，《国家新型城镇化规划（2014—2020 年）》的出台，在顶层设计上为我国在新时期的城镇化提供了指引。

1980 年，中国的城市人口约占总人口的 1/5，低于亚洲国家 25.0% 的平均水平。但是，中国城市化经历了高速增长（United Nations，2019：9）。1978 年至 2013 年，我国城镇常住人口由 1.7 亿人提高到 7.3 亿人，城镇化率也由 17.9% 提高至 53.7%，其中户籍人口城镇化率只有 36% 左右，远低于发达国家 80.0% 的平均水平。《国家新型城镇化规划（2014—2020 年）》实施以来，根据最新的第七次全国人口普查数据，2020 年我国城镇的常住人口约为 9 亿人，占总人口的 63.89%，其中户籍人口的城镇化率约为 45.5%，与 19 世纪末的 6.0% 相比，增长近 40.0 个百分点。

惊人的发展速度与数量增长背后，与过去粗放型的城镇化相比，新型城镇化更为注重质量与内涵的提升，并具体表现在三个方面：（1）新型城镇化注重社会公平公正，推进农民工的市民化与增强社会融入，即关注"人的城镇化"问题，这是新型城镇化破解城乡二元结构的根本途径；（2）新型城镇化注重区域间的协调发展，通过优化空间布局与结构，破解区域发展不平衡以及"城市病"的突出问题；（3）新型城镇化注重绿色、智慧和人文新型城市的营造，全面提升城市生活的内在品质。

首先，在价值遵循上，以人为本、公平共享是新型城镇化的基本原则之一。在过去的"离土不离乡"模式中，农民实现了农民工的角色转化，为农民工向城镇市民转化提供制度支持是提升城镇化质量的"必经之路"。针对特大城市、大中城市和小城市人口规模的特点，新型城镇化进一步优化了农业转移人口的落户制度与政策。全面开放了建制镇和小城市的落户限制，并根据城市人口规模制定相应的落户政策。难以融入城市社会与顺利完成市民化身份转变，是以往农业转移人口在城镇化过程中容易遭遇的痛点问题。在随迁子女教育、就业服务体系、社会保障和住房保障等公共服务领域，针对过去较为突出的受户籍限制的公共服务问题，推进公共服务由对本地户籍人口提供向对常住人口提供的转变。

2022 年 6 月，国家发展改革委印发了《"十四五"新型城镇化实施方案》，进一步在《国家新型城镇化规划（2014—2020 年）》的基础上制定了提高城镇化质量的发展目标。计划到 2025 年，在提高常住人口与户籍人口城镇化率的同时，明显缩小两者之间的差距。同时，提升农业转移人口市民化的质量，将落户常住人口全部纳入城镇公共服务的覆盖领域。其中，值得注意的是，作为对改革开放以来人口结构与经济发展格局变化的反应，《"十四五"新型城镇化实施方案》全面取消了城区常住人口300万人以下的城市落户限制，全面放宽常住人口300万人至500万人的城市落户条件。落户条件的优化与调整，意味着公共服务均等化迈出了重要一步。

其次，在空间规划上，新型城镇化由速度型向质量型转变的同时，对国土空间格局的规划也进一步完善和优化。回溯城镇化的历史，传统城镇体系规划的垂直系统已经被打破，随着城市区域规划的兴起，加强区域中心城市的水平联系与规划也渐成共识（张伟，2003）。早在"十一五"期间，国家便提出根据环境承载能力、现有开发密度和发展潜力，统筹我国未来的人口分布、经济布局、国土利用和城镇化格局。国土空间分为优先开发区域、重点开发区域、限制开发区域和禁止开发区域四类。在城镇化方面，提出把"城市群"作为推进城镇化的主体形态，形成以沿海及京广京哈线为纵轴、长江及陇海线为横轴、若干城市群为主体、其他城市和小城镇点状分布、高效协调可持续的城镇化空间格局。

2007年1月，党的十七大报告首次把优化国土空间开发格局放在突出位置，提出加强国土规划，完善区域政策，调整经济布局，形成主体功能区。2010年12月，为构建高效、协调、可持续的国土空间开发格局，国务院印发了《全国主体功能区规划》，这也是新中国第一个全国性的国土空间开发规划。《全国主体功能区规划》将国土空间的主体功能区分为优化开发区域、重点开发区域、限制开发区域和禁止开发区域四类。前两类主体功能区是优化与重点进行工业化城镇化开发的城市化地区。优化开发区域综合实力较强，经济规模较大，城镇体系比较健全，有条件形成具有全球影响力的特大城市群。重点开发区域具有较强的经济基础、科技创新能力和发展潜力，城镇体系初步形成，中心城市有一定的辐射带动能力，有可能发展成为新的大城市群或区域性城市群。在主体功能区的基础上，《全国主体功能区规划》根据开发内容将国土空间分为城市化地区、农产品主产区和重点生态功能区三类。城市化地区以提供工业品和服务产品为主，也提供农产品和生态产品。此外，《全国主体功能区规划》提出构建以"两横三纵"为主体的城市化战略格局。"两横"即以陆桥通道、沿长江通道为两条横轴；"三纵"即以沿海、京哈京广、包昆通道为三条纵轴。推进环渤海、长江三角洲、珠江三角洲地区的优化开发，形成 3 个特大城市群；并在哈长、江淮、海峡西岸、中原和长江中游等地区，形成若干新的大城市群和区域性城市群。

在城镇化发展的过程中，针对城镇空间分布和规模结构不合理的现状——如东部一些城镇密集地区受到资源环境的约束，而中西部地区资源环境承载能力较强，城镇化的潜力尚未充分挖掘——新型城镇化发展规划进一步对优化空间布局提出了要求，要根据资源环境的承载能力构建科学合理的城镇化宏观布局。在"两横三纵"的基本格局下，发挥中心城市的辐射带动功能，增加中小城市数量，增强小城镇的服务功能，优化全国城镇化战略格局。通过经济转型升级、空间结构优化和资源永续利用等措施提高东部地区城市群的一体化水平与国家竞争力；在保护生态环境的基础上，引导有市场、有效益的劳动密集型产业优先向中西部转移，推动中西部地区城市群的区域协调发展，使之成为新的重要增长极。

"十四五"时期，新型城镇化的实施方案为优化城镇化空间布局和形态，提出提升城市群一体化发展和都市圈同城化发展水平，促进大中小城市和小城镇协调发展，形成疏密有致、分工协作、功能完善的城镇化空间格局的目标。既包括分类推动城市群发展，有序培育现代化都市圈，也包括健全城市群和都市圈的协同发展机制，以及转变超大特大城市的发展方式。尤其针对"大城市病"，新型城镇化致力于推动超大特大城市的"瘦身健体"，解决公共服务资源过度集中的问题，优化提升中心城区功能。

最后，在建设理念上，新型城镇化还着力推进新型城市的营造，以绿色、智慧和人文的建设理念提升城市内在品质。将生态文明融入城市发展的绿色城市，构建绿色生产、生活与消费模式；推进凝聚信息网络宽带化、规划管理信息化、基础设施智能化和公共服务便捷化等内容的智慧城市建设；通过发掘文化资源，融入传统文化元素，打造历史底蕴与多元开放并蓄的人文城市。《国家新型城镇化规划（2014—2020 年）》实施以来，在提升城镇化质量、提高居民生活品质等方面取得了显著成绩。

在绿色城市建设方面，包括燃气、排水、园林绿化和环境卫生等在内的城镇环境基础设施建设投资不断增加。2013 年至 2020 年，全国投入从

5200 亿元增长至 6800 亿元；全国城市绿地面积由 240 万公顷扩大至 331 万公顷；公园数量则由 1.2 万个增加至近 2 万个；建成区绿化覆盖率由 39.7% 提高至 42.1%。①

在智慧城市建设方面，信息技术基础设施建设的快速发展为服务应用的数字化转型提供了有力支撑。根据 2022 年 8 月中国互联网络信息中心发布的《第 50 次中国互联网络发展状况统计报告》，我国网民数量已达 10.5 亿人，宽带接入端口数量达 10.35 亿个，移动通信基站总数达 1035 万个，真正实现了《国家新型城镇化规划（2014—2020 年）》提出的"光进铜退"。并且，在日常生活、公共服务与社会治理等方面，互联网应用场景的日益丰富，形成了覆盖衣食住行各个领域的数字生态体系。基础应用类、网络娱乐类、商务交易类、公共服务类应用的用户规模均超过 1 亿人（中国互联网络信息中心，2022）。

在 2014~2020 年新型城镇化建设的基础上，"十四五"期间提出推进新型城市建设的发展目标，坚持"人民城市人民建、人民城市为人民"，建设宜居、韧性、创新、智慧、绿色、人文城市。在智慧化改造方面，提出推进 5G 网络规模化部署和基站建设，提高用户普及率。依托全国一体化政务服务平台，推行政务服务一网通办、公共服务一网通享。在推进生产生活低碳化方面，推动能源清洁低碳安全高效利用，提出到 2025 年城市新能源公交车辆占比提升至 72%，倡导绿色出行与绿色家庭。在推动历史文化传承和人文城市建设方面，保护城市历史文脉的同时，也推动非物质文化遗产融入城市规划建设，并鼓励城市建筑设计的传承与创新。

四　小结

中国历史创造了灿烂的城市文明，受限于认识论和历史材料的影响，古典社会学阶段韦伯对中国城市的阐释并不能客观公正地反映历史的全貌。尽管近现代的城市化进程在半殖民地与半封建社会形态下发展迟滞，新中国成立之后的城市化求索展现了极强的韧性与自主发展的能动性。立足人口基数庞大与资源环境相对脆弱的现实国情，中国特色的城镇化之路

---

① 国家统计局，2013~2021 年《中国统计年鉴》，http://www.stats.gov.cn/tjsj/ndsj/。

既不同于西方以城市为中心的城市化模式，又与一般发展中国家农村人口向城市集中的城市化进程有着较为显著的差异。中国特色的城镇化与中国式现代化的历史进路相互交织。城镇是中国城市化的重要载体，在很短的时间内实现了城镇化率的跨越式发展，并经历了从速度型城镇化向质量型新型城镇化的转变。新型城镇化嵌入了以人为本的价值理念，对空间结构的优化突出城镇和城市群，以及区域之间的协调发展，在新的发展阶段致力于营造绿色、智慧与人文的新型城市。

社会学背景下的俄罗斯城市

扎波洛娃 （E. N. Zaborova）

社会学研究现代社会，关注社会关系、社会群体、社会过程和社会制度，及其作用和地位，以及其对人类社区、生活和行为的影响。像城市这样具有历史意义的现象也是社会学的研究对象。

俄罗斯有一个特殊的学科——城市社会学，它隶属于更广泛的城市科学。城市社会学考察城市居住区出现的起因和构成要素，它们在世界文明中的作用，以及对社会制度、大小人类群体和个体的影响。许多当代学者在他们的作品中将城市地区作为一种社会现象进行研究，探讨不同方面的城市问题。这些学者包括：E. G. Animitsa、R. V. Babun、O. I. Vendina、N. Yu、Vlasova、A. A. Vysokovsky、V. L. Glazychev、N. V. Zubarevich、L. B. Kogan、G. M. Lappo、V. G. Ledyaev、A. M. Lola、V. Y. Lyubovny、V. V. Markin、M. F. Chernysh。

如果想要讨论"作为空间和领土实体的城市地区"这一主题，首先需要阐明我们对"城市地区"的理解以及定义的标准。在本质上，我们讨论研究的对象，包含了人类居住区的范围。我们赋予这个术语的含义决定了很多事情。例如，人口为 5000 人的人类居住区是否应纳入分析范围，还是只考虑大城市和人口数量超过 100 万人的城市？鉴于考古学家发现与研究的古代人类居住区有着不同的规模，我们应该从哪个历史时期来判断城市地区的出现？是否可以将绵延几公里的人类聚集区，或其在历史变迁中的不同形态都视为城市地区？人口较少和人口众多的人类居住区，不仅在外观、建筑、公司、组织、机构的数量上有质的差异，而且在生活方式以及居民的心态、行为等方面也大不相同。

尽管"城市地区"的定义很重要，但科学家们现在尚未形成统一的看法。全球实践表明，人类居住区要想获得正式的"城市居住区"身份，需要具备许多特点。俄罗斯国家立法的官方文件中没有包含"城市地区"的定义，只提到了"城镇"的概念。①

对全球经验的分析（2018 年）显示，233 个国家和地区中，有 52% 使用行政标准来区分城市和农村人口，其中 59 个国家和地区（25%）使用单一标准，其余国家和地区则结合使用了其他标准（United Nations, Department of Economic and Social Affairs, Population Division, 2019; Shcherbakova, 2019）。行政标准涉及官方认可"城市居住区"的身份、当局承认该人类居住区为城市地区。应当指出，通常情况下，类似决定纯粹基于主观因素，理由可能并不充分。例如，凯瑟琳二世女皇梦想将俄罗斯转变为一个由城市居住区构成的国家，在没有考虑当地社会经济状况等客观特征的情况下，任意将各地称为城市。在现代时期，各国通常根据人类居住区在国家整体运作体系（经济、政治、文化）中的重要性，来决定哪些人类居住区可以被称为城市。例如，巴西、玻利维亚、海地、德国、洪都拉斯、哥斯达黎加和厄瓜多尔将城市居住区定义为行政中心、商业中心和功能中心等。通常情况下，人类居住区的人口规模也会被纳入考量。

人口规模被视为最常用的标准，它似乎也是最精确的。然而，这种认知具有欺骗性。全球经验表明，各地所使用的数字指标差异很大。例如，在阿根廷、葡萄牙和法国，人口达到 2000 人的人类居住区即可被认为是城市居住区；在泰国，这一数字为 2500 人；在西班牙和希腊，人口达到 10000 人才被认为是城市居住区。在加拿大、马来西亚、瑞士，人口只需达到 1000 人，而在冰岛，甚至只需达到 300 人，便可被认定为城市居住区。在美国，"城市居住区"的定义要求人口为 2500 人或更少（例如，佛罗里达州的朱庇特岛只有 584 名常住居民）。丹麦的城市为所有居民人数超过 200 人的人类居住区，但其他国家不会认为这样的地区是"城市居住区"（Zaborova, 2021）。

以人口规模为标准，俄罗斯对城市居住区进行了如表 1 所示的分类。

---

① 俄罗斯联邦立法，俄罗斯联邦地方自治组织的一般原则——第 131 - FZ 号联邦法律（2003 年 9 月 16 日由国家杜马通过，联邦委员会于 2003 年 9 月 24 日批准）。

表 1　俄罗斯城市分类（按人口）

城市人类住区	人口
小型	5 万（2 万）人以下
中型	5 万~10 万人
大型	10 万~25 万人
重要	25 万~50 万人
最大	50 万~100 万人
百万人口城市	100 万人及以上

注：人们对小型城市居住区数字下限有不同的看法。

　　和学术界一样，地方政府在实践中也没有对"城市地区"的定义形成一致意见。在苏联时期，人口达到 12000 人的人类居住区被视为"城市居住区"。在当代，俄罗斯联邦各州独立制定了城市和农村的划分标准（例如，在彼尔姆、下诺夫哥罗德州和巴什科尔托斯坦，划分标准为居民数量达到 10000 人；在秋明，划分标准为居民数量达到 20000 人）。然而，大多数州仍然采用传统方法，认为城市居住区的人口至少应达到 12000 人。但也有偏离这一标准的情况。例如，斯维尔德洛夫斯克州的许多人类居住区被正式认定为"城市居住区"，但它们的人口没有达到 11000 人（如维尔霍图里耶、沃尔昌斯克和上图拉）。一些科学家认为，只有人口超过 5 万人甚至 10 万人的人类居住区才是"适当"的城市居住区，另一些科学家则认为，人口超过 1 万人的人类居住区便可称为城市居住区。[①] 但后者还使用了其他标准，例如非农业活动的主导地位：在城市居住区中，工人和雇员及其家庭成员总数必须占总人口的 85%。

　　俄罗斯科学家在著作中经常将城市居住区称为非农业活动中心（Grek-ov，1949：94）。这是因为，虽然俄罗斯传统的城市居住区一直以农业为主导（Belov，2012），但如今，大多数城市居住区都发展了工业生产，已经没有城市可以归类为"农业城市居住区"。

---

① 俄罗斯联邦立法，卡累利阿共和国行政与领土结构的基本原则：卡累利阿共和国第 XII –23/621 号法律，1994 年 1 月 20 日，第 8 条，城市居住区划分标准。

不同国家的科学家和专家所使用的标准各不相同，它们一般具有以下特征：

（1）城市环境的功能特征（铺面街道、供水和排污系统、电气照明等）；

（2）建筑物之间的距离（在法国，城市居住区内的建筑物距离不应超过 200 米）；

（3）土地和空间边界因素，表明城市在人类居住区体系中的核心作用（它集中了移民、交通运输和物流，在周围其他类型的人类居住区中占主导地位）；

（4）将城市居住区称为人为创造的栖息地（它是由人类创造、经过社会化改造、与自然环境不同的最大人类栖息地）；

（5）现有城市社区，城市生活方式占主导地位（在特定条件下开展典型、稳定的活动和城市居民活动）等。

大多数研究人员，从古典时期的学者（M. Weber、H. Zimmel、L. Wirth、R. Park、F. Ratzel 等）到现代社会科学家（Vodarskiy，2006；Kuza，1982），在定义"城市地区"时都会同时使用多种标准。在具体的实践中，不同国家的使用标准有时存在很大的差异：今天，有 12 个国家在区分城市和农村人口时，没有使用任何标准，或者所使用的标准不清晰；在这 12 个国家中，所有人都被认为是城市人口（Shcherbakova，2019）。

本研究参考了俄罗斯国家统计机构使用的官方数据和城市居住区清单。

根据俄罗斯联邦国家统计局的数据，2022 年 1 月 1 日，俄罗斯人口为 145557576 人（Population of the Russian Federation by Gender and Age，2022）。俄罗斯联邦属于高度城市化的国家：75% 的人口生活在 1117 个城市居住区。此外，全国总人口的 49.16% 居住在人口规模 10 万人以上的城市，而 50.84% 居住在中小城镇、城市人类居住区和农村人类居住区（Social and Demographic Profile of Russia，2012）。俄罗斯联邦有 16 个人口为 100 万人及以上的城市（见表 2）。

表2　2022年俄罗斯联邦百万人口城市的人口数量

单位：人

排序	城市	人口	排序	城市	人口
1	莫斯科	12506468	9	萨马拉	1163399
2	圣彼得堡	5351935	10	罗斯托夫	1130305
3	新西伯利亚	1612833	11	乌法	1120547
4	叶卡捷琳堡	1468833	12	克拉斯诺亚尔斯克	1090811
5	下诺夫哥罗德	1259013	13	彼尔姆	1051583
6	喀山	1243500	14	沃罗涅什	1047549
7	车里雅宾斯克	1202371	15	伏尔加格勒	1013533
8	鄂木斯克	1172070	16	克拉斯诺达尔	1000000

资料来源：俄罗斯联邦国家统计局。

莫斯科、圣彼得堡和塞瓦斯托波尔是俄罗斯的三座重要城市，具有特殊地位。"联邦重要城市"是指对整个国家具有经济、政治和战略重要性的城市。

科学家们如今一致认为，城市居住区是一种模糊和矛盾的现象。它的主要优势无可争议，也很明显。一方面，城市居住区是人类各种活动的中心。

（1）经济活动。历史上，城市居住区集中了制造业；现在，城市人类居住区拥有银行、大小公司的办事处，是人类贸易、交通运输、物流和金融等经济活动的中心。

（2）社会活动。城市居住区集中了许多正式和非正式的社会群体、社会机构和复杂的社会互动系统。城市里有各种各样的职业，也有最能胜任工作的各类人员。一座大城市就像一滴水，折射出整个人类文明的海洋。

（3）政治活动。大型城市居住区是政治决策的中心。俄罗斯首都莫斯科是总统、联邦政府、国家杜马、主要部委和政府当局等主要管理机构的所在地，影响整个国家和所有其他人类居住区运行，发展的决定都来源于此。

（4）文化活动。城市居住区有教育机构、剧院、电影院、体育机构、图书馆和博物馆。城市居住区越大，其文化潜力就越大。年轻人纷纷涌入城市，希望能在这里接受教育，寻找开启成功生活的大门。在我们所处的信息时代，城市居住区也是信息创造和信息传播的中心。

城市居住区作为一种建筑和物质实体，是人类创造力的杰出体现。它的出现证明了文明的成功，也是文明发展的动力。

就城市居住区作为社会现象的积极方面而言，它们可能并不完整，却表明了城市居住区对人类文明发展的重要性和必要性。正如所有硬币都有两面，城市居住区也不例外。当代的社会学家、经济学家、环保主义者和文化专家都在积极讨论城市，特别是大城市的负面影响，也撰写了许多相关文章。城市居住区最显著的负面影响包括以下几个方面。

（1）交通运输问题。城市居住区交通拥挤，长达数个小时的交通堵塞是俄罗斯大多数大城市的通病。

（2）环境问题。城市居住区存在环境污染，机动车是俄罗斯的主要污染源。

（3）医疗健康问题。在人口密集地区，传染病传播非常迅速（尽管城市居住区的医疗水平高于农村地区，这也是城市居民预期寿命较长的主要原因）。

（4）社会和文化问题。在信息时代，虽然人们能更快地获取信息，但也因此更加疏远、孤独，还会对网络上瘾。城市居住区在不同文化世界的分层导致了容忍度丧失、偏差行为增加以及社会不平等加剧。

城市居住区的优缺点非常复杂，它们互相交织，影响着人类，且这些影响的确切累积效应尚无法计算。矛盾加剧的同时也发生了改变，俄罗斯的去城市化趋势越来越突出。研究人员愈发清楚地认识到，需要寻找人类更能接受、更舒适的城市居住区新概念。

一　历史上的城市人类居住区：出现与发展

总体而言，俄罗斯第一批城市居住区的发展遵循西欧模式。但它们的出现有一定的特殊性。

第一批城市居住区是什么时候出现的？它们为什么会出现？城市居住区的起源可以追溯到很久以前，但我们只能依靠考古遗址和保存下来的手稿等信息推测其大概时间。与此同时，关于什么是城市居住区，特别是确认某人类居住区为城市地区的最低人口规模，仍然存在一些争议。I. Morris 认为，目前的研究中，最古老的主要城市居住区存在于公元前 8000 年，它们是穆雷贝特（叙利亚）和贝达（约旦）（Morris，2011）。这些地方的人口约为 500 人。G. Modelski 则认为，第一个城市居住区出现在公元前 7000 年，它是位于约旦河西岸的耶利哥，人口为 1000 ~ 2000 人（Modelski，2003）。

二十万年前，智人不断进化，改变了自己和周围的环境，包括人类居住区。城市居住区出现的原因有很多。这些原因可分为根本原因（基本、自然和生物原因）和文明原因。城市居住区出现的根本原因是智人（意识的形成）、社会（群体、合作社）生活方式的出现和人口的增长。

意识的显著特征（如果我们把它与动物思维进行比较）包括可以记忆和处理的大量数据、智力操作（概括、分析、合成、演绎、归纳等）的复杂性、包括声音和意义这一复杂组合的语言、反思（自我意识）、创造能力和抽象思维。一些科学家认为，人类意识和动物思维之间没有明确的界限；作为连续体，这是一个连续的过程（Sinkha & Lysenko，2016）。但动物思维和人类意识之间存在定量和定性差异，这些差异非常显著，因此大多数研究人员倾向于认为只有人类有意识（Uskova，2017）。人类意识允许人类改变自然，而不是适应自然。人类发明并创造了玻璃、金属、塑料、橡胶、聚乙烯、清漆和油漆，使修建并不存在于自然环境中的住宅也成为可能。意识还推动了艺术和建筑的出现，人们不仅仅只是简单地创造事物和物体，而是渴望让它们变得美丽。为此，人类为自己建造了栖息地——城市居住区。

如果人类没有智力，就不会建造城市居住区。如果人类过着孤独的生活，而不是过着群居生活，他们也不会建造城市。在动物中，群居动物的种类多于独居动物（Bespalaya，2020）。群居或合作非常利于物种发展，因为它能够使物种将精力集中在觅食、联合保护、收集并传递信息等各种活动中。合作的自然益处使得人们希望待在同一个空间里，城市环境提供了最佳合作机会，人们在城市中拥有更多实现社会化、文化发展和舒适的日常生活条件的机会。

除意识和合作生活方式外，人口增长也是城市居住区出现的根本原因。地球上人口越多，城市就越多。在 1000 年前，人口增长几乎是微不足道的（从公元 1 年到公元 1000 年间，人口仅增长了 1 亿人）。从 1900 年到 2011 年，全球人口从 15 亿人增长至 70 亿人，增长了 3.7 倍。而在此期间，世界城市人口增长了 16 倍（2018 Club of Rome Report, 2018）。

城市的出现，不仅得益于智人、群居生活方式和人口增长，也源自文明进程的内在逻辑。城市居住区的演变受三个进程的影响最大：手工业与养牛业和农业分离、贸易的出现和权力巩固。

手工业与养牛业和农业的分离不仅是一个分工过程，还是一个地域经济、生产专业化，以及商品和服务相互联系与交换的过程。纵观历史，随着人类的进化，农业发展和手工业贸易对这两个过程的推动也在加强（Motrevich, 2012）。最初，手工艺人居住在农村地区。由于需求不大，他们无法在这种环境中大量分销产品，因此，搬到了贸易路线的交会点、集市、港口、摆渡口这种需求较高的地方定居。后来，这种人类居住区成为城市中心。

城市居住区作为手工业和商业中心而建立，离不开社会的发展。随着人口增长，贵族和平民的需求也有所增加。进口奢侈品的必要性逐渐增强，贸易变得愈加重要，国内市场也在不断发展。韦伯在他的作品《城市》中提到："只有在当地人口可以在当地市场满足其大部分日常需求，并且购买的大部分产品是由当地人或居住在周围地区的人专门为市场销售而生产时，我们才能从经济意义上认为这是'城市'。由此可见，城市永远是市场中心。"（Weber, 1994：310）

除了手工业与农业的分离和贸易的发展之外，权力因素，即国家及其强大权力机构的影响，作为独立因素也发挥了非常重要的作用。

只要存在群居生活，总是不可避免地存在着社会分化，即会出现领导者或权力派别。从这个意义上说，人类社会并非独一无二的——即使古代部落也有领袖、巫医和战士。换言之，世俗、宗教和军事权威同时存在。根据韦伯的观点，城市地区的形成可能源于特权（例如企业家的特权），也可能是有关方面篡夺权力的结果（Weber, 1994：311）。

城市的显著特点在于，它曾是堡垒和驻军总部（Weber, 1994：317）。世俗、军事权威与宗教权威结盟，有时又相互竞争。权威当局制定了特定的城市规划政策，根据其对强制性、必要性或规定性内容的设想开发了城市空间。

基本核心和文明因素的结合是城市居住区出现的原因。根据学术文献，城市居住区的出现源自文明因素和一些偶然原因（见表3）。

表 3　城市居住区出现的原因

常见原因 （基本社会原因和生物学原因）	具体原因 （文明）	特殊原因 （出现原因）
从众的生活方式 人口增长 意识的存在	手工业和农业的分工 贸易的出现 通信手段的出现	优越的地理位置 矿藏 宗教朝圣地 贸易路线交会点 观察点 特定统治者、政府等的决定

城市居住区的出现可分为两种趋势：城市地区逐渐出现是文明进程自然演进的结果；人为建造，是政府决策的结果。例如，名为江户的小村庄在历史演变中成为今天拥有数百万人口的东京。但很多时候，居住区建设是由当局发起的，许多古城都是按照统治者的意愿建造的（Polyakov & Kryukova，2015；Ionina，2006）。沙皇彼得一世下令并亲自参与建造了人口数量超过百万人的俄罗斯城市圣彼得堡（建于 1703 年）。此外，彼得一世还另建了 10 座城市（Slavskaya，2014）。苏联时期，苏联共产党和政府下令沿贝加尔 - 阿穆尔干线建造了乌斯季库特、北贝加尔斯克、滕达、费夫拉利斯克等城市居住区，它们的建造解决了西伯利亚的社会发展和经济问题。

城市居住区的建设通常（但不总是）以自然和地理因素为基础：区域的便利性、在贸易路线上的位置、水路、通航、矿产等（Grinin，2011；Mironov，2014）。例如，V. N. Tatishchev 选定叶卡捷琳堡（建立于 1723 年）为未来的乌拉尔冶金中心，它位于伊谢季河与丘索瓦亚河交汇处附近，处于一条从西向东的大型贸易道路上，地理位置优越，交通便利。

从时间和速度上分析城市居住区出现的机制，我们可以得出结论：历史上城市增长的速度并不一致，有缓慢与渐进，也有极其迅速的城市建设。

二 现代俄罗斯城镇化的开端

许多出版物专门介绍了俄罗斯城市起源的历史。相关学术著作的作者包括 Y. E. Vodarsky、V. V. Karlov、Y. R. Klokman、V. O. Kluchevsky、A. V. Kuza、A. M. Sakharov、V. P. Semenov-Tyan-Shansky、P. G. Rydzyunskiy、M. N. Tikhomirov、L. E. Iof 等。

大多数研究者认为刻赤（公元前 610 年至公元前 590 年）、费奥多西亚（公元前 6 世纪）、杰尔宾特（约 2000 年）、旧拉多加（约 1251 年）、诺夫哥罗德（1159 年）、罗斯托夫·维利基（1157 年）、穆罗姆（1156年）、斯摩棱斯克（1155 年）、普斯科夫（1115 年）和布良斯克（1033年）是俄罗斯的首批城市（就其 2022 年的现代边界而言）。A. V. Kuza 研究了 10～13 世纪的 1395 个防御工事居住区（考古学家对其中 862 个进行了全面研究）并得出结论，另外 62 个居住区具有首批大都城的典型特征（Kuza，1984）。他列出了将古代居住区划定为城市的标准：占地面积 2.5公顷或以上、工艺品（生产综合体、工具、半成品）、贸易（进口商品、硬币、铸锭）、工艺品生产工具、行政管理（印章、刻章）、军事活动（武器、盔甲、马匹和骑手装备）、纪念性建筑（石庙和民用建筑）、书面语言（金石碑和书写用具）、封建生活方式（贵族用品和豪华服饰、昂贵的器具）、地形学（庄园和庭院建筑）。

以下是俄罗斯城市居住区的一些具体外在特征。

俄罗斯的城镇化进程起步较晚。城市的出现始于 9～10 世纪早期的封建时代，直到 10～12 世纪，它们才成为贸易和手工业中心（Tikhomirov，2008）。

城镇化进展缓慢。在 9～10 世纪，俄罗斯有 25 个城市居住区；11 世纪，有 64 个城市居住区；12 世纪，有 135 个城市居住区；13 世纪，有 47个（鞑靼 - 蒙古入侵期间数量有所减少）（Kuza，1989）。

与欧洲一样，城市居住区的兴起归功于封建领主（Kuza，1984），工匠和商人也发挥了重要作用。但长期以来，俄罗斯是一个农业国家，城市与农村地区紧密相连。19 世纪末到访过俄罗斯的外国人注意到，城市人口与农村人口几乎没有区别（Leroy-Beaulieu，1990）。

在欧洲国家，公共组织、城市社区对政府产生了重要影响。而在俄罗斯，国家权力机关对城市的出现产生了巨大影响——居住区的城市地位由国家认定、正式授予。此外，国家权力机关通过征税严格监控城市人口和地方自治政府的组建。俄罗斯城市中心的发展是工匠和商人自然积累的结果，而且在许多情况下，国家需要这些中心来征税和保护领土免受外敌入侵。"政府需要城市居住区，而后才考虑人口发展。"（Milyukov，1896）

虽然有城市自治的显著案例（例如，9世纪、10世纪，诺夫哥罗德和普斯科夫有名为"卫彻"的市政会议），但城市人口的公民参与度很低。

18世纪的"gorod"（城镇/城市）等同于现在的克里姆林宫。"gorod"指坚固的、通常被木墙包围的城市中心。中心设有行政部门：有军事首领的住宅、关押囚犯的监狱、防卫设施储备（弹药、火药）和其他国家财产。这里是负责管理的公职人员和负责防御的军人的住所。城市居民的宅院被称为"siege yards"（围院），在有敌人进攻时将被征用，其他时候则空置。（现代意义上的）城市（商业和工业）人口居住在城市外的"posad"（郊区），他们被称为"posad"居民。"posad"建在城市附近，发展通常落后于城市。随后位于三环的"slobodas"在"posad"附近形成，它们是实业家和工匠聚集的地方。

1649年的理事会法典对城市土地问题进行了规定，这有利于"posad"社区的发展。法典严格规定了公民的城市居住区归属（公民从属于"posad"，没有权利离开，否则将被处死）（Gorod，1976：62）。当时，城市公民身份的转变也相当困难。只有在修订（人口普查）期间，公民才被允许离开自己的居所。如果要在人口普查之前离开，村镇居民（商人、镇民）必须缴纳双重税。每个案例的最终决定权都在圣彼得堡的参议院手上。事实上，只有富农才有离开的可能性。

根据19世纪上半叶的标准，大型城市居住区是指人口超过25000人的城市，中型城市居住区的人口为5000～25000人，小型城市居住区的居民则少于5000人（Kupriyanov，1995：23）。

此类城市居住区的外观也与现代城市有很大不同。19世纪中叶，中部省份的城市有很多石制建筑，而在乌拉尔和西西伯利亚的城市，这类建筑要少得多（数量不超过总数的3%）。这些地方的木材资源丰富，商人普遍认为住在石屋中对健康不利。

俄罗斯广阔的领土和丰富的自然资源（森林、水、矿产）影响了城市居住区的发展。因此，街道宽敞、房屋间距很大是其建筑特点。城市空间的集中度很低，这在欧洲也非常少见。在 1860 年的托博尔斯克，人口密度为每 14562.7 平方米 25 人，在 19 世纪 90 年代后期的托木斯克，人口密度为每 14562.7 平方米 10 人，鄂木斯克的人口密度为每 14562.7 平方米 16 人。房子很分散，每栋房子都带有花园。俄罗斯城市没有西方城市发展的特征：因为土地成本高，建筑物也很高。在很多方面，城市发展的传统源于村庄建设的经验和传统。

与此同时，城市发展的技术进步缓慢：第一条连接圣彼得堡和莫斯科的高速公路直到 1830 年才建成。发达道路的缺乏导致贸易无法步入正轨，因而集市通常是季节性的。

在彼得大帝统治期间（17 世纪末至 18 世纪初），俄罗斯建立了绝对君主制。从私人住宅到军营，没有一个建筑的治理不会受到君主的关注。彼得大帝并不寻求自治的城市社区，而是通过民选机构，以发展经济来帮助他实现雄心勃勃的目标。在彼得大帝的统治下，城市人口被称为公民，即后来的资产阶级。他们分为行会人员（银行家、商人、医生、药剂师、画家、裁缝、鞋匠等）、小商人和工匠。这一创新之举的目的在于将外国经验引入俄罗斯，但这些组织并没有实权，很快就变成了正式的官僚组织。

城市居住区的分类被首次引入。以下为几大特殊的城市居住区：较大的主要城市——圣彼得堡、莫斯科、诺夫哥罗德、喀山、里加（家庭数量为 2000 个及以上）；家庭数量为 1000 ~ 1500 个的城市居住区，500 ~ 1000 个的城市居住区，250 个及以上的小型城市居住区，其他小型城市居住区和 "slobodas"（Animitsa, Dvoryadkina, & Silin, 2006a：58）。

地方自治的直接出现与叶卡捷琳娜二世上台有关。叶卡捷琳娜二世颁布了许多建立新城市和巩固旧城市的法令，她梦想的城市将有瀑布、喷泉、植物园、寺庙和大学等。"女皇在这方面表现得非常积极。在其统治的 20 年结束之时，女皇自豪地宣布，她在短时间内建造了 216 座城市"。（Dityatin，1895：13）

根据《贵族宪章》（1785），城市居住区取得了财产（土地、田地、树

林、灌木丛、空地、草地、河流和磨坊等）。同时，禁止建设城市牧场
（周长2俄里）。居住在城市中的绅士地位发生了变化（他们被允许拥有私
有财产且可以组织贵族集会），城市管理体制发生了变化。

俄罗斯城市居住区的历史形式，既具有所有城市居住区的共同特征，
其独特性又与各自的历史有关（Saushkin & Glushkova，1983）。

截至1913年，只有18%的俄罗斯人口为城市居民。在苏联时代（尤
其是1917年至20世纪80年代后期），城镇化仍然延续了帝国主义性质，
而工业化——基于有计划的生产力发展模式——作为经济因素脱颖而出。
正是在这一时期，俄罗斯实现了城镇化的巨大飞跃，一种城镇化的转变：
"在苏联时代的七个十年中，俄罗斯城镇化进程超过了过去一千年的发
展。"（Senyavskiy，2019）

三　现代化进程中的城市居住区及其现代化

城市现代化同时受到内部与外部因素的影响。鉴于历史变革，城市居
住区既随着州和地方政府的城市规划政策而变化，也受到全球进程的
影响。

从20世纪和21世纪的城市规划理论和俄罗斯国家城市政策中，可以
区分出几个重要阶段。在20世纪40年代、60年代，密集的城镇化进程和
城市居住区的快速增长开始出现。城市发展与工业生产发展密切相关，彼
时促进经济发展及其工业化是国家的主要目标。苏联在早期启动了城市改
革，修订了城市居住区的清单：106座城市转变为农村，36个城市型社区
和182个居住区（主要是工业和制造业集中的居住区）保留了城市地位
（Konstantinov，1947：11-46）。根据1926年的人口普查，苏联已有737座城
市（仅1938年就建立了139座城市）。一般来说，非农业居住区被赋予城市
地位，但是城市中心往往由于工业扩张而出现在荒野之中（Lappo，1987）。

城镇化进程正从中部向东部和北部推进。城镇化的高增长率一直持续
到1941~1945年的伟大卫国战争。粗放式城镇化阶段在20世纪70年代末
和80年代完成，当时全国城镇化水平已接近欧洲的平均指标。

城镇居住区数量的快速且主动扩张以集中、系统的方式进行。有人试
图将意识形态理想（集体主义和共产主义）与人们的实际需求结合起来。

这一结合表现为交错的服务系统概念（Gradov，1968）、新聚落要素概念（Baburov et al.，1966）、动态住区（Ikonnikov & Pchelnikov，1973：254 - 272）的概念。作为结果，国家开始制定城市规划，重点以综合的方式营造城市环境。

基于城市空间规划的统一性原则，以符合人们的基本日常需求为基础，城市居民的基本生活需求应在其居住地范围内得到满足。工作单位、住宿地、幼儿园、学校、诊所、文化馆——单个住宅区包含这些机构，可以最大限度地减少出行成本。这一想法通过引入明确的建筑规则和标准来实施，这些规则和标准受到相应国家部门的严格控制。

一般而言，地区的龙头工业企业积极参与推动此类机构的发展，本身也建立起了一些相关机构（工厂综合诊所、工厂住房等）。在此期间，城市内部并无明显的社会分层，在既定标准、规则和社会政策下，可以免费取得计划性的城市住房。当所有人无论其天赋和技能如何，都享受同等的住房条件时，工资水平是这一进程的消极面。城市建筑以单一类型为主，城市空间趋于灰色、沉闷，夹杂着个别具有活力与华丽的建筑。

20 世纪 90 年代的改革进程极大地改变了城市规划政策。随着市场关系的整合，无偿的计划性住房被取消，市场使得企业只在账面上保留幼儿园、住房和诊所，因而无利可图。

此时，地方自治体制正在形成，市政当局接管了城市发展的主要责任。但是很快，大多数城市都面临资金短缺问题，无法全面综合地开发城市空间。许多市政机构被私营企业控制，这在一定程度上缓解了俄罗斯城市的发展差距。今天大多数俄罗斯城市中心都以接受国家补贴的方式解决关键性的城市问题。

自俄罗斯建国以来，已经制订了相对完善的计划，对城市居住区、建筑设计和功能内容进行重新确定。目前，俄罗斯正在实施空间发展战略，该战略确定了居住区发展的主要方向。自 2000 年以来，市政当局开始制定未来城市发展的战略规划，目前已有许多城市中心制定了此类规划。这些规划将城市的经济、社会和文化方面综合成整体，其开发期限为 15 ~ 20 年或更长，并通过特定的计划和项目来实施。

大多数战略计划仍然以经济为主，当局更关注商业发展、增加企业和公司数量、解决交通和公共服务问题。然而，以人为本的城市，而不是以技术和经济为导向的西方理念开始变得越来越流行。

四 特大城市与逆城镇化：城市发展的新空间布局

人口超过 100 万人的城市被称为特大城市。此类大型居住区的显著特征通常围绕历史的核心——中心城市而建。这是特大城市与特大都会（由数个城市群合并而成）的主要区别。如今，俄罗斯有 16 个特大城市（见表 2），另有几十个城市也将成为特大城市（假设人口增加）。

俄罗斯特大城市的行政地位和社会经济发展水平存在显著差异。莫斯科和圣彼得堡等特大城市具有联邦意义，因此遵循特殊的运作和发展模式。根据 2003 年《地方自治法》，国家赋予城市多项权利，保障了城市的日常生活和发展前景。某些权利属于联邦当局，不为联邦城市所享有。因为这些城市本身就是国家最重要的发展中心，而莫斯科是俄罗斯的首都。此类问题关乎城市规划、法律细节（财政和民事立法的特殊规范）和金融条件。

在经济方面，联邦城市是最发达、最富有的城市，拥有最多的注册公司，而且企业向国库纳税。莫斯科地区生产总值占全俄罗斯 GDP 的 23% ~ 24%，对外贸易占比接近 40%，而圣彼得堡分别占 5% 和 10%。莫斯科 40% 以上的预算收入来自财政收入，当地注册的大型公司是财政收入的主要来源（Belyanin，2017：10 - 17）。超过 90% 的国内资本也由总部设在莫斯科的金融和工业集团控制。

莫斯科是最大的贡献者，其预算贡献占全国的 24%，而圣彼得堡的预算贡献占 5%。考虑到莫斯科保留了 50% 的利润，这比其他城市多得多（Do the Regions Feed Moscow，2021）。莫斯科还会得到联邦预算拨付的款项（2022 年计划拨付的款项为 560 亿卢布）。根据现行立法，许多主要位于其他城市的大公司、银行和企业不向地方国库纳税（这可能有助于周边城市的发展），而向注册地莫斯科纳税。

特大城市的人口数以百万计，它们吸引着来自国内外各民族的居民。日常通勤率和郊区迁移率很高。

特大城市作为领土面积最大的中心，拥有最重要的州（联邦）、地区

（共和国等）和地方城市当局，它们也是最大的运输和物流中心（一定有机场、广泛的铁路和公路运输网）。

特大城市还集中了国家的教育、文化和科学资源。例如，特大城市莫斯科拥有 1200 多家科技机构，几乎占全国科技机构的 60%。GaWC（全球化和世界城市研究网络）将莫斯科和圣彼得堡分别归类为全球一线和二线城市。

莫斯科和圣彼得堡与俄罗斯其他特大城市截然不同。其他城市虽然拥有数百万人口，但其经济重要性、对国家社会和文化发展的价值远落后于莫斯科和圣彼得堡。

正如 G. Zimmel、L. Mumford、J. Jacobs 和其他研究者的考察，特大城市存在许多典型的顽疾（Zimmel，2002；Mumford，1970；Jacobs，2011）。

当前俄罗斯的城镇化进程有两大清晰可辨的趋势：一方面，超大城市和大城市正在向城市群转变；另一方面，随着人口萎缩，小城镇面临数量减少甚至消失的风险（Zaborova，2020）。同时，第一个进程得到了国家支持，已经纳入俄罗斯联邦 2025 年空间发展战略。对于小城镇问题，政府并未提出解决方案。

城市群是现代城镇化进程发展的新阶段。空间发展战略提出了两类俄罗斯城市群——大型城市群（人口为 50 万~100 万人）和超大型城市群（人口超过百万人）。城市群不仅幅员辽阔、人口众多，更重要的是实现了基础设施的共同利用，以及经济、劳动和社会关系的集约化。根据官方文件，俄罗斯总共形成了约 40 个人口超过 7300 万人的城市群。

城市群将领土整合为一个整体，发挥了积极的作用，例如累积效应——允许聚集资源、实施重大项目、增强土地的吸引力和竞争力（Lappo，Polyan & Selivanova，2007）。政府获得了更多的管理机会，居民则拥有更多的工作机会。相邻的居住区形成了更清洁、更安静的环境，居民在其中工作和生活。但是，城市群也存在缺点，城市群从工作岗位少、无优质教育条件的欠发达住区吸收劳动力资源，导致附近地区人口减少。因此，只有 10%~20% 的莫斯科居民通勤时无须离开所在地区（Makhrova & Boch-karev，2018），莫斯科城市群内的每日劳动力迁移量为 120 万人（Makhro-va，2016：409）。长途出行会导致疲劳（出行超过 1.5 小时就会出现此现象）。学术文献还认为，城市群集聚过程的经济效应存在不确定性，证据不足且相互矛盾（Crawford，2006；Hafner，2008；Swanstrom，2001）。

当前，全国人口倾向于流向大城市，去城镇化和农村化进程存在不足。根据我们的研究①，大多数俄罗斯人（52.4%）没有考虑过永久搬迁到其他地区。大城市和大都市区的居民缺少离开居住地的意愿。18～25 岁的年轻人愿意搬迁，而 60 岁以上的人搬迁意愿最为缺乏。② 与此同时，年轻人最关注的是降低各种社会风险、增强稳定性，有些人渴望发挥自己的能力，实现社会阶层的跨越。受访者提到，就业情况和基础设施（住房和公共服务、道路等）发展程度是影响或者阻碍搬迁的主要因素，而环境因素（水、空气的纯净度，噪声水平）也很重要。其中，主观因素——价值观、个人内心世界、态度和愿望——也是必不可少的。

俄罗斯城镇化进程的发展趋势表明，在大小城市居住区的演变中，两极分化和不均衡现象日益严重，小城镇面临生存问题。大多数研究人员坚持认为，应当保护和发展小型城市，而一些国家级的领导人则认为小城镇没有未来，其发展要差于大城市，久而久之，居民就会离开小城镇。科学研究为小型城市提供了战略发展选择（Vereshchagina，Degtyarev，& Tyunin，2018；Zaborova，2020），包括将其转变为旅游中心、服务于附近更小居住区的农产品加工和服务中心、科学城等。去城镇化进程也是一种选择，将人口从大城市迁移到小城镇。这些问题的解决离不开政府的支持。

小城镇的吸引力越来越大。如今，这些城市有其积极的一面（清新的空气、宁静、平静的生活、更密切的人际关系），也有其消极的一面（基础设施不发达、医疗保健和教育水平低、缺乏就业和休闲选择、商品种类少、偏远、前往大城市的交通不便）。疫情推动了这一进程的发展，但它们尚未盛行，也存在反复（人们正在返回大城市）。

五　以人为本的新型城镇化

新型城镇化的理念来源于美国城市规划师的著作，他们试图将住房、工作和娱乐区结合起来，创建环境友好型地区。就社会学而言，这种理念被人们对友谊和集体实践的需求所补充（Jacobs，2011）。新城市理论最重

---

① 俄罗斯－捷克联合研究，2001 年（n = 1000 人）。
② 其他作者也获得了类似数据（参见 Sushko，2019）。

要的方面包括步行或自行车交通、环境友好、建筑规模以及它们与人类感知的适配性。

这些理念也有俄罗斯背景。俄罗斯在城市研究史上一直存在着两种相互竞争的思想流派——城镇化主义者和去城镇化主义者。城镇化的支持者（A. Zelenko、L. Sabsovich）在批评资本主义式城市中心的同时，认为城镇化是一种进步的居住区形式。去城镇化理念的代表（M. Ginzburg、M. Okhitovich）则强调城镇化的缺点（Animitsa & Vlasova，2006b）。他们将未来的城市想象成绿色之城，拥有低层建筑，坐落于交通要道沿线。实际上，根据一定假设，苏联在改革之前的城市规划经验（领土统一原则和实现人类需求占主导地位）可以归因于 J. Moreno 提出的、目前盛行的 15 分钟都市圈概念（Moreno，2021）。

20 世纪 80 年代，一个被称为后工业时代或信息时代的现代纪元开始出现。D. Bell、M. Castells、M. McLuhan、W. Martin、J. Masuda、E. Toffler 等的著作讨论了信息时代的显著特征。信息爆炸，归功于计算机和互联网以及信息的数字化，人类开始获得的信息量急剧增加。人们收集、处理、存储和传输信息的能力得到极大提升，几乎不受时间或空间限制。城市中心正在通过这些进程实现现代化，城市本身在这些变化中发挥了关键的作用，它既是权利、治理、经济、信息和文化中心，也是各种创新技术在成熟之后的发扬之地。文明的发展与城市的现代化是一个相互关联的过程。今天，俄罗斯向信息和数字时代的过渡被定义为发展战略的方向，并在工业 4.0、俄罗斯联邦数字经济和其他公共文件中做出了明确要求，俄罗斯的地区和市政当局也采纳了类似计划。

在数字时代的影响下，俄罗斯城市环境现代化的最显著特征是引进了智慧城市计划。在 M. Castells 看来，[①] 信息时代的城市越来越表现为一个流动的、链条式的空间，在智能家居、智能城市以及智能区域（向城市群过渡）的关系形式中得到实现。

俄罗斯建设部与其他部门于 2019 年制定的《领土综合开发标准》反

---

① M. Castells 说："信息时代出现了一种新的城市形态——信息城市中心。"（Castells，2000，374）

映了营造一个全新质量环境的迫切需求。① 作为方法指南，该标准既聚焦新环境的形成，又兼顾民众、企业和政府的利益。

大城市开始盛行建造独立小屋，将大部分房屋系统（水、污水、煤气、安全、消防、冰箱、洗衣机等）的功能连接到单独的集成信息和通信系统中，房主可以通过智能手机控制该系统。现代化（例如用于数据收集和对后续交通流有效管理的电子传感器、公共汽车站和公共交通工具上的信息栏，以及向市民通报车辆到达时间、城市交通状况等信息的网站）对城市街道和交通也有影响（Korolev，2015）。

现代信息技术正在推动城市日常生活发生变化：越来越多的人开展远程办公、在线购物、虚拟交流、在线参加体育和音乐活动。远程教学得到广泛应用，在线医疗咨询也变得十分常见。城市管理系统积极利用现代信息技术实施电子政务计划。因诺波利斯新城的创建最为全面地实施了这一构想，新城位于鞑靼斯坦共和国上乌斯隆斯基区的伏尔加河与斯维亚加河交汇处，这是俄罗斯第一个专门为 IT 人才创建的城市。连接标准联盟（CSA）最近发布了 Matter 1.0 智能家居标准规范，并在俄罗斯联邦启动了产品认证计划，这体现了智慧城市概念的应用。该标准允许将不同制造商生产的设备整合到同一个智能家居系统中，客户无须再考虑配置和兼容性问题。

然而，不同于欧洲城市，苏联城市历史上的不平等阻碍了这一过程，商店、酒店、电影院、诊所主要集中在市中心，它们在郊区的数量少，且密度低。此外，苏联的城市居住区是按照法规建造的，这些法规已经过时，无法反映公民新的需求和现代"舒适"的概念。市政当局的官方文件和城市发展战略规划体现了新城市理论的理念，但在实践中，房地产开发商的利益往往占主导地位。能够践行这一理念的地区反而是个例外，这些地区往往位于俄罗斯大城市的新建区域。

不过，城市环境发展的新进程也给城市及其居民带来了新的问题与挑战。就物理意义上的个体而言，智慧城市是"懒人"的城市，或者说是"技术控"的城市（Bozhenov，2012）。然而，体育活动对健康至关重要。

---

① 《领土综合开发标准》，Dom. RF，URL：https://дом. рф/urban/standards/printsipy-komplek-snogo-razvitiya-territoriy（2022 年 8 月 2 日访问）

这就引出了一系列问题。用什么弥补这种短缺？现代城市环境能提供哪些新的机会？信息大爆炸也对智力和心理发展过程造成了影响。专家学者正在激烈讨论数字（虚拟）自闭症、计算机成瘾、信息中毒等新现象（Orlova，2020）。网络攻击对城市中心构成重大威胁，造成网络安全问题。个人数据访问的便利性为城市示警，导致电子欺诈的增加和个人自由的减少，建立了对市民的全面控制。人们沉浸在通信领域的虚拟世界中，加剧了个人主义和疏离感，G. Zimmel 也曾提到这一点。此外，还出现了信息不平等的新社会现象（Dobrinskaya & Martynenko，2019），城市居民在新信息技术的获取渠道与掌握程度上存在不同，这意味着城市居民在对快速变化的城市环境的适应上存在不平等。

俄罗斯城市环境中的现代化进程相当缓慢，因为它们主要基于当局决定而实施，并不总是与企业和普通公民的倡议与机会相符合。大多数俄罗斯城市都享受补贴，它们只有少量自有预算，无法实施大型项目（小城镇尤其如此），就其数量（与居民数量无关）而言，大型城市和主要城市居住区占主导地位。

现代化进程在很大程度上也取决于与其他国家的交流强度。自俄乌冲突以来，俄罗斯融入国际社会的趋势发生了巨大变化，这无疑将影响俄罗斯城市的现代化进程。

目前，与包括小城镇在内的其他居住区相比，大城市仍然具有许多优势。因此，新型城镇化只能缓解城市问题，而无法消除这些问题。F. Engels 表示："在大型城市之中，城市文明遗留了一些问题，需要我们花费大量的时间和精力才能解决。这些问题必须被消除，也终将被消除，虽然这会是一个漫长的过程。"（Engels，1988：301）

越来越多的管理者意识到，城市不仅是公司和企业通过纳税为城市财政做贡献的区域，不仅涉及住房、公共基础设施和交通，更为重要的是，人们及其社会经济状况和幸福感要先于经济和政治。

第二篇

城市职业和就业结构

近年来中国城镇就业的
结构变迁和发展趋势

崔　岩

本文对我国城镇就业结构进行分析，重点聚焦近年来城镇就业的三大主要结构性特点，即"去工业化"趋势显著、"零工化"初见规模、"新职业"发展迅猛。首先，通过对城镇就业人员在不同产业就业比重的分析可以发现，我国城镇就业呈现较为显著的"去工业化"特征，城镇就业人员中从事服务业的占比大幅上升，工业制造业就业人员占比有所下降（刘来会、安素霞，2020；闫冰倩、冯明，2021）。其次，随着互联网科技的迅速发展，传统以单位为中心的劳动力组织形式出现了重大转型，特别是在零工经济快速发展的背景下，"去单位化"、"去中心化"、"零工化"和"自雇化"成为劳动关系的新形式，对现有法律法规中的劳动关系界定、劳动者权益保障等产生了一定的挑战（董保华，2022）。最后，在经济转型升级的背景下，新科技、新技术的迅猛发展促进了新业态、新职业不断涌现，相关新职业从业群体规模也不断扩大，一些新职业对传统企业用工形成了一定的"虹吸效应"。同时，新经济结构对劳动者的专业知识和劳动技能提出了新的要求，导致劳动力市场呈现"就业难"与"招工难"同时出现的现象，在一定程度上反映出就业结构错配的问题（魏婉、王林，2022）。本文通过对 2006 年到 2021 年这 16 年间国家统计局相关统计资料和中国社会科学院的中国社会状况综合调查数据进行分析，对我国城镇就业的结构性变化和发展趋势进行研究和讨论，并提出相关政策建议。

一 中国城镇就业在三次产业和不同职业、不同行业的历时性结构变化

（一）劳动力在三次产业中就业比重的变化

就业是最大的民生，是经济社会稳定和可持续发展的前提条件。随着产业结构的不断调整升级，不同产业对就业的拉动能力也有显著的分化。一般来看，随着产业结构升级，第一产业对就业的拉动能力有所下降，甚至对劳动力存在"挤出效应"，第二产业和第三产业则逐渐成为吸纳就业的主要产业（孙晴、韩平、丁莹莹，2019；高原、吕伟杰，2021；张辉，2021）。有学者通过对不同国家经济社会发展进行比较后，指出经济体发展到一定阶段并进入工业化后期时，在一定程度上均会出现制造业产值比重和就业份额持续下降的现象（杜传忠、侯佳妮，2021）。就我国的情况来看，随着产业结构优化升级，劳动力经历了从第一产业、第二产业向第三产业转移的过程。从统计数据可以看出，2006 年到 2021 年这 16 年间，我国的就业结构出现了显著的变化。在 2006 年，第一产业就业人员占比为42.60%，第二产业就业人员占比为 25.20%，第三产业就业人员占比为32.20%。之后第一产业就业人员占比逐年降低，到 2021 年占比仅为22.87%。就第二产业来看，其就业人员占比稳中有升，到 2021 年占比仅为 29.08%。同时，根据国家统计局数据，在 2012 年到 2018 年间，第二产业就业人员数量逐年减少，共计减少 1851 万人，其中，2015 年到 2018年年均减少 400 万人以上，反映了一定的"就业去工业化"的特征。第三产业就业人员在这 16 年间则呈现显著增长的趋势，就业人员总量快速增加，2012 年到 2018 年间累计增加 8248 万人，第三产业就业人员比重每年提升超过 1 个百分点，到 2021 年占比为 48.05%，在就业人员中接近半数（见图 1）。

（二）劳动力在不同行业中就业比重的变化

在我国经济发展进入新常态的背景下，对不同行业就业吸纳能力的分析十分必要，有助于更好地调整产业结构，完善相关就业政策。近年来，

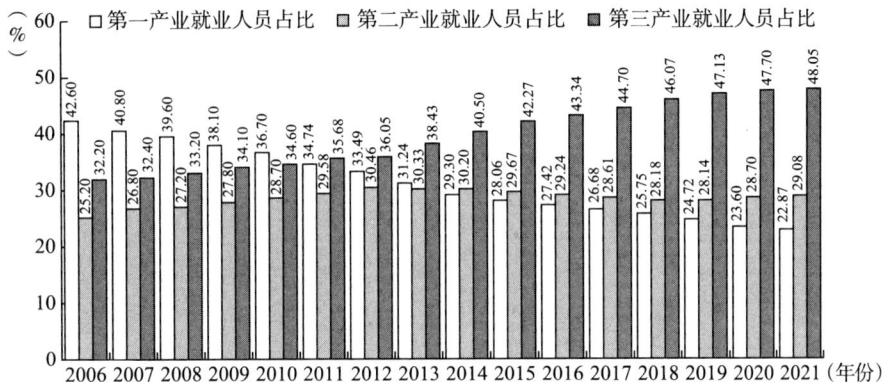

图1 2006～2021年我国劳动力在第一产业、第二产业、第三产业就业结构的变化

数据来源：国家统计局编，2021：120。

我国城镇就业中不同行业吸纳劳动力的水平呈现结构性变化，且不同行业对就业技能需求有显著差异（王亚菲、贾雪梅、王春云，2021）。有研究发现，我国制造业经历了低技能劳动力依赖到资本替代就业，再到替代速度放缓的过程，其吸纳就业容量遇到瓶颈；服务业对就业的创造能力近年来也持续下降；批发零售业和住宿餐饮业是吸纳制造业转出劳动力的主要部门，其就业吸纳速度与制造业的资本替代就业速度基本相当（宋锦、李曦晨，2019）。从劳动技能和行业需求匹配来看，有研究发现，制造业、建筑业和农林牧副渔业等是吸纳高中及以下学历，特别是小学及以下学历就业者的最主要部门，对高等教育程度就业者的吸纳主要体现在间接吸纳路径；吸纳高等教育程度就业者的主要部门是教育业及公共管理、社会保障和社会组织行业等。不同行业吸纳劳动力容量的差异是经济发展水平、劳动力教育结构、就业技能需求结构和产业结构变化共同作用的结果（马超培、蔡光韦、唐旭，2016）。

通过对相关统计数据进行分析我们可以发现，从行业角度来看，不同行业城镇单位就业人员比例在2006年到2021年这16年间同样呈现显著的变化。其中最值得注意的是制造业就业人员比例的显著降低：2006年在制造业就业的人员占城镇单位就业人员的比例为28.62%，到2021年该比例降至22.33%。除了制造业，在2006年到2021年间，公共管理、社会保障和社会组织行业，卫生和社会工作行业，科研和技术服务业，租赁和商务服务业，房地产业，金融业，批发零售业，信息传输、软件和信息技术服务业，建筑业等，均呈现就业人员占比相对提高的趋势。与之相对应，农林牧渔业，采矿业，教育业，文化、体育和娱乐业等，则呈现就业人员占比降低的趋势（见图2）。

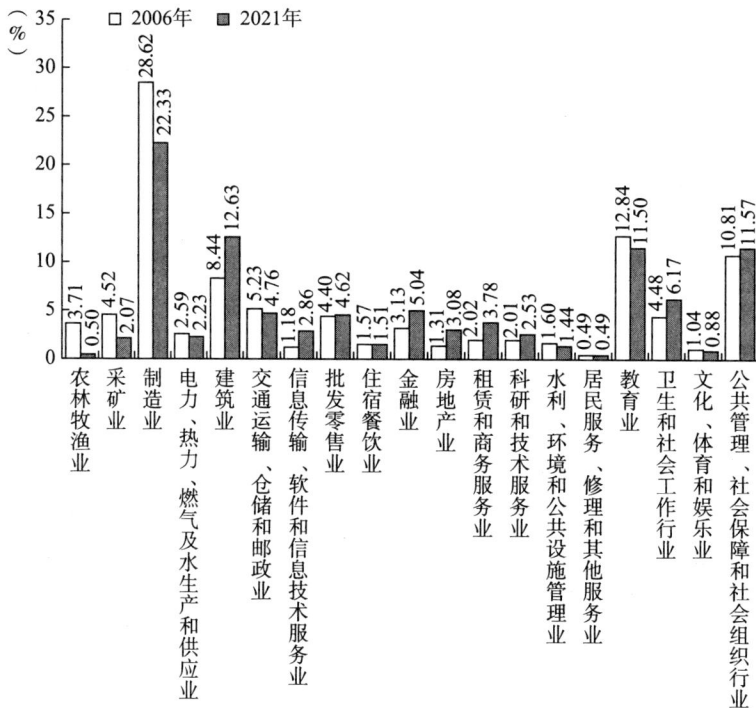

图2　2006年和2021年我国不同行业城镇单位就业人员占比情况

数据来源：中国社会科学院2006年和2021年中国社会状况综合调查。

（三）不同地理区域间职业和行业就业结构变迁

有学者提出，促进人力资本空间分布的平衡有利于形成更加均衡的高质量经济发展格局，但是当前我国人力资本累积速度滞后于城镇化进程，受限于空间分布不均衡，人力资本转化为创新投入及其对经济增长的总体贡献率还不高；同时，就业结构服务业化并未直接带来人力资本有效累积，生产性服务业与制造业的产业间关联也尚未形成对经济增长和人力资本累积的显著促进作用（邓仲良，2021）。以现代服务业就业优势效应的区域差异性为例，有实证分析表明，中国现代服务业就业优势效应的区域差异较大，其中东部沿海地区优势效应最强，中部地区优势效应最弱（向书坚、温婷，2015）。

根据中国社会状况综合调查数据测算，从职业维度来看，城镇就业人员结构从 2006 年到 2021 年，最为显著的变化是农、林、牧、渔、水利业生产人员占比从 2006 年的 11.10% 降低到 2021 年的 0.75%。同时，生产工人、运输工人和有关人员占比从 2006 年的 24.95% 降低到 2021 年的 18.49%。与之相对应，服务性工作人员占比则从 2006 年的 13.94% 提高到 2021 年的 18.55%；不便分类人员占比则从 2006 年的 0.42% 提高到 2021 年的 5.09%（见表 1）。

同时，从不同区域城镇就业人员的职业分布来看，职业结构差异显著缩小。具体来看，在 2006 年，东部地区的农、林、牧、渔、水利业生产人员占比为 8.11%，中部地区和西部地区占比均为 15.70%；到 2021 年，东部地区、中部地区和西部地区的差异性显著降低，农、林、牧、渔、水利业生产人员占比分别为 0.61%、0.75% 和 1.06%。就生产工人、运输工人和有关人员来看，在 2006 年，东部地区的占比为 23.66%，中部地区和西部地区的占比分别为 27.12% 和 26.45%；到 2021 年，东部地区、中部地区和西部地区差异有所缩小，生产工人、运输工人和有关人员占比分别为 18.76%、17.34% 和 20.28%（见表 1）。

表 1　2006 年和 2021 年不同区域和职业间就业结构变化

单位：%

职业	2006 年				2021 年			
	全部地区	东部地区	中部地区	西部地区	全部地区	东部地区	中部地区	西部地区
国家机关/党群组织干部、企事业单位负责人	5.26	5.69	4.42	5.05	6.34	6.32	7.01	5.57
专业技术人员	12.36	12.95	10.90	12.95	17.40	16.11	17.59	16.03
办事人员和有关人员	12.31	14.31	10.16	6.69	12.72	13.32	11.19	14.25

续表

职业	2006 年				2021 年			
	全部地区	东部地区	中部地区	西部地区	全部地区	东部地区	中部地区	西部地区
商业工作人员	19.68	19.40	19.48	21.79	20.66	20.81	21.28	20.58
服务性工作人员	13.94	15.53	11.69	10.91	18.55	19.38	17.71	17.77
农、林、牧、渔、水利业生产人员	11.10	8.11	15.70	15.70	0.75	0.61	0.75	1.06
生产工人、运输工人和有关人员	24.95	23.66	27.12	26.45	18.49	18.76	17.34	20.28
不便分类人员	0.42	0.35	0.53	0.46	5.09	4.69	7.13	4.46

数据来源：中国社会科学院 2016 年和 2021 年中国社会状况综合调查。

从行业角度来看，在 2006 年，对于城镇就业人员，在东部地区有 25.13% 在制造业就业，17.62% 在批发零售业就业，8.29% 在农林牧渔业就业，这是排名前三的吸纳城镇劳动力的行业；在中部地区，上述行业就业比例分别为 28.91%、15.19% 和 14.54%；在西部地区，上述行业就业比例分别为 20.07%、15.33% 和 15.63%。在 2021 年，东部地区、中部地区和西部地区的城镇就业人员中，从事农林牧渔业的比例大幅下降，占比分别为 1.63%、1.60% 和 2.11%。同时，在制造业从业的城镇就业人员占比也有显著下降，占比分别为 21.94%、16.02% 和 14.55%。在批发零售业就业的人员占比则变化不大，占比分别为 15.63%、16.73% 和 13.70%（见表 2）。

表 2　2006 年和 2021 年不同区域和行业间就业结构变化

单位：%

行业	2006 年			2021 年		
	东部地区	中部地区	西部地区	东部地区	中部地区	西部地区
农林牧渔业	8.29	14.54	15.63	1.63	1.60	2.11
采矿业	0.08	0.47	0.77	0.34	0.34	0.81
制造业	25.13	28.91	20.07	21.94	16.02	14.55
电力、热力、燃气及水生产和供应业	1.79	0.89	1.85	1.29	1.60	2.11

续表

行业	2006 年			2021 年		
	东部地区	中部地区	西部地区	东部地区	中部地区	西部地区
建筑业	3.59	5.68	9.73	6.73	9.35	10.69
批发零售业	17.62	15.19	15.33	15.63	16.73	13.70
交通运输、仓储和邮政业	7.95	5.07	4.32	5.23	4.55	4.52
住宿餐饮业	4.97	3.98	6.77	5.98	6.64	6.48
信息传输、软件和信息技术服务业	0.86	0.76	0.60	2.65	1.97	0.90
金融业	2.15	1.18	0.74	2.79	1.85	2.26
房地产业	1.21	0.60	0.42	2.65	2.58	1.20
租赁和商务服务业	0.47	0.06	0.40	2.04	4.06	2.11
科研和技术服务业	1.66	0.71	1.47	1.15	1.11	0.60
水利、环境和公共设施管理业	0.27	0.30	0.39	1.36	0.98	0.90
居民服务、修理和其他服务业	7.96	6.82	8.46	8.90	6.27	8.43
教育业	6.49	5.94	5.78	7.68	10.70	13.25
卫生和社会工作行业	2.68	2.16	2.33	3.26	3.94	4.97
文化、体育和娱乐业	1.61	0.61	0.96	1.56	2.46	1.51
公共管理、社会保障和社会组织行业	5.22	6.15	3.99	7.20	7.26	8.89

数据来源：中国社会科学院 2006 年和 2021 年中国社会状况综合调查。

二 中国城镇就业的"零工化""去单位化"变化趋势

（一）城镇就业中的"非正规就业"、"零工经济"和"灵活就业"的概念辨析

纵观近年来我国城镇就业形式的变化，"正规就业"和"非正规就业"之间在就业质量上的差异正逐渐缩小；与之相对应，"传统职业"和"新兴职业"之间的分野对于就业质量、就业形态的讨论变得更有意义。具体来看，"正规就业"和"非正规就业"之分在工业化时代更有意义；在工业化

时代，传统的正规雇佣关系在劳动关系中占主导地位，大部分劳动者的就业市场参与形式是在稳定就业预期下，和用工单位签订劳动合同，建立长期固定的劳动关系，并按照用工单位的要求在固定时间、固定地点提供固定劳动。同时，在传统正规就业中，个体的劳动所得并不完全取决于其是否具有某项核心劳动技能，更与个体在组织中的地位相关（杨伟国、周宁，2017）。

与正规就业相对应的非正规就业，则具有单位不固定、工作不固定、劳动报酬不固定等特点，这和零工经济背景下的灵活用工非常接近。当然，非正规就业、灵活用工、零工经济等概念在内涵上有一定的重叠，但是也存在较大的差异。首先，对于非正规就业，学界已经有着广泛的讨论，并对非正规就业群体规模进行了相应测算（张丽宾，2004）。有学者将没有正式合同且不是单位正式职工的雇员、劳务派遣工、小时工、临时工、家庭帮工与自营劳动者、个体劳动者、个体工商户、非全日制工作或季节性工作劳动者按不同统计口径进行测算，得出按非正规就业的三种统计口径测算的城市非正规就业者的比例分别为 42.0%、46.7% 和 48.2%。其中人口规模在 50 万人以下的城市中非正规就业群体的比例最高（吴要武、蔡昉，2006）。

不同于非正规就业，新型零工经济发展的背景是我国经济结构转型和数字经济的兴起，以新型零工为就业模式的从业群体在劳动力市场中的比重正在日益提高，灵活就业正在成为稳就业的重要支撑（张艺、皮亚彬，2022）。总的来说，从零工经济的特征来看，其主要特点是工作时间自主化和工作内容定制化，在管理模式上兼有管理层级扁平化和控制模式更为隐蔽化的特点（蔡宁伟、张丽华，2021）。特别是近年来，随着大数据、云计算等新兴互联网技术的应用，基于新型用工模式的零工经济得以快速发展，"劳动"这一生产要素的内涵也在技术推动下不断丰富。有研究指出，多样选择、灵活高效的零工用工模式取代长期合同聘用制，为劳动者提供了弹性就业的新方式，满足了劳动者的主体需要；对雇佣企业来说，零工劳动帮助节约人力成本，增加企业的经济效应。不过，虽然从表面上看，零工劳动可以实现劳动者和雇主的双赢，但实际上零工劳动者仍然面临劳动权益保障、职业可持续发展等诸多问题（马瑞婷，2021）。

（二）近年来城镇就业中的"零工化""去单位化"变化趋势

结合国家统计局发布的统计信息和中国社会科学院中国社会状况综合调查的资料进行分析可以发现，近年来我国城镇就业中的"零工化""去单位化"变化趋势较为显著。首先，从城镇就业人员单位性质来看，在国有单位就业的人员占比逐年降低，从 2006 年的 21.70% 降低到 2019 年的 12.10%。在有限责任公司（含股份制责任公司）就业的人员占比则从 2006 年的 8.98% 上升到 2019 年的 18.76%；在私营企业就业的人员占比从 2006 年的 13.34% 上升到 2019 年的 32.19%。更值得注意的是，个体就业人员在全体城镇就业人员中的占比近年来显著提高，在 2006 年至 2010 年之间，个体就业人员在全体城镇就业人员中的占比基本维持在 10.00%~13.00% 的区间，但是从 2011 年开始，个体就业人员占比则迅速提高，到 2019 年该比例为 25.84%（见图 3）。

其次，在不同行业就业人员中，无固定单位的人员在近年来也有显著增加。2006 年和 2021 年中国社会状况综合调查数据显示，从不同行业城镇就业人员中没有固定单位人员的比例来看，建筑业从 2006 年的 8.43% 提高到 2021 年的 35.77%；居民服务、修理和其他服务业从 2006 年的 11.84% 增加到 2021 年的 18.91%；交通运输、仓储和邮政业则从 2006 年的 0.79% 增加到 2021 年的 13.19%。在其他大部分行业，没有固定单位人员的比例也在 16 年间有显著的提高（见图 4）。

总的来看，在信息化时代，"非正规就业"已经不再完全等同于低质量就业。随着科技进步和劳动组织形式转型，高受教育水平、高技能劳动者也逐渐参与到非正规就业部门。特别是一些"新零工经济"参与者在就业形式上有着一定的"非正规就业"特征：摆脱传统劳动雇佣关系的分析框架，新零工经济的本质含义不再以固定单位、固定劳动关系为核心，更应当从工作对象不确定化、劳务提供远程化、工作时间弹性化、管理模式平台化、人力资本技能化等角度对其进行理解。值得关注的是，近年来我国城镇就业群体中，已经有相当一部分是灵活就业群体。据国家统计局发布的数据，中国灵活就业人员已达 2 亿人。据阿里研究院预测，至 2036 年，中国将会有大约 4 亿人参与零工经济。除中国以外，麦肯锡 2016 年相关研究报告显示，在欧洲的青年中，每 2 人就有 1 人参与零工经济（郑祁、杨伟国，2019）。

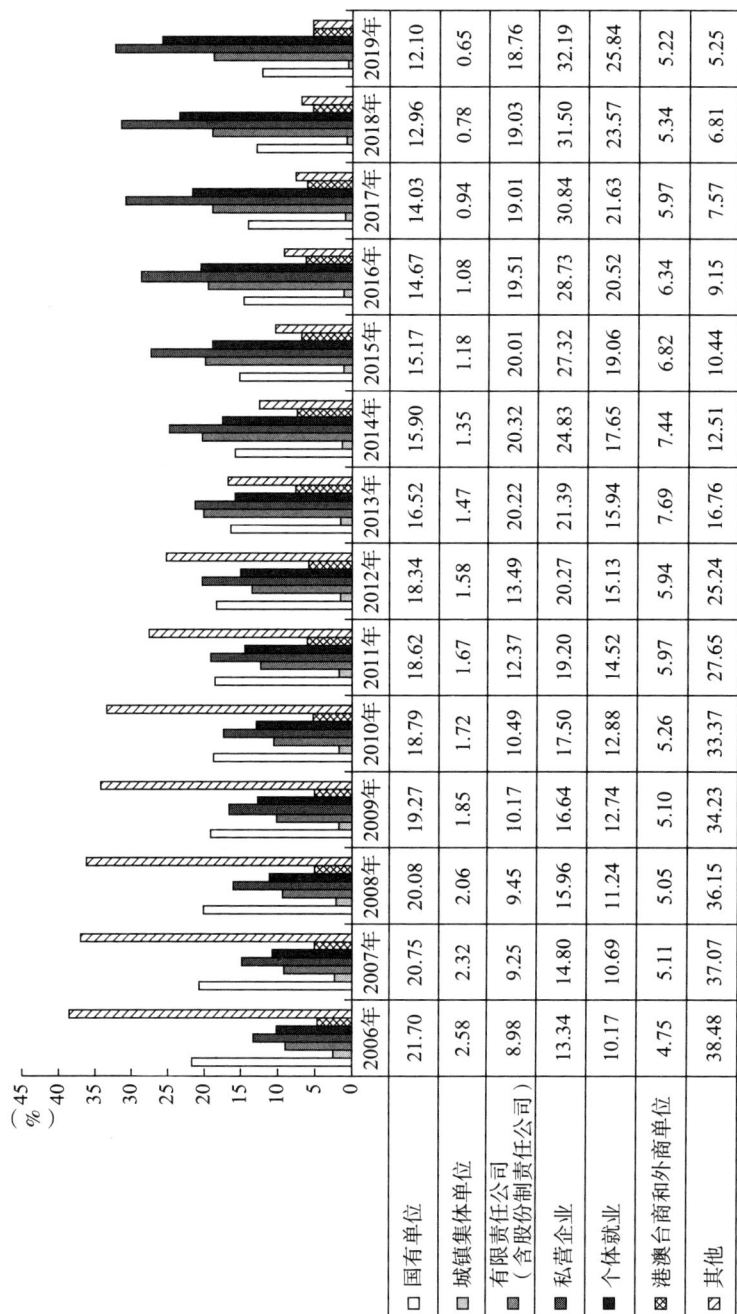

	2006年	2007年	2008年	2009年	2010年	2011年	2012年	2013年	2014年	2015年	2016年	2017年	2018年	2019年
国有单位	21.70	20.75	20.08	19.27	18.79	18.62	18.34	16.52	15.90	15.17	14.67	14.03	12.96	12.10
城镇集体单位	2.58	2.32	2.06	1.85	1.72	1.67	1.58	1.47	1.35	1.18	1.08	0.94	0.78	0.65
有限责任公司（含股份制责任公司）	8.98	9.25	9.45	10.17	10.49	12.37	13.49	20.22	20.32	20.01	19.51	19.01	19.03	18.76
私营企业	13.34	14.80	15.96	16.64	17.50	19.20	20.27	21.39	24.83	27.32	28.73	30.84	31.50	32.19
个体就业	10.17	10.69	11.24	12.74	12.88	14.52	15.13	15.94	17.65	19.06	20.52	21.63	23.57	25.84
港澳台商和外商单位	4.75	5.11	5.05	5.10	5.26	5.97	5.94	7.69	7.44	6.82	6.34	5.97	5.34	5.22
其他	38.48	37.07	36.15	34.23	33.37	27.65	25.24	16.76	12.51	10.44	9.15	7.57	6.81	5.25

图3　2006～2019年我国城镇就业人员在不同性质单位就业的比重

数据来源：根据国家统计局编《中国统计年鉴》（2006～2019年）整理。

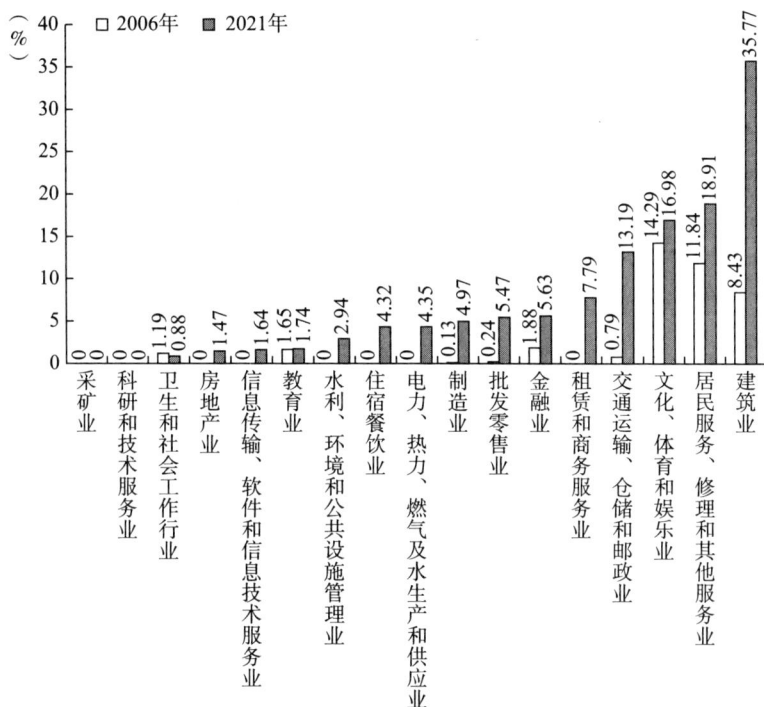

图 4   2006 年和 2021 年不同行业城镇就业群体中没有固定单位的从业者所占比例

数据来源：中国社会科学院 2006 年和 2021 年中国社会状况综合调查。

三   中国新职业的快速发展对城镇就业结构变化的影响

（一）近年来城镇就业中新职业的快速发展

近年来，人力资源和社会保障部与国家市场监督管理总局、国家统计局联合向社会发布了若干新职业，其中包括网约配送员、互联网营销师、社区网格员、机器人工程技术人员、智能制造工程技术人员、工业互联网工程技术人员、虚拟现实工程技术人员、人工智能训练师、全媒体运营师、健康照护师、电子竞技员、碳排放管理员、碳汇计量评估师、建筑节能减排咨询师、综合能源服务员、研学旅行指导师、民宿管家、农业数字化技术员等新兴职业。正如有学者指出的，互联网技术革命所引发的"新经济"对我国劳动生产率有着显著的影响：无论是从短期还是从长期来看，互联网发展对劳动生产率和劳动力转移都具有正向影响，并且互联网技术发展可以通过促进劳动力转移来提高劳动生产率，其影响效果要大于单纯通过农村人口城镇化的劳动力转移方式（程名望、张家平、李礼连，2020；张兵、李苹，2022）。

特别是伴随新一轮科技革命与产业变革，我国正在加快建设现代产业体系。《中共中央关于制定国民经济和社会发展第十四个五年规划和二〇三五年远景目标的建议》明确提出，加快发展现代服务业、加快数字化发展和发展战略性新兴产业。[①] 在此背景下，以智能化、数字化、信息化为特征的新经济迅速发展，一大批形态多样、分工精细的新就业形态在就业结构中的比重日益提高，覆盖不同层次就业，采取灵活多样的就业模式，吸纳了大量就业人口，成为我国当前及未来劳动力市场中不容忽视的力量。

在新职业中，有一部分是从技术创新层面，以数字技术研发和创新为导向，围绕数字产业化和产业数字化方向，基于互联网科技和数字技术应用开发的高新科技职业，例如"机器人工程技术人员"、"数据安全工程技术人员"、"数字化解决方案设计师"、"数据库运行管理员"和"信息系统适配验证师"等职业。也有相当一部分新职业是从日常应用层面，在互联网技术和数字经济的快速普及基础上，与实现在不同日常场景的技术应用相关的就业岗位。其中网约配送员是新型城市服务业的典型代表职业，互联网营销师、网络主播等新职业则成为互联网发展和普及中新型商业模式下造就的新职业典型代表。一方面，新职业的快速发展是数字经济发展中的数字职业蓬勃兴起的结果；另一方面，新职业从业群体规模快速扩大，也反映了新发展阶段、新发展理念和新发展格局中，以满足人民群众美好生活需要为出发点的就业结构的不断优化。例如，在新职业中，"研学旅行指导师"这一职业就成为满足人民群众多层次教育需求的新职业典型代表，从业者通过其专业知识、经验和技能，提供相关出国留学、游学、访学的信息咨询和服务。再比如，为满足日益丰富的定制化个性旅游消费需求，"民宿"成为传统标准化旅游酒店业的重要补充，"民宿管家"

---

① 《中共中央关于制定国民经济和社会发展第十四个五年规划和二〇三五年远景目标的建议》，中国政府网，http://www.gov.cn/zhengce/2020 - 11/03/content_5556991.htm。

也得以成为体现时代特色的重要服务职业，为相当一部分普通劳动者提供了就业岗位。

同时，一些新职业也是中国经济转型、社会进步的重要体现。特别是在中央提出碳达峰、碳中和的战略发展目标背景下，"绿色新职业"不断涌现。新职业中的"碳汇计量评估师""综合能源服务员"等职业正反映了在实现碳达峰、碳中和的高质量可持续发展路径中，能源与经济结构转型、产业模式升级对专业知识和职业技能的新需求，这些新职业也必将随着能源结构从传统的煤炭、石油资源，向更为清洁、环保、可持续的绿色能源转型过程，为城镇就业者提供大量机会。

（二）外卖骑手等新型城市服务业从业人员是新职业就业者的典型代表

在众多新职业中，新型城市服务业从业人员，特别是以外卖骑手为代表的网约配送员，因其吸纳劳动力规模大，与人们的日常生活需求紧密相关，得到了各界的高度重视，也成为新型城市服务业从业人员中的代表。根据美团研究院《2019 年外卖骑手就业扶贫报告》调查结果，至 2019 年底，累计约有 720 万名网约配送员通过美团平台实现就业增收，其中 2019 年在美团平台就业的网约配送员共有 398.7 万人。[①] 2020 年人力资源和社会保障部预计未来 5 年网约配送员的需求量约为 3000 万人。[②] 在各类新职业中，外卖骑手属于典型的以体力劳动为主的低端服务业从业人员，虽然其具有吸纳就业容量大的特点，但是其就业门槛低、职业技能需求不高等特征，也导致此类新职业就业质量不高、劳动保障不充分。

与传统蓝领职业相比，外卖骑手职业在劳动关系、劳动时间、劳动报酬等多个方面，均不同于传统的就业形式。中国社会科学院中国社会状况综合调查、中国社会科学院重大国情调研课题"新职业青年就业、生活与权益保障研究"等课题，对城镇非农就业中的受雇群体，主要包括国家机

---

① 《2019 年外卖骑手就业扶贫报告》，2020 – 03，http://news.cnr.cn/dj/20200312/t20200312_525014138.shtml。

② 《新职业——网约配送员就业景气现状分析报告》，2020 – 08 – 25，http://www.mohrss.gov.cn/SYrlzyhshbzb/dongtaixinwen/buneiyaowen/202008/t20200825_383722.html。

关/国有单位干部职工、专业技术人员、一般办事人员、商业人员、服务业人员、制造业工人、临时工/小时工等传统职业和以外卖骑手为代表的新职业进行了比较。① 从分析可以看出，外卖骑手从业者与传统职业在各个维度均有较大的不同。具体来看，从事外卖骑手职业的 90.83% 是男性，平均年龄为 30.21 岁，平均受教育年限为 11.03 年，农业户籍人员占比为 70.31%。同时，从与就业有关的变量来看，外卖骑手和其他职业也有一定的差异，例如，在是否享有社会保障上，有 25.60% 的外卖骑手没有任何社会保障；对之相比，在商业人员中有 14.29% 没有任何社会保障，在服务业人员中有 13.08% 没有任何社会保障，在制造业工人中有 11.31% 没有任何社会保障。在未来 6 个月是否可能失业上，有 49.52% 的外卖骑手表示有可能，在制造业工人中这一比例为 32.21%，在服务业人员中这一比例为 29.78%，在商业人员中这一比例为 26.02%（见表 3）。

表 3 我国城镇非农就业中的不同受雇群体就业基本情况

职业	男性比例（%）	年龄（岁）	受教育年限（年）	农业户籍比例（%）	没有签订任何合同比例（%）	未来6个月可能失业比例（%）	工作无须技能比例（%）	无任何社会保障比例(%)
国家机关/国有单位干部职工	52.17	40.24	13.59	28.90	8.33	7.19	10.00	0.71
专业技术人员	51.89	35.33	14.61	24.21	10.29	11.32	2.58	5.32
一般办事人员	55.59	38.12	13.11	32.15	20.96	13.05	26.39	4.71
商业人员	48.54	37.63	10.49	66.38	49.62	26.02	50.57	14.29
服务业人员	61.07	40.59	9.49	68.00	53.51	29.78	47.10	13.08
制造业工人	76.72	40.45	8.93	80.64	60.45	32.21	41.29	11.31
临时工/小时工	61.11	43.73	9.85	60.94	87.80	32.20	68.75	17.19
外卖骑手	90.83	30.21	11.03	70.31	5.66	49.52	32.54	25.60

数据来源：中国社会科学院中国社会状况综合调查、中国社会科学院重大国情调研课题"新职业青年就业、生活与权益保障研究"。

---

① 上述调查采用多阶段 PPS 概率抽样和整群抽样的抽样方案，共访问了 16479 名城乡居民，在当前我国不同就业群体中具有代表性，具体调查抽样设计、调查问卷和加权方案等技术文件，见中国社会科学院"中国社会质量基础数据库"，http://csqr.cass.cn/index.jsp。

同时，如前所述，外卖骑手是新职业中吸纳就业较多的一个职业，作为新型城市服务业从业人员的代表，其在一定程度上对传统职业招工造成了"虹吸效应"。许多外卖骑手在从事该职业之前，通常在传统职业就业。调查数据表明，对外卖骑手这一群体来说，其从事的上一份非外卖骑手的职业主要集中在低技能、低门槛的制造业和商业服务业。具体来看，有31.18%的外卖骑手的上一份工作是普通工人，这一比例显示外卖骑手中有相当一部分是从国内制造业工人转行来的。除了普通工人，有18.75%的外卖骑手的上一份工作是临时工、非正规就业人员；有17.42%的外卖骑手的上一份工作是商业服务业人员；有10.78%的外卖骑手的上一份工作是个体经营者（见图5）。

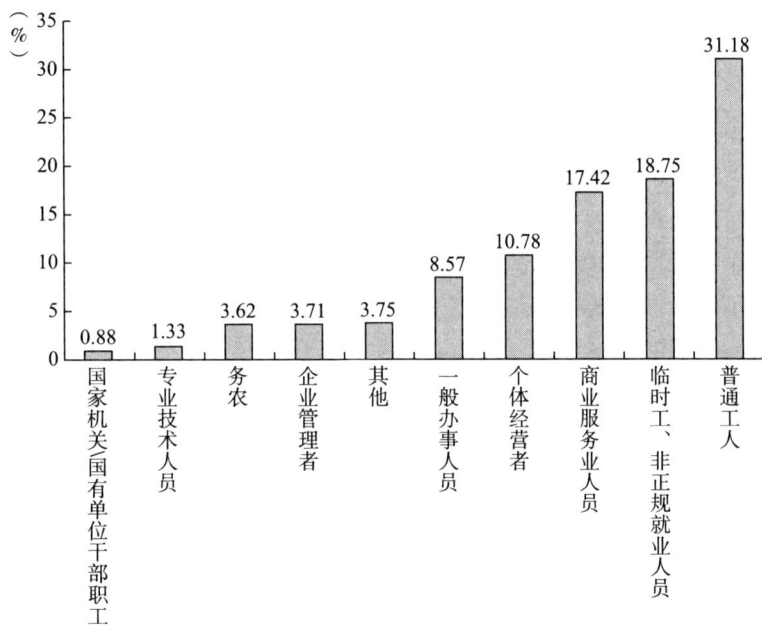

图5 外卖骑手的就业选择和职业转换基本情况

数据来源：中国社会科学院中国社会状况综合调查、中国社会科学院重大国情调研课题"新职业青年就业、生活与权益保障研究"。

总的来看，在近年来从业群体规模快速扩大的新职业中，以外卖骑手为代表的新型城市服务业从业人员是最为典型的代表。类似具有较高吸纳就业能力的新职业包括代驾司机、网约车司机、共享单车维护管理员、仓储拣货员等。这类新职业入职门槛较低、工作时间灵活、收入相对可观，吸引了大量城镇中低端劳动者。一方面，新型城市服务业为中低技能劳动者提供了相对稳定的就业岗位和持续的经济来源，成为重要的就业蓄水池，为处于职业转换中的下岗无业人员提供了经济缓冲和就业过渡；另一方面，相关法律制度在新型城市服务业从业者的劳动权益保障、职业可持续发展路径等方面，也存在一定的滞后现象，亟须通过顶层制度设计填补空白，细化政策执行环节，切实保障相关新职业的有序发展。

四　中国城镇就业变化的进一步讨论和相关政策建议

（一）新型城市服务业对传统制造业用工形成一定“虹吸效应”，却无法提供高质量就业岗位

国内已有部分学者提出以新型城市服务业为典型代表的零工经济的快速发展正加速对实体经济和制造业领域劳动力形成“虹吸效应”（闻效仪，2020；李永华，2022）。就当前实际情况来看，中青年劳动者不愿意在工厂工作，其中重要原因之一是低端制造业企业工资水平低、工作内容单调、工作环境差，企业也缺乏对员工长远发展的规划，相关就业岗位不符合中青年人的择业偏好。与之相对应，同样是低端体力劳动，但是工作灵活性较高的新型城市服务业岗位，则受到了中青年人的青睐。

同时不可否认，我国经济结构正进入以服务业为主导的发展阶段，制造业就业规模占全部就业的比重持续下降，这是经济发展和结构转型升级的客观结果。同时，随着制造业自动化、智能化程度的提高，制造业企业对低端体力用工的需求也必然有所降低。与此同时，随着人们物质生活水平的不断提高，对制造业产品的需求增速逐步放缓，对各类服务业产品的需求则呈现显著的增长。上述因素成为大量劳动者在就业上“退二进三”的宏观背景。

但是在服务业中，低受教育水平、低技能的劳动者基本上难以进入中高端服务业，只能集中在以体力劳动为主的低端服务业，特别是以外卖骑手、网络配送员等从业人员为代表的新型城市服务业。这就导致其经济收入具有明显的“天花板”，职业发展缺乏可持续性，严重阻碍其就业质量的进一步提升。

（二）新职业新业态作为重要的就业"蓄水池"，其就业吸纳容量有待评估

有相当一部分观点认为，新职业新业态的快速发展，推动了基于互联网技术、依托于数字经济平台形成的新型劳动和工作组织形式的普及，其特点是将传统的以单位制为核心的中心化、集中化的劳动力组织形式转变为灵活式、分散式的就业模式。一些观点认为，与传统就业模式相比，新就业模式对促进就业具有独特的优势。并且，随着互联网技术的发展，新就业模式下的工作岗位会越来越多，特别是会对传统服务业的业态进行重塑，创造大量相关工作岗位。

不可否认，在国内外复杂局势下，新就业模式的发展的确在稳就业中发挥了重要作用，特别是以外卖骑手等从业人员为代表的新型城市服务业，成为重要的就业蓄水池。但是，新型城市服务业就业人员规模的扩大是建立在实际需求不断增加的基础上的，随着劳动力供给的增加和实际需求的饱和，新职业发展在未来对于吸纳就业的边际效应也必然会出现递减，近年来外卖行业持续出现的单价下降即是行业劳动力供给出现供过于求的反映。同时，新型城市服务业从业人员规模的快速扩大，一定程度上也是资本无序扩张的表现之一，这种无序扩张模式必然面临一些重大风险和挑战。特别是在资本退潮阶段，前期无序扩张可能直接导致相关互联网平台企业的大规模裁员，对就业造成严重的冲击。

同时，新职业中的低端体力劳动具有较高的"就业脆弱性"，其就业脆弱性从根源上可以归于个体劳动技能的缺乏。大部分从事新职业的低端体力劳动者在从事新职业之前，通常是从事低端制造业或者低端服务业，个体劳动技能的缺失导致其就业选择十分有限，就业的转换也仅仅是在以简单体力劳动为主的高脆弱性职业之间转换，无法进入高附加值的职业。高强度的工作节奏和简单重复的低技能工作内容导致其陷入职业发展困境：一方面，在工作中无法通过技能的提升实现劳动回报的增值，低端服务业本身也缺乏职业发展的上升空间，导致劳动者只能通过增加工作时长提高个人劳动收入；另一方面，低端城市服务业低门槛和可替代性导致从业者缺乏对自身职业的认同感，仅把所从事的职业当作短期工作，并不会在相关行业考虑拓展自己的职业发展空间，规划未来职业发展目标。因

此，应当从从业者的实际情况出发，鼓励从业者提高知识技能，拓展其能力圈和社会交往圈，在就业择业上，"依托平台"，但不"依靠平台"，尽可能提升个体劳动的含金量和附加值，增强其职业发展和高质量就业转换的能力。

（三）就业平台化实现劳动力供需高效匹配的同时，去单位化劳动关系中的劳动者权益保障问题有待解决

随着信息化技术的发展，我国当前的劳动组织形式呈现一定的"去单位化"特征，零工经济在经济转型过程中所占比重日益提高，灵活就业群体规模也显著扩大（王宁，2022）。同时，新型用工形式的巨大灵活性却以不确定性和不稳定性为代价，企业的各种风险被转移到零工劳动者身上，特别是劳动者在权益保障方面和传统就业形式有着显著的差异（杨滨伊、孟泉，2020）。

具体来看，一些基于互联网平台的新职业在劳动关系上存在模糊地带，不利于劳动者权益的保护。从性质来说，劳动关系是一种"从属性"的雇佣关系。在传统劳动关系中，劳动者与雇主一旦签订劳动合同，就需要服从雇主的管理。我国现行的劳动关系调整机制和政策主要是基于传统的用工方式的特点设计和制定的。但是基于互联网的平台企业的用工关系主要包括四种，即劳动合同关系、劳务派遣关系、劳务外包关系和众包关系，并且后两种较为普遍。在劳务外包的情况下，劳动者与平台之间不存在劳动法上的权利和义务，被认为是和与平台合作的第三方公司建立劳动关系、劳动派遣关系或者劳务关系。在众包用工模式下，劳动者只需要通过下载 APP 简单注册就可以在线接单，由于其工作时间灵活、工作任务可以自由选择、平台公司在工作时间和工作量上没有限制，不存在明显的从属性，因此众包下的劳动者与平台之间的劳动关系被认为不是一种劳动关系而是一种合作关系或者居间关系。

上述新职业的平台用工模式导致劳动者的社会保障存在制度性缺失。在当下的社会保障制度中，劳动者必须与用人单位存在劳动关系，才能够享受全面的劳动权益。但是由于部分新职业从业者与平台之间劳动关系模糊，属于新型用工形式，大多数劳动者都没有直接与平台签订劳动合同，

平台自然没有为劳动者缴纳社会保险的义务。同时按照目前的政策设计，新就业形态从业者可以以灵活就业人员身份自主缴纳养老保险和基本医疗保险，但没有单位为其缴费，个人承担的缴费比例较高。所以部分新职业从业者参保率较低，劳动者处于缺乏社会保障的状态。

因此，应当尽快界定新职业中的劳动关系，研究制定既符合平台发展又能切实维护从业者权益的判定标准。灵活界定劳动关系，根据不同平台企业的用工模式，注重劳动关系界定的综合性与实质性。要注重实事求是，具体情况具体分析，不能简单看双方签订的是合作协议、劳务协议还是劳动合同。在进一步界定劳动关系的基础上，健全社会保障制度，建立更灵活的社会保险缴费和使用模式，注重保障新职业从业者的相关权益。在新职业迅速发展的背景下，相关的社会保障制度不能滞后，要及时补齐法律短板，探索切实可行的保障路径。创新完善社会保障制度，使社会保障制度适应数字经济发展需要，增强制度灵活性。

总的来看，进一步优化我国城镇就业结构，对于实现"中等收入群体显著扩大"这一目标有着重要的意义，特别是在新发展阶段，提高城镇就业质量，是降低相对贫困群体比例、推进共同富裕的重要思路（程丽香，2021）。从我国当前城镇就业情况来看，就业质量不高的主要表现为高质量就业岗位在区域分布、行业分布上的不均衡。这一现象既受到国内外经济形势、劳动力市场结构变迁、就业制度和政策等传统因素的制约，也受到"无就业增长"背景下GDP对城镇高质量就业岗位拉动不足、优质服务业就业岗位缺乏、新经济下就业机会不平等、新职业群体规模增长过程中人力资本和岗位需求不匹配等新问题的影响。所以在进一步优化城镇就业结构中，既需要考虑到宏观层面的顶层制度设计，比如深化收入分配制度改革、健全完善分配政策和社会保障制度，也需要关注微观层面的各项举措落地的可行性，比如如何有效提升劳动者人力资本、如何切实加强技能培训的实效性以及如何降低农村进城务工人员城市融入成本等。

俄罗斯城市职业结构的变化趋势

克烈尼科娃 （N. D. Kolennikova）

随着生产流程日益复杂，人们开始对发达国家的职业结构产生了研究兴趣。与此同时，职业市场也发生了变化——市场需要拥有不同等级资质的人才，职业与不同程度的社会声望、资源控制力度和从职业中获取的物质利益多少息息相关。就此而言，国家的职业结构在很大程度上反映了其社会经济发展水平和类型，而其固有的不均衡和不平衡则指向与就业、人口繁荣有关的问题。

基于这一前提，我们需要牢记，俄罗斯目前正处于工业发展后期，工业发展常表现出高等教育急速发展、产业结构重组等特点（Hardy，Keister，& Lewandowski，2018）。这一假设已多次得到经验证实；另外，研究也证明，不同职业群体固有的社会不平等特质发挥了重要作用，而且俄罗斯的职业结构并不协调（Tikhonova，2020a；Anikin，2013；Shkaratan & Yastrebov，2007；Vishnevskaya et al.，2021）。此类分析认为，与阶级无关，但与区域、人类住区或行业有关的不平等往往具有决定性的作用，尽管由于大规模人口调查样本编制的某些方面和现有统计数据的局限性，这些不平等现象很少单独成为此类分析的对象。然而，因为城市与农村人口的比例，以及主要社会经济资源集中在规模最大的人类住区，俄罗斯联邦不同主体的职业结构存在相当大的差异。而20世纪90年代，随市场改革启动而开始的去工业化让小城镇和城市人类住区之间的职业结构差异逐渐缩小。这在很大程度上决定了本地就业形势和职业结构。

西方国家针对俄罗斯实施的严厉制裁给本地劳动力市场和整个职业结构带来了新的挑战。成功应对这些挑战的主要措施包括建立新的供应链、寻找新的业务合作伙伴，以及开发并使用新技术（Zudina，2022）。因此，与职业结构中地域差异的规模和具体表现有关的问题便具有了战略重要性。

但是，在我们开始仔细研究职业结构中的关键变化，以及当前职业结构中存在的不平衡之前，确定此类分析最适合使用何种地域和职业分布至关重要。关于地域分布，我们应当指出，"四个俄罗斯"的概念似乎最具有启发意义。它将俄罗斯联邦主体按人类住区类型和人口规模划分为三个群体，而第四个群体则根据社会文化因素划分（这就是为什么我们对研究该群体最不感兴趣），并与前三个群体重叠。根据这一分类标准，1/5 的人居住在人口超过 100 万人的城市中或其附近，1/10 的人居住在人口为 50 万人至 100 万人的城市中。这些地区共同构成了"大俄罗斯地区"。另外，1/3 的人居住在被划定为地方首都的工业城镇。这些城镇人口介于 10 万人至 50 万人之间，被称为"中等城市"。"边缘地区"包括小城镇和农村地区，这里居住着 30%～40% 的俄罗斯人。研究人员认为，由于经济结构的转变，特别是农业劳动人口减少，职业分布的差异将逐渐减小（Zubarevich，2020）。

基于人类住区类型（聚集或分散）的类似职业分布确保所选职业具有代表性，通常用于社会学研究。在分析俄罗斯纵向监测调查（RLMS – HSE）数据时，我们将额外参考此类分类标准。此外，出于对职业结构的研究兴趣，我们将使用由在业人口组成的数据子集，[①] 并将根据国际职业标准分类（ISCO – 08）[②] 对职业进行编码。在分析其他来源的数据时，我们将使用可用的地域分类标准——这些标准也在很大程度上基于一致的"中心－边缘地区"类型配置。[③] 我们将主要使用 FSSS RF 数据。在描述职业群体时，我们采用了俄罗斯职业分类标准（OKZ- All-Russian Classifier of Occupations，2022）。该标准基于 ISCO – 08 制定，符合俄罗斯国情。因此，当我们将职业分布应用于社会学数据时，使用的是标准版 ISCO – 08 分类标准；当我们将职业分布应用于统计数据时，使用的是俄罗斯职业分类标准。

---

① 数据来源于个人调查，2003 年、2008 年、2013 年、2015 年、2018 年、2019 年、2020 年和 2021 年，抽样调查人口子集中的人数分别为 3644 人、4412 人、7013 人、5230 人、4910 人、4972 人、4842 人和 4922 人［俄罗斯纵向监测调查（RLMS – HSE）］。

② 该分类标准由国际劳工组织推荐，为包括俄罗斯在内的世界各地所普遍使用。

③ FSSS RF 特别提供按"城市－农村"细分的数据。

一　近年来不同类型人类住区里的职业分布及结构变化现状

20 世纪 90 年代，俄罗斯的职业结构开始发生重大变化，而到目前为止，最关键的变化已经发生——主要涉及蓝领就业人数下降，以及白领就业人数、服务业从业人数增加（Tikhonova，2020a）。在过去十年中，人数增幅最大的群体是高素质专业人员（从 20% 上升至 27%），而拥有不同等级资质的工人比例下降最为显著（从 39% 下降至 35%）。各类型人类住区以及整体职业结构的变化如图 1 所示。

需要指出的是，与城市居民的就业率（61.9%）相比，农村居民的就业率较低（53.6%）。而农村居民的失业率（5.5%）高于城市居民的失业率（3.4%），长期失业率尤为如此——需要花费超过一年才能找到工作的农村居民比例（20.8%）较城市居民比例（12.4%）高（Russia's Socio-economic Situation，the Social Sphere，2022）。此外，非正规就业在农村居民中更常见。38% 的非正规就业人员从事农业、林业、狩猎和捕鱼相关工作，这些是俄罗斯农村常见的职业，也是非正规经济部门中拥有最多从业者的职业（The Workforce，Employment and Unemployment in Russia，2022）。

在调查俄罗斯各行业的就业情况时，我们发现某些方面的变化尤为明显（见图 2）。在过去的二十年里，服务业从业人员的人数持续增加；工业领域的就业人数总体上保持现状，尽管相对而言，该行业从业人员的人数确实下降了约 7%；农业从业人员的人数则下降了 200%。这符合"俄罗斯目前正处于工业经济发展后期"的假设。根据 FSSS RF 数据，相当一部分人口（约 25%）仍然生活在农村地区（FSSS RF，2022）。根据俄罗斯科学院联邦理论与应用社会学研究中心，社会学研究所（IS RAS）的数据，[1] 许多生活在此类人类住区的居民正处于就业年龄段，他们从事经济活动，组建了自己的家庭，在养家方面背负着相当大的压力。在年轻人（18 岁至 24 岁）和老年人（66 岁及以上）中，农村居民的比例不超过 1/4，分别为 24% 和 25%，比其他年龄组的农村居民比例高 1/3。因此，考虑到农村地区职业结构的变化速度不快，以及该类人类住区里的传统职业正在加速去，

---

[1]　2022 年 4 月，按性别、年龄和住区类型对人口进行了抽样调查（$N = 4000$）。

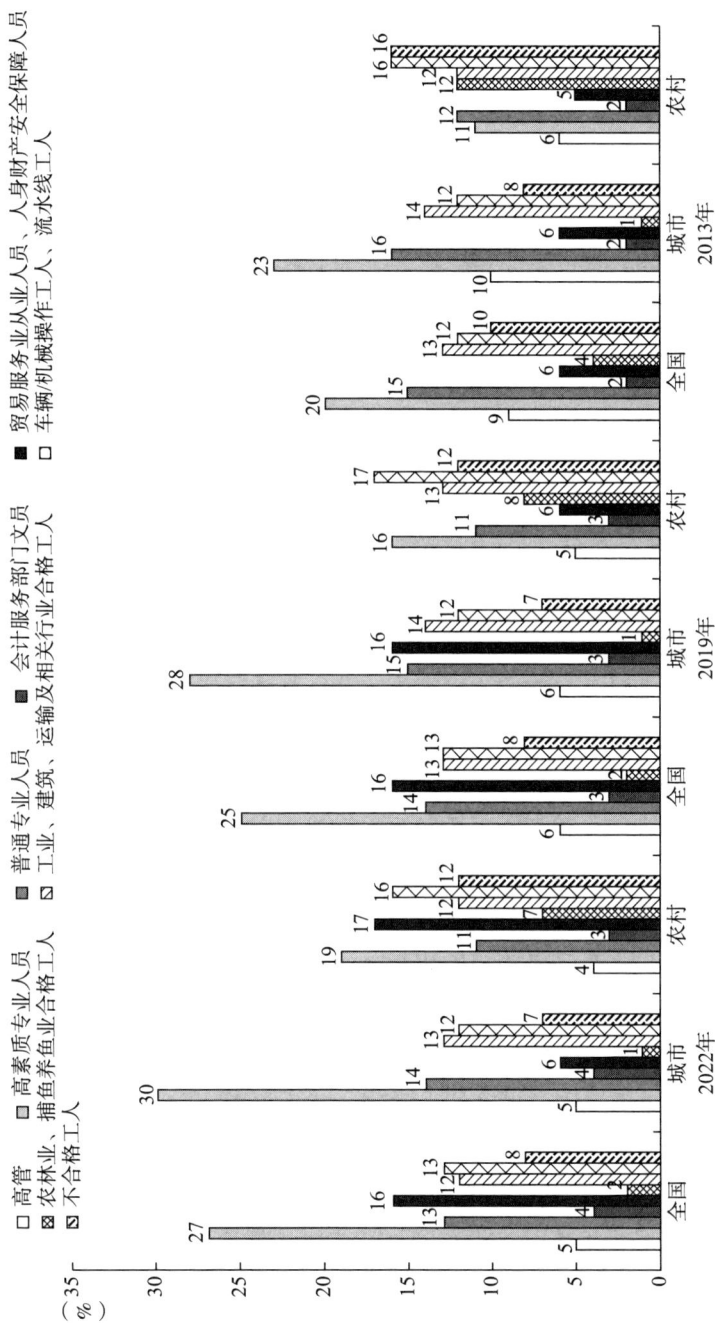

图1 2013年、2019年和2022年俄罗斯城市和农村地区的职业结构变化情况

资料来源：根据不同年份的FSSS RF数据编制（2013年-表2.42、2019年-表2.42，2022年第三季度数据-表2.41a）

工业化，且其数量正在减少工作岗位的潜在需求出现不平衡。虽然传统职业可能不会完全消失，但常常淡出人们的视野，而且所提供的工作条件也相对普通（Plyusnin，2022）。

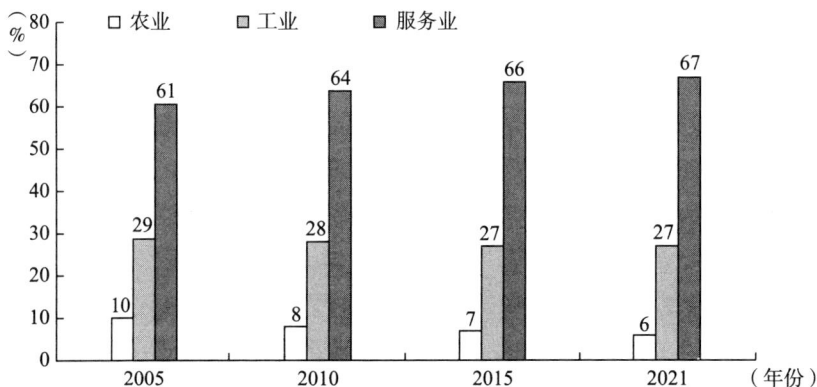

图2　2005～2021年俄罗斯各经济部门就业变化情况
资料来源：根据国际劳工组织提供的数据编制。

尽管近年来发生的多起重大事件没有让职业结构发生任何根本性变化，但仍然对职业结构转型产生了一定影响。特别是2020年，新冠疫情的发生，一方面引发了工作实践的重大转变，另一方面则让许多行业陷入停滞不前的困境（Abramov & Klimov，2020）。事实证明，俄罗斯城市受到的影响更小：疫情期间，俄罗斯国内相当一部分非体力劳动者纷纷转向远程工作。而农村工人不仅因为疫情而处于不利地位，同时，受限于他们在农村地区所从事工作的性质，具有高级或中级资质的专业人员难以实现远程工作，这也对他们产生了负面影响。①

俄乌冲突引发了另一系列变化，对俄罗斯就业造成了相当特殊的影响。其中之一便是移民潮：根据FSSS RF数据，仅2022年1月至7月间，就有超过9.6万人离开了俄罗斯。2022年上半年，共有近42万人离开俄罗斯，比上年同期增加一倍多（Russia's Socio-economic Situation，2022）。据俄罗斯电子通信协会（RAEC）估计，其中有7万人至10万人是IT专业人员。

在俄罗斯，素质最高的专业人员，以及拥有最多资源和有能力移居他

---

① FSSS RF的数据显示，农村的远程工作者占总就业人口的比例比城市低很多。

国的人往往都居住在大城市。因此我们可以认为，中短期内，俄罗斯劳动力市场面临的主要问题将与补充高需求专业人员队伍有关，尽管这个问题的潜在严重性尚不清楚。值得注意的是，在俄罗斯政府实施有利于 IT 领域发展的措施后，一些专业人员决定回国。根据各大招聘网站的数据，2022年 6 月至 10 月间，数字技术领域的求职竞争激烈程度有所上升，因而有利于雇主（HR-index. Statistics for Russia，2022）。

俄乌冲突另一个重要影响与西方国家实施的经济制裁有关。受制裁措施影响的主要是大型工业城市，进出口企业也损失惨重，但边缘地区（农村和小城镇）几乎完全没有受到影响，国防承包商和整个工业部门的就业率则有所上升。专业领域的工人出现短缺，且比高素质专业人员短缺更为引人瞩目。2022 年 1 月至 10 月间，"生产"岗位的数量增加了 4%，而收到的相关简历数量则下降了 6%。在运输和物流领域，岗位数量增加了17%，收到的简历数量下降了 7%；在建筑和房地产领域，岗位数量增加了 51%，收到的简历数量增加了 7%；在自然资源开采领域，岗位数量增加了 37%，收到的简历数量下降了 60%。由此可以发现，在更需要体力劳动的领域，求职者处于有利地位（HR-index. Statistics for Russia，2022）。

根据现有的初步估计，俄罗斯边缘地区可能正受困于人员短缺窘境。

然而，俄乌冲突后，出现了新变化，因为数据有限，目前还无法明确断言俄罗斯就业领域的这些趋势是否会持续。蓝领工人的就业情况，特别是某些专业领域的工人短缺情况对上述趋势均有影响。俄罗斯劳动力市场或许能够通过调节劳动力价格——这恰好是其内在特征之一，快速适应就业供需不平衡（Gimpelson & Kapelyushnikov，2022）。

鉴于上述情况，我们不仅需要考虑到城乡职业结构之间的差异，还应考虑到不同类型人类住区中职业结构的具体特点。我们想强调几个重要趋势。图 3 和图 4 显示，尽管俄罗斯城市人口总体增长缓慢，城市在业居民人数几乎保持在同一水平。但在过去 20 年里，在不同类型人类住区中，在业居民的比例发生了相当大的变化。这在 2014 ~ 2015 年危机后尤为明显：危机对俄罗斯工人产生了负面影响，并极大地影响了某些职业群体的稳定性（Tikhonova & Caravay，2017）。

有趣的是，尽管农村人口规模在缩小，但这些地区的就业人数大致

保持不变（见图 3 和图 4）。同样的情况也发生在所谓"小城镇"中：自
2008 年危机以来，生活在此类人类住区中的人口比例几乎没有变化。很
少有小城镇居民搬迁到大都市（莫斯科、圣彼得堡）和人口超过 100 万
人的城市。

但是，在人口规模介于 50 万人至 100 万人的城市中，出现了颇为有趣
的变化趋势。考虑到根据俄罗斯的标准，这些城市的经济相当发达和社会
基础设施相当完善，所以可以认为它们属于"大俄罗斯地区"。2015 年后，
不仅有大量人口迁出这些城市，而且工人数量也有所减少。他们要么搬到
较小的城镇，要么搬到人口为 100 万人及以上的城市。造成这种现象的其
中一个原因是人口为 50 万～100 万人的大城市的定位模糊不清。其中一些
城市的基础设施水平确实和人口为 100 万人及以上的城市相差无几，吸引
了大学阶段的年轻人。同时，这些城市也提供了一些体面的工作的机会。
然而，在很大程度上，这些城市并不是人口流入地区的首选，因此提供的
白领工作机会和高薪工作岗位较少（Zubarevich，2012）。

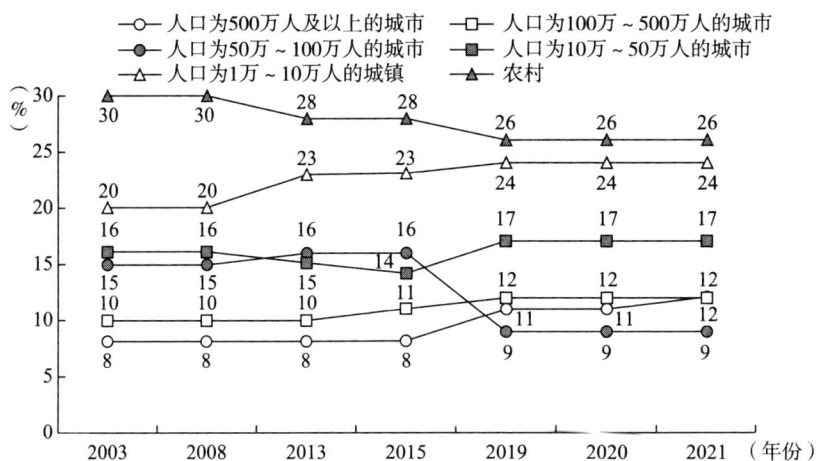

图 3　2003～2021 年不同类型人类住区的人口规模变化情况（RLMS – HSE）

显然，在新冠疫情发生之前，俄罗斯人类住区结构的两极分化趋势就
已经开始显现。人口为 50 万～100 万人的城市，根据其基础设施以及经济
和人力资本，更适合归入"大俄罗斯地区"。而在这些城市中，一部分居
民努力迁往大城市和大城市群，而另一部分居民则搬到了小城镇。这些数

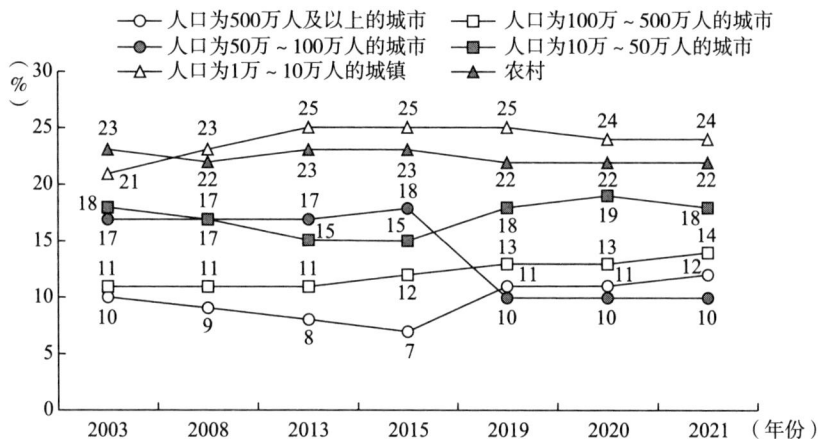

图4 2003～2021年不同类型人类住区在业人口规模变化情况

(RLMS－HSE)

据与FSSS RF有关市区人口规模的统计数据一致。[①] 与此同时，在俄罗斯农村地区，几乎没有在业人口外流，那些已经找到工作的人不愿放弃他们的工作。

至少在过去五年中，俄罗斯城市的职业结构发生了其他重大变化。我们对此进行了更细致的研究。

首先，我们应该指出，多年来，俄罗斯人类住区类型与居民所属的职业群体之间的联系越来越弱。这可能表明，尽管各人类住区间的就业差距仍然十分显著，但这一差距正在逐渐缩小。[②] 总体而言，这种差距体现在：在人口规模超过50万人的城市中，中级、高级专业人员高度集中；在人口规模小于50万人的农村地区和城镇中，商业和服务业从业人员，以及拥有不同等级资质的工人所占比例相对较高（见表1）。然而，在不同类型人类住区中，上述人群的规模大小变化情况却大不相同。如果2021年，高素质专业人员的比例保持不变——自2003年以来该比例有所变化，那么在人口

[①] 2018～2022年FSSS RF的数据显示，人口为5万人以上的城市均出现了人口增长，但人口为50万～100万人的城市除外。5年来，离开这类城市的人数高达252677人。

[②] RLMS－HSE数据阵列中俄罗斯在职人员子集的住区类型和职业群体之间的斯皮尔曼等级相关系数为：2003年（$N = 3734$）为 − 0.133，2008年（$N = 4532$）为 − 0.119，2015年（$N = 5414$）为 − 0.114，2019年（$N = 5076$）为 − 0.106，2021年（$N = 5027$）为 − 0.093。以上相关性在系数为0.01（两个方向）时十分明显。

超过 50 万～100 万人的城市，高素质专业人员的比例实际上出现了下降，而这些是俄罗斯人可以找到的最具吸引力的工作。与此同时，在人口为 10 万人至 50 万人的城市，这一比例相对提高了 20%，而在规模较小的人类住区，该比例则保持不变。这在一定程度上解释了为什么人们会搬到小城镇。

普及化、消除差距意味着应采取措施，让各类人类住区中的高素质专业人员以及行政人员的比例相当。

最后，我们不应忽视，所有类型的人类住区中，中级专业人员的人数都在大幅增加。快速增长主要出现在 2015 年；此后，只有在人口为 500 万人及以上或人口介于 50 万人至 100 万人之间的城市，普通专业人员的人数继续稳定增长，尽管在 19 年间，可以明显看到各类城市的中级专业人员人数都实现了几十个百分点的相对增长。鉴于某些类型的人类住区中，高素质专业人员的人数保持稳定，甚至下降（见表 1），我们可以认为一些不涉及体力劳动的工作可能不再需要从业者拥有较高的资格水平。另外，我们还可以从中得出结论：考虑到在办公室工作的人群数量没有变化，俄罗斯经济中常规非体力劳动者仍占相当高的比例。[1]

表 1　2003～2021 年不同类型人类住区中各职业人群数量
变化情况 （RLMS-HSE）

单位：%

年份	人类住区类型					
	人口为 500 万人及以上的城市	人口为 100 万～500 万人的城市	人口为 50 万～100 万人的城市	人口为 10 万～50 万人的城市	人口为 1 万～10 万人的城镇	农村
高管						
2003	8	9	7	7	7	4
2008	8	7	7	7	8	5
2015	10	7	7	8	7	5
2019	7	6	8	7	6	6
2021	6	7	7	8	7	6

①　若想了解关于常规非体力劳动者在俄罗斯经济中作用的更多信息，请参见以下文献：Gimpelson & Kapelyushnikov，2022。

年份	人类住区类型					
	人口为 500 万人 及以上的城市	人口为 100 万 ~ 500 万人的城市	人口为 50 万 ~ 100 万人的城市	人口为 10 万 ~ 50 万人的城市	人口为 1 万 ~ 10 万人的城镇	农村
高素质专业人员						
2003	23	27	20	15	15	15
2008	26	24	16	19	15	15
2015	28	20	18	18	14	17
2019	25	19	19	18	16	15
2021	22	18	19	18	15	16
普通专业人员						
2003	17	15	16	17	16	12
2008	22	18	18	16	16	14
2015	23	21	21	22	19	18
2019	24	18	25	18	20	17
2021	27	20	24	19	19	17
文员、服务业从业人员						
2003	8	4	6	6	5	5
2008	7	5	6	5	5	5
2015	9	6	6	4	5	4
2019	8	6	4	6	5	4
2021	8	6	6	6	5	4
贸易服务业从业人员						
2003	10	14	17	18	18	20
2008	10	16	19	17	18	19
2015	10	17	19	18	18	18
2019	13	19	20	18	19	20
2021	12	17	18	16	21	19
合格的体力劳动者						
2003	13	16	14	17	15	10

年份	人类住区类型					
	人口为 500 万人及以上的城市	人口为 100 万～500 万人的城市	人口为 50 万～100 万人的城市	人口为 10 万～50 万人的城市	人口为 1 万～10 万人的城镇	农村
2008	8	13	15	16	15	12
2015	6	14	13	15	16	13
2019	11	14	11	14	13	12
2021	11	15	11	14	15	12
合格的车辆/机械操作工人						
2003	11	11	12	14	16	22
2008	10	11	12	13	16	19
2015	8	9	10	11	12	18
2019	7	11	9	12	14	17
2021	8	11	10	12	14	16
不合格工人						
2003	10	5	7	6	6	12
2008	8	6	8	7	7	11
2015	6	6	7	6	8	8
2019	·5	7	5	8	8	9
2021	6	8	5	8	7	10

关于商品服务业从业人员的数据与本文一致。对于大多数类型的人类住区（人口超过 100 万人的城市除外）来说，此类人员的人数相当稳定，甚至在疫情之前，人数一直在增加。然而，即使是让这些行业损失严重的疫情，也无法完全阻止这一趋势。

相比之下，合格和不合格工人的情况较为特殊。根据 RLMS – HSE 数据，过去 20 年里，合格工人在俄罗斯整体职业结构中所占的比例平均下降了 3～5 个百分点，而不合格工人的比例（7%～8%）没有发生任何显著变化。

在比较各类型人类住区的情况时，这些变化的动态更明显。特别是自 2015 年以来，与人口规模更大的城市相比，人口 10 万～50 万人的城市中，不合格工人的比例在提高；在农村地区，不合格工人的人数整体上在逐渐上升。同一时期，俄罗斯农村地区的合格工人人数下降幅度最大，他们包括机械师、拖拉机驾驶员等。另外，在大多数人口 500 万人及以上的大城市，不合格工人的比例在不断下降。

因此，在过去的几十年里，由于大都市中高素质专业人员减少，各类人类住区中合格工人的比例快速下降，以及完成常规任务、不需要从业人员具备高级资质的领域的就业人数总体上甚至有所增加，俄罗斯大多数人类住区之间的职业结构差距在缩小。有鉴于此，我们必须详细说明在当前情况下，俄罗斯工人的等级资质有何变化，以及它与职业结构变化的关系。

二 技术创新与新职业

我们已经确定，在俄罗斯，就业领域出现了几种多元化趋势，但其影响，特别是对各地的影响尚无法准确预测。一方面，与数字化和其他技术变革相关的流程导致职业结构不断变化；这些变化不仅涉及所需资格和能力不同的工作职位的相对比例，还涉及各种职业的内容和实质。另一方面，职业结构的变化并不一致，在某些情况下职业结构要素之间的差异和各种职业群体内部的差异甚至扩大了。

我们将首先研究其中一个趋势。随着各行业纷纷投身数字化转型，数字服务越来越普遍，互联网越来越普及，俄罗斯的劳动形式和实质正处于变化当中。[①] 同时，它们也是评估俄罗斯数字化转型的指标——数字化转型是俄罗斯政府制定的发展目标之一（2020 年总统令）。有必要指出，技术创新实施过程的不规范性以及它对普通工人的不明确影响。

似乎可以合理假设，今天，新职业往往出现在对数字化转型投资最多的行业和领域。在俄罗斯，它们主要是指金融业、工业和运输业。其中，金融业的投资最多，是工业对数字化转型投资的两倍多（Abdrakhmanova et

---

① 2021 年的 FSSS RF 数据显示，83% 的俄罗斯人使用互联网。城市和农村地区之间仍然存在一定的差距（分别为 85% 和 77%）。2013 年，互联网用户减少了近 1/3，仅为 64%。之后互联网用户有所增加，主要是因为智能手机的逐渐普及。8 年前，48% 的俄罗斯人通过智能手机上网，2021 年，这一比例提升至 78%（FSSS RF，2021）。

al.，2021）。此外，实际的全面数字化转型会改变工人活动的性质变化，从而迎来新型工人的出现。它在很大程度上取决于经济形势。例如，即使是在 2019 年，面向资产的投资也出现了明显的停滞或减少的趋势，唯一的例外是医疗保健和工业部门（Investments into Non-financial Assets，2022）。

在经历了新冠疫情和强制封控后，情况发生了一些变化：强制封控使就业形式更加多样化，推动了远程工作者比例的提高。[①] 一些科学家还注意到"平台"就业人数的上升，尽管此类工人的确切比例尚不清楚，但估计为所有在业人口的 1.5% 至 20% 不等。[②] 总的来说，根据就业形式和工作制度，研究人员提出了至少六种类型的非常规就业——这通常是雇主试图在不违反劳动法规定的前提下，推动就业形式多样化的结果（Caravay，2022）。

人类住区之间仍然存在一定的不均衡，这不仅与数字创新水平有关，还与不同人类住区的居民是否准备好了接受这种创新有关。虽然在大城市中出现了二次数字化，[③] 但在农村和小城镇，这一过程受限于其数字基础设施的可用性和质量（Digitization in Small and Medium-sized Russian Cities，2018）。互联网为各地居民提供的服务是数字化关键基础设施的组成部分，而相关研究中，大城市和农村、小城镇在二次数字化方面的差异也很明显。对大多数俄罗斯人而言，无论他们居住在什么样的人类住区，互联网都是沟通、使用网上银行服务的工具（在很大程度上，这是金融业在实施数字技术方面处于领先地位的结果）。然而，综观所有互联网活动，农村地区居民的参与度都比城市居民低 8% ~ 10%。在考察与工作，或与利用数字创新释放潜力有关的直接或间接的互联网服务时，我们发现情况似乎要糟糕得多。虽然这些互联网服务的"受欢迎程度"通常不高，但相对来说，它们在城市居民中更常见（见图 5）（FSSS RF，2021）。

---

① 在俄罗斯，每四名上班族中就有一个人有过至少一个月的远程办公经历（One From Home: Remote Work after the Pandemic，2022）。

② 俄罗斯商业咨询基于普华永道的一项研究数据估计，俄罗斯自由职业者多达 1400 万人（Frends，2022）。与此同时，基于该领域专家的意见，假设活跃的自由职业者人数在 100 万人左右，高等经济大学研究人员的估计更为保守（Strebkov & Shevchuk，2022）。

③ "二次数字化"一词不仅意味着数字基础设施的可用性和质量，还意味着人们使用数字基础设施的技能和强度，即"数字能力"。

□ 全国　■ 城市　■ 农村

（%）

类别	全国	城市	农村
收发电子邮件	47.0	51.9	30.8
通过维基百科、在线百科及其他类似信息来源获取各类知识和信息	32.8	36.9	19.2
使用互联网存储文档、图像、音乐、视频等文件（例如使用Yandex.Disc、Cloud Mail.Ru、Google）	16.5	18.8	8.6
在线阅读报纸、杂志和书籍	14.5	16.7	7.5
在线参观博物馆和美术馆等文化场所	10.4	12.4	3.6
文化用途（搜索文化遗产和文化活动资料、搜索教育、培训课程等相关信息	9.4	10.6	5.4
远程学习	8.6	9.2	6.3
找工作（例如，使用hh.ru、Rabota.ru、Superjob等网站）	6.0	6.4	4.8
下载电子报刊和电子书	5.3	6.1	2.5
下载软件（电脑游戏除外）	5.2	5.9	2.8
写网络日记（常添加文字、图片和多媒体文件）	3.1	3.5	1.6
浏览职业网站（如领英、Xing、E-xecutive.ru等）	2.0	2.4	0.8

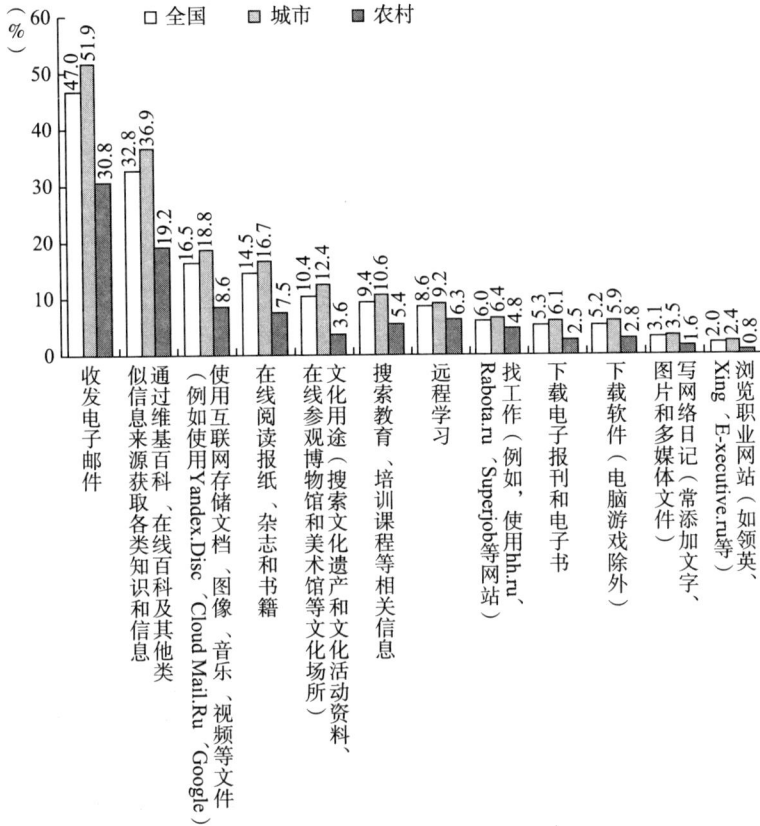

图 5　2021 年与工作或人力潜能开发相关的互联网使用情况 （FSSS RF）

说明：由于受访者可以选择多个答案，所以数值总和超过 100%。

　　因此，我们可以假设，鉴于对数字化转型的投资相对较少，职业结构改变，特别是向新型工人过渡的进程可能在中期放缓（Castells，2000）。这与部分研究人员的推理一致，他们声称，至少在我们进入经济增长和技术加速发展期之前，俄罗斯的职业结构几乎不存在高素质专业人员、拥有不同等级资质的工人群体两极分化的风险（Gimpelson & Kapelyushnikov 2022）。在小城镇和农村地区，这类进程最为缓慢。

　　由于此类进程的存在，本节开头提到的第二种俄罗斯职业结构演变趋势（各种职业群体的内部不一致性越来越大）有所加剧。这种趋势已经成为俄罗斯职业结构的固有特点，而造成这种现象的其中一个原因是，治理体制过去以经济为重点，而职业群体的利益没有足够的制度基础。甚至在分析诸如受教育年限这样的普遍指标时，各种职业群体的内部不一致性也变得越来越明显。就基本培训水平而言，这种不一致性有利于将专业人员与仅仅拥有基本能力，却没有任何深厚专业知识的工人区别开来。[①]

根据 RLMS - HSE 数据，尽管俄罗斯相当大一部分在业人口接受了高等教育（34%），大多数人（80%）（Russian in Numbers，2020）的受教育程度高于"普通中等"水平，但平均而言，有相当多的人（39%）接受教育的时间不超过 12 年。这意味着，在最好的情况下，这些工人也只完成了第一阶段的职业培训，因为即使是只在技术学院完成学业也需要更长的时间。由于现在教育体系的组织方式不同，那些在几十年前接受教育的人本应通过再培训转化他们所掌握的知识，但很多人并没有这样做。在调查前的 12 个月里，只有 5% 的俄罗斯在职职工表示已参加高级培训课程，其中大多数人（74%）的受教育时间更长。

图 6 显示，培训时长与个人所属的职业群体密切相关，职业人员的培训时间最长，他们是技术进步的主要推动力之一。但即使是在这一群体中，因受教育时间较短而缺乏职业知识的人数比例也相当高（14%），其中高管的比例更是高达 1/4。这一事实表明，俄罗斯职业人员在知识和技能投资以及这些投资的回报方面都存在一些问题（Tikhonova，2020b）。对于相当一部分高管来说，这些问题也十分严重。而在其他职业群体中，有些人的受教育年限可能过长，不合格工人当中，受教育年限超过 13 年的比例为 16%。

就当前形势可能的变化趋势而言，图 7 显示，高管和职业人员的情况正在逐渐改善。但其他一些群体的受教育年限也在增加。在大中城市，这些趋势出现的时间似乎更早。而在小城镇和农村，受教育年限的中位数分别为 13 年和 12 年，这意味着在中等职业培训的第一阶段，小城镇和农村的中等教育以及培训课程开展频率也较低。这类教育跨度对于从事体力劳动或常规非

---

① 与更加频繁监测的"正规教育水平"相比，这一指标反映了一个人积累的职业知识总量，包括接受基础教育后获得的知识。这一指标还能评估一个人的学习技能，这在很大程度上确定了工人掌握全新技能的潜力，还决定了他们基于现代技术提出创造性方法和解决方案的能力。而且，它是衡量工人人力资本的基本指标之一（Becker，1962；Schultz，1961）。

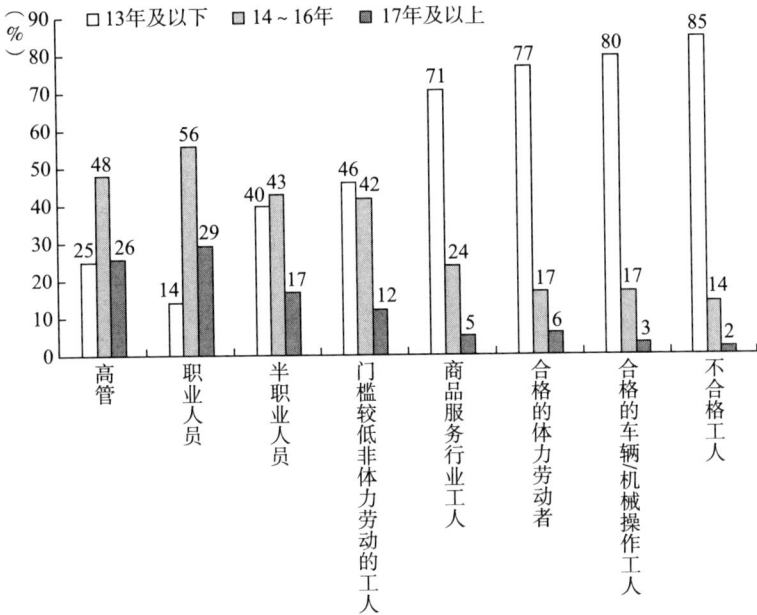

图6　2021年各职业群体不同受教育年限占比情况（RLMS－HSE）

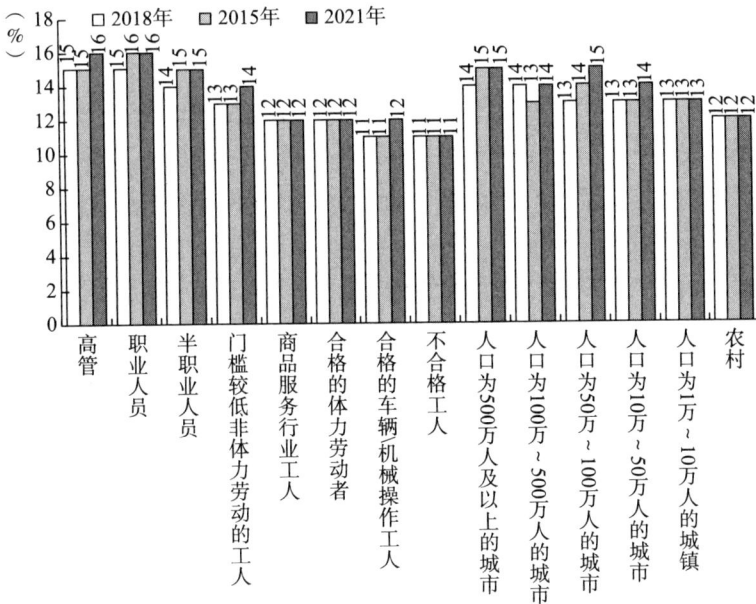

图7　2008年、2015年和2021年各职业群体/住区类型人口

受教育年限中位数变化情况（RLMS-HSE）

体力劳动的工人群体来说往往更加典型。受教育年限增长最快的是大城市职工以及高管、职业人员和从事有一定专业素质要求的非体力劳动工作的人群。

这再次证实了大城市的中心地位，它们不仅集中了经济和基础设施资源，还聚集了俄罗斯最高素质的劳动人口。这种模式将导致较小住区在技术发展方面落后，从而导致人口专业素质降低、人口减少以及失业率提高。在人口为 50 万～100 万人的城市中，劳动力正在向较小城镇大量外流，说明人们正试图进入对知识和能力要求较低的当地劳动力市场。在人口不足 10 万人的村镇中，职工的受教育年限目前为零增长，职业人员也是如此。所以来自人口为 50 万～100 万人城市的"移民"肯定能在"俄罗斯边缘地区"找到工作。

三　不同类型住区就业结构变化的经济和社会影响

过去 20 年来，职业结构发生变化，引发了一连串危机（包括 2008～2009 年和 2014～2016 年的金融危机），以及 2020 年开始的疫情，极大地改变了经济和社会格局。例如，劳动力成本逐渐下降，这一现象在人口为 10 万～50 万人的城市的高管和劳动人口中最为突出，这些地区大多是区域首府或大型单一产业城镇（见表 2）。受工资下降影响最小的人，恰恰是专业素质最低的工人。尽管他们不是高收入者，但他们的工资存在名义上的增长。只有不合格工人的工资在同类型住区中出现了小幅增长。[1]

表 2　2003～2021 年各职业群体/住区类型人口实际工资
与住区收入中位数的变化关系

单位：倍

	2003 年	2008 年	2013 年	2018 年	2021 年	相比 2003 年的增/降
职业群体						
高管	2.4	2.0	1.9	1.7	1.7	-0.7

---

[1] 当我们提到工资的增长或下降时，我们将住区中位数作为参照，而未考虑通货膨胀影响下的购买力。

续表

	2003 年	2008 年	2013 年	2018 年	2021 年	相比 2003 年的增/降
职业人员	1.4	1.3	1.3	1.3	1.3	-0.1
半职业人员	1.4	1.3	1.2	1.2	1.2	-0.2
门槛较低非体力劳动的工人	1.1	1.0	0.9	1.0	1.0	-0.1
商品服务行业工人	1.1	0.9	1.0	0.9	0.9	-0.2
合格的体力劳动者	1.5	1.3	1.3	1.2	1.3	-0.2
合格的车辆/机械操作工人	1.5	1.4	1.3	1.3	1.3	-0.2
不合格工人	0.7	0.8	0.7	0.8	0.8	0.1
住区类型人口						
人口为 500 万人及以上的城市	1.3	1.2	1.2	1.2	1.2	-0.1
人口为 100 万~500 万人的城市	1.2	1.1	1.1	1.1	1.2	0
人口为 50 万~100 万人的城市	1.3	1.3	1.1	1.2	1.3	0
人口为 10 万~50 万人的城市	1.5	1.2	1.2	1.2	1.1	-0.4
人口为 1 万~10 万人的城镇	1.4	1.3	1.3	1.2	1.2	-0.2
农村	1.4	1.3	1.2	1.2	1.2	-0.2
工人平均工资（供参考，单位：卢布）	4552	12931	20371	27327	32989	28437

不同群体之间的收入存在相当大的差距，几乎没有一个职业群体或一类住区的平均工资超过住区收入中位数的 1.7 倍，大部分为 1.0~1.3 倍。这说明，首先，群体之间的差异十分有限，其次，高收入者在俄罗斯劳动人口中仅占一小部分，所以俄罗斯人大多属于普通阶层。[①]

就工资而言，俄罗斯高收入者中最具代表性的是高管（30%）和职业人员（17%）。这两个群体的月均工资也比较高：截至调查时，分别为

[①] 我们使用的是"普通阶层"而非"中产阶层"，因为后者的特征更为广泛。而且俄罗斯的普通阶层通常没有足够的收入达到中产阶层的生活水平。了解关于我们所使用方法的更多信息，参见 Tikhonova（2018）。

49713 卢布和 38745 卢布。其他职业群体的工资要低得多，其中不合格工人的工资最低（20878 卢布）。

不同类型住区之间也存在类似的差异。如果在人口为 500 万人及以上的城市平均工资为 49713 卢布，那么在人口为 100 万~500 万人的城市平均工资会降至 35055 卢布，而农村平均工资会低至 26376 卢布。

因此，收入差距的持续缩小不是由于全面的工资增长，而是因为某些群体的工资与其他群体相比下降得更多。然而，这并不能消除不同类型住区工人之间工资的巨大差距，即使是在其各自职业群体内也存在差距。例如，人口为 500 万人及以上的城市中，职业人员月均工资为 64464 卢布（中位数为 60000 卢布），而人口为 100 万~500 万人的城市中，月均工资和中位数分别降至 37897 卢布和 35000 卢布，在农村更是分别低至 28210 卢布和 24250 卢布。在其他职业群体中也出现了同样的趋势。例如，在人口为 500 万人及以上的城市中，商品服务行业工人的月均工资为 33572 卢布（中位数为 30950 卢布），而在人口为 100 万~500 万人的城市中，月均工资和中位数分别降至 24869 卢布和 22000 卢布。在较小的村镇，这一群体的平均工资在 24000~26000 卢布，中位数不超过 22000 卢布。

在工作场所对工人的社会保护也发生了重大变化。一方面，自 2003 年以来，大部分工资债务已经结清，2021 年绝大多数工人（99%）表示他们的工资发放没有延迟。另一方面，现在有相当高比例的工资由官方发放。与 2003 年相比，2021 年从官方领取全部工资的工人比例高出 17 个百分点，达到 82%。

另外，2008 年经济危机之后，雇主们向工人发放奖金的意愿大大降低，不过绝大多数俄罗斯工人在危机之前也从未收到过奖金。2008 年以前，未收到过奖金的工人比例为 78%，2021 年为 86%。收到奖金频率最低的是农村居民（90%）、商品服务行业工人（91%）和不合格工人（90%）。如果后一种情况真实存在，就商品服务行业工人而言，这似乎有些矛盾，因为在这一群体中，收入与已达成交易和提供服务的数量密切相关，其可变动部分往往超过固定工资。出现这种情况的原因可能包括"奖金到底是什么"和"金额是多少"等各种想法，以及那些无法获得包括额外奖金在内有价值物质奖励的工人的专业素质的复杂性。

俄罗斯工人每周工作时长的变化值得一提。俄罗斯劳动法规定，工人每周工作时长通常不能超过 40 小时，但如表 3 所示，在过去几十年中，大多都不符合规定。唯一积极减少加班工作的群体是高管，但他们每周的平均工作时长仍超过了法律规定的上限。每周工作时间最长的是商品服务行业工人以及合格的车辆/机械操作工人，但如前所述，这些岗位的物质奖励相对较少。这种情况在很大程度上是俄罗斯劳动力市场就业形式多样化的结果，因此出现了一个完全独立的"加班"群体，其中一半以上由体力劳动者以及商品服务行业工人组成（Caravay，2022）。根据俄罗斯的劳动文化，人们通常不会因为加班而获得报酬，[①] 所以总体上这些群体每小时的劳动成本比其他群体都要低得多。

表 3　2003～2021 年不同职业群体/住区人口每周
平均工作时长变化（RLMS－HSE）

单位：小时

	2003 年	2008 年	2013 年	2018 年	2021 年	相比 2003 年的增/降
职业群体						
高管	48	46	44	45	44	－4
职业人员[②]	38	38	39	38	38	0
半职业人员	43	43	42	43	42	－1
门槛较低非体力劳动的工人	41	42	41	42	43	2
商品服务行业工人	48	48	48	49	47	－1
合格的体力劳动者	44	45	45	45	45	1
合格的车辆/机械操作工人	49	48	47	49	48	－1
不合格工人	39	40	40	40	40	1
住区类型人口						
人口 500 万人及以上的城市	42	42	41	43	42	0

① 俄罗斯科学院社会学研究所的数据显示，2015 年，33% 的工人获得了加班报酬，2021 年与 2015 年相同，也为 33%。

② 职业人员每周的工作时间有所减少，原因是他们中的一些群体（医学专业人士、教师等）的法定工作时间为一周 35～38 小时。而且自由职业者和兼职人员的占比很高。

续表

	2003 年	2008 年	2013 年	2018 年	2021 年	相比 2003 年的增/降
人口为 100 万 ~ 500 万人的城市	45	43	43	44	43	− 2
人口为 50 万 ~ 100 万人的城市	44	44	43	44	43	− 1
人口为 10 万 ~ 50 万人的城市	43	43	43	43	43	0
人口为 1 万 ~ 10 万人的城镇	45	45	44	44	45	0
农村	45	44	44	45	44	− 1
工人每周平均工作时长（供参考）	44	44	44	44	44	0

不合格工人的情况有些不同，他们每周的工作时长通常在法定范围之内。原因可能在于他们的劳动合同往往是短期的，有时甚至是非正式的，而且通常不太稳定。2021 年，这一群体要求改变工作地点的比例更高（为16%，而全部在业人口中的比例为 11%）。此外，在调查前的一年里，这一群体中，更多人表示他们曾经历过失业（比例为 10%；全部在业人口中的这一比例为 4%）。

在比较不同住区类型时，这些趋势也表现出相似性。例如，加班时间最长的地区往往是贸易行业从业人员最集中的地区，这些地区主要包括人口不足 10 万人的城镇以及农村，或者"俄罗斯边缘地区"。离最大的城市越近，情况就越好。在这些城市中，从事非体力劳动的合格工人和国家雇员的比例最高，他们的合法劳动权利往往得到更好的维护。

值得注意的是，俄罗斯的职业结构正受到当前人口趋势（人口老龄化）的严重影响，这一问题体现为俄罗斯工人平均年龄的增加（见表 4）。

表 4 2003 ~ 2021 年不同职业群体/住区类型人口
平均年龄变化情况 （RMLS – HSE）

单位：岁

	2003 年	2008 年	2013 年	2018 年	2021 年	相比 2003 年的增/降
职业群体						
高管	42	43	43	45	46	4

续表

	2003 年	2008 年	2013 年	2018 年	2021 年	相比 2003 年的增/降
职业人员	42	43	42	43	44	2
半职业人员	39	39	40	41	42	3
门槛较低非体力劳动的工人	38	39	40	40	43	5
商品服务行业工人	38	40	40	42	43	5
合格的体力劳动者	39	41	40	42	43	4
合格的车辆/机械操作工人	40	41	42	43	44	4
不合格工人	41	43	44	45	46	5
住区类型人口						
人口为 500 万人及以上的城市	39	41	41	43	43	4
人口为 100 万~500 万人的城市	40	41	40	42	42	2
人口为 50 万~100 万人的城市	39	40	41	42	43	4
人口为 10 万~50 万人的城市	38	41	39	42	42	4
人口为 1 万~10 万人的城镇	39	41	40	43	44	5
农村	38	41	40	44	44	6
工人平均年龄（供参考）	39	40	40	43	43	4

21 世纪初，年龄最大的群体是高管和职业人员，与其他群体相比，他们的职业社会化时间更长，要到 35～40 岁才能完全成长为职业人员。到 2021 年，所有职业群体的平均年龄均超过 40 岁，这表明人口在日益老龄化。从事门槛较低非体力劳动的工人、商品服务行业工人以及不合格工人的年龄增长率最高（平均增长 5 岁）。一方面，这表明加入这些群体的年轻人非常少，因为他们正在努力寻找更有利可图的职业；另一方面，这又标志着有些领域出现了劳动力减少的现象，在未进行数字化转型的情况下，这可能会产生诸多问题，因为这些群体目前至少占各类型住区所有工人的 40%。这些问题在"俄罗斯边缘地区"尤为明显，那里工人的老龄化率最高，而目前职业结构的补充相当缓慢。

四 结论

鉴于不同类型住区之间的明显差异，目前俄罗斯的职业结构中有以下几种多元化趋势。

（1）多重危机导致从事职业知识和能力要求高的工作的工人群体（高管和高素质专业人员）数量增长放缓，而合格工人人数加快减少。除此之外，收入处于中位数的群体的人数不断增加，这些群体的成员大多为从事日常工作的非体力劳动者以及商品服务行业工人。同时，就当地职业结构中不同工人群体的比例而言，各住区类型之间的差距缩小，尽管没有完全消除。在"大俄罗斯地区"，高管和职业人员的人数几乎完全停止增长，而在俄罗斯"中等城市"和"边缘地区"传统的就业领域，即工业和农业领域，劳动力正在"流失"，他们大多属于合格工人。农村的职业结构更新进程非常缓慢，与城市相比要慢得多，这可能是危机时期职业结构更新停滞的迹象。

（2）居住在不同类型住区的工作人口出现了两极分化的趋势，也就是说，中心地区和边缘地区之间的差距越来越大。人口为 50 万～100 万人的城市，就其基础设施以及经济和人力资源潜能而言，似乎与"大俄罗斯地区"更加相似，但同时作为后者与边缘地区之间的纽带，目前这些城市的人口正大量向较大或较小的城市迁移。因而，需要在大量区域首府推进现代化。许多区域首府与富裕城市相比，其"白领"就业发展和再工业化发展的能力有限。另外，与较小的住区相比，这些区域首府在劳动力市场上的竞争更加激烈。

（3）普通专业人员、商品服务行业工人以及不合格工人的数量在稳定增加，显示出俄罗斯数字化转型的特殊性质，但尚未促进俄罗斯职业结构中常规劳动力的大规模转移，只是刺激了少数几个经济部门的发展。

（4）鉴于对数字化转型的投资（主要是技术投资）有限，不太可能出现向新型工人转型的巨大进展。但由于目前存在地域差异，这种过渡在小城镇和农村中将以最高速度放缓。大城市不仅将继续积累重要的经济和基础设施资源，还将集中国内最高素质的劳动人口。较小的住区，即所谓的"边缘地区"，成为技术长期欠发达地区的风险较高，特别是目前劳动人口专业素质发展出现停滞趋势。

（5）职业结构的转变，加上过去 20 年中发生的几次危机，导致劳动力成本相对下降，对不同住区的不同职业群体和工人产生了不同程度的影响。尽管每周工作时间总体上有所减少，但加班仍然十分常见。俄罗斯"边缘地区"的情况最为糟糕，由于当地工人的人力潜能开发不足，且免费加班的现象十分普遍，这些地区的时薪相对较低。此外，这些地区的劳动人口正在以最快速度老龄化，尽管总体而言这是俄罗斯职业结构的固有特征。

（6）面对各种挑战，俄罗斯的职业结构在中短期内将面临新的问题。这些问题主要与补充和进一步发展高素质专业人员队伍的需要有关。一些高素质专业人员已经离开俄罗斯，而另一些也已经搬家，导致这一群体的增长总体放缓。俄罗斯"边缘地区"面临的主要问题是合格工人的日益短缺，同时从事门槛较低工作的人员长期缺乏，这种情况日益突出。

第三篇

城市现代消费及其多样性

中国城市消费和现代化发展

朱 迪 龚 顺

经过 40 多年的改革开放，中国的发展动力已经发生了深刻变化，在拉动经济增长的投资、出口、消费三驾马车中，消费对经济增长的贡献率在常规年份达到 60% 以上。而由于中国城乡居民之间较大的收入差距（2021年城乡居民人均可支配收入的差距是 2.5 倍），城市居民消费占全国居民总消费的 78% 以上①，在扩大消费中具有举足轻重的作用。但新冠疫情对城市消费造成巨大冲击，也对经济增长产生重大影响。这是本文研究城市消费的宏观背景和问题意识。

在学术界，中国的"高储蓄之谜""消费倾向偏低之谜"一直是国内外的重要研究课题，再加上国家近二十年来多轮扩大消费、刺激消费的政策，以及促进国内大循环的战略转型，更体现了这一课题的现实紧迫性。已有研究和政策思路基本上是"有钱才消费"，强调收入和社会经济资源对消费的约束作用，这主要源于传统经济学关于消费的预算约束模型，以及传统社会学关于消费的结构和制度约束模型。

然而，伴随我国改革开放以来的经济快速发展和人民收入大幅度增长，消费疲软现象依然存在，即使经济资源较丰富的中等收入群体，也并没有真正成为拉动消费的主力。近年来，经济社会领域研究者提出注重"供给系统视角"，强调供给系统对消费行为的制约作用，或者用实践理论的话语，强调供给系统和消费系统、供给实践和消费实践之间的关系。一个简单的例子，中老年人被认为是储蓄倾向较强而消费倾向较低的群体，但相对于生活压力较大的青年群体，很多中老年人的经济资源并不少，阻

---

① 根据国家统计局年度数据计算，城镇居民消费在 2020 年占到居民消费总量的 78.5%，https://data.stats.gov.cn/easyquery.htm?cn=C01。

碍其消费的很重要因素其实是符合中老年需求的产品和服务较少，在当下的互联网时代，网络诈骗、应用程序设计不友好等也是突出的问题。这就是从供给视角理解中老年人的消费行为。"供给视角"的重要意义在于挑战了现有研究将收入和社会经济地位作为理解消费的根本性变量、其他一切因素的"代理变量"，开辟了新的理解消费的路径。

本文将"供给视角"置于消费社会学理论脉络中进行梳理和论述，并通过实证分析进行验证和阐释。与社会学基本理论范式相联系，本文重点论述供给如何作为一种"结构"影响消费，提出"双重结构"的消费理论模型，在理论和实证意义上探讨供给及其代表的宏观结构连同以社会经济地位为代表的微观结构，如何塑造消费及其作用路径。本文的结构是，首先梳理现有经济学和社会学文献中的供给系统研究，用来理解消费行为和扩大消费；在此基础上提出本文的理论框架和研究假设，核心部分是考察微观和宏观的"双重结构"如何塑造居民消费的实证分析，最后对分析发现进行总结和讨论。

一　扩大消费研究与供给系统视角

扩大消费研究归根到底是消费模式研究。已有研究着眼于不同维度——包括扩大消费、消费升级、高质量消费等，但总体都指向解决中国需求不足、扩大和提升消费的问题。经济学强调预算约束的消费理论模型，注重扩大消费的实证研究，特别是宏观消费问题的研究。相关研究强调将"从商品消费到服务消费"及其反映的"从生存到发展到享受的需求层次"作为分析框架（曾洁华、钟若愚，2021；辛伟、任保平，2021）。在数量层面，消费升级表现为消费规模扩大，用居民平均消费支出衡量；在质量层面，消费升级表现为消费结构提升和消费内容优化，其中消费结构提升用居民发展享乐型消费（除食品和衣着消费外）占比衡量，消费内容优化指消费者在同一消费类型的产品选择中更倾向于中高档产品，用居民消费支出中的非基本消费占比衡量（孙久文、李承璋，2022）。社会学强调结构和制度约束的消费理论模型，直接关注扩大消费问题的研究并不多，其中更多的是理论研究。相关研究将扩大消费理解为消费行为模式从传统向现代的转型（王宁，2003），将消费升级理解为功能性消费的降级以及符号性消费的升级（孙凤，2019），认为现代意义上的消费升级是对日常生活的系统化改造和日常生活现代化的运动（林晓珊，2017）。

无论是哪种理论假设，主流的经济学和社会学在实证和应用层面都主张通过提高收入和收入流动性、完善社会保障体系等来扩大消费（姚明明、李华，2014；余永定、李军，2000；吴振球，2017；陈璋、徐宪鹏、陈淑霞，2011；张恒龙、姚其林，2020）；稍有不同的是，社会学更强调中产阶层和中等收入群体的作用（李培林，2017；朱迪，2013），用消费系统现代化的概念指代收入分配制度、社会保障制度和消费信贷制度以及消费者身份建构等（王宁，2003，2009）。

而在消费研究领域，一种强调"供给系统方法"（the System of Provision Approach，SOP）的理论流派逐渐兴起，它起源于20世纪80年代对于英国住房消费的研究。SOP方法整合了支撑从生产到消费整个链条的结构、关系、过程和行动者，不局限于"消费"本身的方法、理论和概念，从而能够对通常并不直接与消费联系的研究领域做出更大的贡献，比如环境研究、基础设施研究（Fine and Baylis，2022）。SOP结合经济学和社会学的视角，探索结构、行动者、过程、关系和物质文化在具体产品或领域的系统中的互动模式，应用到公民消费者研究，强调应解决的问题是消费者行动主义如何在供给系统拥有转型潜力：这通常不是通过个体化的选择，而是通过集体性的共同体参与（Wheeler，2022）。这种"供给视角"在社会学的传统研究中往往是"隐身"的。在主流社会学研究中，社会经济地位是主要的行为解释机制：提升个体的经济资本和文化资本就能自然实现行为转变，因而增加居民的收入、就业和保障以及加大消费知识教育是扩大消费的主要政策路径。然而，如果考虑到上述更宏观的、外部的因素，就会发现消费行为的改变并不是这种"代理"逻辑，而是受到所处空间和时间的直接的、"真实的"影响。

从"供给侧"角度，经济学领域的理论和实证研究颇丰，特别强调通过完善基础设施和公共服务等来扩大消费。辛伟、任保平（2021）用"消费生态环境"的概念，提出供给循环效率较低制约了高质量消费，认为消费生态环境建设上的滞后主要表现在以新型基础设施为代表的硬件环境和以制度文化为代表的软件环境建设上的滞后。另有研究强调供给侧因素对居民消费起到重要的"拉动"作用，这不同于收入、收入获得约束、消费品价格等需求侧因素对消费起到的"推动"作用，实证分析用城镇化率测量拉动因素，发现其对当期居民消费是正向影响，这是由于城镇基础设施完善、交通通信体系发达、商业网点众多且分布合理，促销手段花样翻新，"拉动"着消费者额外消费、购物（吴振球，2017）。顾雨辰、蔡跃洲（2022）强调互联网基础设施不断完善和用户普及促进消费升级，其作用机制是通过增加居民收入，提高生产、流通和消费各环节效率以降低成本，以及提高供需匹配度以满足个性化需求；数据分析发现互联网普及对农村居民消费升级的作用更加明显。已有研究也提出服务业发展和公共服务对消费的影响。徐朝阳、张斌（2020）认为我国存在服务业供给抑制现象，服务业要素流入受制于各种形式的政策性障碍，导致其供给能力存在相对不足从而大量有效需求无法得到满足，因此应充分释放服务业的供给潜力，从根本上解决我国内需不足问题。周洲、段建强、李文兴（2022）建立了交通服务与居民消费升级之间的关系，使用加权平均旅行时间测量交通可达性，分析发现交通可达性激发了人们的出行意愿，交通通信支出有所增加，但是对不同收入群体的影响有差异：交通可达性促进了高收入群体消费结构升级，而对中低收入群体产生了抑制效应，这主要是由于交通设施完善显著提升了住房价格，中低收入群体住房支出大幅增加，对其他消费产生挤出效应。任保平、苗新宇（2021）肯定新经济对于扩大消费重要作用的同时，提出发展新经济不能完全依赖市场机制，以信息网络、商贸流通、智能化技术集成等为代表的新型消费基础设施和相关服务保障工程，通常需要政府等公共部门的介入。张恒龙、姚其林（2020）从消费能力和消费意愿两个维度分析居民消费，消费环境是影响居民消费意愿的重要因素，主要包括质量标准体系建设、消费信用法律制度建设、市场监管体系建设等公共服务和制度的完善。

近些年，社会学领域在市场供需、城镇化、舒适物等理论框架下，也开始重视从供给侧分析消费问题。李培林（2017）指出消费的有效需求不足既有需求侧也有供给侧的问题，需求侧问题主要体现在新增收入集中在边际消费倾向较低的高收入群体，供给侧问题主要体现在商品供给不能适应居民消费需求的变化。王宁（2014）提出了"地方消费主义"的概念，用以表示人们对一个地方的整体性产品的质量（由舒适物系统决定）的渴望、追求和偏好，而随着生活水平提高，地方消费主义既深刻影响人们的生活质量，也对人才迁移、公司选址及其影响下的地区产业升级转型起到越来越重要的作用。张杨波（2017）认为新型城镇化应当将城镇居民消费需求作为指导当地城市规划和舒适物配置的重要依据，这种城镇化和城市规划将成为地方政府吸引外来人才的重要优势，结果将进一步优化当地的城市发展结构。舒适物的概念源于经济学，与消费有关，通常指使用或享受相关商品和服务时所带来的愉悦，比如咖啡馆、餐馆、剧院、百货商店等；克拉克等学者以舒适物为基础构建消费场景理论，强调舒适物与人们美好生活需求的紧密关系，以及场景如何作为一种新的"生产要素"提供城市发展和经济增长的驱动力（西尔、克拉克，2019）。

基于实践理论，当代消费社会学逐渐从以"消费文化分析"为主流发展方向到强调"供给视角"。在实践理论看来，消费不能孤立于其他类型的实践，尤其是经济实践，并且消费只有在日常生活实践中才能够得到理解（Bourdieu，1984；Warde，2017）。这一视角强调生产（供给）和消费的关系。不同于个体化理论和经济学视角下的积极的、反思性的行动模型，瓦德（Warde，2014）在实践理论基础上提出"习惯性和常规性的行动模型"，强调人们的行为更多是无意识、无目的的，更多受到外部环境的塑造，包括物质、文化和制度等。这一行动模型与行为经济学形成对话，都强调人们大多数时候依靠直觉的认知习惯，也都强调"外部助推"对消费行为的作用。诺贝尔经济学奖获得者理查德·泰勒和卡斯·桑斯坦（2015）的"选择设计者"实质指向的就是供给端的设计与完善，比如商家设计食品的摆放方式，将健康食品和绿色食品摆放在更显眼、更易拿的地方，以吸引消费者优先选择这些商品；酒店使用插房卡的方式取电，以助推消费中的节能减排。Warde、Welch 和 Paddock（2016）进一步指出公司和企业在塑造消费外部助推中的重要作用，公司官僚制的组织方式、强制性的协调方式以及目标制的管理和评估机制，对于推动节能减排有正面作用，而且公司对于成本、补贴和税制的反应比个人更加迅速。

特别是在当代数字化背景下，供给系统更为丰富，更加具有创新性，既有实体基础设施也有所谓数字新型基础设施，如 5G 网络、物联网、元宇宙；消费行为学研究认为，数字化时代的消费文化认同机制和消费决策模型都发生了深刻变化，而消费者面临的一些困境，如网络诈骗、网络沉迷等，本质上都是供给体系的规划设计和服务不完善的问题，也影响了数字新型消费的发展。

重新审视供给和消费关系，也拓展了消费社会学的应用范围，从消费文化分析到更具现实意义的可持续消费领域。Spaargaren 和 Vilet（2000）提出"供给系统"作为分析消费实践的理论视角，强调消费行为与工业生产的组织之间的关系，这种理论被称为"制度分析"，区别于从生活方式分析消费实践的"策略行为分析"，这两种分析本质上分别对应宏观分析和微观分析；研究分析了供给对消费的结构性制约：公司、公用事业机构以及政府部门等作为人类行动者开发可持续性商品和服务的机构，掌握规则和资源，建构了社会实践的结构；这一"基础设施视角"也可以作为衡量公用事业服务水平的一种分析工具，即研究供给端的设计、生产和分配模式是否与消费端的获得、使用和处置模式相匹配。由此也可发现不同消费领域在可持续性上的差异，一些日常实践比另外一些更难改变，很大原因是绿色选择在供给水平上具有差异，一些日常实践的绿色选择更少或者消费者难以获取，从而阻碍了消费者行为的改变（Spaargaren，2003）。朱迪、Alison 和 Josephine（2020）提出了由供给系统、社会习俗和生活方式构成的一个立体分析框架：如果说生活方式视角相对侧重消费的个体性，供给系统视角则关注消费的物质性，社会文化习俗则指向消费的社会性和制度性。

二　理论框架和研究假设

上述经济学和社会学的研究关注"供给"对消费的影响，但也存在局限性。经济学的研究过度强调生产对消费的决定作用，侧重从空间和物质的维度考察消费的影响机制，并且更多停留在对宏观消费的解释，而仅从宏观层面难以对人们的消费行为做出深层次解释。社会学的研究虽然关注到物质供给和文化习俗两方面的影响，但是未能建立起"供给视角"与社会学独特范式"社会结构"的关系，而且这种宏观供给视角目前大多停留在理论和定性研究层面，缺乏实证的、定量的分析，本文试图从理论和实证两方面对此进行论证。

　　本文提出"双重结构"的消费理论模型（见图1），更全面系统地考察微观和宏观结构、物质和文化因素对消费行为的共同作用。从消费社会学的发展脉络来看，经典范式关注与个体情境"定位"有关的社会经济地位、代际、家庭等因素对消费的影响，即使存在宏观社会文化制度的影响，也是通过微观结构发生作用；再到后来发展到个体社会经济地位的改善依赖于更宏观的经济社会结构——更多与社会分层研究相关，探讨如何改善人们的生活机会来促进消费，同样认为社会经济地位是影响消费的根本因素，因而这一发展只是引入宏观因素对经典范式进行修正。而本文提出的"双重结构"理论将宏观结构视为影响消费的一个新的路径，实证层面既关注宏观结构的独立效应也关注宏观与微观结构的交互效应，并且更明确界定了影响消费的宏观结构类型。

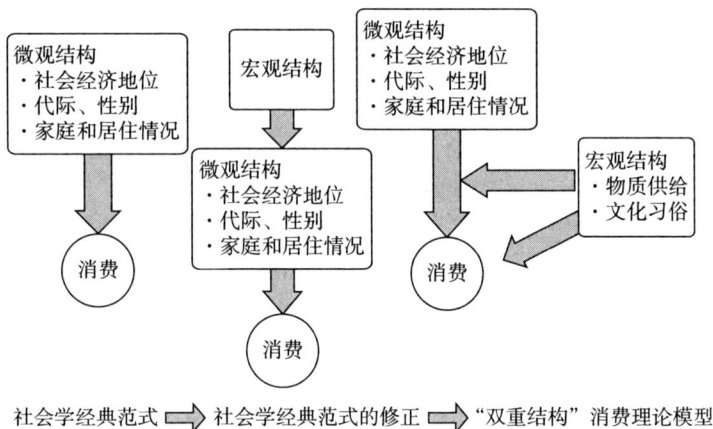

图1　"双重结构"的消费理论模型

　　总的来讲，立足社会学经典视角、借鉴已有的"供给系统"相关研究，该模型旨在提出一种更为结构化、强调社会结构和社会关系的分析，将影响消费的外部物质性和文化性的因素纳入"宏观结构"框架，发展消费社会学相关理论，使之更融洽地嵌入社会学理论体系，也能进一步说明为什么消费研究需要社会学。本文将影响消费行为的微观结构定义为与个体特征相关的具体生活情境"定位"，比如社会经济地位、代际、性别、家庭和居住情况等，将宏观结构定义为先在于（时间上）或者外在于（空间上）个体的物质和文化环境，比如消费市场、基础设施、文化制度规范等。

首先，社会经济地位对消费具有显著影响。前文提到，我国当前城乡、地区和阶层之间的消费差异显著，经济学研究主要强调收入的重要影响，社会学研究则强调社会阶层因素，中产阶层和中等收入群体在扩大消费和推动高质量消费方面具有重要作用。因此，在微观结构对消费行为的影响方面，本文提出以下假设：

H1　较高的职业阶层对居民消费支出增长有促进作用。

其次，物质供给对消费具有显著影响。本文将宏观物质供给划分为市场供给和公共供给两种类型，对应的供给主体分别是企业和政府，将供给内容主要区分为产品和服务，市场供给主要提供商品和商业服务，公共供给主要提供基础设施和公共服务，给消费提供了必要的、制约性的条件。比如有的地区休闲文化消费发展不起来，不一定是因为老百姓不爱玩、不愿意花钱，也可能因为休闲文化设施太少或者太贵，又或者是面向年轻人的多而面向中老年人或者家庭的太少。这里的休闲文化设施既包括属于市场供给的电影院、KTV 等，也包括属于公共供给的市民体育馆、公园等。

无论供给方是企业还是政府，物质供给促进消费的作用机制可以从丰富性和可及性来理解。丰富性指某类产品或服务的种类和数量的充足程度，可及性指消费者获取某类产品或服务的难易程度。再以休闲文化消费为例，丰富性指本地区的餐饮休闲、文化娱乐等供给是否数量充足、种类丰富；可及性指这些供给的价格是否合理、分布是否广泛、管理是否规范。交通和物流基础设施作为供给的一种，也能提升其他物质供给的可及性，比如本地有高铁站能够同时增加外源性和输出性的旅游消费。基于以上讨论，在宏观结构对消费行为的影响方面，本文提出以下假设。

H2　本地区物质供给情况对居民消费有显著影响。

H2.1　提高本地区供给的丰富性对居民消费有促进作用。

H2.2　提高本地区供给的可及性对居民消费有促进作用。

此外，物质供给对消费的作用更显著地体现在社会经济地位较高的群体上，这种供给与社会经济地位的交互作用在经济学研究中更多涉及，比如前文提到周洲等（2022）发现交通可达性更能够促进高收入群体的消费升级。本文假设，物质供给的丰富程度和可及程度是影响居民消费的关键因素，并且物质供给通过与社会经济地位的交互作用对消费产生影响。具体提出以下假设：

H3　提升本地区物质供给对较高职业阶层的消费有促进作用。

三　数据来源和研究设计

本文使用的数据来自 2021 年中国社会状况综合调查（Chinese Social Survey，CSS）。中国社会状况综合调查是中国社会科学院社会学研究所发起的一项全国范围的大型连续性抽样调查项目，涵盖全国 31 个省、自治区、直辖市的 149 个区县，调查对象为 18～70 岁的中国公民，采用多阶段复合抽样的方法，以入户访问的方式执行调查。本文使用 2021 年的数据，可以最大限度地捕捉到我国居民消费及其影响因素的最新状况。由于城市消费占全国消费的绝大部分，本文的数据分析更多代表城市消费的情况，城市消费问题也是本文的主要研究内容。

1. 因变量

家庭人均消费支出情况是本文的核心因变量。中国社会状况综合调查详细询问了受访者上年全家消费支出情况，项目组还根据受访者每一项消费支出的金额进行了总额复核，保证了数据的准确性。本研究使用加总数值计算得到家庭消费总支出金额，并根据共同收支家庭成员数量，计算得到受访者家庭人均消费支出金额。同时，为了避免个别极端值的影响、满足线性模型的同方差假定，也更加方便地解释分析结果，我们对这一数值取了对数。

2. 自变量

自变量包括宏观区域层面的物质供给变量和微观层面的个体社会经济地位变量。本文使用 149 个区县数据，作为宏观层面物质供给的测量单位。我们使用了大众点评 APP 数据、快递公司官网和 12306 铁路官网查询数据，以及《2021 中国县域统计年鉴》和各区县《国民经济和社会发展统计公报》，共同构建本文的宏观物质供给的数据库。宏观层面物质供给变量包括本地区餐厅数量、快递网点数量以及高铁开通情况。餐厅是最常见的生活服务业，本地区餐厅数量越多，很大程度上代表本地区生活服务业越发达、消费供给越丰富，因而可以测量物质供给的丰富性。快递和高铁是交通物流基础设施的代表，本地快递网点数量越多、有高铁，意味着电商基础设施越发达、外源性和输出性的消费越多，人们购物、旅游越方便，可以测量物质供给的可及性。

（1）餐厅数量：用被访者所在区县每百人餐厅数量测量，一般来讲能够在大众点评 APP 查询到的餐厅是相对规范、稳定的供给，课题组在大众点评 APP 搜索对应区县获得餐厅总数，根据区县常住人口数量（由《2021中国县域统计年鉴》获得）计算得到。

（2）快递网点数量：用所在区县每百人快递网点数量测量，本文选取了申通快递、圆通快递、中通快递、韵达快递、百世快递、顺丰快递六家主要快递公司，在各个公司官网查询得到对应区县的快递网点总数，同样我们辅助区县常住人口数量计算得到人均数量。

（3）高铁开通情况：用被访者所在市是否有高铁测量，使用 12306 官网检索对应地级市是否有高铁站得到。以上几类数据的查询时间是 2022 年6 月和 7 月。

微观层面社会经济地位主要使用被访者的职业地位进行测量。本文将数据中的职业变量分类编码为农民、无业者、工人、普通白领（办事人员、商业服务人员和个体工商户）和核心中产（专业技术人员和管理人员）。由于本文旨在分析城镇消费，因此将农民作为参照组。此外，本文的控制变量包括宏观区县层面的人均 GDP，以及微观层面个体的年龄、受教育程度和所在地区类型。其中，区县人均 GDP 根据《中国县域统计年鉴2021》辅助各区县《国民经济和社会发展统计公报》获得。

3. 统计模型

为了验证"双重结构"消费理论模型，需要使用宏观和微观多层面的数据，并且社会成员个体嵌套于区县之中，如果采用多元线性回归分析，则会不满足个体间残差独立性的假定，从而导致标准误的错误推定。考虑到宏观层面区县与微观层面个体嵌套的情况，本文使用多层次线性模型（multilevel mixed-effects regression model）进行分析。

多层次线性模型的公式设定如下：

$$Y_{ij} = \beta_{0j} + \beta_{1j} X_{ij} + r_{ij} \quad\quad (1)$$

$$\beta_{0j} = \gamma_{00} + \gamma_{01} G_j + U_{0j} \quad\quad (2)$$

$$\beta_{1j} = \gamma_{10} + \gamma_{11} G_j + U_{1j} \quad\quad (3)$$

Y_{ij} 表示在 j 县区中 i 个体的家庭人均消费金额。X_{ij} 表示 j 县区中 i 个体的家庭人均消费金额的观测值，β_{0j} 和 β_{1j} 是个体层面变量的系数，γ_{01} 和 γ_{11} 表示区县层面变量的截距项和系数。

首先，我们分析了宏观区域层面变量和微观个体层面变量的主效果。其次，本文继续使用多层次线性模型的交互效应，对宏观区域层面变量与微观个体层面变量的交互项进行了分析，以检验个体社会经济地位如何被宏观区域的物质供给所调节。表 1 列出了纳入模型的所有变量的描述性统计。

表 1　纳入模型的所有变量的描述性统计

	平均值	标准差	最小值	最大值
个体层面变量				
家庭人均消费的对数	9.655	1.407	0	14.932
年龄	47.264	13.055	18	69.000
大学本科及以上（参照组：其他）	0.172	0.377	0	1
城镇地区（参照组：农村地区）	0.532	0.499	0	1
职业（参照组：农民）				
无业者	0.288	0.453	0	1
工人	0.148	0.355	0	1
普通白领	0.209	0.407	0	1
核心中产	0.075	0.264	0	1
家庭人均收入的对数	9.665	1.606	0	15.32
区域层面变量				
地区人均 GDP 的对数	10.863	0.582	9.355	12.330
地区每百人餐厅数量	0.648	0.422	0.000	2.276
地区每百人快递网点数量	0.005	0.004	0.000	0.025
居住地区有高铁（参照组：否）	0.348	0.476	0	1

四 "双重结构"对消费影响的实证分析

(一) 描述性统计分析

我们首先关注了在控制其他变量之前，微观层面社会经济地位、宏观区域的供给与家庭每百人消费的关系。图 2 汇报了不同职业地位居民的家庭人均消费情况。分析发现，社会经济地位越高的居民，其家庭人均消费水平越高，而且社会经济地位与家庭人均消费的关系基本为线性关系。中产阶层的消费最高，其他依次为普通白领、工人、无业者和农民。数据中无业者的情况较复杂，包括自由职业者、退休人员等，并不完全是被动失业群体，可以理解其生活状况仅次于普通白领。这证明了个人社会经济地位对消费的解释作用，也说明预算约束是影响消费的重要因素。

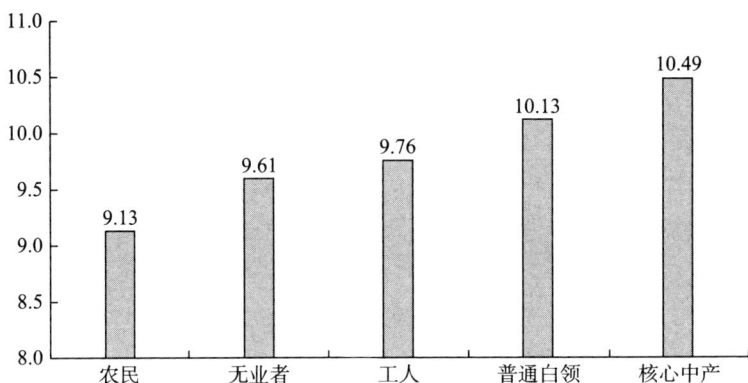

图 2　不同职业地位居民的家庭人均消费支出情况

接下来，我们继续分析宏观区域层面变量与家庭人均消费的相关关系。图 3 是区域层面连续变量（GDP、餐厅数量与快递网点数量）与家庭每百人消费支出的关系。由于区域有无高铁为哑变量，我们在图 4 中绘制了本地区有无高铁与居民家庭人均消费的关系。研究发现，人均 GDP、每百人餐厅数量、每百人快递网点数量与居民家庭人均消费存在正相关关系；有高铁的地区，其居民的家庭人均消费也高于无高铁地区的家庭人均消费。总之，结果表明，无论个体层面社会经济地位还是宏观区域层面的

GDP、餐厅数量、快递网点数量和有无高铁都与家庭人均消费存在一定正相关关系。本文将在接下来的回归分析中对相关结果进行进一步的分析。

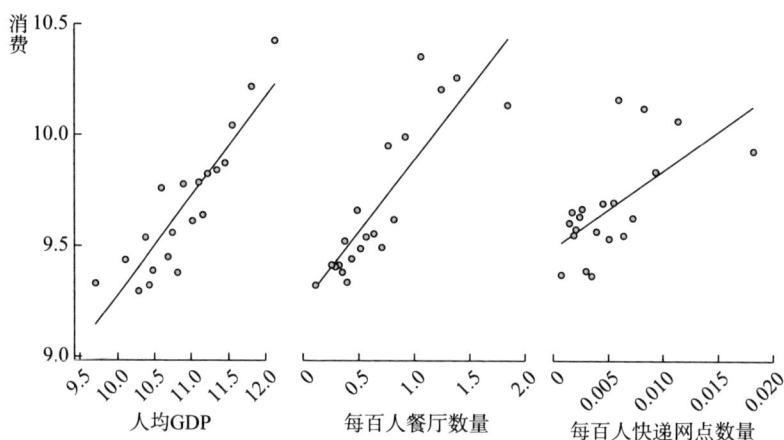

图3 宏观供给变量（人均 GDP、每百人餐厅数量与每百人快递网点数量）与家庭人均消费支出的关系

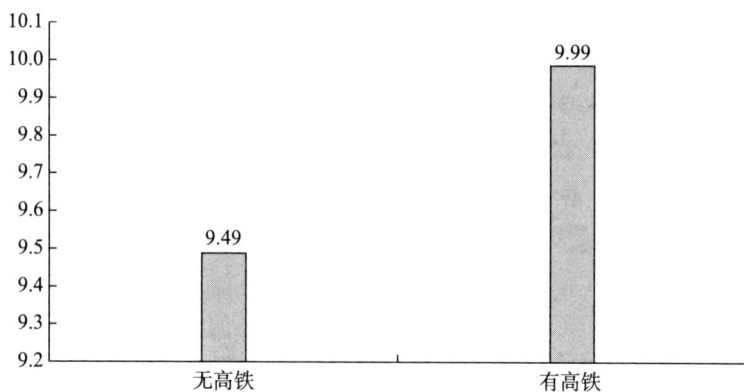

图4 本地区有无高铁与家庭人均消费支出的关系

（二）微观结构和宏观结构对居民消费的主效应分析

多层次线性模型可以同时考察微观层面社会经济地位与宏观区域层面变量对家庭人均消费的影响。我们使用嵌套模型的方式，通过逐步在模型中加入微观个体层面和宏观区域层面变量来考察其对消费影响的净效果。

结果如表 2 所示。

表 2 的模型 2 - 1 是没有任何变量的模型，即方差成分模型，计算得到宏观区域层面方差占总方差的比例（ICC）为 12%，即总体方差的 12% 是由于宏观区域层面方差造成的。这表明对本研究来讲，多层次线性模型是比简单的线性回归模型更合理的估计方法。模型 2 - 2 是只有微观层面变量的基准模型，我们重点关注控制个体层面其他变量后的个人社会经济地位对居民家庭消费的影响。可以发现，与农民相比，无业者、工人、普通白领和中产阶层的消费支出都显著更高（$p < 0.01$）。比较系数大小可以发现，与图 1 结果相似，在控制其他变量后，家庭人均消费从高到低依次为核心中产、普通白领、工人、无业者和农民。这一结果再次说明了个人社会经济地位对消费的解释作用。假设 H1 "较高的职业阶层对居民消费支出增长有促进作用" 成立。

模型 2 - 3 考察了宏观层面地区人均 GDP 与消费的关系。与预期相符，经济发展越好的区域，其居民家庭人均消费水平越高。具体而言，地区人均 GDP 每增加 1%，居民的家庭人均消费则增加 23.4%。

模型 2 - 4 开始分析宏观物质供给变量对消费的影响。模型 2 - 4 分析了控制个体层面变量以及本地区经济发展水平之后，本地区餐厅数量对居民家庭人均消费的影响。数据显示，本地区餐厅数量对家庭人均消费具有显著的正向影响。每百人餐厅数量每增加一家，居民家庭人均消费则增加 10.5%（$p < 0.1$）。前文提到，餐厅数量一定程度上代表本地区物质供给的丰富性，由此假设 H2.1 "提高本地区供给的丰富性对居民消费有促进作用" 得到验证。

模型 2 - 5 进一步分析了宏观层面的区域快递网点数量对居民消费的影响，发现快递网点数量对提升居民消费的效果并不显著。最后，模型 2 - 6 则讨论了有无高铁对居民消费的影响。可以发现，在控制其他变量后，相对于没有高铁的地区的居民家庭人均消费，有高铁的地区的居民家庭人均消费金额高出 7.9%。本文使用快递网点和高铁情况测量本地区物质供给的可及性，那么至少在高铁基础设施层面，假设 H2.2 "提高本地区供给的可及性对居民消费有促进作用" 得到验证。

表 2　微观结构和宏观结构对居民消费的主效应分析模型

	模型 2－1（Null 模型）	模型 2－2	模型 2－3	模型 2－4	模型 2－5	模型 2－6
个体层面变量						
职业（参照组：农民）						
无业者		0.118***（0.034）	0.104***（0.034）	0.102***（0.034）	0.103***（0.034）	0.102***（0.034）
工人		0.163***（0.042）	0.146***（0.042）	0.144***（0.042）	0.146***（0.042）	0.145***（0.042）
普通白领		0.337***（0.041）	0.321***（0.041）	0.319***（0.041）	0.320***（0.041）	0.319***（0.041）
核心中产		0.466***（0.056）	0.464***（0.056）	0.464***（0.056）	0.464***（0.056）	0.464***（0.056）
家庭人均收入的对数		0.231***（0.008）	0.228***（0.008）	0.228***（0.008）	0.228***（0.008）	0.228***（0.008）
年龄		－0.003***（0.001）	－0.003***（0.001）	－0.003***（0.001）	－0.003***（0.001）	－0.003***（0.001）
大学本科及以上（参照组：其他）		0.183***（0.036）	0.177***（0.036）	0.174***（0.036）	0.175***（0.036）	0.174***（0.036）
城镇地区（参照组：农村地区）		0.211***（0.029）	0.198***（0.029）	0.192***（0.029）	0.195***（0.029）	0.194***（0.029）
区域层面变量						
地区人均 GDP 的对数			0.234***（0.035）	0.191***（0.042）	0.224***（0.035）	0.207***（0.038）
地区每百人餐厅数量				0.105*（0.058）		
地区每百人快递网点数量					5.899（4.971）	
居住地区有高铁（参照组：无）						0.079*（0.046）
常数项	9.688***（0.040）	7.351***（0.096）	4.866***（0.375）	5.277***（0.436）	4.944***（0.379）	5.139***（0.403）
样本量	9735	8459	8426	8426	8426	8426
地区数量	149	149	148	148	148	148

$^{*}\ p < 0.1$，$^{**}\ p < 0.05$，$^{***}\ p < 0.01$。

注：括号内为标准误。

（三）微观结构和宏观结构叠加对居民消费的影响分析

验证"双重结构"消费理论模型的关键在于检验不同社会经济地位居民的消费如何被宏观层面变量所调节。表 3 展示了个体层面社会经济地位与宏观区域层面变量的交互作用。模型 3 - 1 是社会经济地位与地区餐厅数量交互项的结果；模型 3 - 2 是社会经济地位与地区快递网点数量交互项的结果；模型 3 - 3 则是社会经济地位与地区有无高铁交互项的结果。

模型 3 - 1 中社会经济地位与地区餐厅数量的交互项系数为正，且具有显著效果，表明地区每百人餐厅数量对居民家庭消费的影响因为个体层面社会经济地位的不同而不同，每百人餐厅数量增加对提升核心中产消费的效果最大。模型 3 - 2 中社会经济地位与快递网点数量的交互项也显著，表明地区内每百人快递网点数量对居民家庭消费的影响因为个体层面社会经济地位的不同而不同，本地区快递供给的增加能够显著提升无业者的家庭消费。模型 3 - 3 显示社会经济地位与地区有无高铁的交互项也是显著的，说明了地区内有无高铁对不同社会经济地位居民消费的影响存在差异性，本地区有高铁对提升核心中产和普通白领家庭消费的效果最大，其次为无业者家庭的消费。因此，假设 H3 "提升本地区物质供给对较高职业阶层的消费有促进作用"得到验证。

表 3　微观结构和宏观结构对居民消费的交互效应分析模型

	模型 3 - 1	模型 3 - 2	模型 3 - 3
个体层面变量			
职业（参照组：农民）			
无业者	0.025 (0.061)	0.029 (0.053)	0.070* (0.039)
工人	0.059 (0.076)	0.105 (0.066)	0.120** (0.048)
普通白领	0.240*** (0.073)	0.275*** (0.062)	0.278*** (0.048)
核心中产	0.301*** (0.098)	0.394*** (0.087)	0.418*** (0.069)

续表

	模型 3 - 1	模型 3 - 2	模型 3 - 3
家庭人均收入的对数	0.228*** (0.008)	0.228*** (0.008)	0.228*** (0.008)
年龄	- 0.003*** (0.001)	- 0.004*** (0.001)	- 0.003*** (0.001)
大学本科及以上（参照组：其他）	0.172*** (0.036)	0.174*** (0.036)	0.169*** (0.036)
城镇地区（参照组：农村地区）	0.190*** (0.029)	0.193*** (0.029)	0.191*** (0.029)
区域层面变量			
地区人均 GDP 的对数	0.193*** (0.041)	0.224*** (0.035)	0.206*** (0.037)
地区每百人餐厅数量	- 0.055 (0.100)		
地区每百人快递网点数量		- 6.645 (9.126)	
居住地区有高铁（参照组：无）			- 0.058 (0.072)
交互项（个体层面 * 区域层面）			
职业（参照组：农民）* 地区每百人餐厅数量			
无业者	0.164* (0.098)		
工人	0.176 (0.113)		
普通白领	0.166 (0.105)		
核心中产	0.282** (0.130)		
职业（参照组：农民）* 地区每百人快递网点数量			
无业者		16.684* (9.348)	
工人		10.400 (11.562)	

续表

	模型 3 - 1	模型 3 - 2	模型 3 - 3
普通白领		11.692 (10.208)	
核心中产		16.104 (13.267)	
职业（参照组：农民）＊居住地区有高铁（参照组：无）			
无业者			0.159＊＊ (0.073)
工人			0.141 (0.090)
普通白领			0.180＊＊ (0.082)
核心中产			0.193＊ (0.106)
常数项	5.323＊＊＊ (0.432)	5.007＊＊＊ (0.379)	5.172＊＊＊ (0.397)
样本量	8426	8426	8426
地区数量	148	148	148

＊ $p < 0.1$，＊＊ $p < 0.05$，＊＊＊ $p < 0.01$。

注：括号内为标准误。

宏观物质供给的完善对较低社会阶层消费的影响不显著，这可能是由于物质供给较好地区的社会不均衡状况造成的。如前文提到，住房价格是宏观供给影响居民消费的重要中介因素（周洲、段建强、李文兴，2022）。本文的情境下，餐厅数量较多、快递网点数量较多和有高铁代表了物质供给的丰富性和可及性程度较高，很可能该地区的住房价格也相对较高，优势阶层凭借住房资产优势而增加消费，社会经济地位劣势群体则不得不将大部分收入用于住房支出，从而抑制了其他消费。

五　研究结论和讨论

中国消费需求疲软常常被理解为中国人储蓄倾向较高，主要原因包括节俭习惯、社会保障不完善、住房消费挤压等，这种消费机制常常被称为

"不舍得花钱"。传统经济学范式下，"不舍得花钱"是考虑到预算约束的理性计算，是理性"取舍"的结果；传统社会学范式下，"不舍得花钱"受到阶层、观念等多重结构和制度因素影响，显著体现在低收入群体和老年人中。而实践理论认为人们的行为更多是无意识、无目的的，"不舍得花钱"是日常实践的默认选项，若想改变人们的行为就应当改变默认选项。消费社会学正在经历从"文化分析转向"到"实践理论转向"的转型，与行为经济学有共通之处，都主张通过外部助推来改变默认选项，也即通过完善优化从工业生产到分配送达再到消费者服务等一整套供给系统，借助"选择设计"，使得"不花钱"或者"少花钱"不再是默认选项，而理性消费、追求美好生活成为更方便、更容易的选择，从而改变人们的消费行为。本文即在这样的理论背景下展开讨论。

本文强调从供给系统视角理解消费行为，认为消费实践应联系物质供给和社会文化等相关实践来理解。在已有的供给理论基础上，本文提出"双重结构"的消费理论框架，更全面系统地考察了微观结构和宏观结构对消费行为的作用。基于2021年中国社会状况综合调查数据和区县层面宏观统计数据，实证分析考察了社会经济地位和宏观物质供给对居民消费的影响。分析发现，个体层面社会经济地位与宏观层面物质供给都显著影响居民消费，宏观层面物质供给对消费的影响受到居民社会经济地位的制约。具体而言，个体层面职业阶层和区县层面餐厅数量、快递网点数量以及是否有高铁都对居民的家庭消费支出具有显著的正向影响，进一步说明了提升本地区供给的丰富性和可及性对居民消费有显著促进作用；针对本地餐厅数量、快递网点数量和是否有高铁分别做交互分析，结果显示，宏观层面物质供给的提升对高职业地位居民的效应更强，更能显著提升该群体的消费支出。

研究发现具有较为明确的政策启示，本文也提出了明确的对策思路。本文通过理论和实证分析讲述了一个不同于"有钱才消费"的故事：不应当将居民消费简单理解为"不舍得花钱"，更可能是"没地方花钱"或说"不愿意花钱"——供给不完善带来的消费受挫。伴随我国经济快速发展、居民生活水平不断提高、民生福利政策不断完善，这种供给理论框架对于居民的"高储蓄、低消费"现象有更强的解释力。如果说农村地区的消费主要受制于农民收入较低，在我国城市地区逐渐趋于现代化、消费需求趋于多样化的背景下，城市地区的消费更大程度上受到消费基础设施建设、消费者服务体系以及消费文化环境等宏观物质和文化因素影响，我们的研究也验证了这一点。政策启示包括，一方面，应努力完善优化包括产品和服务在内的市场供给，推动产品更新升级，在创新设计、控制成本等方面下功夫，鼓励商业模式创新，形成生活服务新业态；另一方面，也应完善基础设施和公共服务等公共供给，优化地区间和地区内的交通物流等基础设施规划，加强消费市场规范和监管，营造活泼、健康、有序的消费环境。特别是在当前数字化背景下，更应通过加强新型基础设施建设、完善数字化服务来提升居民消费，如通过提升硬件、软件条件和实施相关服务的适老化改造来提升中老年消费，以及重视解除物流基础设施和消费服务的不完善对居民消费的阻碍，诸如物流最后一公里问题、网络购物纠纷、个人信息非法读取和使用等。本文的研究发现也指出了一种可称为"供给鸿沟"的现象，本地区物质供给的发展，更可能带来社会经济地位较高群体的消费增加，而并未带来社会经济地位较低群体的福利改善。无论是从民生保障还是从促进消费的角度，应不断完善住房、医疗、养老等社会保障体系，丰富公共文化休闲等集体消费，努力减少消费不平等。

通过理论和实证分析，本文也发展了消费社会学理论，推动消费社会学的量化研究，还扩展了行为改变理论的应用领域。本文将已有研究中的"供给理论"置于消费社会学和社会学理论脉络中加以梳理和论述，提出新的消费理论模型，力图发展消费社会学理论，同时通过实证分析为理论构建提供支持。本文的分析也可在一定程度上推动社会学研究范式的发展：一是更加具有连贯性，以结构分析作为底层逻辑；二是关注到宏观结构对个体存在独立效应以及与微观结构的交互效应。行为改变理论主流的应用领域是可持续消费，本文创新性地将其应用在扩大消费研究领域，研究发现也进一步支持和发展了行为改变理论。

当然本文也有诸多局限性。受制于数据来源，实证分析只能聚焦物质供给对居民消费的影响，未来希望收集更多宏观数据和大数据，期待能够验证文化习俗作为一种宏观结构对消费行为的影响；未来也希望能结合田野调查，更加深入考察物质和文化、宏观和微观的社会结构如何共同塑造消费行为。

俄罗斯城市住区消费的多样性和不平等性

科兹列娃 (P. M. Kozyreva)　　　尼扎莫娃 (A. E. Nizamova)

斯米尔诺夫 (A. I. Smirnov)

现代城市作为一个复杂的社会经济系统，在社会经济发展中起着至关重要的作用。在现代城市中，创新不断涌现、新技术得以应用，文化始终走在全国的前列。这些过程影响着城市空间的布局和城市居民的生活方式。消费辩证法正日益强烈和深刻地改变着现代城市空间，成为最重要的社会实践之一和现代社会秩序的重要原则。这种转变表明，我们需要创造一种城市空间，确保人们的消费注意力不被分散，其消费行为不受妨碍。

但与此同时，现代城市充斥着难以解决的复杂问题，是众多技术问题、生态问题、流行病和犯罪威胁与危险的来源地。其中，人口消费所造成的问题相对突出，如空气、土壤和供水污染带来的风险，工业和生活垃圾的大量积累、突发事件和灾难等。这就要求我们在制定新的条例、规范和有关城市消费者的示范性行为规则时，在消费者活动和城市空间开发方面做出决策时，执行更严格的标准。

从就业机会、繁荣程度、生活和消费的舒适性来看，现代城市有着显著的优势，不断吸引大量人群加入。城市在不断扩张和发展的过程中塑造和复兴消费社会，同时传播大众消费文化。城市，尤其是大城市，是经济和消费活动集中的地方。将消费者实践转变为个人生活方式的核心要素，推动个人不断购买新的商品和服务，已经成为现代社会秩序的主要组成部分之一。

一　消费者行为的转变

苏联解体后，消费社会在俄罗斯的兴起和发展是人们向往富裕、舒适生活的产物，在实现市场经济转型后真正成为可能。Khrapov（2010）指出，"消费总体性"开启了一场关于"消费意识形态在宏观意识中占据主导地位"的对话，"因为没有什么能像消费一样将社会的所有阶层团结起来"。然而，A. Ovsyannikov（2011）的研究证实，新兴的消费社会包罗万象、势不可当，不断刺激着消费，它开始表现出来的某些特征在很大程度上决定了苏联解体后俄罗斯危机的系统性。消费社会加速社会分化的事实清楚地表明了这一点，社会分化反过来导致社会极度不平等，以及充分消费机会在最大的社会群体中的缺失。

消费者行为结构随着公共生活各领域的变化而转变，在很大程度上反映了西方国家的某些消费者策略和消费者实践。其中一个重要的区别是，后者已经成为社会分化的手段，反映了消费者实践的角色演变。正如 V. Radayev（2005）所指出的那样，在一个"最初建立在城市消费者实践基础上"的消费社会中，"消费的规模和性质不仅仅反映了社会固有的资源分配不平等，还反映了社会的其他方面。消费者实践成为积极制造社会不平等的手段"（Ovrutskiy，2016）。

示范性消费越来越广泛地出现在富裕城市居民的行为和生活方式中，成为当前新的社会现实的一个组成部分。那些从市场改革中受益并获得更高社会地位的人不断寻求以任何必要的手段获得尊重和认可。声望和地位已经成为示范性消费的重要组成部分，相比之下，自我实现、知识、美德、责任等其他价值观黯然失色（Pechkurov，2018）。研究表明，示范性消费和时尚之间的联系越来越紧密，成为消费者以快速、华而不实和明目张胆的方式展示其个性、地位、职务、创意和名声的有效工具（Andreyeva & Marmi，2012）。但与此同时，各种各样的"造市"行为左右着市场经济中以消费为生存核心的城市消费者，给他们的社会行为和社会心理状况带来显著的冲击（Solomatina，2019）。

向市场经济转型后，新商品和新服务大量出现，零售贸易基础设施蓬勃发展，购物等现代社会固有的大众现象被广泛传播，成为一种消费行为和城市人口的一种生活方式。研究表明，人们花在商品消费上的时间急剧增加，购物中心越来越多的人只是少量购物或什么都不买，但城市人口的"购物瘾"越来越大（Grunt，2015）。

大型购物设施功能属性的扩展越发定义着城市人口消费行为的本质。超级市场、大卖场、购物中心、商城等现代消费场所已成为周末度假的热门目的地和城市居民休闲娱乐的大型多功能区，标志着我们的社会已经进入新的时代（Tikhonova，2008）。现代购物中心具有广泛的休闲、娱乐和教育功能，被俄罗斯消费者视为参与消费实践的"理想模式"（Irsetskaya & Kitaytseva，2011）。它们为购物和贸易、社会互动和大众文化活动提供了空间，扮演着现代流行文化"传播者"的角色。除传统功能之外，它们现在也成为娱乐中心、交流空间和社交与发言的地方。购物中心和其他多功能交易平台的数量在不断增加。俄罗斯联邦国家统计局（Rosstat，2021）的数据显示，2014 年至 2021 年间，大卖场和超市的数量从 15762 家持续增加到 35765 家，涨幅达 1.3 倍，同期小超市的数量从 280179 家下降到 257099 家（Rosstat，2021）。

作为城市社会经济体系的重要组成部分，有偿服务市场在苏联解体后发生了巨大的变化。它是一个由多种类型的活动构成的极其广泛和多样化的社会经济领域。教育、医疗和娱乐等领域有偿服务的需求出现了特别显著的不规则增长，反映出不平等普遍存在。大城市以提高有偿服务的可获得性和质量为名，正在加紧实施新技术，改善物质、技术和人力资源条件，而小城市和农村住区往往不得不处理长期被忽视的敏感问题。在有偿服务可获得性方面，大型区域城市（特别是区域首府）的居民与该区域的其他居民之间存在巨大差距，究其原因，这是一个显著的因素。与此同时，城市人口中的富裕阶层享受着更广泛、更高质量的有偿服务，而且这种差距没有缩小的迹象。

话虽如此，转型危机已经被抛在身后，人们变得更加富裕，高质量的廉价商品被大规模生产，上市产品的种类继续增加，越来越多的人口可以获得大多数消费品和服务，基于收入的消费差异逐渐缩小。尽管条件在不断变化，越来越多的研究发现某些消费模式已经形成。相较于收入水平和个人偏好，这些模式更多的是由特定社会环境中的生活所形成的义务、价值、美德和伦理观决定的（Strelnikova，2012）。

消费差异不再是社会经济差异的结果，它已经成为滋生文化差异和社会认同的空间。换句话说，当商品和服务消费与收入水平的相关性变弱时，消费更多的是一种社会和文化实践。消费"不再局限于用某种东西来满足某种需求，它构建消费者的身份"，同时成为帮助人们实现目标的重要交流方式（Ilyinykh，2011）。正因如此，如今的消费不再以简单满足需求为目的，而是变成了"选择、表达和展示自我、建构身份、进行社会交流和重要社会比较的多样化空间"（Yechevskaya，2011）。当今，盲目、过度和贪得无厌的消费以及新兴的消费崇拜有了另一种选择，它就是负责任（理性、有意识、可持续）和谨慎利用所有可用资源的消费观念。负责任的消费正在成为现代城市中更重要的消费趋势之一，它建立在深思熟虑和负责任的方法上，旨在通过合理削减资源消耗、避免不必要的购物以及降低废物产生量来减少对环境的负面影响。实际上，消费仍然是经济稳定增长和繁荣的基础，向负责任的消费转型并不意味着实际消费的增长会受到破坏。众所周知，消费者需求是经济发展和创新的重要源泉，是刺激高质量商品生产的动力。有望解决这一矛盾并促进自觉消费的观念包括"理性消费活动"、"创造性消费主义"和"伦理消费"等（Novikov & Artamonova，2009；Ilyin，2011；Shabanova，2015）。

如今俄罗斯的消费领域，尤其是城市消费，正在继续发生根本性的变化。值得注意的是，以创新为基础的信息经济、信息经济数字化和大众消费正在迅速演变。与此同时，总体经济条件的变化导致消费领域内部重新调整（Nanakina，2017）。城市化和人口移动正成为决定城市消费实践的重要因素，影响到流动人口和所有城市居民的生活方式和消费。

现代城市消费转型呈现一些普遍的趋势，如消费规模扩大和消费结构变化、城市人口中消费者价值观和偏好发展、消费性质变化、消费者活动复杂化、城市中消费行为和大众消费实践日益多样化、消费水平和消费文化高标准化、城市消费过程强度和复杂性增大。

在俄罗斯，消费行为模式发生了相当大的变化。2020 年 3 月，俄罗斯新冠疫情加重，在此期间，新的消费趋势出现，同时旧的消费趋势变得更加明显。在疫情期间，俄罗斯消费者转向互联网购买商品和服务（包括食品），对所购买的商品和服务的性价比要求更高，加强了支出控制，降低了对熟悉的传统品牌的依赖，减少了"冲动购物"和情感购物。这些消费习惯广为流传，一直延续到疫情改善后。

疫情之后，人们更倾向于重新评估自己的价值观和偏好。许多人开始好好照顾自己，注意自己的生活方式，集中精力解决自己的问题，这推高了对自我护理和个人商品与服务的需求，更多的人一旦有了购买意愿就马上付诸实施。越来越多的人开始喜欢远程办公和远离城市喧嚣的健康生活。然而，这些人中的大多数已经习惯了为他们提供的舒适生活的商品和服务，不愿意放弃它们。俄罗斯纵向监测调查（RLMS-HSE）数据显示，超过一半的成年城市居民对健康生活资讯偶尔感兴趣，其中 7% 的人专门搜索过此类信息（RLMS-HSE，2020）。

俄罗斯人民更加关注消费的环境维度，这一趋势与疫情没有直接联系，但在疫情期间愈加显著。全俄舆论研究中心（VCIOM）和国家能源保障基金（NESF）进行的一项研究显示，每四个俄罗斯人中就有一个更加关注环境，更加强烈地感觉到改变消费模式的迫切性（VCIOM，2020a）。重视环境问题不仅成为"进步"城市环境的良好基调，也成为越来越多选择健康、负责任和共同繁荣的城市居民日常生活的重要组成部分。另一项研究表明，几乎所有的城市居民都在为改善他们城市的环境状况做出贡献。79% 的受访者在过去 2～3 年内参加了他们家附近的春季大扫除，49% 的受访者在他们家庭住址以外的区域捡过垃圾。不过，大多数俄罗斯人还不准备牺牲他们的舒适或支付更多的钱来支持负责任的环保倡议和行动，他们更倾向于寻找一个可以相对"无代价"地融入他们所习惯的生活方式的选择（VCIOM，2022）。

鉴于当前的经济危机，城市消费的所有方面都受到西方国家实施的许多制裁的严重影响，这些制裁实际上重塑了整个消费品和服务市场。除了与商品和服务的可负担性有关的问题（这些问题因人们收入下降和通胀而加剧），现在还出现了商品和服务的实物可用性问题，许多外国的制造、贸易和金融公司已经撤出俄罗斯，供应链中断，所有这些都不可避免地对产品类别、盈余和成本造成影响。消费者被迫选择俄罗斯农产品和其他商品、新品牌以及更便宜的商品和服务。应对财务困难最常见的方法之一是放弃购买昂贵的耐用品和付费服务，这些服务主要涉及医疗保健、教育、娱乐、文化活动和旅游。大多数通过减少食品杂货和必需品支出来应对困难局面的消费者正在转向以折扣价和特价购买产品。

"消费者爱国主义"得到加强，成为一个越来越突出的趋势。在西方国家前所未有的制裁下，俄罗斯人民坚信必须实施进口替代政策。全俄舆论研究中心（VCIOM）在 2022 年 5 月进行的一项调查显示，如果在俄罗斯和外国同等产品之间进行选择，67% 的消费者倾向于选择俄罗斯产品，只有18% 的消费者倾向于选择外国产品。在评价产品质量时，56% 的受访者将俄罗斯制造商放在第一位，只有 22% 的人优先考虑外国公司（VCIOM，2022）。

二 城市家庭消费结构与分化

在苏联解体后，城市家庭的收入和支出都有很大的波动。在 2000 ~ 2010 年，收入和支出呈现总体增长的趋势，然而在过去的十年中，增长陷入了停滞。俄罗斯纵向监测调查（RLMS-HSE）数据显示，1998 年至 2013 年间，城市家庭人均支出增长了 2.6 倍，从 8781 卢布增长到 31364 卢布，后来这一数字下降到 24372 卢布至 28344 卢布。在此期间，住区之间的差异导致家庭消费支出的分化，反映了大城市的经济发展状况。与这种差异相比，莫斯科和圣彼得堡等人口在 500 万人及以上的城市在家庭支出方面远远领先于其他城市（见图 1）。2021 年，人口为 500 万人及以上的城市的人均实际家庭支出为 34129 卢布，人口为 100 ~ 500 万人的城市为 29948 卢布，所有其他城市为 21790 卢布至 23341 卢布。

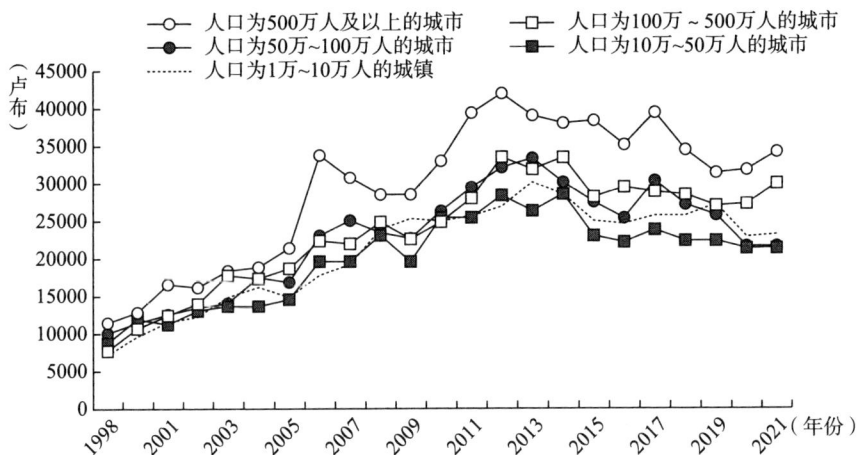

图 1　1998 ~ 2021 年按住区类型划分的人均城市家庭实际
支出变化（以 2021 年的卢布计）

在所有时期，家庭支出结构主要由一定比例（通常在70%到80%之间）的商品和服务支出组成。强制性支出和各种费用显示出稳定而积极的变化。其比例从1998年的6.1%增长到2014年的11.7%，后来陷入停滞。购买房地产的支出保持稳定，自2007年以来约占所有支出的4%（Yevstafyeva，2016）。俄罗斯市场经济转型后许多固有的新的消费趋势都与公用事业、文化、通信和交通工具支出的大幅增加有关。家庭旅游和娱乐服务以及外出就餐的需求迅速增加。在观察城市人口，尤其是在评估大城市较富裕的居民的消费时，这些趋势最明显（Ovcharova，2013）。

近年来，向人们提供的有偿服务的范围不断扩大，数量也有了相当程度的增加。俄罗斯联邦国家统计局（Rosstat）的数据显示，仅在2010年至2020年间，俄罗斯境内的有偿服务就增长了2.8倍。从付费服务的结构来看，分配给公用事业的比例从21.1%增长到23.5%，分配给医疗保健的比例从5.1%增长到7.7%，分配给教育的比例从6.6%增长到7.2%，分配给住宿的比例从5.8%增长到8.4%。与此同时，分配给交通服务的比例从19.0%下降到15.2%，分配给通信和电信的比例从19.2%下降到16.2%。每个家庭成员的服务支出增加了0.8倍，从32469卢布增加到57424卢布（Rosstat，2021b）。

在苏联解体后，恩格尔系数下降成为城市家庭的一个普遍趋势，反映出食品支出在总体支出结构中的比例降低（见图2）。在20世纪90年代中期，这一比例甚至超过60%；在2000年代末期，尽管这一比例的下降幅度很大，但仍然维持在较高水平。在这些年里，人口为500万人及以上的大城市和人口为100万~500万人的城市的家庭支出中食品支出的比例最低。

相关分析显示，城市家庭的收入和食品支出之间存在直接和显著的联系，2021年斯皮尔曼相关系数为0.627（显著相关性为0.01，双尾检验）。由于收入和支出数据存在单调的相互依存关系，与其跟踪系列变量之间的相关性强度，不如跟踪观察概率。我们知道，在这种情况下，使用肯德尔等级相关系数是一种更有效的解决方案。家庭整体现金收入及食品支出的分布序列中，肯德尔等级相关系数为0.445（显著相关性为0.01）。概率计算显示，在72%的情况下，城市家庭收入增加会导致食品支出的增加。

城市家庭开支不仅取决于收入水平，还取决于各类城市住区固有的生活条件，这些条件决定了花钱的途径。人均食品支出的对数回归分析结果

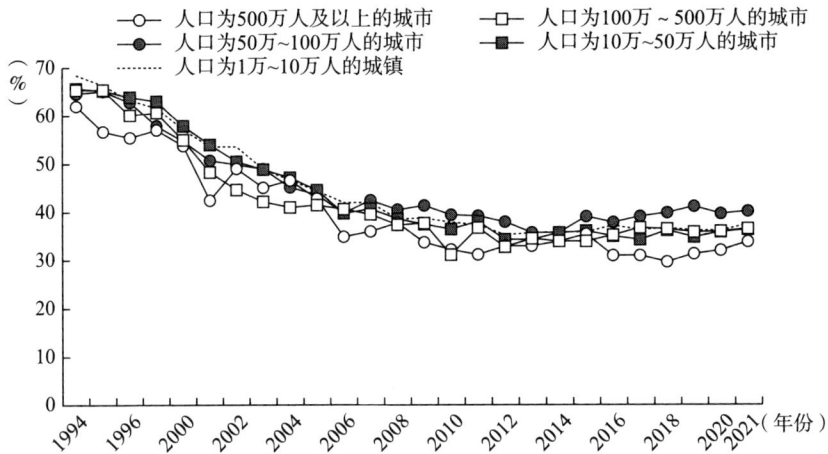

**图2 1994～2021年按住区类型划分的城市家庭总消费
结构中食品支出的比例**

显示，2021年，2.8%的自变量离差由住区结构决定，城市类型决定我们
所看到的支出数据。表1中的数据也显示了这一点。在表1中，城市类型
的虚拟变量被显示为模型中的预测变量，人口为1万～10万人的城镇被用
作基本变量。其他类型住区（尤其是人口为500万人及以上的大都市）的
B 系数水平不同于这些城市的 B 系数水平。

表1 2021年人均食品支出的线性回归结果（自然对数）（N=8592）

	标准化系数		非标准化系数				B 的置信区间为95.0%	
	Beta 系数	B	标准误差	T	意义		下界	上界
（常量）	7.082	0.011		659.969	0.000		7.061	7.103
城市（参照组：人口为1万～10万人的城镇）								
人口为500万人及以上的城市	0.272	0.019	0.171	14.351	0.000		0.235	0.310
人口为100万～500万人的城市	0.168	0.018	0.111	9.253	0.000		0.132	0.203
人口为50万～100万人的城市	0.076	0.020	0.044	3.740	0.000		0.036	0.115
人口为10万～50万人的城市	0.045	0.017	0.033	2.712	0.007		0.013	0.078

计算显示，与居住在人口为 100 万 ~ 500 万人的城市相比，人口为 500 万人及以上的城市平均每个家庭成员在食品上的支出多出近为 12.3%，而在我们所考察的最小城市（人口为 1 万 ~ 10 万人的城镇）中，人均食品支出约为大都市相应平均支出的 75.0%。在人口为 10 万 ~ 50 万人的城市里，这一平均数字也相当低，一定程度上解释了为什么这些住区的居民普遍认为他们缺乏消费机会。2018 年，这些城市中 38% 的居民抱怨没有足够的钱养活自己，在其他城市，这一数字仅为 33%。

疫情之下，经济危机越来越严重，未来变得更加不确定，俄罗斯人民在消费方面变得更谨慎，这意味着他们不仅在昂贵的商品、旅游和娱乐上花费更少，而且削减了食品支出。俄罗斯纵向监测调查（RLMS – HSE）数据显示，2020 年春天进行封闭期间，23.6% 的城市家庭不得不减少食物支出：在人口为 1 万 ~ 10 万人的城镇里，这一数字为 18.9%；在人口为 100 万 ~ 500 万人的城市，这一数字为 28.9%。有趣的是，在大都市，这类家庭的比例只有 20.2%。

疫情导致基本消费模式发生变化：服务支出的份额几乎下降到 2016 年的水平，而全国人民在农产品上的支出上升。俄罗斯联邦国家统计局（Rosstat）的数据显示，与 2020 年第一季度相比，2020 年第二季度城市家庭消费支出下降了 10.3%，农村地区下降了 8.2%。其中，服务支出的下降幅度最大（分别为 30.5% 和 22.3%）。在此期间，城市家庭服务支出占总消费支出结构的比例从 29.5% 下降到 22.9%，农村家庭从 22.1% 下降到 17.9%。城市家庭在休闲、衣服和鞋子、交通和酒店方面的支出明显减少。城市居民的购物次数减少，他们担心咖啡馆或餐馆的花费超出预算，愿意把更多的时间花在家里。但在接近年底时，俄罗斯的疫情有所缓解，商品和服务消费几乎回到了疫情之前的水平（House Hold in Come，Spending and Consumption，2021）。

在俄罗斯，消费需求迅速恢复到基线水平，俄罗斯人民表现出的稳定、积极的消费态度功不可没。在分析列瓦达中心（Levada Center）的消费者信心指数（CSI）时，我们会看到，在 2005 ~ 2007 年经济增长期和 2015 ~ 2017 年经济衰退期，由于实际家庭可支配收入的增加和下降，消费者态度都在改变。① 但是，消费者情绪背后的驱动力如果在繁荣时期是他们对实际消费市场的评估，那么在经济萧条时期，则完全取决于他们对国民经济变化的预期。习惯于长期危机的人所固有的这种对现实的看法"有助于降低期望和需求，不但缩小了整个社会对未来的预期，也缩小了个人对前途的预期，同时简化了评估当前情况的标准"（Krasilnikova，2020）。

2022 年 2 月 24 日开始的俄乌冲突使俄罗斯受到了西方国家的严厉制裁，尽管这样，俄罗斯的消费市场仍然保持稳定。我们对 2022 年上半年食品和非食品销售数据的分析显示，俄罗斯的消费市场没有出现明显下滑（Dolzhenkov，2022）。尽管价格飙升，大多数俄罗斯人仍然继续购买熟悉和必要的商品以及他们习惯的服务。

三　文化消费的特性

经济形势变化和收入增加后，更高的消费标准成为一种常态，不仅确保了最低限度的必要商品和服务的提供，而且为人力资本投资、购买有利于扩大文化发展空间的商品和服务以及安排多样化和有趣的娱乐活动创造了条件。

文化消费通常被认为是娱乐的组成部分，其内容通过人们参与各种文化实践来确定（Korsunova，2019）。此外，文化消费似乎也是人们展示其社会地位的手段之一。多项研究显示，新冠疫情发生之前，由于俄罗斯文化产业的发展，俄罗斯人民的"文化参与"度一直在稳步上升（VCIOM，2018）。疫情以及西方国家的制裁不仅对俄罗斯文化消费的规模，而且对其固有的结构和模式都产生了重大影响。

尽管如此，俄罗斯城市居民的文化产品和服务的消费支出以及它们在家庭总支出结构中所占的比例大幅提升，成为一种关键的长期趋势。俄罗斯 2000～2021 年纵向监测调查（RLMS－HSE）数据显示，在整个家庭支出结构中，用于购买旅游和各种文化娱乐活动门票的资金比例从 1.2% 提升到 2.4%，涨幅很大。但是，如果我们将书籍、教科书、学习指南、课外学习课程和俱乐部以及满足人口文化需求的产品的支出包括在内，则这

---

① 司法部将 INO 列瓦达中心列入非营利性外国代理人组织登记。

一比例将提高到 7.4%，远远高于农村家庭的 5.2%。

俄罗斯高度城市化的地区在文化产品和服务的消费方面具有显著优势，在这个方面，大都市家庭和其他类型城市家庭之间存在显著差异。在大都市，用以满足人们文化需求的商品和服务的支出比例为 11.5%，在其他类型的住区，这一比例在 6.3% 至 7.6% 之间徘徊。

相关分析显示，家庭收入与其文化产品和服务支出之间存在显著的直接联系，而概率计算表明，在 64% 以上的情况下，收入增加会导致满足相应家庭需求的总支出增加。生活在小住区的贫困和低收入城市居民对各种文化实践的参与程度非常低。

表 2 展示了总支出的对数的多元线性回归结果，包括一个月内购买的用于满足文化需求的所有家庭商品和服务支出。由于并非所有家庭都报告了此类支出，分析仅涉及一半的城市受访者。总的来说，该模型解释了在关键因素（B 系数在 $p < 0.05$ 时显著）的影响下，特定商品和服务的支出有 12% 的变化。

表 2　2021 年家庭满足文化需求总支出的对数的线性回归结果（$N = 4451$）

模型	非标准化系数		标准化系数	T	显著性
	B	标准误差	Beta 系数		
（常量）	6.376	0.087		73.301	0.000
家庭特征					
7 岁及以下儿童	0.121	0.049	0.041	2.441	0.015
7 岁以上 18 岁以下儿童	0.104	0.049	0.036	2.117	0.034
工作年龄妇女	0.329	0.078	0.063	4.216	0.000
无收入状态下具有应付一个月或更长时间的能力	0.102	0.046	0.033	2.207	0.027
支付儿童课外辅导费用的能力	0.659	0.047	0.217	13.906	0.000
家庭成员人数	0.073	0.014	0.096	5.381	0.000
城市（人口为 1 万 ~10 万人的城镇）					
人口为 500 万人及以上的城市	0.726	0.073	0.158	9.966	0.000
人口为 100 万 ~500 万人的城市	0.413	0.058	0.119	7.187	0.000

续表

模型	非标准化系数		标准化系数	T	显著性
	B	标准误差	Beta 系数		
人口为 50 万~100 万人的城市	0.177	0.065	0.045	2.728	0.006
人口为 10 万~50 万人的城市	0.180	0.054	0.057	3.359	0.001

注：指数包括家庭在以下方面的支出：维持儿童生活和支付学前教育机构、学校、俱乐部的课程费用；书籍、课本、学习指南、学习用品费用；疗养胜地和度假屋、夏令营、旅游费用；马戏团、电影、音乐会、游乐园和其他娱乐活动的门票费用；体育器材和文化产品费用。

表 2 中所列数据证实了这样一个观点，即任何年龄段的孩子都会使一个家庭在文化商品和服务消费上的支出平均提高 10.0%~13.0%。当家庭中增加一名成年或未成年成员时，平均支出增长 7.3%。当家庭（根据他们自己的估计）可以在没有新收入的情况下维持一个月或更长时间时，平均支出增长 10.2%。当家庭中有一名工作年龄妇女时，她的文化积极性会影响家庭的总体支出结构，教育、娱乐、旅游、度假等方面的文化消费支出会增加近 32.9%。当分析一个家庭支付其子女课外辅导费用（音乐学校、运动课程、学习外语等）的能力时，这些家庭支出比所有其他家庭高出 65.9%。

与人口为 1 万~10 万人的最小住区相比，大都市的相应支出高出 72.6%，人口为 100 万~500 万人的城市高出 41.3%，人口为 10 万~100 万人的城市高出近 18.0%。这些数据很能说明问题。

界定城市居民在文化领域的参与程度有助于对文化消费体验的评价。如图 3 所示，城市住区的文化产品和服务消费通常仅限于看电视、听音乐、看视频。超过 90.0% 的人至少每周看一次电视或几乎每天都看，66.8% 的城市居民至少每周一次或几乎每天听音乐、看视频，69.7% 的城市居民阅读包括电子书在内的书籍或听有声书，其中有 41.8% 的人每天读书或至少每周读一次书，17.3% 的人至少每月看一次书。

与线下参加各种文化活动的人（50.1% 比 40.0%）相比，压倒性多数的城市居民喜欢在线看电影、戏剧、博物馆展览等，构成现代社会的新趋势。在至少每月在线上和线下消费一次文化商品和服务的最活跃人群中，这种差异尤其明显，分别是 32.9% 和 11.2%。随着现代数字技术的发展，线上消费成为公共生活各个方面不可或缺的一部分，传统文化实践迅速被相应的线上实践所取代或补充，上述差异体现了这种转变的冲击。几乎每天、至少每周一次、至少每月一次、至少每年一次从事创造性活动（演奏乐器、唱歌、跳舞、画画等）的人占城市居民的 28.8%。但是，仅有11.1% 的城市居民至少每天或至少每周进行一次创造性活动。

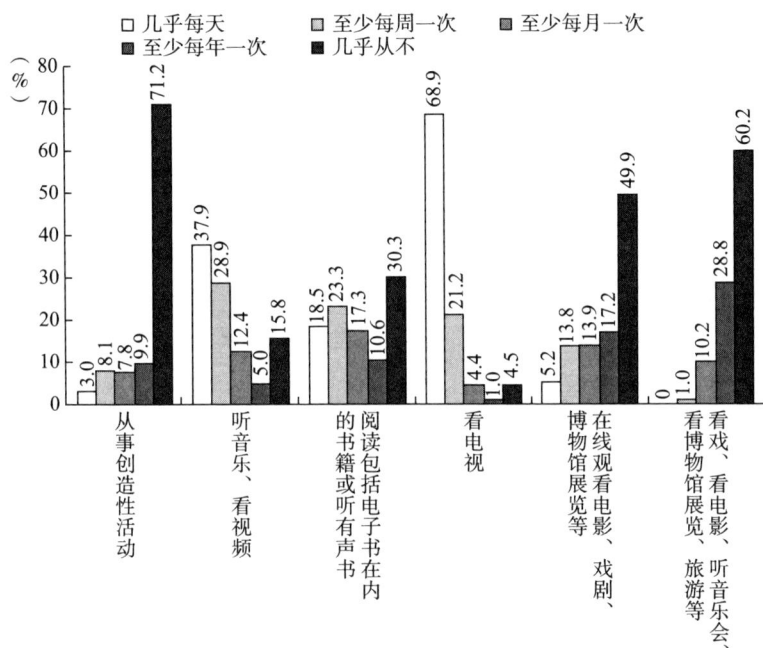

图 3　2021 年城市人口文化产品和服务消费的积极性

城市住区的文化参与度取决于当地文化产业的发展程度，在大城市更是如此。在满足文化需求方面，大城市（尤其是像莫斯科和圣彼得堡这样的大都市）提供了比小城市更广泛的机会。在人们是否真的去剧院、音乐会和其他文化场所，或者在网上看电影和戏剧方面，大都市和百万人口城市、其他大中城市和小城市之间的差异最显著。值得注意的是，46.3% 的大都市居民每年至少看一次戏剧、电影，至少听一次音乐会或至少参与一次其他文化活动，其中 15.5% 的人至少每月一次。百万人口城市中这类居民的比例分别为 43.2% 和 11.1%。大中型城市的情况也差不多。在人口为1 万～10 万人的小城市，30.6% 的人实际上每年都会去参加文化活动，其中4.4%的人每月至少参加一次。电视在某种程度上弥补了小城市居民无法充分满足其文化需求的缺憾。这些城市中近73%的居民几乎每天都看电视，而在大都市和人口为100万~500万人的城市中，这一比例略高于60%。后者几乎不经常读书或从事创造性活动。

进一步的分析表明，女性更倾向于参加各种文化活动，并在网上看电影、戏剧和博物馆展览等。随着人们年龄的增长，他们对文化产品的需求逐渐下降。较高的受教育水平和专业地位是促进文化产品和服务消费增加的两大因素。个人的社会地位和文化偏好之间显然存在显著的相关性。

在 R. Kapelyushnikov 的指导下，一个研究小组对过去十年中进电影院、听音乐会、看博物馆展览和艺术展览等文化商品和服务的消费形式进行了深入分析，结果表明，在一年的时间里，每两个现代俄罗斯成年人中就有一个参与某种形式的文化活动，1/5 的观众/听众构成长期受众。两组因素极大地推动了对前述文化产品的需求，这两组因素是：收入等经济因素，受教育程度、职业地位和互联网工作经验等文化因素。从分析中得出的最重要和最有趣的结论之一是，消费文化商品和服务的积极性与家庭/个人收入之间的联系在俄罗斯更加密切。很明显，这种联系长期以来被经济学和文化社会学视为一种普遍现象。

四　数字消费的多样性与发展

由于新的技术秩序的出现，数字技术客观上正在成为俄罗斯社会（包括消费领域）运转的一个更重要的组成部分。在对"数字消费"做出各种阐释之前，我们的观点是，这个术语最常用于描述工作和日常生活中各种数字资源和互联网服务的使用。在本文中，"数字消费"一词意味着以满足消费者对商品和服务的需求为名义使用数字资源。我们所探讨的，不是消费数字资源本身，也不是满足人们对数字技术的需求，而是利用现代数字资源来满足顾客对各种商品和服务的需求。

数字设备在人群中的供给情况很大程度上反映了在详细定义不同人群的数字行为的同时切实实施数字技术的能力。俄罗斯纵向监测调查（RLMS - HSE）数据显示，俄罗斯城市人口目前拥有大量的数字资源，可以充分利用数字技术来满足其对基本商品和服务的需求。值得注意的是，在大都市、其他大城市和小城市的人口中，数字设备的使用率相当高（具体见表3）。

表 3　2021 年城市数字设备使用水平

单位：%

数字设备	总体情况	包括视人口规模而定				
		人口为500万人及以上的城市	人口为100万～500万人的城市	人口为50万～100万人的城市	人口为10万～50万人的城市	人口为1万～10万人的城镇
便携式计算机	53.3	58.0	58.6	54.0	56.6	45.6
台式个人计算机	43.7	44.2	40.9	51.1	45.1	41.0
平板电脑	19.7	30.0	22.3	16.9	18.2	15.5
智能手机、通信器、苹果手机	82.6	86.8	84.7	81.3	81.8	80.4
移动电话	20.3	18.1	17.2	22.6	20.9	21.6

城市人口在数字资源的更新和添置上花费巨大。2021 年，城市家庭在互联网和手机服务、有线和卫星电视等方面的支出占总消费支出的 4.0%。支出的显著差异背后，是不同类型城市住区的人口之间的收入水平差异。在人口为 100 万～500 万人的城市，人们的收入往往比其他类型的城市高出很多，前述支出的占比为 3.3%；在人口为 50 万～100 万人的城市中，这一比例为 3.8%；在人口为 10 万～50 万人的城市中，这一比例为4.1%；在人口为 1 万～10 万人的城镇中，这一比例为 4.2%。农村住区的比例为 4.0%，与平均水平持平。

城市人口拥有更多用于接收和处理数字信息的数字设备，互联网普及率高。从 2003 年到 2021 年，14 岁以上城市居民使用互联网的比例从 36.5% 增长到 85.1%，增长 48.6 个百分点。2021 年，最小城市里成年互联网用户的比例达 82.8%，大都市里成年互联网用户的比例达 90.5%。

数字化已渗透到城市生活的方方面面，正不断成为城市居民生活的重要组成部分。越来越多的城市人口使用数字资源来满足他们对各种商品和服务的需求。近年来，由于新冠疫情的传播，俄罗斯社会的数字通信急剧增长。

表 4 显示，登录互联网使用政府服务的用户数量增加。他们打电话咨询或预约医生、纳税、登记公民/旅行护照或驾驶执照、接收官方表格等，成为表征上述变化的最明显趋势之一。从 2019 年到 2021 年，城市居民在线使用政府服务的比例从 47.0% 持续增长到 60.6%。

这些显著增长表明，通过使用现代数字资源来使用政府和市政服务正在成为受欢迎的数字消费实践之一。然而，地区和住区之间存在差异显著，莫斯科和圣彼得堡的数字化水平显著高于其他地区和城市。2021 年，高达 77.6% 的大都市互联网用户使用政府服务；在人口为 100 万 ~ 500 万人的城市，这一比例为 60.0%；在人口为 1 万 ~ 10 万人的小城镇，这一比例仅为 49.9%。在莫斯科市和莫斯科州，这一比例超过 80%，它们是无可争议的领先者。

表 4 2021 年城市居民互联网使用情况（以占过去 12 个月上网人数的百分比计）

单位：%

使用目的	2019 年	2020 年	2021 年	城市人口规模				
				500 万人及以上	100 万 ~ 500 万人	50 万 ~ 100 万人	10 万 ~ 50 万人	1 万 ~ 10 万人
教育	32.0	33.0	32.2	31.2	32.1	36.2	34.7	29.4
工作	42.1	47.7	46.2	53.6	49.7	48.3	43.2	41.5
娱乐	79.2	79.4	81.3	83.8	82.9	83.8	79.2	79.8
与他人沟通	89.2	90.2	92.4	92.5	92.4	93.7	92.3	92.0
访问网站和社交网络	77.3	82.7	87.2	85.1	89.7	89.5	85.5	87.3
使用政府服务	47.0	48.9	60.6	77.6	60.0	62.7	61.7	49.9
支付水电费、移动服务费等	52.9	63.3	69.2	73.9	67.0	73.7	70.1	65.4
预订门票、酒店房间、旅游等	19.4	16.6	21.3	26.9	22.3	25.7	18.8	17.6
使用云存储和数据传输服务	27.8	30.8	31.6	41.0	35.4	34.1	27.9	26.2

使用目的	2019 年	2020 年	2021 年	城市人口规模				
				500 万人及以上	100 万 ~ 500 万人	50 万 ~ 100 万	10 万 ~ 50 万人	1 万 ~ 10 万人
看电视	35.6	37.1	39.0	46.2	35.1	36.0	41.9	36.0
查看和下载图片、音乐、电影、文本	63.2	58.8	61.5	71.4	58.7	51.3	63.5	60.3
下载书籍、在线阅读	32.6	31.4	33.4	45.3	39.1	29.3	32.3	26.4
玩游戏和下载游戏	34.3	40.1	42.5	49.0	40.8	29.8	45.9	42.5
远程学习	14.8	28.2	24.7	30.7	23.3	29.2	23.7	21.0
购买商品和食品	44.0	50.7	45.0	58.9	51.8	41.5	42.1	37.3
呼叫租车和拼车	–	–	38.0	42.6	44.2	40.6	40.9	28.7
订购商业和专业服务	–	–	7.2	10.5	8.5	8.5	5.8	5.1
订购家庭和个人服务	–	–	7.5	11.7	8.4	7.9	6.1	5.7

政府和市政服务的数字消费正在成为驱动俄罗斯数字消费领域发展的引擎之一。这得益于致力于进一步发展数字服务的主要国营企业的发展和电子文件流通的增加。前者的主要任务是在不久的将来为所有教育设施和住院医疗设施提供互联网接入（以便提供远程医疗服务）。要实施这些和其他计划，俄罗斯就有必要在所有联邦区建设下一代网络基础设施。数字化的下一阶段是现代"智慧城市"技术的广泛采用，预计将产生重大的社会影响。

使用互联网支付水电费、移动服务费等的个人互联网消费者的数量在疫情期间也有同样显著的增长（从 2019 年的 52.9% 增长到 2021 年的 69.2%）。在这一特定情形下，住区之间的差异相当小，人口为 500 万人及以上的城市和人口为 50 万 ~ 100 万人的城市之间几乎完全不存在差别。

城市人口对各种文化和娱乐内容的数字消费也显著增加。值得注意的是，2019 ~ 2021 年，使用互联网观看电视节目的受访者的比例从 35.6% 增长到 39.0%，而玩游戏和下载游戏的受访者的比例从 34.3% 增长到 42.5%。虽然在规模上没有可比性，但城市居民一直对在线观看电影、下载电影、查看文本、听音乐和下载音乐以及在线阅读或下载书籍表现出一定的兴趣。2021 年，查看和下载图片、音乐、电影、文本及下载书籍、在线阅读的消费者的比例分别为城市互联网用户的61.5%和33.4%。远程学习的受欢迎程度也略有增加。进行远程学习的受访者的比例从2019年的14.8%增长到2020年的28.2%，增长了13.4个百分点，值得注意的是，在疫情限制解除后，他们中的大多数继续采取远程学习这种模式。总的来说，大约1/4的互联网用户利用远程模式学习。

2020年春天，俄罗斯因新冠疫情宣布封闭，在此期间，俄罗斯人民获取新知识和拓宽视野的兴趣达到顶峰。42.2%的城市居民开始把更多的时间花在阅读、看电影和电视剧上，15.5%的人开始或加强了自我教育。文化领域的在线交流成为疫情期间的主要趋势之一，以满足这些快速增长的需求。图书馆、博物馆、剧院和其他文化机构表现出高度的流动性，它们通过在线交流广泛传播其服务，或开发满足当今要求的数字内容，留住了其受众甚至扩大了其受众规模（Shlykova，2020）。虚拟音乐厅、电子图书馆、虚拟博物馆和多媒体导游以及其他利用数字空间的项目大大增加了文化和娱乐内容的数字消费的可能性。

疫情期间，消费者市场上数字（在线）互动工具的积极开发和网上商务的增长成为另一个明显的趋势（Plotnikov，2021）。俄罗斯联邦国家统计局（Rosstat）的数据显示，2014年至2021年间，互联网销售额在整体零售额中所占的比例从0.7%增长到5.1%。尽管如此，最显著的增长还是发生在过去的2019年和2020年。2020年，俄罗斯执行了最严格的封闭政策，结果这一数字比前一年有了较大增幅（从2.0%增长到3.9%）（Retail Trade and Public Catering，2020）。

互联网商务的规模和城市居民通过互联网购物的数量都在增长。网络外卖配送平台的发展令人印象深刻。封闭期间进行的一项研究表明，封闭前只有18%的俄罗斯人主要在网上购买食品和杂货，封闭期间这类消费者的比例增长到64%（Kamneva，2020）。表4中列出的数据显示，与2019年同期相比，截至2020年末，在过去12个月中使用互联网购买商品和食品的城市受访者的比例从2019年的44.0%增长到50.7%。居住在城市里的网店访客的平均年龄也有所提高，这是60岁以上老年人数字化的产物。年轻或中年时掌握现代数字技术的老年人数量也在迅速增加。

超过一半的城市人口相信，通过快递运输食品和杂货，如食餐、药品和其他商品，是降低新冠病毒传播风险的最有效措施之一。从 2020 年秋季到 2021 年同期，其比例从 48.5% 增长到 51.9%。尽管与疫情相关的风险降低，但在接受调查前 30 天内专门求助于快递服务以降低感染冠状病毒概率的人的比例在此期间从 11.4% 增长到 20.1%。如果 2021 年这些人的比例达到 29%，而在人口为 100 万~500 万人的城市的这一比例为 26.2%，那么在居住在小城市的人中，这一比例仅为 14.1%。

住区越大，城市居民使用互联网购物和订购食品的数量越多，这一趋势非常明显。小城市里这类互联网用户的比例是 37.3%，到了大都市，即人口在 500 万人及以上的城市，这一比例增长到 58.9%。研究表明，总体而言，大型住区的数字化水平越高，在线销售额越大并且在整体贸易量中的占比越高。互联网用户数量与网上销售额之间存在显著的正相关关系（Zemskova，2020）。

随着电子商务和数字科技日渐普及，对健康和自我护理商品的需求相应增加，人们关注的焦点正在从健康营养食品转向更全面的健康生活方式（Korovnikova，2021）。在疫情传播期间，积极参与疾病预防、负责任的自我治疗和照顾自己健康的消费者显著增加。消费者对远程医疗咨询服务、远程转诊服务和涉及狭义专科医生的远程推荐医疗服务越来越感兴趣。医疗援助、医疗康复和体育锻炼领域的数字化转型也正在加速：健康技术（远程医疗）、康复技术（远程康复）和运动技术（在线健身训练课程）领域出现了大量创新解决方案（Ryzhkova，2021）。

五 结论

苏联解体后进行的激进经济改革改变了消费的方方面面。随着俄罗斯社会进入新的发展阶段，城市人口的消费面临重大影响。大众消费社会的演变、新的"数字现实"的出现和城市空间为适应现代发展要求而发生的转变，以及持续的经济危机、新冠疫情和西方国家最近实施的前所未有的制裁，都影响着城市人口的消费。这些影响因素导致消费者价值观和偏好以及城市消费者行为模式的转变。这就要求形成符合可持续发展优先事项和目标的新的城市消费模式、拟定当今国家议程的原则和优化俄罗斯当前的经济发展结构。在这样一个动态环境中，对消费的相关趋势和影响其发展方向的所有因素进行深入和及时的分析显得尤其重要。

第四篇

城市家庭结构和制度

中国城市家庭结构变迁

龚 顺

当代中国家庭结构正发生着深刻变化。本文基于全国人口普查数据和三期中国社会状况综合调查（CSS 2011、CSS 2015、CSS 2021）数据，探讨我国家庭结构的"动态"变迁状况及其影响机制。研究发现，我国城市居民家庭规模已低于3人，三口之家不再是主流，总和生育率持续走低，并有陷入"低生育陷阱"的风险；然而，我国城市居民的家庭观念仍趋于传统，并未形成个体主义、后物质主义的家庭观，城市居民主观认同的家庭规模高于3人，理想生育子女数量显著高于实际生育子女数量，2011～2021年主观认同家庭规模和理想生育子女数量呈现上升趋势。可见我国城市居民的家庭态度与行为出现了偏离和不一致现象。针对家庭态度和行为的偏离和不一致，进一步分析发现，职业地位是影响我国城市居民将家庭态度转换为行为的重要因素，但处于相对优势地位的民众反而面临更多障碍。以上结果对理解我国家庭结构变迁和构建符合中国国情的家庭政策体系，具有一定的启发意义。

一 当代中国的家庭巨变

东亚国家和地区一直以传统和重视家庭而著称，在东亚国家和地区，成家立业、多子多福的观念根深蒂固（杨菊华、李路路，2009）。然而，过去数十年间东亚国家和地区经历了历史空前的人口转变过程，家庭结构也发生了深刻变化（Raymo et al.，2015）。2020年第七次全国人口普查数据显示，中国家庭户平均规模为2.62人，比2010年减少了0.48人，相当于每个家庭减少了近0.5人（张丽萍、王广州，2022），这意味着中国传统意义上所谓的"三口之家"已经成为过去式。毋庸置疑，中国家庭结构的深刻变化与长期低生育率密切相关。2020 年第七次全国人口普查数据显示，我国总和生育率为 1.3 个，如果持续走低，我们将面临风险。此外，我国平均初婚年龄已从 1982 年的 23.70 岁增加到 2020 年的 28.67 岁，部分发达地区晚婚化水平已经接近被认为是晚婚化现象最严重国家之一的日本，晚婚化现象也在一定程度上加剧了低生育问题的严重性（淡静怡、姜全保，2020）。

2020 年，中国提出实施积极应对人口老龄化国家战略。其主旨是"制定人口长期发展战略，优化生育政策，增强生育政策包容性，提高优生优育服务水平，发展普惠托育服务体系，降低生育、养育、教育成本，促进人口长期均衡发展，提高人口素质"。[①] 2021 年 7 月 20 日，《中共中央 国务院关于优化生育政策 促进人口长期均衡发展的决定》公布，提出实行三孩生育政策及配套支持措施。[②] 可见，中国的家庭结构巨变及其关联的结婚和生育问题已经成为关乎中国人口长期均衡发展、实现经济社会高质量发展，以及实现中国式现代化的关键问题。

中国的家庭结构变迁引起了学界的高度重视，并产出了一系列颇具基础理论和现实价值的研究成果（如，吴帆，2016；许琪，2016；於嘉，2022；於嘉、谢宇，2019；张丽萍、王广州，2022）。但既有的针对中国家庭结构及其变迁的研究大多围绕着全国人口普查数据或某一年度的数据展开。一方面，由于全国人口普查数据个体变量的缺失，使用这类数据的研究往往容易忽视个体特征在家庭结构变迁中发挥的至关重要的作用，这就难以分析我国家庭结构变迁的机制。另一方面，基于某一年度数据进行的中国家庭结构研究则缺乏对家庭结构变迁最新状况和家庭状况"动态"变迁的关注。转型期，中国社会结构正发生着深刻变化，近些年来中国进入经济社会发展转型的新阶段，社会结构出现了一系列历史性转折和阶段

---

① 《中共中央关于制定国民经济和社会发展第十四个五年规划和二〇三五年远景目标的建议》，http://www.gov.cn/zhengce/2020 – 11/03/content_5556991.htm，最后访问日期：2023 年 5 月 15 日。

② 《中共中央 国务院关于优化生育政策 促进人口长期均衡发展的决定》，http://www.gov.cn/zhengce/2021 – 07/20/content_5626190.htm，最后访问日期：2023 年 5 月 15 日。

性新特征（李培林、崔岩，2020），在此背景下，家庭结构变迁的最新状况、"动态"变迁及其影响机制亟须关注。

基于以上讨论，本研究基于全国人口普查数据和三期中国社会状况综合调查（CSS 2011、CSS 2015、CSS 2021）数据，探讨我国家庭结构的最新状况、历时十年的"动态"变迁状况及其影响机制。本研究的结构如下：首先，对相关理论观点和经验研究进行简要梳理，介绍了家庭结构与生育变迁的主要解释理论；其次，利用全国人口普查数据和 CSS 数据对我国城市居民家庭结构与生育变迁进行的基本状况进行描述；再次，在此基础上，本文还对家庭结构和生育中出现的态度与行为不一致的状况进行了分析，特别关注了社会经济地位如何影响居民家庭结构和生育方面态度和行为不一致的状况；最后，本文成果对我国制定相关家庭支持政策可起到启示作用。

二 理论回顾：家庭结构变迁的理论解析

家庭结构变迁并非中国特有的现象。自 20 世纪末以来全球范围内就出现了低生育率和晚婚化的趋势，引起了社会科学家的高度关注。学界从不同理论视角对全球范围内出现的家庭结构变迁现象进行了阐释。其中，最有影响力的就是"家庭观念转变假设"（Attitudinal/Ideational Change Hypothesis）和"家庭成本考量假设"（Economic and Opportunity Cost Hypothesis）。

（一）家庭观念转变假设

家庭观念转变假说来源于"第二次人口转变"（Second Demographic Transition，SDT）理论。而"第二次人口转变"理论则源于学者们就 20 世纪 60 年代中期以来欧洲国家婚姻、家庭和生育模式的转变进行的理论思考。20 世纪 60 年代中期以来，欧洲国家出现了超低生育率、非婚生育、晚婚流行、离婚激增、不婚和同居流行等一系列家庭模式的革命性转变。在此背景下，比利时人口学家列斯泰赫（Lesthaeghe）和荷兰人口学家冯德卡（van de Kaa）在 1986 年率先提出了第二次人口转变理论，解释了欧洲国家出现的人口形势转变。他们认为欧洲出现的人口形势变化是在新的历史条件下产生的新的人口现象，会对欧洲人口形势发展产生长期、重要的影响。

学者们认为"第二次人口转变"现象出现的主要原因是态度/价值观转变（Attitudinal/Ideational Change）。二战后，随着人们物质生活的极大丰富，人们的态度/价值观也逐渐发生了变化，个体主义家庭观念开始流行（van de Kaa，1987）。在满足生存和安全等物质需求后，人们逐渐开始有实现自我价值的、更高精神层面的需求，提倡以家庭为中心的传统家庭观念也逐渐被提倡以自我为中心的个人主义观念代替。这一观点和因格尔哈特提出的唯物主义价值观转变到物质或后物质主义价值观的主张也具有理论一致性（van de Kaa，1987；Lesthaeghe，2010）。第二次人口转变理论自提出以来获得了广泛关注，并获得了相关经验研究的支持（Lesthaeghe，2010，2014；Surkyn & Lesthaeghe，2004）。这些变化并不限定在欧洲，随着人们态度由传统向自由的转变，对美国年轻人而言，结婚失去了其吸引力，越来越多的年轻人选择了同居等非传统家庭形式。

（二）家庭成本考量假设

"第二次人口转变"理论提出的态度/价值转变决定论虽在西方国家得到了证实，但对东亚社会家庭结构变迁缺乏解释力。例如，2015 年《美国社会学年鉴》（*Annual Review of Sociology*）刊登的一篇关于东亚数十年家庭变迁的研究评述认为，过去 30 年间东亚民众的传统婚姻和生育观念并没有发生太大变化（Raymo et al.，2015）。有学者指出，日本 20 世纪 80 年代后因经济衰落造成的男性收入下降是日本结婚率下降的重要原因（Raymo & Iwasawa，2005）。有学者利用中国人口普查数据进行分析后也发现，经济负担而不是态度/价值观转变才是中国男性晚婚的主要原因（Mu & Xie，2014）。在中国特大城市中生育二孩的基本成本最高约为 87 万元（王志章、刘天元，2017），在东亚社会结婚还面临婆媳矛盾、家务负担等情感和家庭方面压力（Bumpass et al.，2009；郝大海、申艳芳，2013），这些因素都一定程度上加剧了东亚社会的晚婚化和低生育率。而这也提醒学者寻找新的解释机制。为此，有学者提出，如果说从传统主义向个人主义的态度/价值观转变是导致西方社会家庭结构变迁的主要原因的话，那么对处在东亚社会的中国和日本而言，对结婚与生育成本的考量才是家庭结构变迁的主要原因（李建民，2009；Raymo et al.，2015）。

家庭成本考量假设主要理论来源于经济学家贝克尔根据理性"经济人"假设提出的家庭论（Becker，1993）。他认为与其他形式的经济活动一样，结婚与生育也是一种市场行为。人们通过比较结婚和生育的成本与收益来选择是否结婚和生育。当成本大于收益时，人们的结婚和生育意愿降低，结婚率和生育率也随之降低。反之，当成本小于收益时，人们的结婚和生育意愿提升，结婚率和生育率也提高。这里的成本既包括了结婚与生育的直接经济成本，也包括了与之相关的间接机会成本。

直接经济成本方面，有研究认为正是因为家庭支持政策能够降低家庭成本，它才成为世界各国解决晚婚、低生育率等社会问题的关键政策手段。家庭补助、税收优惠、生育补贴等支持手段，能够有效降低结婚和生育成本，增加收益，从而提高结婚与生育意愿（Billingsley & Ferrarini，2014）。而制度冲突理论和性别公平理论则可以被看作解释间接成本如何影响家庭结构变迁的重要理论。制度冲突理论关注女性劳动力的市场角色与家庭角色间的冲突，认为传统社会性别分工造成了女性在劳动力市场的职业角色与家庭角色之间的矛盾和冲突，提高了她们结婚和生育的间接机会成本，导致其结婚和生育意愿降低并带来结婚率和生育率的降低（Diprete et al.，2003），从而让家庭结构发生变化。性别公平理论相关的解释机制则强调，性别平等水平在不同社会领域的不一致性是如何影响生育和结婚意愿的（McDonald，2000）。在教育和劳动力市场方面性别平等水平高，而家庭领域性别平等水平低，导致职业女性既要承担劳动力市场的责任，又要承担照料的职责，学者们称之为"第二班"模式或"婚姻包袱"（Bumpass et al.，2009）。因此，女性一旦结婚，就意味着自己的事业和机会会受到影响，女性结婚和生育的"机会成本"巨大，因此导致了晚婚和低生育现象。

三　研究数据与变量

本文使用的数据来自全国人口普查和中国社会状况综合调查。中国社会状况综合调查是中国社会科学院社会学研究所实施的一项全国范围的大型连续性抽样调查项目，由于 2011 年、2015 年和 2021 年调查数据在家庭结构和生育方面的测量基本一样，为了进行十年历时比较，本文选取了这三个关键年份的数据。本研究的研究对象为城市居民，因此分析主要使用了城市样本的数据。

本研究使用的主要变量包括客观家庭规模、主观家庭规模、实际子女数和理想子女数。此外，本文还将受访者回答的主观家庭规模与其实际的家庭规模的差值作为家庭规模偏离和不一致的测量指标，数值越大说明受访者主观认同的家庭规模与实际家庭规模的不一致情况越严重；生育偏离的情况则使用受访者所回答的理想子女数减去实际子女数来说明，同样，数值越大说明生育意愿与实际生育子女数量差距越大。这一变量主要应用于回归分析。在数据分析时，家庭结构的模型限定为城市样本。由于针对年龄过高群体生育行为和态度的研究缺乏现实意义，本文主要使用 18 ~ 50 岁的城市已婚样本进行生育态度和行为的分析。回归分析中的主要自变量为职业变量，本文将数据中的职业变量分类编码为体力劳动者、无业人员、普通白领（办事人员、商业服务业人员和个体工商户）和核心中产（专业技术人员和管理人员）。此外，回归分析还包括家庭人均收入、受教育程度（大学及以上、大学以下）、性别、婚姻状况和年龄等变量。变量的描述性统计见表 1。

表 1　变量描述性统计（CSS 数据）

	平均值	标准差	最小值	最大值
主观家庭规模	3.956	1.807	1	25
客观家庭规模	3.064	1.469	1	10
理想子女数	1.947	0.635	0	10
实际子女数	1.684	0.990	0	10
年份（参照组：2011 年）				
2015 年	0.348	0.476	0	1
2021 年	0.370	0.483	0	1
年龄	46.947	15.788	18	69

续表

	平均值	标准差	最小值	最大值
大学及以上学历（参照组：大学以下）	0.294	0.455	0	1
女性（参照组：男性）	0.603	0.489	0	1
职业地位（参照组：体力劳动者）				
无业人员	0.653	0.476	0	1
普通白领	0.211	0.408	0	1
核心中产	0.044	0.205	0	1
家庭人均收入对数	9.931	1.389	0	15.285
已婚（参照组：未婚）	0.742	0.438	0	1

四　研究发现

（一）城市家庭主客观结构变迁

家庭结构变迁主要体现在家庭规模变迁。由于国家统计局公布的全国人口普查数据已经对家庭规模有较为详细的测量，本研究主要使用全国人口普查数据口径来研究客观家庭规模的变迁状况。首先，从我国家庭规模整体变迁状况来看，1953～2020 年全国人口普查数据显示，我国家庭规模从 1964 年的 4.43 人下降至 2020 年的 2.62 人，2020 年我国家庭人口规模首次低于 3 人（见图 1）。这标志着我国传统意义上的核心家庭和"三口之家"等社会学基础概念已经受到冲击。从国际比较的角度来看，2020 年中国家庭平均规模比学界所谓老龄化、少子化最严重的国家——日本（2.33人）仅多了 0.29 人（张丽萍、王广州，2022）。

图 2 关注了城市家庭规模变迁趋势。由于 2000 年之前全国人口普查数据没有城乡分类，本文仅分析了 2000～2020 年三次全国人口普查中城市家庭人口规模变迁趋势。图 2 显示，在我国整体家庭规模快速缩小的背景下，城市家庭规模缩小的趋势更加明显：2010 年中国城市家庭户平均规模仅为 2.71 人，说明早在 2010 年，中国城市家庭人口就已经低于 3 人。数据表明，我国家庭规模"小型化"已成为现实。"一对夫妻、一个孩子"的核心家庭快速减少，家庭结构变迁及相关问题在城市更加严峻。

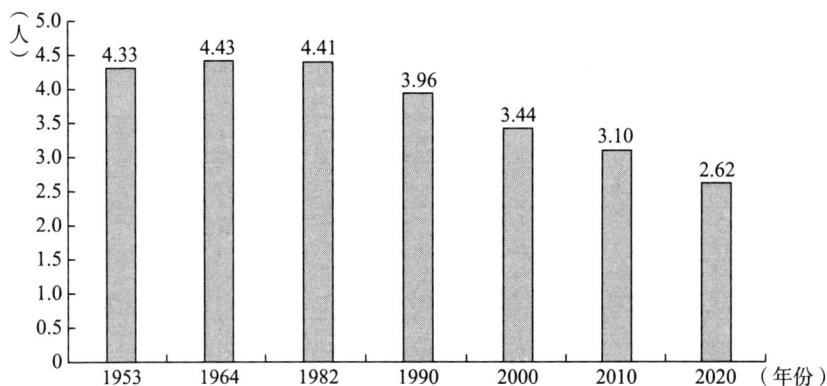

图 1　历次全国人口普查家庭户平均规模

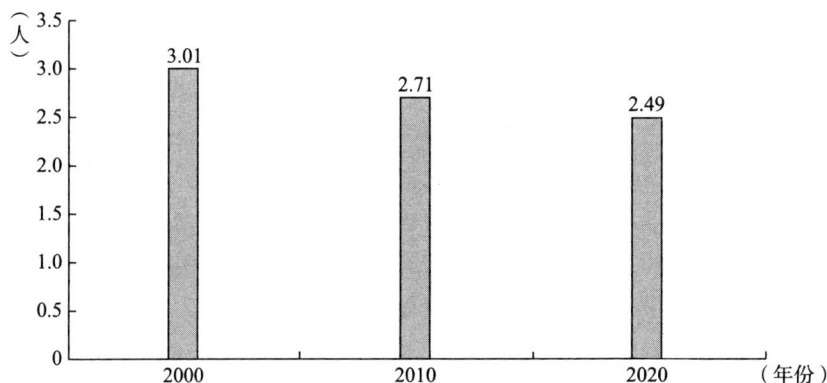

图 2　2000～2020 年城市居民家庭户平均规模（全国人口普查数据）

在中国城市居民家庭规模快速下降的背景下，城市居民对于自己家庭规模的理解如何呢？换言之，从主观角度来看，中国城市居民认为自己的家庭规模多大呢？民众的家庭观念可以反映民众对家庭的期待和追求，也是民众对待家庭的态度的重要体现。将测量这一主观意愿作为预测未来家庭结构、结婚、生育行为的重要前置性研究，对把握家庭结构变迁、生育水平和宏观人口态势的变化趋势有重要的现实意义（Ajzen，1991；郑真真，2014）。可以说，掌握民众的家庭观念就可以有效把握人口形势的未来趋势。CSS 问卷请受访者主观界定家庭有几口人，为此，本研究继续使用 CSS 数据，对民众主观家庭规模进行分析。

图 3 显示，城市居民主观感知的家庭规模仍保持在较高水平，2011

年、2015 年和 2021 年，城市居民主观家庭人口数量分别为 3.59 人、4.05 人和 4.18 人，同期主观家庭人数均高于全国人口普查得到的客观数据。这说明在大多数中国人的观念中"大家庭"和"核心家庭"仍是主流，中国民众在主观方面并没有趋向于个体主义的家庭观念。此外，更加值得关注的是，CSS 数据显示，2011～2021 年我国城市居民主观家庭规模呈上升趋势。这可能与近年来我国计划生育政策的变迁具有一定关系。比如，2013 年实施的单独二孩政策和 2015 年实施的全面二孩政策。

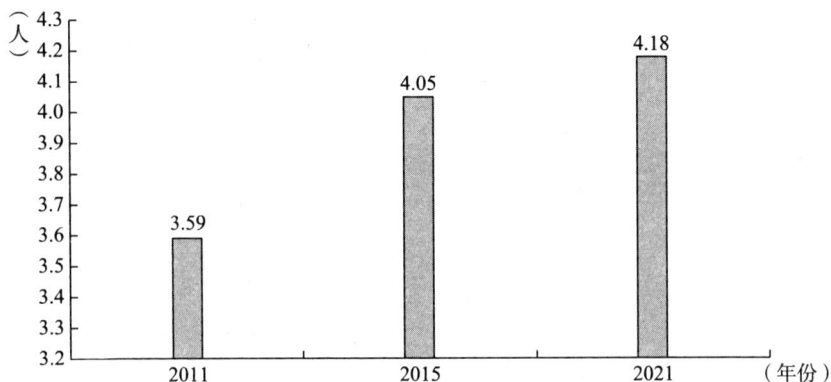

图 3　2011～2021 年城市居民主观家庭规模（CSS 数据）

（二）城市生育行为与态度变迁

人口出生率下降是导致我国家庭结构变迁的重要因素。伴随着现代化和城市化进程及长期实行的计划生育政策，我国低生育率问题的严峻性日益凸显（计迎春、郑真真，2018；郑真真，2020）。本部分将继续在家庭结构变迁的背景下讨论城市居民生育行为与态度变迁状况。

图 4 汇总了 2000～2020 年全国人口普查数据关于全国总和生育率的统计结果。数据显示，我国总和生育率已经低于 1.5 个，如果持续保持在这个水平，我国将陷入"低生育率陷阱"。2015 年全面二孩政策实施后，我国出生人口数和生育率出现了短暂上升，总和生育率从 2015 年的 1.12 个提升到了 2020 年的 1.30 个。但有学者认为，全面二孩政策实施后，存在较高比例的高龄孕妇生育现象，短期内二孩生育数量增加、生育比例提高，使得出生人口数量短暂上升。

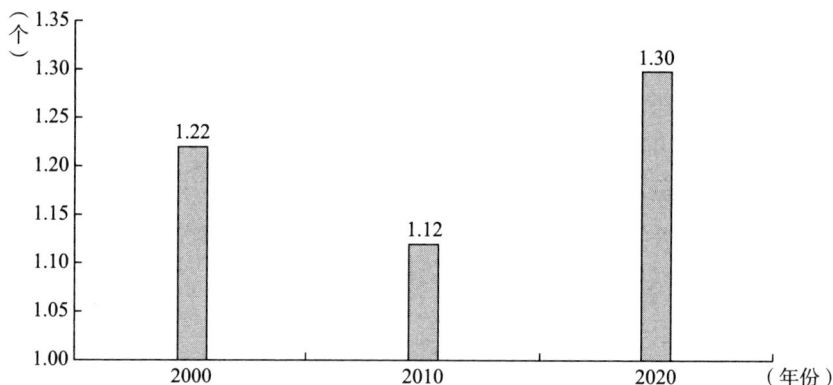

图 4　2000～2020 年总和生育率（全国人口普查数据）

那么我国城市居民生育状况如何呢？本文继续使用 CSS 的数据对城市居民生育行为和态度进行分析。由于对年龄过高群体的生育行为和态度的研究缺乏现实意义，本文仅使用 18～50 岁已婚受访者样本进行分析。如图 5 所示，基于 CSS 个体数据的分析也显示，我国城市已婚居民生育率低于 1.6 个，处于较低的生育水平。此外，我们也发现 2011～2021 年我国城市居民生育率出现了上升的趋势。

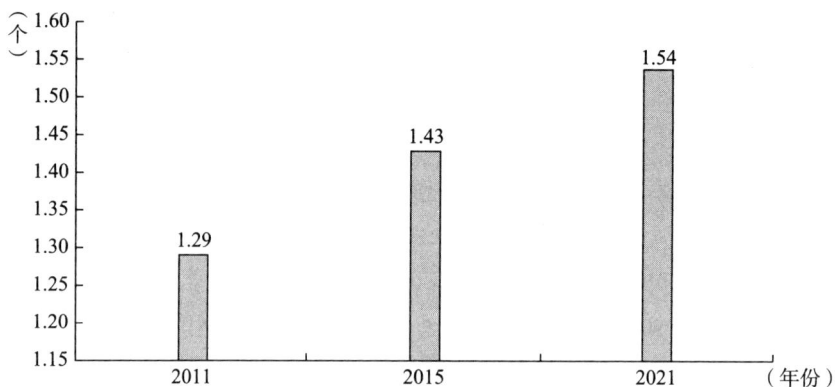

图 5　2011～2021 年 18～50 岁城市已婚居民生育率（CSS 数据）

基于 CSS 问卷中受访者对于"理想子女数"的回答，图 6 展现了 2011～2021 年城市居民生育意愿的变化。图 6 显示，与理想家庭规模部分分析结果类似，我国城市居民的生育意愿显著高于实际生育子女数量。可见，

2011～2021 年的生育政策调整一定程度上提高了城市居民的生育意愿，但我国生育率持续走低，说明以上意愿未转换成行为。

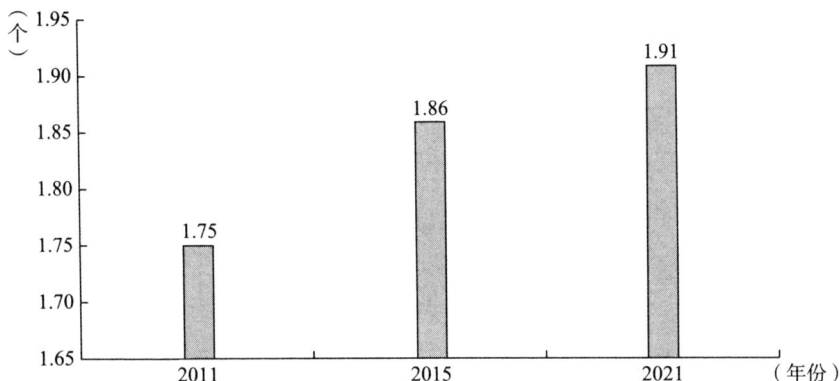

图 6　2011～2021 年 18～50 岁城市已婚居民生育意愿（CSS 数据）

（三）家庭态度与行为的偏离：家庭结构与生育变迁的影响机制分析

以上基于全国人口普查数据和 CSS 数据的分析，我们发现了一个重要现象：我国城市居民家庭理想规模和理想生育子女数量始终高于其实际家庭规模和实际生育子女数量。这引发我们进行更深入的思考：为什么家庭态度与行为间会出现不一致的情况呢？显然，社会经济地位的决定和制约作用至关重要（Raymo et al., 2015）。为此，本文将在以上针对家庭结构与生育变迁进行的基本状况分析的基础上，使用家庭态度与行为偏离及不一致的概念，深入分析当代中国家庭结构与生育变迁的影响机制。

表 2 的模型 1 汇报了受访者的职业地位对其家庭规模态度与行为偏离情况的影响。数据显示，民众职业地位越高，家庭规模的态度与行为偏离情况越突出，且具有统计上的显著性。具体而言，与体力劳动者和无业人员相比，普通白领和核心中产的家庭规模态度与行为的偏离情况更加严重。表 2 中的模型 2 则进一步讨论了城市居民的职业地位对家庭规模态度和行为偏离影响随年份变化的情况。交互项系数显示，与 2011 年相比，2015 年核心中产家庭规模态度和行为偏离有所增强。以上结果证明，在当前我国家庭结构变迁的背景下，处于相对优势职业地位的普通白领和核心中产

群体的家庭态度与行为偏离和不一致或是家庭结构变迁中的主要推动力。

表 2　家庭规模与生育行为和意愿偏离状况的回归分析

	模型 1	模型 2	模型 3	模型 4
	规模偏离	规模偏离	生育偏离	生育偏离
年份（参照组：2011 年）				
2015 年	-0.250*** (0.033)	-0.261*** (0.062)	-0.086*** (0.025)	-0.043 (0.039)
2021 年	-0.368*** (0.033)	-0.367*** (0.063)	-0.254*** (0.026)	-0.213*** (0.041)
职业地位（参照组：体力劳动者）				
无业人员	0.020 (0.034)	0.060 (0.062)	-0.051* (0.027)	-0.008 (0.053)
普通白领	0.094** (0.044)	0.030 (0.082)	-0.005 (0.029)	0.028 (0.051)
核心中产	0.191*** (0.052)	0.100 (0.086)	0.055 (0.035)	0.129** (0.055)
家庭人均收入对数	-0.221*** (0.011)	-0.222*** (0.011)	0.079*** (0.009)	0.079*** (0.009)
职业地位（参照组：体力劳动者）* 2011 年				
无业人员 * 2015 年		-0.056 (0.079)		-0.083 (0.066)
无业人员 * 2021 年		-0.051 (0.080)		-0.033 (0.068)
普通白领 * 2015 年		0.092 (0.109)		-0.072 (0.068)
普通白领 * 2021 年		0.087 (0.109)		-0.020 (0.070)
核心中产 * 2015 年		0.189* (0.113)		-0.047 (0.070)
核心中产 * 2021 年		0.077 (0.115)		-0.187** (0.074)
常数项	1.542*** (0.125)	1.558*** (0.127)	0.376*** (0.106)	0.352*** (0.107)

续表

	模型 1	模型 2	模型 3	模型 4
	规模偏离	规模偏离	生育偏离	生育偏离
样本量	12774	12774	5764	5764
R^2	0.053	0.053	0.097	0.099

* $p < 0.1$，** $p < 0.05$，*** $p < 0.01$。

注：括号内为标准误；控制变量包括性别、年龄、婚姻状况、受教育程度和家庭人均收入。

接下来，表 2 中的模型 3 和模型 4 则依次讨论了受访者的职业地位对城市居民生育态度与行为偏离状况及其年代的效果。模型 3 显示，无业人员的生育态度和行为偏离状况最不突出。可见难以将生育意愿转换成实际生育行为是我国城市居民普遍面临的问题。这一结果进一步说明，并不是职业地位越高，民众生育意愿与行为偏离的情况就更少，反而是处于优势阶层地位的民众的家庭态度、行为偏离的状况更加严重。那么，又是什么原因导致了这一结果呢？这种现象的存在可能是因为，决定民众结婚和生育的因素不仅包括实际经济上的成本和收益，还源于不同群体主观感知到的经济压力与成本（McDonald，2000，2006）。对于那些处于相对优势地位的民众而言，结婚和生育显然要付出更高的成本。

模型 4 中职业地位与年份的交互效应则表明，2011～2021 年对于处于优势地位的核心中产而言，他们将生育意愿转换为行为的难度有所降低。这或许是因为近年来我国生育政策的调整释放了一些有意愿生育且有能力养育子女的精英阶层的生育率。这也客观证明我国生育政策的调整具有一定的效果。

综合以上分析，本研究发现，我国家庭规模从最高值 1964 年的 4.43人下降至 2020 年的 2.62 人。然而，在主观家庭规模方面，城市居民仍倾向于认为自己的家庭规模在 3 人以上，"大家庭"和"核心家庭"仍是主流价值观，城市居民在主观方面并没有趋向于个体主义的家庭观念。此外，生育方面的态度与行为的偏离与不一致现象也普遍存在。数据显示，2011～2021 年我国城市居民理想生育子女数量高于实际生育子女数量，如果生育意愿能够转换为行为的话，我国城市居民总和生育率或许会显著高于当前数值。为何出现家庭规模和生育行为与态度的偏离？分析发现，居民职业地位是重要的影响机制。然而，并不是职业地位越低，城市居民生育行为与意愿的偏离与不一致性越强，而是那些处于相对优势地位的民众反而更加容易面临生育意愿难以转换为行为的状况。

五 总结与讨论

进入 21 世纪后，我国人口发展的内在动力和外部条件都发生了显著变化。第七次全国人口普查数据显示，中国家庭户平均规模为 2.62 人，比 2010 年减少了 0.48 人；我国总和生育率为 1.3 个；此外，我国平均初婚年龄快速上升，部分发达地区晚婚化水平已经接近日本，而日本被认为是晚婚化现象最严重的国家之一。当前，家庭结构变迁及其关联的结婚和生育问题已经成为关乎中国人口长期均衡发展、实现经济社会高质量发展，乃至中华民族伟大复兴的关键问题。

本文基于全国人口普查数据和三期中国社会状况综合调查（CSS 2011、CSS 2015、CSS 2021）数据，探讨了我国家庭结构历时十年的"动态"变迁状况及其影响机制，并重点对家庭结构及生育出现的态度与行为偏离和不一致状况及其社会经济地位影响机制进行了探讨。主要得出以下几个研究结论。

首先，我们并没有发现任何证据可以证明，"第二次人口转变"理论提出的态度/价值观转变决定论对解释中国的家庭结构变迁现象具有解释力。研究发现，在主观家庭规模方面，城市居民仍倾向于认为自己的家庭规模在 3 人以上，城市居民理想子女数量也显著高于实际生育率，"大家庭"式的家庭观仍是我国民众对家庭的主流认同。也就是说，我国城市居民在主观方面并没有出现趋向于个体主义的家庭观念。总之，我国家庭观念仍趋于传统。

其次，研究发现，我国城市居民在家庭规模和生育方面的态度与行为存在不一致和偏离的情况，若将城市居民的家庭意愿转换为行为能有效扩大家庭规模、提升生育率。然而，并不是职业地位越低的城市居民行为与意愿的偏离与不一致问题越突出。反而是那些处于相对优势地位的民众更加容易面临家庭意愿难以转换为行为的状况。这可能是因为，决定民众结婚和生育的因素不仅包括实际经济上的成本和收益，还源于不同群体主观感知到的经济压力与成本。对于那些处于相对优势地位的民众而言，结婚和生育显然要付出更高的成本。

党的十九届五中全会提出，要"制定人口长期发展战略，优化生育政策，增强生育政策包容性"。2021年7月20日，《中共中央 国务院关于优化生育政策促进人口长期均衡发展的决定》公布，明确提出实行三孩生育政策及配套支持措施。但政策仍处在探索期，政策细节仍需进一步补充和完善。构建符合中国国情的家庭政策体系、解决晚婚和低生育问题，从而实现人口长期均衡发展，是我国实现经济社会高质量发展和中华民族伟大复兴的必要保障。

基于以上分析，本文认为构建符合中国国情的家庭政策体系需要考虑以下几个方面的问题。

首先，当前我国城市居民结婚和生育的成本非常高。我国在制定旨在提高结婚和生育相关家庭政策时，应考虑结婚和生育的高昂成本，构建全面的家庭支持政策体系，加大扶持力度，以消除民众在结婚和生育成本考量上的后顾之忧。

其次，研究发现，那些处于相对优势地位的城市居民，其家庭态度和行为的背离和不一致，是造成我国家庭结构变迁及晚婚、低生育问题的重要因素。这启示我们，相关家庭政策在制定时应该更加关注这些群体，将城市中产阶层和普通白领视为家庭支持政策的重点关注对象。这就为我国制定有目标性和有针对性的家庭支持政策提供了学术支持。

再次，在东亚传统社会性别分工主张"男主外，女主内"的背景下，女性尤其是高学历女性在结婚和生育时会面临巨大损失，这容易使女性对结婚和生育逐渐失去兴趣。例如，职业女性既要承担劳动力市场的责任，又要承担家庭照料职责（Hochschild & Machung，2012）。因此，我国在制定家庭支持政策的时候应充分促进社会性别分工平等化和男女性别平等。因为性别平等不仅本身可提高民众结婚和生育意愿（计迎春、郑真真，2018；Bumpass et al.，2009；McDonald，2000，2006），还可通过与社会政策的相互作用进一步影响人们的结婚和生育行为与意愿。

最后，当前东亚各国晚婚和低生育率出现的另一个社会背景是长时间劳动的工作模式的存在（Brinton & Oh，2019）。这一特征在日本尤为明显

（丁英顺，2019；王伟，2019）。超负荷工作和加班成为日本雇员的生活常态。研究显示，日本35岁女性平均每周工作时间高达56小时（Boling，2008）。家庭中的家务、育儿、照顾老人都需要大量时间和精力，如果企业强调长时间劳动，就会造成女性难以平衡家庭和工作的关系。在日本，大多数情况下，女性在结婚和生育后不得不辞掉工作，做家庭主妇（Shira-hase，2013）。因此，长时间劳动工作模式会造成高学历女性结婚和生育成本的进一步提高，从而导致结婚和生育意愿的进一步下降。这需要我们警惕。目前我国部分企业开始强调的长时间（"996"）工作模式（王俊秀，2019），长期来讲，这或许会对我国的结婚和生育率带来潜在的负面影响，不利于我国人口的长期均衡发展。相关家庭政策需要注意纠正这一问题。

俄罗斯城市家庭制度的多样化与生育态度

古尔克（T. A. Gurko）

生育率和生育态度直接关系到婚姻（Gurko，2021）和生育制度的演变与转变。在后工业化国家中，女性社会地位的进步、避孕用品的普及、生育技术的发展、法律和社会规范的进步等因素对家庭制度变迁和家庭结构变化产生了深远影响。

一 俄罗斯城市的家庭结构动态

俄罗斯的家庭结构可以基于以下标准进行分类。包括俄罗斯人口普查在内的俄罗斯官方统计数据，记录了家庭和非家庭住户，并且分别记录了拥有 18 岁以下子女的家庭单位和其他家庭单位。家庭住户是指由家庭单位组成的私人家庭——有子女的已婚夫妇、无子女的已婚夫妇、有子女的母亲或父亲。家庭住户可以由一个或多个家庭单位组成。可将有 18 岁以下子女的家庭住户单独挑出，作为一种类型。同时，家庭住户可以是核心家庭，也可以是大家庭，大家庭即包括其他亲属，通常是祖父母的家庭（The Family in Russia，2008）。

根据俄罗斯联邦最新的人口普查数据，城市家庭住户结构正在缓慢发生变化（见表 1）。虽然由于成年子女（包括已婚子女）通常登记在父母住址，但实际居住在出租公寓中，有些数据并不能完全反映城市家庭核心化的过程。但显然俄罗斯的家庭结构正在发生变迁。

对有 18 岁以下子女的家庭的结构进行分析，有助于根据跟随配偶一方或父母一方生活的子女的生活标准记录家庭结构的变化。无论配偶是首次结婚、再婚还是同居，此类家庭在官方统计中都被认为是完整的，如果孩子与父母中的一方一起生活，则被认为是不完整的。

表 1　城镇家庭住户和有 18 岁以下子女的家庭住户的结构动态

单位：%

城市家庭住户包括	2002 年	2010 年	2015 年
有子女或无子女的已婚夫妇	57	57	64
有 18 岁以下子女	52	52	59
有子女或无子女的已婚夫妇、亲属或无关个人	15	15	11
有 18 岁以下子女	17	19	14
两到三对已婚夫妇、亲属（或无）和非亲属（或无）	3	3	2
有 18 岁以下子女	5	5	4
有子女母亲	16	16	16
有 18 岁以下子女	14	13	15
有子女父亲	2	2	2
有 18 岁以下子女	1	1	1
母亲（或父亲）、母亲（或父亲）的父母一方、亲戚（或无）或无关个人（或无）	7	7	5
有 18 岁以下子女	11	10	7
家庭住户	100	100	100
有 18 岁以下子女	100	100	100
家庭住户	N = 28247905	N = 27142131	N = 395260
有 18 岁以下子女	N = 15167403	N = 12240123	N = 176272

注：根据以下内容计算：The Family in Russia, pp. 28 - 30；2010 census. Volume 6. The number and composition of households. URL：http：//www. gks. ru/free_ doc/new_ site/perepis2010/croc/perepis_ itogi1612. htm；2015 census. Section IX. Households and family units. URL：https：//gks. ru/free_ doc/new_ site/population/demo/micro-perepis/finish/micro-perepis. html（accessed 15. 08. 2022）。

　　有 18 岁以下子女的城市有配偶家庭的平均子女人数高于单亲家庭。而 2002 年至 2010 年期间的动态变化是相似的。例如，在莫斯科，有配偶家庭的子女平均人数从 1.35 个略微增至 1.39 个，单身母亲的子女平均人数从 1.18 个增至 1.21 个，单身父亲的子女平均人数从 1.17 个增至 1.21 个。①

---

① 根据以下内容计算：The Family in Russia, pp. 28 - 30; 2010 census. Volume 6. The number and composition of households. URL: http://www. gks. ru/free_ doc/new_ site/perepis2010/croc/perepis _ itogi1612. htm; 2015 census. Section IX. Households and family units. URL: https://gks. ru/free_ doc/new_ site/population/demo/micro-perepis/finish/micro-perepis. html（accessed 15. 08. 2022）。

　　根据俄罗斯联邦国家统计局的一项代表性研究（GKS – KOUZH，2014年、2020年），[①] 有18岁以下子女的单身父母的比例正在增加。从图1可以看出，这一比例在圣彼得堡和莫斯科略高并逐年增加。

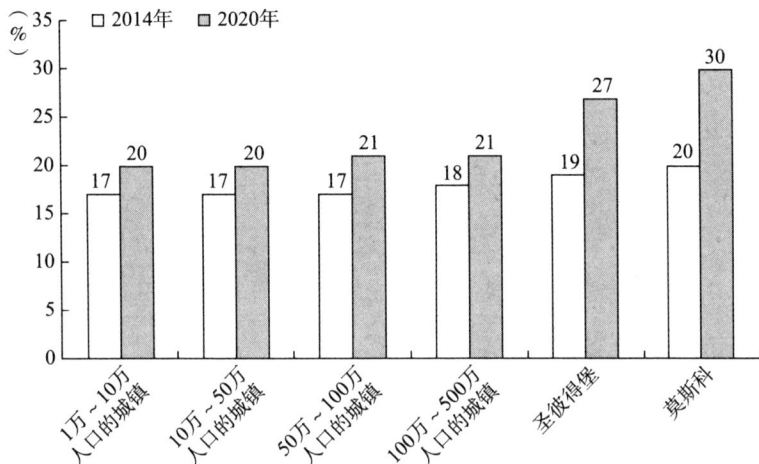

图1　有18岁以下子女的单身父母家庭占比的动态变化情况
（GKS – KOUZH，2014年、2020年）

　　在基于社会调查的研究中，人们可以看到更细分的结构的动态：规范家庭、重组家庭和单亲家庭。一项针对莫斯科[②]青少年的研究发现，在有青少年的家庭中，家庭结构发生了变化（见图2）。

　　数据显示，与亲生父母同住的青少年比例有所下降[③]（56%）。与单身父母同住的比例与几十年前大致相同，但2022年，更多青少年是与父亲同住。生活在重组家庭[④]中的青少年比例有所提高：1994年为8%，到2022

---

① 生活状况综合监测（每年约6万户家庭样本），俄罗斯联邦国家统计局（Posstat），URL：https://gks.ru/free_doc/new_site/KOUZ14/survey0/index.html；https://gks.ru/free_doc/new_site/GKS_KOUZH –2020/index.html（2022年8月10日访问）。

② 2022年在莫斯科对14～15岁的九年级学生再次进行调研。在作者指导下于1994～1995年和2010～2011年在俄罗斯联邦中央联邦管区的四个城市（包括莫斯科）进行研究使用的工具。

③ 这种类型的家庭还包括，青少年的亲生父/母为未合法结婚的同居者（脆弱家庭），父母之一暂时居住在外国的跨国家庭。

④ 这种类型的家庭包括再婚重组家庭，即青少年有继父或继母，以及两个同居伴侣中只有一个是孩子的亲生父/母。

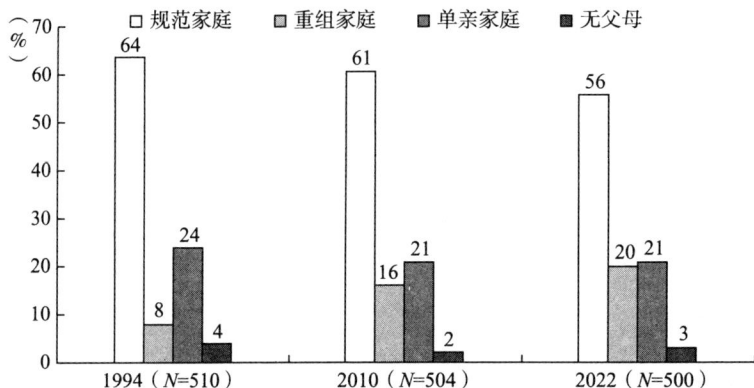

图2 生活在莫斯科不同家庭中的青少年占比动态变化情况

年这一比例已经达到了 20%。

二 各社会群体的生育率和子女人数变化趋势

俄罗斯生育率的波动与社会经济和人口因素有关。20 世纪 90 年代生育率的急剧下滑与俄罗斯处于向市场经济过渡的艰难阶段有关。20 世纪 80 年代初期旨在刺激生育的政策导致 1986～1987 年出生率出现了短暂但相当显著的增长。后来 2007 年出现的生育率的飙升在很大程度上是对上一代出生潮的"人口构成上的反映"。随后，由于 20 世纪 90 年代出生的群体进入生育期，总和生育率下降（见图 3）。

居住在城市的女性的平均生育年龄在不断增加，1984～1985 年为 25.8 岁、2004 年为 26.7 岁、2012 年为 28.4 岁、2020 年为 29.0 岁（The Demographic Yearbook of Russia，2021）。一项特别分析显示，1990～2017 年，母亲生育第一个孩子的平均年龄从 22.5 岁提升至 25.6 岁（Zemlyanova & Chumarina，2018）。

俄罗斯的初婚年龄也在不断增加。18～24 岁结婚的男女比例逐年下降，近几年 25～34 岁人口的结婚率开始下降（见图 4）。这一过程与成长期的拉长，男女受教育程度提高、价值观念转变和职业成功的获得，同居的普遍性和婚育年龄的推迟有关。俄罗斯年轻人越来越喜欢同居，因为他们渴望离开父母。同居还取决于在城市一起租房的经济利益。与苏联时期不同，年轻人在没有自己生活空间的情况下还未准备好通过结婚登记来建立家庭。

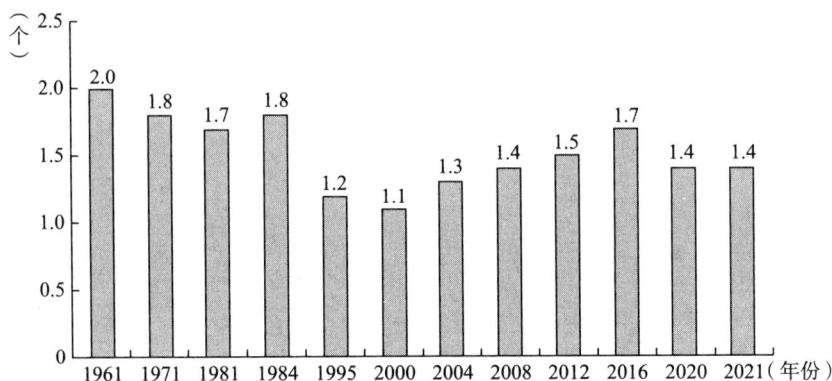

图 3　1961～2021 年俄罗斯联邦城市地区总和生育率变化趋势

资料来源：The Demographic Yearbook of Russia. 2021. 2021：Statistical Hand-book/Rosstat. M. ，2021. pp. 45 – 256；Demography. Total fertility rate. / Federal State Statistics Service（Posstat）URL：https：//rosstat. gov. ru/folder/12781（access-ed 20. 08. 2022）。

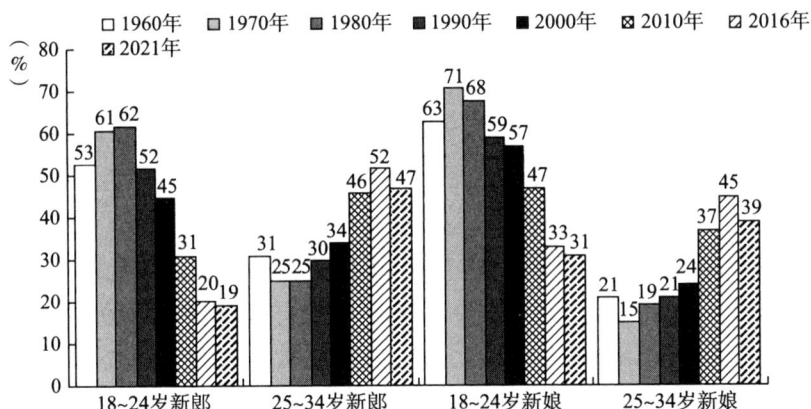

图 4　俄罗斯中青年初婚登记年龄动态变化情况

说明：根据以下内容计算：Demography. Marriages by age of the bride and groom. 2021. / Federal State Statistics Service …Ibid。

在现代化社会中，基于婚姻组建家庭的年龄呈上升趋势，若从婚姻选择的成熟度、教育普及率、职业发展、物质基础准备和成为父母的意愿的角度来看，这种现象具有积极意义。

在很大程度上，生育率取决于一个国家的现代化程度、城市化程度、社会制度以及人们的宗教信仰热忱度。同时，有理由相信，在不同的社会群体中，子女的数量、养育方式以及婚姻行为的差异较其他国家更大（Gurko，2020）。

在俄罗斯，生活在农村地区的妇女往往比生活在城市地区的妇女更有生育意愿。2004 年城市总和生育率为 1.3 个，农村为 1.7 个，2012 年分别为 1.5 个和 2.2 个，2021 年分别下降至 1.4 个和 1.7 个。[①]

分析生育行为的策略之一可能是比较某个年龄段的女性在不同时期的生产数量。此数据由"俄罗斯纵向监测调查"（RLMS – HSE）[②] 数据库提供。本文分析了 2004 年、2012 年和 2020 年 45 ~ 60 岁的女性子样本。选择此最低阈值是基于这样一种观念，即到 44 岁时，大多数女性不再生育。在俄罗斯，许多女性工作到 60 岁（这些特定子样本约占 70%），这有助于确定其归属的职业群体。

在 2004 年和 2012 年，该年龄组女性的子女数量有所不同，但差异不大，这取决于她们的受教育程度。与受过高等教育的女性相比，受过中等教育及以下的女性生育一个孩子的比例更低，其中更多人生育三个或以上子女。2020 年，受过高等教育及以上且生育三个或更多子女的女性比例略有上升，未受过高等教育的三孩母亲比例有所下降。在无大学学历的女性中，每名女性平均生育子女的数量显著下降，到 2020 年，在受过高等教育的女性中，每名女性的生育数量完全没有变化（见图 5）。

女性的职业与其生育数量有关吗？不同职业的女性群体的子女数量变化是否均匀？图 6 显示了数量最多的职业群体的生育情况。2020 年，在此年龄组中，女性占此职业群体的 22%，技术人员和相关专业人员占 24%，服务和销售人员占 19%，熟练工人占 10%，初级职业人员占 11%。这种分布与整个样本相对应。

---

① 2021 年人口总和生育率同上。

② "俄罗斯纵向监测调查"（RLMS – HSE），由国立研究大学"高等经济学院"、瑞士市场社会调查公司"Demoscope"、美国北卡罗来纳大学教堂山分校卡罗来纳州人口中心和俄罗斯科学院联邦理论与应用社会学中心社会学研究所联合开展，https://rlms-hse.cpc.unc.edu, https://www.hse.ru/org/hse/rlms，（2022 年 8 月 20 日访问）。

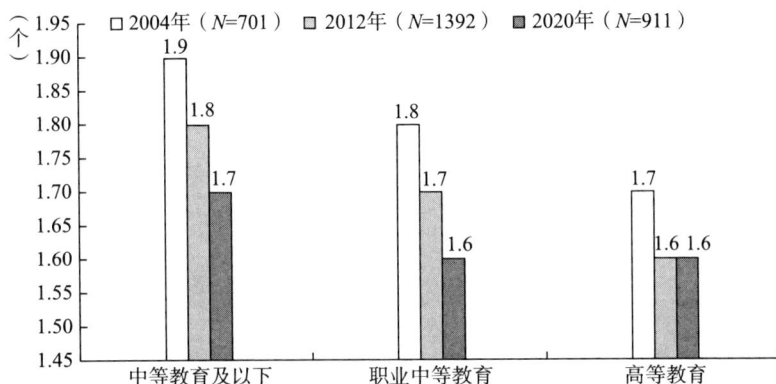

图5　45~60岁不同受教育程度女性的平均生育子女数动态变化情况
（RLMS-HSE，2004年、2012年、2020年）

2004~2020年，专业人员女性生育子女的数量一直保持相对稳定，而其他职业群体中的子女数量整体上在减少（见图6）。

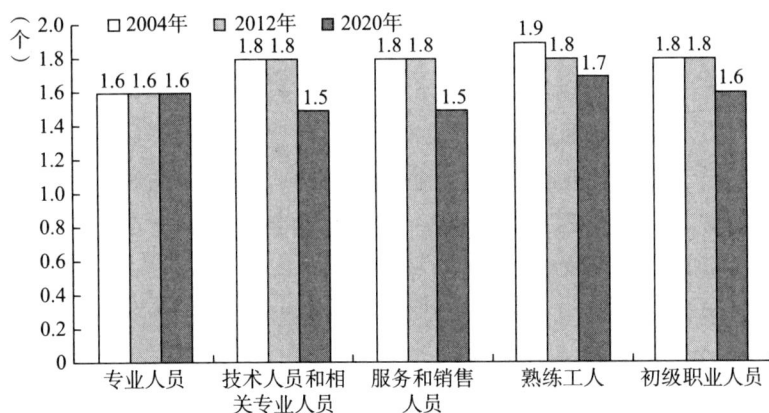

图6　居住在城市的45~60岁母亲中最多职业群体平均生育子女数
动态变化情况（RLMS-HSE，2004年、2012年、2020年）

总的来说，我们可以看到一个积极的过程。至少，职业女性和受过高等教育的女性的子女数量并未减少。此外，城市中受过高等教育的女性比例很高，这些母亲在育儿方面拥有很多资源。她们有能力促进儿童发展，她们的丈夫承担父亲的工作，包括离婚后。

这一趋势与早先的结论一致，即相较于受过高等教育的男性和女性，受过中等教育的已婚人士比例有所下降（Gurko，2021：58）。对于后工业经济中未受过高等教育的男性而言，稳定工作正在减少，这让他们没有信心为家庭创造物质基础。反过来，未受过高等教育的女性很难找到婚姻伴侣，也很难计划生育子女的数量。

女性的子女数量也取决于其宗教信仰身份。2012 年，在分析的城市女性子样本中，39% 的东正教徒和 18% 的穆斯林妇女生育了一个孩子，10% 的东正教徒和 17% 的穆斯林妇女生育了三个或以上孩子。根据 2020 年的数据，49% 的东正教徒和 38% 的穆斯林妇女生育了一个孩子，只有 8% 的东正教徒和 24% 的穆斯林妇女生育三个或以上孩子。

子女数量和家庭状况。自苏联时期以来，与欧盟统计局[①]和经济合作与发展组织（OECD）[②] 引用的国家相比，俄罗斯的离婚率最高（1980 年为 4.2‰，2000 年为 4.3‰，2021 年为 4.4‰[③]）。四十多年来，离婚率一直居高不下，实际上与出生率无关，而出生率的波动是由其他因素引起的。

显然，家庭状况会随着一个人的一生而改变。对 2012 年和 2020 年 36~44 岁城市居民的 RLMS - HSE 子样本（女性的生育活动在此期间结束时趋于停止）进行分析，发现了男女平均生育子女数量与其家庭结构之间的联系。对包括处于初婚、再婚、同居和离婚的最多男性和女性群体进行分析。从图 7 和图 8 可以看出，此年龄段的再婚男性和女性都有更多的孩子。离婚但未再婚的男女生育的孩子最少。

可以假设，再婚和重组家庭对俄罗斯出生率的提高有一定贡献。2022 年，在莫斯科对青少年进行了一项研究，其结果证实了这一结论。重组家庭（70%）中的二孩和三孩家庭多于正常家庭（58%）和单亲家庭（43%）。

非婚生子。新的家庭形式得到传播，在此背景下，婚姻和同居的生育

---

① Demography. Divorces. 2021. / Federal...Ibid.

② Crude marriage rate and crude divorce rate. 2020. // Eurostat. URL: https://ec. europa. eu/ eurostat/ databrowser/ view/ tps00206/ default/ table? lang = en(accessed 2. 08. 22).

③ SF3. 1: Marriage and divorce rates. 2021. // OECD Family Database [online]. URL: http://www. oecd. org/els/ family/ database. htm(accessed 20. 08. 2022).

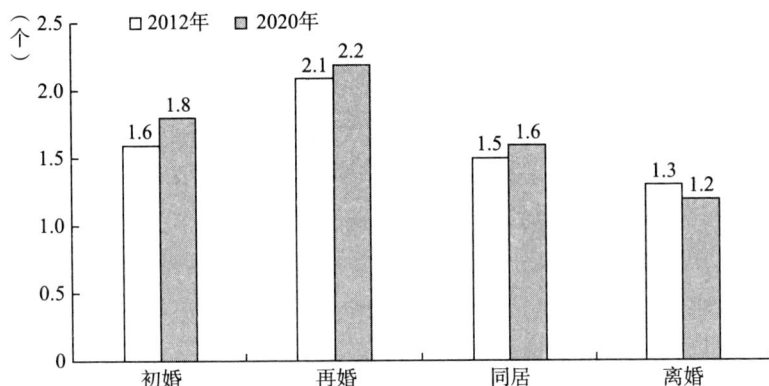

图7　36～44岁家庭状况不同的城市男性平均生育子女数量
（RLMS-HSE，2012年、2020年）

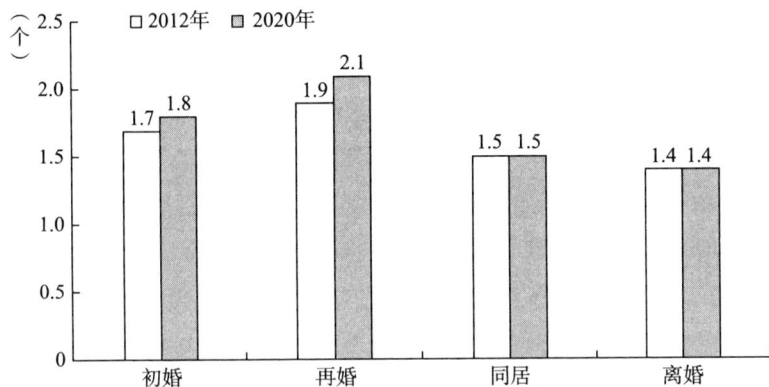

图8　36～44岁家庭状况不同的城市女性平均生育子女数量
（RLMS－HSE，2012年、2020年）

实践也在发生变化。非婚生子并不是在所有国家都很普遍。①

1999年俄罗斯城市的相关指标为27%，2004年为28%，2012年为22%，2020年为20%（The Demographic Yearbook of Russia，2005）。因此，2020年图瓦共和国城市非婚生育率最高，为57%，涅涅茨自治区为39%，马加丹州为34%，萨哈林州为31%（见图9），这很可能源于各民族和地

---

① SF2.4：Share of live births outside marriage/OECD Family Database. URL：https://www. oecd. org/els/family/SF_2 4_ Share_ births_ outside_ marriage. pdf（accessed 20.08.2022）.

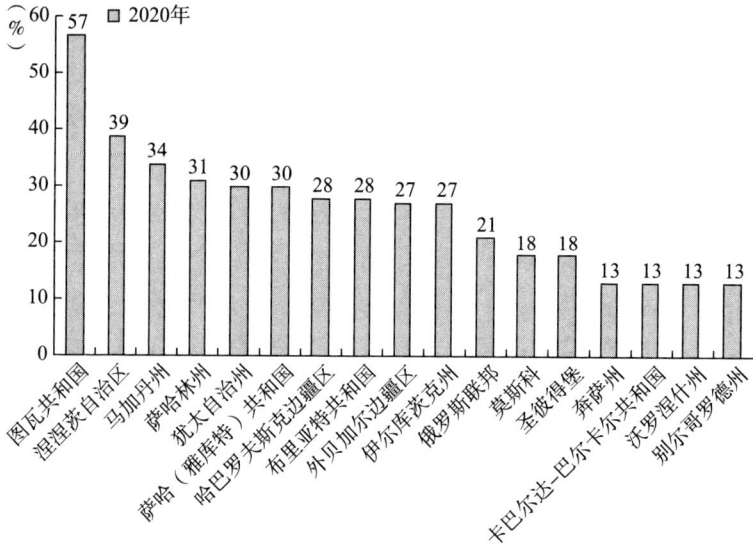

图 9　2020 年俄罗斯联邦部分地区城市未婚妇女
非婚生育率

资料来源：Pril. 4.3 Live births to unmarried women by regions of the Russian Federation/Application of the demographic yearbook of Russia 2021. URL: https://rosstat. gov. ru/folder/210/document/13207 (accessed 15. 08. 2022). AO-Autonomous Okrug (district)。

区间生活方式和家庭规模的不同。特别是图瓦人被鼓励多生孩子。在那里，同居和早产并不受到反对，许多母亲往往更多地依赖政府援助，而非丈夫的支持（Dorzhu，2011）。

非婚生育率与总和生育率之间的联系并不很清晰。需要指出的是，一些非婚生育率高的国家的总和生育率也很高。欧盟统计局记录的 2020 年非婚生育率最高的国家包括冰岛 69%（TFR = 1.7 个）、法国 62%（TFR = 1.8 个）、保加利亚 60%（TFR = 1.6 个）、斯洛文尼亚 57 %（TFR = 1.6 个）、瑞典 55%（TFR = 1.7 个）。①

在俄罗斯，城市中非婚生育率最高的一些地区的总和生育率也很高。2020 年，图瓦共和国非婚生育率为 57%（TFR = 2.9 个），涅涅茨自治区

---

① Share of live births outside marriage / Eurostat. URL：https://ec. europa. eu/eurostat/databrowser/view/tps00018/default/table? lang = en（accessed 15. 08. 2022）.

为 39%（TFR = 1.7 个），萨哈林州为 31%（TFR = 2.0 个），车臣共和国为 21%（TFR = 3.4 个），而在别尔哥罗德州和奔萨州，非婚生育率最低，均为 13%（TFR = 1.2 个）。[1] 由此可见，非婚生育率并未对俄罗斯许多城市地区的生育率产生负面影响。

丁克家庭情况。在许多发达国家和地区，影响生育的因素之一是妇女无子女，包括被迫、刻意、有意。根据 OECD 的统计，2010~2011 年妇女无子女率（40~44 岁未生育过的女性比例）最高的国家包括奥地利、西班牙（22%）、芬兰、英国（20%）、加拿大（19%）和土耳其（最低，为 5%）。[2] 相比之下，在整个俄罗斯，此指标很小——根据 RLMS - HSE 数据，2011 年为 7%。

日本、中国香港和新加坡的妇女无子女率呈上升趋势（Sobotka，2021）。在家庭领域遵循保守规范的背景下（丈夫是养家糊口者，妻子为家庭主妇），女性的受教育水平迅速提高，许多年轻男性没有机会为未来的家庭提供经济保障。与许多其他西方国家和俄罗斯不同，在东亚，非婚同居和生育是违反社会规范的，将受到谴责。这导致许多受过教育的妇女选择独身和不要孩子，并最终走向孤独（Ji，2015）。

同时，例如，根据皮尤研究中心对当前人口调查（CPS）数据的分析，在美国，1994 年至 2014 年间，拥有硕士学位的女性的无子女率从 30% 下降至 22%，拥有博士学位的女性的无子女率从 35% 下降至 20%。值得注意的是，在过去的二十年中，对于无子女的人群，教育差距有所缩小，但仍然存在（Livingston，2015）。

根据 RLMS - HSE 数据，在俄罗斯，农村地区的无子女女性数量与城市地区的一样多。俄罗斯城市的无子女指标低且较为一致。2004 年，40~44 岁居住在城市、未生育子女或无官方收养子女的女性比例为 8%，2012 年为 6%，2020 年为 8%。同一时期，不同受教育程度的无子女妇女的比例也没有变化。2004 年，该年龄组中受过中等教育但无子女的女性比例为

[1] Pril. 2. 2. Total fertility rate by regions of the Russian Federation / Application of the demographic yearbook of Russia 2021. Ibid.

[2] SF2. 5. Childlessness // OECD Family Database. URL：https：//www. oecd. org/els/family/SF_2 - 5 - Childlessness. pdf（accessed 15. 08. 2022）.

8%，而受过专业教育和高等教育的女性比例分别为 9% 和 7%。2012 年，这些数据分别为 7%、4% 和 6%，而 2020 年，这些数据分别为 8%、7% 和7%。可以得出结论，在俄罗斯，妇女的受教育水平与无子女情况无关。

三 生育态度和计划

大学生的生育态度在一定程度上可以预测受过高等教育的民众的生育态度和意愿。根据一项针对俄罗斯大学生[①]的研究，他们中的大多数人都想要孩子：年轻男性占 85%，年轻女性占 90%。只有大约 1% 的年轻男性和女性表示，他们根本不打算要孩子。学生想要生孩子的数量很大程度上取决于其宗教信仰（V[②] $= 0.25$），部分取决于种族身份（$V = 0.14$）。因此，更多的穆斯林女性（70%）、北高加索联邦区（阿巴扎人、阿瓦尔人、巴尔卡尔人、达尔金人、印古什人、卡巴尔达人、卡拉恰伊人、库梅克人、列兹金人、诺盖人、奥塞梯人、鲁图利人、塔巴萨兰人、切尔克斯人、车臣人）女性（60%），更多的穆斯林男性（58%）、北高加索联邦区男性（56%）想要三个或以上子女。俄罗斯人（19%）和东正教（20%）年轻男性、俄罗斯人（29%）和东正教（31%）女性想要三个或以上孩子的比例最低。

与人文学科和经济学科的学生不同，理工科专业年轻男女希望少生孩子。

上学期间的居住地（城市、城市型聚居地、农村地区）会影响年轻男性的生育态度（$V = 0.15$），但不影响女性。例如，在村镇长大的年轻男性中有 45% 想要三个孩子。与此同时，2005 年至 2018 年，想要生三个或以上孩子的莫斯科女学生的比例提高幅度很大——从 16% 增至 34%。

对年轻母亲的研究让我们得以研究可能与年轻配偶生育第二个孩子的计划有关的因素，[③] 这一研究仅针对已婚且与丈夫未分居的女性。研究发现，稳定的婚姻能极大地增强了已婚女性二孩生育意愿；其次，离婚母亲如

---

① 2018 年，在作者的指导和俄罗斯基础研究基金会的支持下，在莫斯科和俄罗斯南部城市之一的斯塔夫罗波尔（少于 500 万居民）对 1408 名 20 ~ 24 岁的学生进行了结构化访谈。

② 此处将给出 0.15 或更高的克拉梅尔 V 系数，$p \leqslant 0.05$ 时具有显著性。

③ 在作者的指导下，2013 年，在俄罗斯联邦中央联邦管区城市（莫斯科以及布良斯克、弗拉基米尔和坦波夫等中等城市），使用配额样本对 600 名有独生子女（3 ~ 7 岁）的年轻母亲进行了访谈，还对莫斯科的母亲进行了 40 次深入的半结构访谈。

果能找到与自己现在子女建立良好关系的异性的话也愿意再生一个孩子。

采访中有人回答：

> 如果我碰巧遇到一个过着稳定生活的体面男人，而他会爱我的儿子并想和我再生一个孩子——我会愿意再次生育。（离婚母亲，厨房工，27 岁，有一名 5 岁的儿子）

受过高等教育的离异母亲则有不同期望。采访中有人说：

> 我女儿早就想要一个弟弟或妹妹了。我们有足够的生活空间，富裕，且隔壁有幼儿园。我母亲即将退休，这意味着她将有更多时间帮助我照顾孩子。我身体很好，我正在寻找一个健康的男人。我的事业很成功，一切都很好。我正在寻找一个可以共同生孩子的男性，但事实证明这很困难——大多数男人要么酗酒，要么已经结婚很长时间，要么是吃软饭的。我不想承受这些……（未婚生子的母亲，企业家，32 岁，有一名 6 岁的女儿）

婚育期的性别比例失衡都会影响家庭的形成和生育率。在俄罗斯，自苏联时期以来，男女比例一直相对较为失衡，城市和农村地区也存在不同程度的性别失衡问题，这主要是农村的年轻女性更积极地寻求进城，既是为了继续接受教育，也是为了更舒适的生活。

根据 2020 年人口普查数据，从 25～29 岁的年龄段开始，城市中的女性多于男性；而在农村，这一情况仅从 45～49 岁年龄段才开始出现（见图 10）。

在城市的潜在结婚伴侣中也存在性别失衡。在 2019～2020 学年开端，攻读学士、专科和硕士学位课程的男女学生占比分别为 53% 和 47%（Women and Man of Russia, 2020）。越来越多的女性接受高等教育、从事脑力工作。2020 年，46% 的女性是管理人员，63% 是专业人士，仅 18% 为生产、建筑和运输领域的合格工人（Russian Statistical Yearbook, 2021）。对于城市中经济独立、受过高等教育、事业有成的俄罗斯女性而言，一方

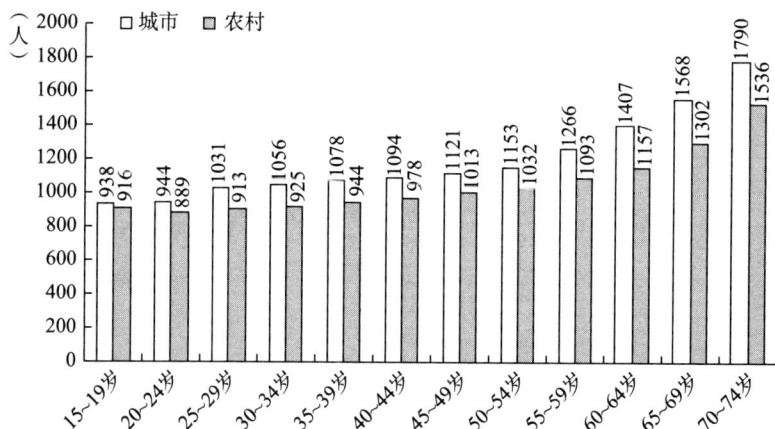

图 10　各年龄组城乡地区每千名男性对应的女性人数

资料来源：Results of the All-Russian Population Census in 2020. Vol. 2. Age-sex composition and marital status. Table 1. Population by age and sex / Federal…Op. cit. URL：https://rosstat. gov. ru/vpn_popul（accessed 22. 10. 2022）。

面她们对婚姻伴侣有很高的要求，另一方面其选择的机会有限。她们往往拒绝结婚，更愿意非婚生子。

在假设影响一对年轻夫妇是否会生二孩的所有因素中，最重要的是家庭结构。如图 11 所示，年轻重组家庭的配偶，与规范家庭（53%）的配偶相比，更有可能计划再生个孩子（72%），无论居住在城市与否（Gur-ko，2014）。

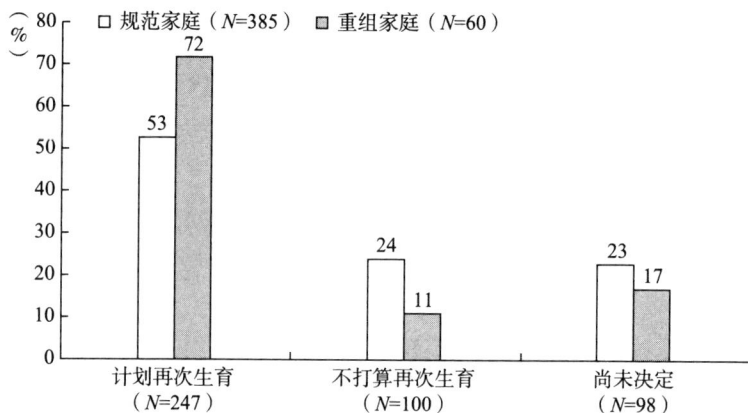

图 11　年轻配偶再次生育的计划取决于家庭结构

与假设相反，母亲对家庭经济状况的评估、配偶的受教育水平、他们的职业背景与生育计划无关。在贫困、低收入、中产阶级和富裕家庭中，计划生育二孩的夫妇比例相同。在有机会改善生活条件的情况下，已婚夫妇最倾向于（71%）再生育一个孩子。在规范家庭和亲密家庭中，如果父亲按照母亲的意愿参与度较高，则配偶更有可能计划生育第二个孩子。一个更重要的因素是接受调查的母亲的幸福感与不幸福感——幸福的母亲更经常计划生第二个孩子。影响生育计划的另一个因素是母亲对儿童教育设施质量的满意程度。

对俄罗斯联邦国家统计局数据①的分析表明，物质条件的好坏评估实际上与生育计划无关。该研究表明，这在女性群体当中无关联性。同时，生育计划与宗教身份的联系是显而易见的。认为自己是佛教徒的52%的男性和64%的女性、信奉伊斯兰教的45%的男性和44%的女性、仅20%的东正教男性和19%的东正教女性计划生育三个或更多孩子。

四　俄罗斯育儿制度和家庭政策的发展

21世纪，生育模式更加多样。在后工业化国家，伴随女性社会地位的提高、避孕用品的发展以及私人生活领域的道德自由化等，俄罗斯的家庭结构发生了深刻变化。新的态度和行为实践得到广泛传播并逐渐成为规范被普遍接受。

在俄罗斯，未婚亲生父母双方登记的子女比例正在逐渐提高，即由同居父母组建的脆弱家庭，约占所有有未成年子女父母的十分之一。有继父或继母的重组家庭、离婚后父母对子女事实上共同监护的做法、父系家庭和养父母家庭越来越普遍。

俄罗斯养育制度发展的变化包括从未结婚的母亲抚养的家庭和无伴侣的离异母亲抚养的家庭。确立已久的变化包括无子女、多孩、收养、监护、失去抚养权、遗弃新生儿以及新变化，例如，人工受孕和跨国家庭的育儿实践。对欧洲社会调查数据的分析显示，2018年与许多欧洲国家相比，俄

---

① 2017年人口生育计划的选择性观察。样本由15000个家庭组成，每个家庭针对一名成员进行调研（一名18~44岁的女性或一名18~60岁的男性），URL：https://gks.ru/free_doc/new_site/RPN17/index.html（2022年8月23日访问）。

罗斯只有极少数的男性和女性（7%）能够容忍同性伴侣收养孩子（European Social Survey，2018）。

来自俄罗斯城市的样本研究数据表明，父亲参与育儿、情感参与、离婚父母参与育儿均呈现积极动态（Gurko，2022）。新一代母亲与青少年的沟通方式变得更加民主，这一趋势是基于1994年至2022年期间的莫斯科数据分析得出的结果。

婚姻家庭关系的发展和人口生育指标在很大程度上取决于社会制度的类型，即既定的社会政策模式。在经济结构调整阶段，自由社会制度改变了苏联非市场关系的社会民主制度，在此时期，可以看到在许多压力源的影响下，出生率下降、结婚率降低和家庭出现危机。随着经济形势好转和家庭扶持特别措施的实施，婚姻和生育制度适应了已经发生的宏观社会变化。

进入21世纪以来，在出生率下降的背景下，俄罗斯联邦实施了积极的人口和家庭政策。育儿津贴期延长至一年半，津贴为平均收入的40%。对于高收入母亲而言，这样的举措是相当值得注意的。同时，其他家庭成员也可以获得福利：父亲、祖母、养父母、监护人和母亲可以继续从事职业活动。无论工作时间长短，有7岁以下孩子的父母都可以申请全额带薪病假。新生儿家庭可获得优惠抵押贷款，大家庭可抵消部分抵押贷款。

联邦为支付学前机构的费用设立了补贴，20世纪90年代许多儿童机构得到重新利用，这表明其建设步伐已加快。联邦和地区孕产妇（家庭）资本计划得到制订。最初，二孩家庭（出生或领养）才有资格领取相应补助。后来，独生子女父母也开始收到此款项，到2022年，其金额已超过50万卢布。在某些情况下，父亲也可以申请这笔款项，因此产妇资金可以被视为双亲资金。这些资金可用于改善住房条件、教育孩子、支付残疾儿童的社会康复费用、母亲津贴涵盖的康复服务或作为二孩的月度补贴（直到其三岁）。不需要提供证明上的现金款项材料。一项关于以生育资本支付私立幼儿园学费的可能性的法案已经通过，这关系着收入相对较高的父母。

为提高儿童赡养费，俄罗斯采取了一些行政措施：扣押账户、财产；剥夺驾驶车辆的权利；限制在国内和国外的活动；修订了多项刑事立法条款，包括与恶意违约者有关的条款；改进了社会服务活动。

21世纪初，1986~1987年出生的一代人开始进入生育年龄。部分由于受俄罗斯家庭政策的影响，这一代的生育率出现提升。在联邦层面，俄罗斯提出了"俄罗斯联邦国家家庭政策"概念，该概念第一阶段的 2015 ~ 2018 年行动计划已得到批准实施（Gurko，2017）。许多计划中的活动已经成功实施。因此，在出生率上升、短期留守儿童群体增加、新生儿被遗弃数量减少的背景下，新的学前机构被引入，大大弥补了家长的需求。以社会契约为基础接受国家扶持的家庭显著增加，孕产妇（家庭）资金使用机制得到完善。

从婚姻和生育发展的多个指标来看，社会经济发展水平和人口种族构成导致区域间出现明显差异。对此，俄罗斯联邦预算资助地区项目以支持俄罗斯的困难儿童。

政府随后着手实施一个名为"人口构成"的国家项目，其中一部分是对有孩子的家庭提供财政支持。工作场所企业政策是另一个重要因素，有助于提高出生率和确保有子女家庭繁荣。奖金在俄罗斯企业中已普遍可见，当一个人结婚、生育或收养孩子时发放，企业还充当长期贷款和抵押贷款的担保人，在小孩放学期间为父母提供带薪假期。

越来越多的女性出外就业，实施让国家和雇主为在职父母提供支持的家庭政策，可以提高出生率促进措施的成效。未来父母对收入稳定的信心很重要，国家福利只有暂时的影响。如果对自己生活感到满意、认为自己的健康状况良好以及对工作总体满意、对劳动报酬满意、对职业发展可能性满意的父亲和母亲比例提高，则是鼓舞人心的（Gurko，2021）。反过来，富裕的父母很可能会计划生育多个子女。

在家庭政策官方文件、统计数据、媒体和与儿童专业相关的公民的用语中，家庭结构不可避免地出现多样化，在此背景下，人们希望改变"不完整"或"缺陷"家庭等局面。21 世纪，孩子出生并生活在不同的家庭结构中。非规范家庭结构中的儿童及其父母不应被社会污名。

五　讨论和结论

基于俄罗斯全国代表性抽样调查数据的分析显示，俄罗斯的家庭制度正趋向多样化，但城市家庭结构的变动对出生率的影响的效果并不明确。在高离婚率的背景下，俄罗斯重组家庭的比例提高，继而促使生育潜力增加。俄罗斯一些城市的非婚生育率也对总和生育率产生了影响。俄罗斯的丁克家庭情况并不取决于女性的受教育水平。与许多国家不同，俄罗斯的丁克家庭比例较低但比较稳定。

显然，生育率与人口的性别和年龄结构有关。育龄妇女的人数越多，越会促使这一指标在一定时期内达到峰值。总和生育率也有可能因为一代人对孩子的特殊喜爱而提高。

在后工业社会中，结婚年龄和生育年龄逐年增加，这是不可避免的。反过来，可以想象，这种趋势可能会导致更加成熟而有计划的生育。受过高等教育和高素质的妇女的子女数量正在增加，其中大多数妇女为正式登记结婚的。在俄罗斯首都和普通城市的男女学生的生育意愿相当高。可以认为，俄罗斯的中产阶层是生育的主力。

宗教认同和宗教信仰热忱度是高生育态度的重要促进因素。物质因素中收入是影响人们生育态度的主要决定因素。生育政策对于提升民众的生育率具有显著影响。可见，相关政策需要继续提升支持力度和水平以维持俄罗斯人口长期健康发展。

第五篇

城市教育及发展趋势

中国教育现代化进程中的教育城镇化

李春玲

　　自 1949 年新中国成立以来，中国政府大力推进教育普及，教育现代化进程取得巨大进展。至 2021 年，九年义务教育充分普及，高中阶段教育接近普及，高等教育实现了大众化，各阶段教育普及已经达到中高收入国家水平，这对于一个发展中的人口大国实属不易。中国人口规模巨大，而且农村人口数量庞大，在相当长的时期，中国绝大多数学龄儿童生活在辽阔的乡村地区，普及现代化的、高质量的各阶段学校教育，既是一个庞大的系统工程，也需要巨大的持续教育投入。这一基本国情使普及教育这一任务十分艰巨，"人口多""底子薄"的基础条件，决定了中国必须摸索一条"穷国办大教育"的中国式教育发展道路。为此，中国式教育现代化道路最初采取城市优先发展、城乡二元分割的策略。这导致城乡教育发展不同步、不均衡，优质教育资源集中于城市，城镇家庭子女享有的教育资源和教育机会远远多于农村子弟，城乡教育不平等问题持续存在。城乡教育存在巨大差距，越来越多的农村家庭为了子女能享有较优质的教育资源而迁居城镇，教育成为城镇化的巨大推动力。特别是在许多县域社会和中西部经济欠发达地区，城镇化的主要推动力并非产业发展带来的人口聚集，而是优质教育资源吸引学生及其陪读家长的聚集，从而导致教育城镇化超越人口城镇化的推进速度。教育城镇化既是中国城镇化的一个独有特征，也是中国式教育现代化的一个独特现象。近十几年来，为了缩小城乡教育差距，促进教育公平，政府推行城乡一体化教育均衡发展的政策，在继续推进教育现代化、提供更多优质教育资源、普遍提高教育普及程度的同时，不断加大对乡村中小学教育的投入，使广大的农村孩子也能享受公平的、高质量的教育，成为经济社会发展所需的高质量人力资源和专业技术人才。

一　中国教育现代化进程：从教育弱国到教育大国

自1949年新中国成立以来，中国教育事业发展成绩斐然，完成了从教育弱国到教育大国的历史性转变。1921年中国共产党成立之初，中国正是国弱民穷之时，国民身体素质和文化素质都处于极低水平。中国共产党人怀抱富国强民的梦想，推翻了旧制度，建立了新中国，为教育发展奠定了制度基础。1949年新中国成立前夕，中国人的平均受教育水平极低，超过80%的人口是文盲，全国学龄儿童入学率仅在20%左右，平均每万人口中仅有高等学校学生3人（陆学艺、李培林，1991）。教育机会分配极其不平等，只有少数富裕家庭子女能够接受教育，占人口绝大多数的工农子弟被排除在学校教育之外。然而，经过半个多世纪的发展，中国人的受教育水平大大提高。至20世纪70年代后期，小学教育得到普及；2000年，基本扫除青壮年文盲；2011年，全面普及九年义务教育；2019年，高中阶段教育基本普及，接近90%的适龄青少年进入高中或职高、中专学习；同时，高等教育也进入普及化阶段，超过半数的适龄青年迈入大学校门（李春玲，2021）。

教育快速发展，学校教育逐级迅速普及，使中国民众的受教育水平飞速提高，一代比一代享有更多的教育机会。图1列出了不同出生年龄组人群接受各阶段教育的比例，充分显示了中国民众教育机会的快速增多。1950～1955年出生人群接受初中教育的比例只有43.5%，随后年龄组人群接受初中教育的比例不断增长（除了20世纪60年代后期出生人群的比例由于"文化大革命"的影响而略有下降外）。从1971～1975年出生年龄组人群开始，中国初中教育普及水平逐步提高，2001～2002年出生组人群接受初中教育的比例已超过99%（见图1）。

在九年义务教育得到普及之后，中国政府进一步提出了普及高中阶段教育的目标。自21世纪开始，高中阶段教育普及率快速提高。1981～1985年出生年龄组和1986～1990年出生年龄组只有大约一半的人接受了高中阶段教育（44.2%和56.0%），1991～1995年出生年龄组的相应比例较1986～

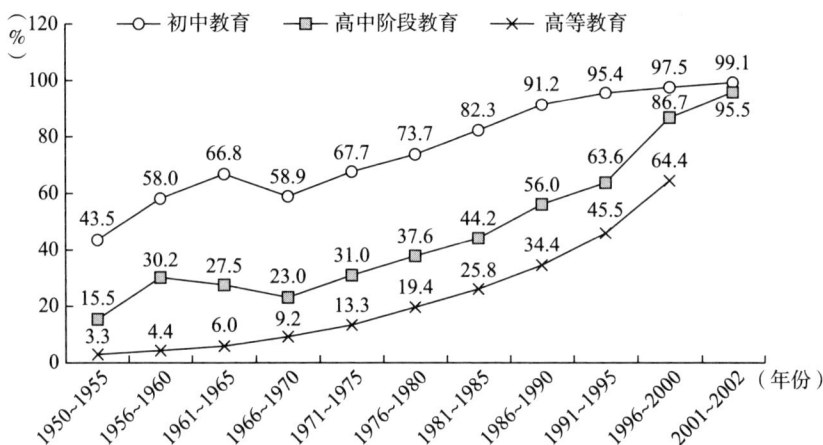

图1　不同出生年龄组人群接受初中教育、高中阶段教育、高等教育的比例
数据来源：2019 年中国社会状况综合调查，CSS，http://css.cssn.cn/css_sy/。

1990 年出生年龄组提高了约 8.0 个百分点，而 1996～2000 年出生年龄组则比前一个出生年龄组大幅提高了 23.1 个百分点，接受高中阶段教育达到 86.7%，2001～2002 年出生年龄组又继续提高 8.8 个百分点，接受高中阶段教育达到 95.5%（见图 1）。《国家中长期教育改革和发展规划纲要（2010—2020 年）》提出的 2020 年"普及高中阶段教育，毛入学率达到 90%"的目标基本实现。

与此同时，我国高等教育快速发展。1999 年中国政府开始实施的"大学扩招"政策，使中国高等教育"井喷式"飞速发展，大学在校生人数急速猛增，2000 年至 2019 年的 20 年间，大学在校生人数从 910 万人增长到 4002 万人，增长了 3.4 倍。同时，大学毛入学率快速提高，从 2000 年的 12.5% 上升到 2021 年的 57.8%（教育部，2022），青年一代上大学的机会以惊人速度增加。图 1 数据显示，从 1976～1980 年出生年龄组开始，高等教育机会增加幅度加快，1976～1980 年出生年龄组接受高等教育的比例比前一个年龄组高 6.1 个百分点，1981～1985 年出生年龄组比前一个年龄组提高 6.4 个百分点，1986～1990 年出生年龄组比前一个年龄组提高 8.6 个百分点，1991～1995 年出生年龄组比前一个年龄组提高 11.1 个百分点，1996～2000 年出生年龄组比前一个年龄组提高 18.9 个百分点，接受大学教育的比例高达 64.4%。《国家中长期教育改革和发展规划纲要（2010—

2020 年)》提出 2020 年"高等教育大众化水平进一步提高，毛入学率达到40%"，这一目标在 2015 年提前达成。随后，《国家教育事业发展"十三五"规划》进一步提出 2020 年高等教育毛入学率达到 50% 的目标，这一目标又在 2019 年提前超额完成，使中国高等教育迈入普及化阶段。

上述数据充分说明，通过数十年的努力，中国已经完成了从教育弱国发展为教育大国的历史进程，从教育资源极度匮乏转变为教育机会普及可享，教育不再是精英阶层和富裕家庭的专有特权，而是人人可及的公共资源。从这个意义上说，中国教育现代化进程快速推进，各级教育普及程度均达到或超过中高收入国家平均水平。

二 城市教育优先发展及教育城乡分割格局

中国教育现代化进程的一个突出特征是分城乡逐步推进。中国拥有庞大的农业人口，1949 年中国人口中 82.5% 是农村人口（国家统计局国民经济综合统计司，1999），而农村人口文盲比例超过 80%。从基本国情出发，政府普及教育的基本策略是分城乡、分地区逐步推进，优先发展城市教育。1957 年政府开始实施城乡二元户籍管理制度，由此导致城乡分割的二元体制。长期存在的城乡二元体制，导致城乡教育发展不同步、不均衡，农村子弟教育获得水平明显低于城镇家庭子弟，城乡教育不平等问题持续存在。20 世纪 80 年代和 90 年代，政府又实施了中小学教育由地方负责、分级管理的政策，城市中小学办学经费由县/市政府财政提供，而农村中小学办学经费则由乡镇政府机构通过向农民征收教育事业费附加以及不断上涨的学杂费等方式筹措，即形成了所谓的"人民教育人民办、乡村学校农民办"的局面。由此导致城乡教育资源分配失衡且教育资源不流通，教育体系城乡分离，优质教育资源集中于大中城市，中小学教育在城市迅速普及。与此同时，乡村学校办学经费不足，许多乡村学校校舍破败无钱修缮，教师工资拖欠现象普遍，乡村教师流失严重。乡镇政府为了筹措办学经费，不仅征收教育事业费附加，而且增加各种收费名目、提高学杂费标准，导致农民家庭教育负担不断加重，农民子弟因贫失学现象较为突出。

图 2 分别比较了不同代际城镇子弟与农村子弟接受小学教育和初中教

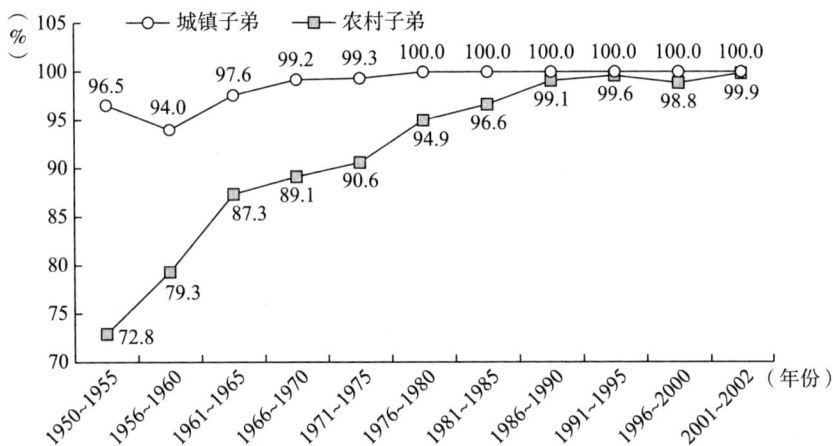

（1）接受小学教育的比例

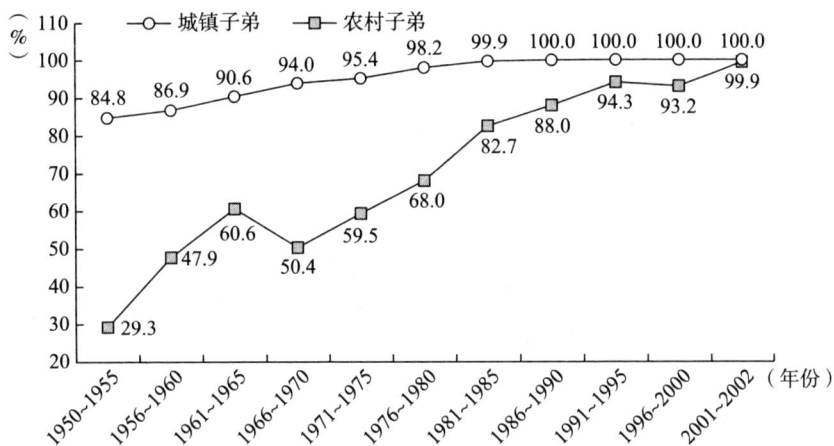

（2）接受初中教育的比例

图 2　不同出生年龄组人群接受小学教育和初中教育比例的城乡比较

数据来源：2019 年中国社会状况综合调查数据，CSS，http://css.cssn.cn/css_sy/。

育的比例，数据显示了巨大的城乡教育差异。城乡小学教育普及时间相差约二十年，1960 年代出生的城镇子弟小学教育得到普及，而 1980 年代出生的农村子弟才实现小学教育普及。城乡初中教育普及时间同样也相差约二十年，1970 年代出生的城镇子弟基本实现初中教育普及，而 1990 年代出生的农村子弟才基本实现初中教育普及。

21 世纪以来，全面普及九年义务教育成为中国教育发展的主要目标。

实际上 20 世纪末九年义务教育已经在城镇子弟中普及，因此普及九年义务教育的工作重点和难点在农村地区。为了缩小城乡教育差距，中国进行教育政策调整，在 2001 年开始探索城乡教育一体化发展道路，即不论城市学校还是乡村学校，都由各地方政府财政提供教育经费；同时还逐步免除农村义务教育阶段中小学生学杂费，对农村义务教育阶段寄宿生补助生活费，缓解农村子弟"上不起学"的压力。2006 年 9 月 1 日开始实施的新修订的《中华人民共和国义务教育法》明确规定："国家将义务教育全面纳入财政保障范围，义务教育经费由国务院和地方各级人民政府依照本法规定予以保障。"由此教育开始突破了城乡二元分割局面，朝着城乡一体化方向发展，农村追随城镇步伐逐步普及九年义务教育，九年义务教育普及程度的城乡差距得以消除，正如图 2 数据所示，在 2001～2002 年出生的人群中，不论城镇子弟还是农村子弟都普遍接受了小学教育和初中教育。

三 "撤点并校" 政策与教育城镇化浪潮

在推行教育城乡一体化发展的同时，教育部门实施了一项日后饱受诟病的"撤点并校"政策，所谓的"撤点并校"是取消关闭小规模学校（绝大多数小规模学校是乡村中小学），让学生合并到规模较大的学校。"撤点并校"政策的初衷是为了适应中小学生数量减少的趋势，但也是由于停止征收教育费附加和各种教育集资、免除义务教育阶段中小学生学杂费等税费改革，政府财政教育经费支出压力加大。为了优化教育资源配置，"撤点并校"政策于 2001 开始在部分地区实施，之后在全国范围内大规模推进。据历年教育统计数据，在"撤点并校"大规模推进的 2001 年至 2010 年间，乡村教学点数量减少了 40.7%，乡村小学数量减少了 49.3%，乡村初中数量减少了 27.4% 。乡村学校大量减少，迫使许多农村家长不得不把孩子送进城镇上学，由此开始了教育城镇化进程。

"撤点并校"政策使地方政府把更多教育资源集中投入城镇重点学校，导致重点学校与非重点学校在学生学业成绩与升学率方面的差距越来越大，而重点学校多集中于城镇，非重点学校多散落于乡村。为了子女接受更好的教育，越来越多的家长让孩子离开乡村学校进城读书，被动的教育城镇化逐步演变成主动的教育城镇化。

21 世纪以来的二十年是我国人口城镇化加速推进的时期，人口城镇化率从 2000 年的 36.2% 猛增至 2021 年的 64.7%，城镇化浪潮从大城市逐步向中小城市延伸，进入新世纪的第二个十年，县域社会也卷入城镇化浪潮。不过，在许多县域社会，城镇化的主要推动力并不是产业发展带来的人口聚集，而是优质教育资源吸引学生及其陪读家长的聚集。因而，县域城镇化更多地表现为教育城镇化，而且教育城镇化水平和推进速度远高于人口城镇化。2001 年中国义务教育阶段在校生的城镇化率为 38.2%（与该年人口城镇化率 37.7% 非常接近），而 2015 年义务教育城镇化率快速飙升到 73.8%（远高于该年人口城镇化率 56.1%），其中初中学生城镇率高达 83.7%（参见图 3）。

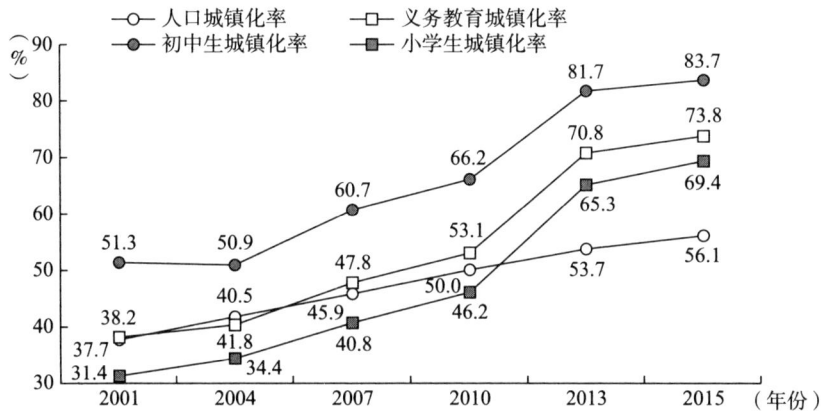

图 3　2001～2015 年中国人口城镇化率与教育城镇化率

数据来源：邬志辉、秦玉友，2017。

除了农村父母有越来越强烈的动机把子女从乡村学校迁往城镇就学，地方政府及其教育部门同样具有强烈的动机吸引农村学生进城上学。许多地区（特别是经济欠发达的中西部地区）的地方政府财政增收极大依赖于当地房地产市场，而房地产市场的繁荣又取决于人口聚集程度，优质教育资源是聚集人气最快和最有效的方式（在缺乏其他产业支撑的情况下），因此，地方政府希望集中资源打造城镇重点学校，吸引更多的学生进城读书，让更多的家长来城镇购房和租房。地方教育部门同样希望争取更多资源，打造高升学率的重点学校，提升当地教育部门的工作业绩和社会声望。为了吸引更多的学生和家长，相邻各地政府还展开了打造明星重点学校的激烈竞争，重点学校升学率越高，越有利于繁荣当地房地产市场，增加地方政府财政收入，地方政府也更愿意增加教育投入。在这一过程中，城镇重点学校在教育体系中的重要性不断上升，经费、生源和师资的虹吸效应不断增强，造成了重点学校与非重点学校的差距不断扩大，越来越多的农村家长把子女从乡村中小学转送到城镇学校就学，并为此在城镇购房或租房居住，教育城镇化愈演愈烈，乡村学校生源和师资流失严重，城镇中小学"大班额"和"巨额大校"现象突出。为了缓解城镇"大班额"现象，各地城镇不断扩大学校规模、增建新的学校成为必然趋势，这又进一步推动了教育城镇化浪潮。

四 教育城镇化对城乡教育不平等的影响

在教育城镇化大规模推进之前，优质教育资源都集中于大中城市，不仅大学设立在超大城市和省会城市，教育质量较高的重点中小学也多处于大中城市，小城镇和农村子弟很难获取优质教育资源。城乡之间小学和初中教育质量的巨大差距，使城镇子弟考上高中和大学的比例远远高于农村子弟。图 4 比较了不同代际农村子弟与城镇子弟接受高中阶段教育和高等教育的比例，数据显示，75 后和 80 后（1976～1980 年、1981～1985 和 1986～1990 年出生）接受高中阶段教育和高等教育的比例的城乡差距最为突出，这三个出生年龄组的城镇子弟接受高中阶段教育的比例分别高于农村子弟 58.4、49.6 和 50.2 个百分点，城镇子弟接受大学教育的比例分别高于农村子弟 44.8、41.5 和 49.5 个百分点。尽管这三个出生年龄组上大学和上高中的时候正好是大学扩招高峰期和高中阶段教育普及率快速提升时期，但快速增加的高中和高等教育机会绝大部分为更有竞争优势的城镇子弟获得，农村子弟可分享的机会较少，导致城乡教育机会差距扩大。

教育城镇化开启以后，许多小城市和县级地方政府及其教育部门为了吸引更多的农村人口进城购房，逐步加大对当地重点中小学的人力和物力投入，使县域重点学校的教学质量不断提高，部分县重点学校的竞争力可比肩大中城市重点学校，从而进城读书的农村子弟也有机会分享优质教育资源，并进而有更多机会升学进入高等教育阶段。图 4 数据显示，90 后

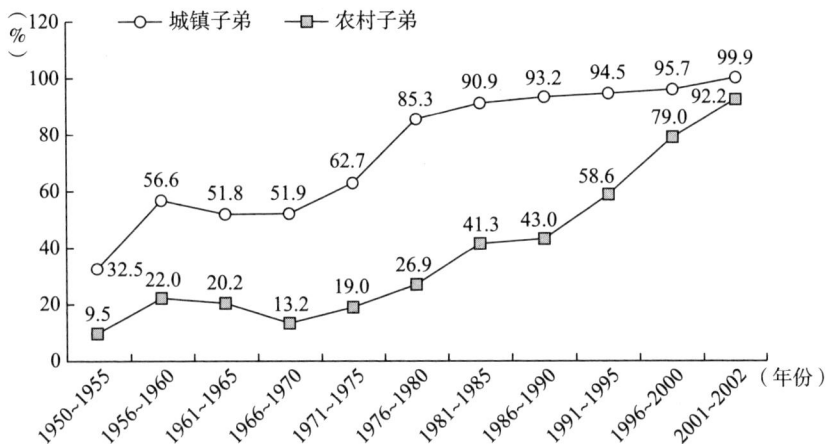

（1）接受高中阶段教育的比例

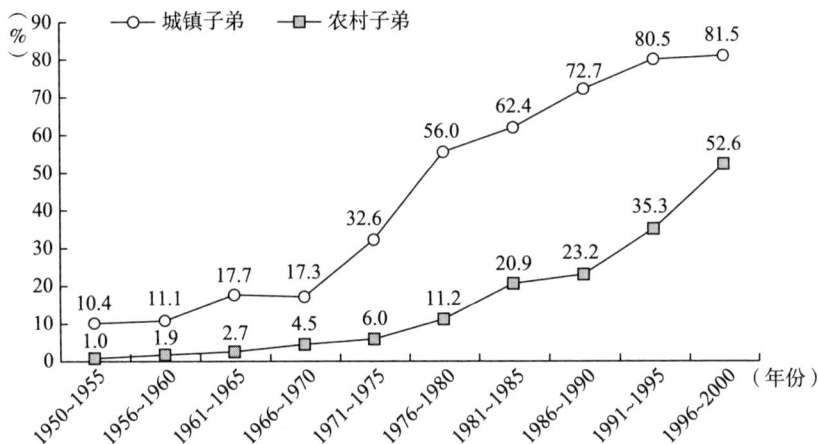

（2）接受大学教育的比例

图 4 不同出生年龄组人群接受高中阶段教育和大学教育比例的城乡比较

数据来源：2019 年中国社会状况综合调查，CSS，http：//css.cssn.cn/css_sy/。

和 00 后代际（1991～1995 年、1996～2000 年和 2001～2002 年出生），城乡教育机会差距开始缩小，农村子弟接受高中阶段教育和大学教育的比例快速上升，这一方面是由于政府持续推进高中阶段教育普及和高等教育大众化，另一方面是由于县域重点学校崛起，农村子弟有越来越多的机会考上高中、考进大学。

教育城镇化总体上有利于农村子弟教育获得水平提升，缩小了城镇子弟与农村子弟教育获得的差距，但与此同时也带来一些突出问题，比如城镇"巨额大校"与乡村"空心化学校"现象并存。大量存在的乡村"空心化学校"意味着政府投入巨额经费修建改造的、较高标准的乡村学校空置而导致教育资源浪费，城镇"巨额大校"激化"择校竞争"、不断推高子女教育成本、增加农村家庭教育负担。一些农村家庭为了让子女进城读书，不得不耗费巨资、背负沉重房贷压力在城镇购房，买不起住房的农村家庭只能在城镇租房居住，许多母亲放弃外出打工挣钱机会而成为"陪读妈妈"。在某种程度上，教育城镇化加剧了这些农村家庭的贫困状况。另外，无力承担子女进城读书经济负担的家庭是较为贫困的家庭，这些家庭的孩子留在日益凋零的乡村"空心化学校"就读，他们更多地被称为"留守儿童"，因为家长远离他们进城打工，同学玩伴也离开他们进城读书。

五 小结：教育城乡一体化均衡发展

教育城镇化是优先发展城市教育和城乡教育二元分割带来的后果，也是中国式教育现代化的独特模式。它既有利于加快推进教育现代化进程，又对教育公平发展产生了一些负面影响。为了缓解教育城镇化带来的问题、进一步缩小城乡教育差距，政府出台多项政策，促进教育城乡一体化均衡发展。2010 年国务院制定的《国家中长期教育改革和发展规划纲要（2010—2020 年）》提出，到 2020 年基本实现教育现代化，为此需要推进义务教育学校标准化建设，均衡配置义务教育资源，缩小校际差距、城乡差距和区域差距。当然，要在全国范围内实现城乡教育一体化均衡发展，显然无法一蹴而就，需要长期努力。政府教育部门提出首先推进县域内的城乡义务教育均衡发展，2012 年教育部发布并实施《县域义务教育均衡发展督导评估暂行办法》，设定一系列具体指标，包括生均教学及辅助用房面积、生均体育运动场馆面积、生均教学仪器设备、每百名学生拥有计算机台数、生均图书册数、师生比、生均高于规定学历教师数、生均中级及以上专业技术职称教师数等 8 项指标，全面评估县域内校际均衡状况，并且采取行政手段、配套经费支持和各种政策倾斜，督促县政府及其教育部门推行城乡义务教育均衡发展，取得了一定成效。

2019 年 7 月发布的《中共中央 国务院关于深化教育教学改革全面提

高义务教育质量的意见》，进一步提出教育城乡一体化要从基本均衡向优质均衡发展，促进城乡之间教育质量均衡、办学质量均衡和学生发展均衡，在保障基准入学机会公平的同时，逐步扩大优质教育机会均衡共享，同时解决大规模教育城镇化带来的突出问题：城镇重点学校与乡村小学教学质量差距导致的城镇"巨额大校"与乡村"空心化学校"现象。

当前，教育城镇化浪潮还在以不可逆的趋势继续发展，优质教育资源仍然在向城镇集中，乡村教育困局难以破解，引发乡村"空心化学校"是否继续保留的争论。推进教育城乡一体化优质均衡发展目前处于试点探索阶段，政府在全国范围内选取了135个市/县，作为义务教育优质均衡先行创建市/县，探索教育城乡一体化优质均衡发展的思路和具体方案。优质均衡推进强调地方化多元模式，以"一区一策"和"一校一策"，形成适合本地实际需求的优质均衡发展模式（刘宇辉，2022；薛二勇，2022）。党的二十大报告提出"以中国式现代化全面推进中华民族伟大复兴"，强调"中国式现代化是人口规模巨大的现代化"，"中国式现代化是全体人民共同富裕的现代化"。要实现共同富裕的现代化，高质量的、均衡的教育发展必不可缺。高质量的教育为实现现代化提供人才支撑，公平均衡的教育为全体人民共同富裕提供基础保障。教育城乡一体化均衡发展将是中国式教育现代化的未来发展方向。

俄罗斯的城市教育分层

康斯坦丁诺夫斯基 （D. L. Konstantinovskiy）

波波娃 （E. S. Popova）

自俄罗斯社会学复兴以来，教育分层及其与城镇化的关系始终是最重要的研究领域之一。在社会发展的不同阶段，随着关键社会问题发生相应变化，该研究主题的各个方面在理论和实证研究中都有所反映。为应对社会面临的紧迫问题，社会学家们不仅在努力寻找解决方案，也在参考国际社会学处理这些问题的方法。近年来，在教育和劳动领域，青年的教育期望和社会行为出现了前所未有的新发展，而针对此类发展的研究也出现了新的趋势。新趋势反映了现代青年在定义自我身份时对所面临环境做出的反应，而此类环境决定了现代教育分层模式。

一　城市教育分层的现状与变化

在教育社会学中，教育分层植根于多个领域，包括与经济和制度危机的密切联系 （Gerber, 2000），教育发展 （Shavit & Westerbeek, 1998），社会出身、家庭结构和文化资本 （Hwan, 2005；Barg, 2015），在开始接受教育时对教育轨迹的选择 （Entwisle & Alexander 1993），教育分层在青年职业生涯中的决定性作用 （Schneider, 2001）。以上虽没有列举完全，但足以让人们了解教育分层所植根领域的多维性。无论研究重点聚焦教育分层的哪个方面，如果想要理解造成这种社会现象的原因，那么它与城镇化水平的联系都是"切入点"。在世界各地，特别是在俄罗斯仍然存在教育不平等的背景下，研究教育分层仍然具有十分重要的意义。

俄罗斯科学院联邦理论与应用社会学中心（原名"俄罗斯科学院社会

学研究所")社会学研究所教育社会学系①多年的研究结果表明,城市青年男女的教育轨迹(包括计划轨迹与实际轨迹)、职业轨迹总是与农村青年男女不同。这些区别不仅存在于城市和农村地区之间,也存在于人口规模、教育基础设施和劳动力市场结构不同的城市之间。

这种趋势在分析多年动态变化时表现得尤为明显。基于人类住区的区别是教育轨迹结构的主要特征之一:在 2000~2009 年这一阶段末期,出现了所谓的"分级"区别,即从人口超过 100 万人的城市到较小的城市、城镇和村庄,住区内居民的教育期望依次减弱。到 2013 年,无论人类住区的城镇化水平如何,青年的教育期望几乎完全一致。然而,阻碍获得教育的社会经济和地域障碍仍然会影响随后的教育和职业轨迹(Konstantinovskiy et al.,2015:210 - 214)。

俄罗斯纵向监测调查(RLMS-HSE)② 数据分析了各年份城镇化水平③与青年④受教育水平⑤关系的变化,结果证实了这一趋势,也揭示了其他社会过程。城市中,受过高等教育的居民占居民总人数的比例不断上升(见图 1);在其他各类型人类住区中,受过高等教育的居民占居民总人数的比

---

① "青年教育策略的新意义"(第 13 - 03 - 00028 号俄罗斯人文科学基金会项目,2013~2014 年);"现代经济形势下青年的教育、劳动力市场和社会行为"(第 14 - 18 - 01985 号俄罗斯科学基金会项目,2014~2015 年);"在不断变化的现实中,俄罗斯青年的教育和职业轨迹"(科学研究项目,2022~2024 年)。

② "俄罗斯纵向监测调查"(RLMS - HSE),由俄罗斯国立研究大学"高等经济学院"、瑞士市场社会调查公司 Demoscope、美国北卡罗来纳大学教堂山分校卡罗来纳人口中心和俄罗斯科学院联邦理论与应用社会学中心社会学研究所联合开展。RLMS - HSE 网站,http://www.hse.ru/rlms и https://rlms-hse.cpc.unc.edu。我们的分析纳入了 2000 年、2005 年、2010 年、2015 年、2020 年调查的第 9、14、19、24、29 批材料。

③ 除了已经纳入的"人类住区类型"变量外,我们还引入了一个额外的变量——"城镇化水平",包含如下情况:人口为 500 万人及以上;人口为 100 万~500 万人;人口为 50 万~100 万人;人口为 10 万~50 万人;人口为 1 万~10 万人;乡镇/村庄。

④ 在我们的研究中,年龄为 17~35 岁的受访者选自监测数据库中个体的代表性样本。这一范围旨在涵盖从他们离开教育领域的年龄到他们可能意识到其人力资本和在职业领域的地位的青年。

⑤ 教育水平即"已完成的教育程度"包含下列情况:已完成 0~6 年级;不完整的中等教育(7~8 年级);不完整的中等教育(7~8 年级)+其他;完整的中等教育;完整的职业教育;完整的高等教育及以上。注:完整的职业教育是指已完成培养合格工人、公务员和中级专业人员(《国际教育标准分类法》3~5 级)的培训课程;完整的高等教育及以上是指已完成学士、硕士或博士研究生学习课程(《国际教育标准分类法》6~8 级)。

例也在稳步提高。2000～2020 年，人口为 500 万人及以上的城市（在我们的样本中以莫斯科为代表）中，受过高等教育的青年占总人口的比例有很大提高，而在其他类型的人类住区中，这一比例也提高很多。虽然在某些地区，该比例并非每年稳定增长，但显现出了相当稳定的整体增长趋势。①

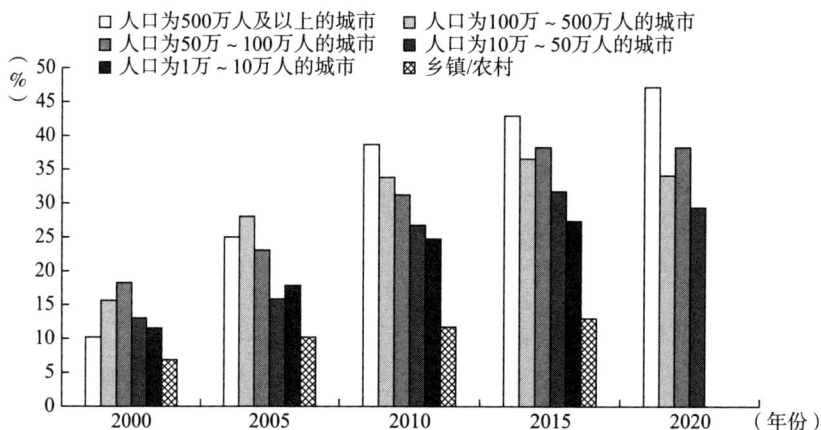

图 1　17～35 岁受过高等教育的受访者占受访者总人数的比例（按城镇化水平）

说明：2020 年无乡镇/农村数据。

但在接受职业教育的个体中，可以观察到不同的趋势。2000 年至 2009 年间，大城市、小城市、乡镇/农村地区中，受过"合格工人和公务员"和"中级专业人员"教育的受访者占受访者总人数的比例都有所下滑，这是因为近年来，人们对这类教育项目的兴趣逐渐降低。到 2010 年，对职业教育项目的兴趣降至有史以来的最低水平（见图 2）。无论城镇化水平如何，只有 1/5 的受访者拥有相关资质。而在随后的几年里，青年对职业教育的兴趣逐渐增强；到 2020 年，人类住区城镇化水平仅仅是其中的一个影响因素。

我们的研究表明，即便将官方统计数据纳入考虑，青年教育和职业轨迹的剧烈变化也很明显。自 2015 年以来，用于培训中级专业人员的职业教

---

① 这在一定程度上可能是纵向研究样本特征的产物。

育项目的覆盖率①已经超过了高等教育项目（Konstantinovskiy & Popova，2020：7-9）。RLMS-HSE 数据库数据还显示，到 2020 年，具有中级专业人员资质的个人比例逐渐稳定提高，这种趋势在人口不到 100 万人的城市中尤为显著。在人口超过 100 万人的城市中，受过高等教育的人多于受过职业教育的人；在城镇化程度较低的人类住区，情况则相反。

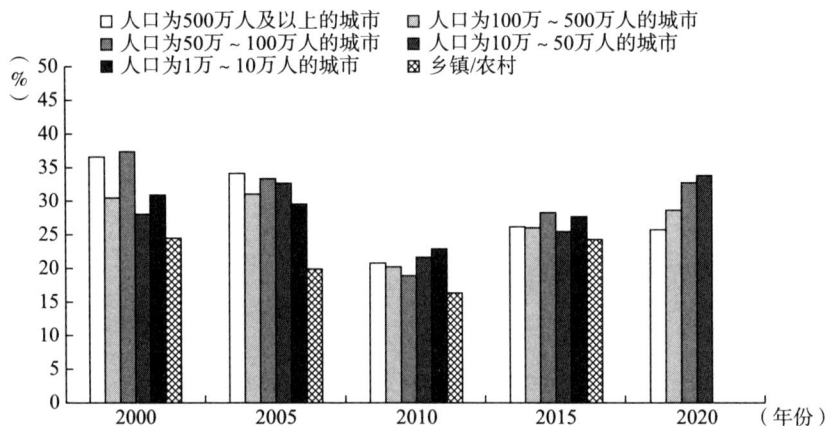

图例：
□ 人口为500万人及以上的城市　▨ 人口为100万～500万人的城市
▨ 人口为50万～100万人的城市　■ 人口为10万～50万人的城市
■ 人口为1万～10万人的城市　▩ 乡镇/农村

图 2　17～35 岁受过职业教育的受访者占受访者
总人数的比例（按城镇化水平）

我们的同事所做的研究也证实了，在不同类型的人类住区，居民教育水平也有所不同。例如，根据一项针对俄罗斯全境的社会学研究——"青年与俄罗斯的未来"②，"在俄罗斯，高等教育现在是大城市居民的特权。在这些城市中，42.3% 的青年拥有高等教育学位（在这方面，莫斯科、圣彼得堡与俄罗斯联邦各区域中心的情况相同）；在其他类型的城市，该比例为 34.4%，农村地区则低至 29.9%。在职业教育领域，拥有职业教育或以下水平的青年所占比例与城镇化水平的关系和高等教育领域相反：大城

---

① "覆盖率"一词是指受教育者占相应年龄组总人口的比例。

② 俄罗斯科学院联邦理论与应用社会学中心社会学研究所和俄罗斯战略研究所的联合项目。"对 14～35 岁青年进行针对性调查的样本框包括 4000 名受访者，对 36～65 岁人群进行调查的样本框包括 2000 名受访者。调查样本纳入了基于年龄（分为七个年龄区间）、人类住区类型、受教育程度、职业和性别的配额。该调查在 43 个俄罗斯联邦主体中进行，包括两个联邦直辖市。"（Mareeva，2022：161）

市、其他类型城市和农村地区，拥有职业教育学位的青年所占比例逐渐提高，分别为 9.5%、14.9% 和 19.0%"（Mareeva，2022：162）。

在本报告所述期间，社会经济的转变和基础设施的变化明显影响了教育和劳动力市场格局，也影响了青年在教育方面的投入和职业计划的结构和前景。根据 RLMS-HSE 数据库的调查材料，很明显，高等教育直到今天仍在发展，[①] 青年仍然渴望获得高等教育学位（尽管这种情况主要出现在大城市），而这与对中级专业人员培训课程的兴趣日益增长及在不同类型的人类住区完成此类课程的人越来越多的趋势相吻合；另外，值得注意的是，工人/公务员培训项目在青年中的受欢迎程度显著下降。这构成了当今俄罗斯教育分层的量化维度。

二　教育分层在城市中的影响

分析教育分层机制的有效研究策略之一，基本上是基于结构－制度方法，这种方法考虑到了教育中的经济和组织方面。教育资源的可用性与城镇化水平[②]有关：大都市地区和大城市通常可以获得更多教育资金（Zakharov & Adamovich，2020）。不同地区拥有的高等教育和职业培训机构，各种职业培训机构可获得的物质和技术资源、教师和教授资源也存在差异。

俄罗斯区域领土的规模和多样性要求在研究教育分层和教育不平等时，也要考虑地理因素。为描述教育的社会实际情况而提出的解释性模型包括"教育机会地理""教育荒地"等（Bogdanov & Malik，2020：398）。受新冠疫情影响，俄罗斯教育迅速向远程模式转变。这一方面揭示了数字化在改变"教育荒地"方面的潜力，另一方面则暴露出学生、家长和教师面临的地理、基础设施和能力限制。这些限制在俄罗斯已经存在的教育分层上，又增加了一个层级（Popova，2022），它们也与特定人类住区的城镇化程度直接相关。

---

① 在这里，我们考虑了受访者所表示的已完成的教育水平，但不考虑教育的通货膨胀。教育的通货膨胀被理解为一个社会过程。在这个过程中，教育系统的扩张不会导致不同社会群体之间机会平等的情况发生变化（Karabel，1972）。

② 在这部著作中，我们专门探讨教育的可获得性，但不涉及教育质量的所有方面。

　　最近的研究表明，机构整合过程加剧了职业培训领域的区域不均衡现象，这意味着"领先大学和大众之间的差距越来越大，在高等教育领域造成了垂直分层：俄罗斯全国53所领先大学所拥有的学生数量占国立大学学生总数的21%，硕士学位持有者占比达到29%，同时吸引了不成比例的资金"（Malinovskiy & Shibanova，2022：15）。研究人员发现的另一个区别是，与大都市地区相比，在大规模扩散转变其价值的时候，职业教育在边缘地区的作用更加失调；这表现在青年同时接受多个领域的培训，并以碎片化的方式积累经验和技能（Kasatkina & Shumkova，2020：206 - 207，215）。此外，个人的工作内容往往与他们所接受的培训并不相关（Konstantinovskiy & Popova，2020：11），这将对他们在劳动力市场上取得一定的职业地位、有效利用人力资本等产生负面影响。

　　考虑到教育领域的现状，特别是基础设施同时取决于城镇化水平、特定区域劳动力市场配置的情况，在进一步分析青年作为教育和劳动领域参与者的地位时，我们不可避免地要在教育社会学活动方法的理论框架内展开研究。教育社会学并不将教育视为单独的社会制度，而是将其视为社会行动和社会不平等系统的一部分（Richardson，1977：421）。换言之，我们应将注意力转移到城市教育分层的具体机制上，并在某种程度上对其进行更深层次的诠释。

　　除分析定量指标外，我们还将展示其他研究结果——这些研究使用了定性研究方法。[①] 受访者的一个重要特点是，他们认识到了受教育机会不平等的情况，以及社会行为者在完成教育并开始职业生涯时，他们的可能性和限制不仅正在减少，而且会在他们的行为中持续存在。地域带来的阻碍在教育和职业发展轨迹中产生的影响，与社会文化因素和经济分层一样重要（Konstantinovskiy，2008）。

---

① 题为"俄罗斯联邦技术发展背景下人口的横向职业流动和教育策略（社会学分析）"的项目材料（第17-78-10204号俄罗斯科学基金会项目，2017~2019年）。样本设计由根据区域具体情况分解统计数据的任务决定——莫斯科和莫斯科州、鞑靼斯坦共和国与克拉斯诺亚尔斯克边疆区是创新活动指数和未来准备指数值较高的地区，但也显示参加再培训课程的人数比例很高（N = 56）。本部分研究所用方法的详细说明参见 Konstantinovskiy 和 Popova（2022：10）。

就差一点点，我与最后一个大学助学金名额失之交臂。仅仅是因为我没有在全国统一考试中获得足够的分数。如果我每年必须支付 12 万卢布的学费，但工作后每个月的工资只有 10000~15000 卢布，那我什么时候能还清学费？如果我想再进修一下，那么还要再过 5 年才能达到收支平衡。但我如何才能找到时间，赚到足够的钱，来"生活"呢？每年大约有 60 名建筑师从我们大学毕业，但你觉得我们能去哪里工作？根本没有足够的工作机会。（49 号，女，来自克拉斯诺亚尔斯克，城市人口超过 100 万人）

我为什么决定当老师？首先，因为这是我父母的梦想。其次，我母亲是一名会计师，她负责计算教师的工资，所以对此有一定的了解。虽然预计收入很低，但在我们村至少算是中等收入。如果你在喀山拿这种工资，你几乎买不起面包……我完成学业后会立刻搬回我们村子。（36 号，男，20 岁，来自喀山市，城市人口超过 100 万人）

我们有一个项目是为那些打算以后在家乡工作的学生而设的，他们每个月可以从市政府获得 1.5 万卢布的补贴。我参加这个项目已经两年了，回乡后我还得再工作五年。但是没关系，因为我的薪水还不错。我有机会争取我想要的一切，但是在大城市我找不到任何工作机会。（42 号，女，21 岁，来自鞑靼斯坦共和国农村地区）

劳动力市场、教育基础设施、实际收入、搬迁到地区中心或首都上大学的成本以及房租成本等地区性因素都促使年轻人重新评估自己的潜在职业和对社会流动的看法。在查看采访资料时，我们可以看到他们采取了一些策略，① 从而抓住机会，突破短期规划中应用的教育分层机制固有的局限性，获得理想的职业地位：一方面是稳定策略，另一方面是流动策略。

前者涉及相对安全的职业选择，考虑到无法进入职业培训机构以及随后在特定地区就业的可能风险，同时充分了解受访者的个人情况（在家庭

---

① 在这一特定背景下，策略被理解为一项长期计划，允许从目前的情况过渡到所期望的情况。

社会经济地位和文化资本方面）。后一种策略涉及利用特定机会（主要是连续的和非线性的教育轨迹）来获得期望的职业地位。人们对职业教育越来越感兴趣，更多的是由于人们关注的不是短期规划,① 而是长期规划：这样的教育轨迹可能会更长，但它确实为更早进入劳动力市场提供了机会。无论如何，选择参加职业培训项目并不是一条死胡同，俄罗斯相对容易获取的、灵活的职业培训体系让学生可以在完成职业教育后，或一段时间后获得大学级别的资格证书。这两种策略都代表着一种理性和务实的选择，因为这意味着人们主动意识到自己在社会中的不平等地位。

三　城市教育分层对就业、工作和社会地位获得的影响

关于接受过职业高等教育的劳动力市场竞争力的研究② 显示，基于不同教育水平的劳动力就业动态，中等职业培训课程是一个更有利的选择。俄罗斯联邦国家统计局的数据显示，高等教育学位持有者的失业率一直在上升：2005 年为 13.1%，2015 年升至 19.7%，2020 年升至 24%（Labor and Employment in Russia，2017：80，2021：55；Russia in Numbers，2018：105）。多年来，中级专业人员的失业率一直保持稳定，约为 20%。根据这些统计数据，年轻人应该意识到，就失业风险而言，选择职业教育可能比接受高等教育更有利，因为前者的失业率在过去几年保持不变。严格来说，不仅是高等教育毕业生的失业率在上升，事实上，当前的社会经济环境导致失业率普遍上升，因此教育背景并不能保证一个人能保住工作或获得任何其他福利。

若按教育水平和年龄分析失业率，则可以明显看出，在短期内，对于 20～34 岁接受过职业教育的个人来说，应用培训期间获得的技能在劳动力市场上成功获得一定地位工作的过程进展更快（The Workforce，Employment and Unemployment in Russia，2018：118）。解释实际情况的关键是方法上的澄清，即如果学生正在找工作并准备开始工作，则被视为失业。问

---

① 尽管在短期内进入劳动力市场是大多数受访者的优先选择事项。

② 该研究项目（在定性和定量逻辑下进行）是俄罗斯科学院联邦理论与应用社会学中心社会学研究所教育社会学系连续开展的一系列科学研究的一部分，目的是解释青年社会行为背后的动机，以及与接受职业教育或高等教育者就业和社会福祉有关的主要方面。

题不仅仅在于即使学生正在找工作并准备开始工作，他们也会被列为失业人员，重要的是要记住，成功找到一份工作往往不仅仅是拥有高等教育文凭——它还需要经验，而许多毕业生可能还没有积累经验。

根据本文所述青年组（17～35 岁）的国家统计数据，自 2017 年以来，城市和农村居民按年龄和城市化水平划分的就业率基本持平（Labor and Employment in Russia，2021：28）。在已经完成职业培训、有工作经验并在社会分层结构中占有一定地位的较为成熟的年轻人（30～34 岁）中，2017 年和 2020 年城市人口就业率分别为 87.9% 和 86.0%，农村人口就业率分别为 79.2% 和 77.4%。城乡居民就业率差距不超过 10 个百分点，相比之下，城市居民就业率更高。

教育分层对城市居民社会地位获得也产生了重要影响。俄罗斯社会分层的特点是基于社会职业资格结构中的成就对社会地位进行了相当广泛的定义，而社会职业资格结构又是围绕职业群体中的社会经济地位而建立的。根据国际职业地位分类指南，RLMS-HSE 数据库中的职业地位代码也与个人的实际受教育状况[①]相关联。因此，如果我们认为社会地位是教育水平、职业地位和相应收入水平的组合，那么我们可以将（尽管有一些关键警告）职业地位变量作为本研究项目中社会地位的指标。社会流动性与个人的行为和适应力有关。它是某些社会地位固有模式存在的先决条件，这些模式可能建立在职业教育的基础上，也可能不是。个人流动不是一个孤立的过程，它更多的是衡量社会结构巧合变化的一个指标。

根据监测数据，如果从属于某一职业群体并具有一定专业资格的个人角度来看，年轻人的社会地位会发生什么样的变化？在过去二十年中，大都市地区和小城镇的变化最明显（见图 3）。在人口为 500 万人及以上的城市以及城镇、小型住区和村庄，RLMS-HSE 数据库中被指定为"高级专业人员"的专业群体人数占比明显增加了一倍。在城市化程度不同的所有其他类型的住区中，这一特殊的职业群体几乎保持在相同的范围内。职业资格结构中的这种趋势导致了我们在本文前面讨论过的教育分层模式再现。

---

① 高级专业人员和普通专业人员就是一个例子，尽管职业地位和受教育程度在所有的代码命名中并不以这种方式重叠，特别是贸易和服务领域的工人、各行业部门雇用的合格工人的受教育水平不予考虑。

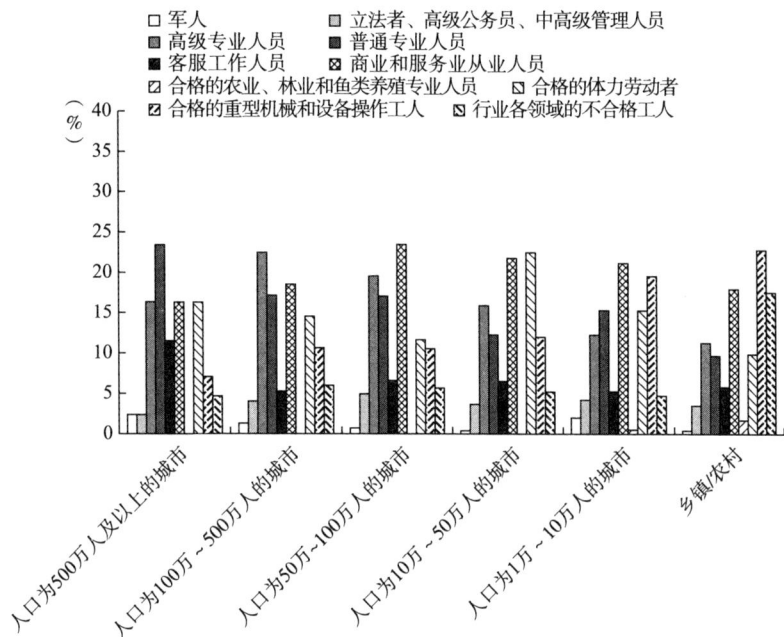

（1）2000年

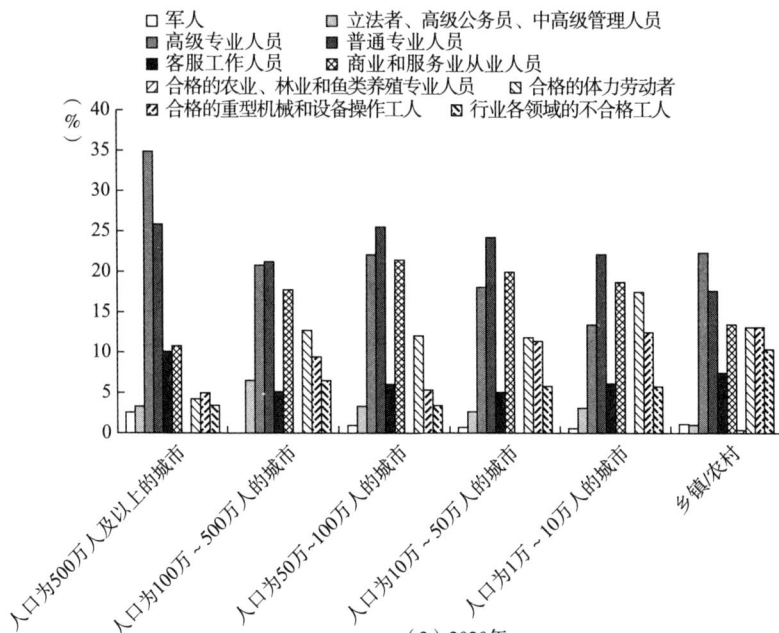

（2）2020年

图 3　2000 年和 2020 年按不同规模住区划分的各职业受访者占比变化情况

此外，在人口为 50 万～100 万人的住区中，被指定为"中级专业人员"的人数有所增加。军人，立法者、高级公务员、中高级管理人员，客服工作人员，商业和服务业从业人员，合格的体力劳动者等都是如此。在人口不足 10 万人的住区，合格的重型机械和设备操作工人数量有所减少，而 HLMS-HSE 数据库中几乎没有合格的农业、林业和鱼类养殖专业人员。

在按城市化水平分析教育水平①和职业地位之间的相关性②时，我们注意到，在所有类型的住区中，教育水平与职业地位的相关性逐渐下降，③这是因为大中城市劳动力市场结构能力增强。因此，教育水平与住区差异之间的联系是不稳定的，但在统计上仍然显著。显然，这种联系随着城市化水平的下降而增强：小城市、乡镇和村庄的相关系数值最高，继续在这些地方生活和工作的人的教育需求旺盛。通过定量或定性方法，对按城镇化水平划分的教育分层进行研究得到了相似的结果。

四　讨论和结论

社会分层的定义是构成社会系统的个体的分布，这些个体的关系是由社会系统决定的（Parsons，1940：841）。传统的社会学认为教育分层是社会分层的基本前提之一，假设个人的社会地位应该由其教育背景决定，这是概括个人在职业资格社会分层结构中作用的一个重要因素。

正如帕森斯所指出的，当人们在一个差异化的社会系统中移动时，将这种移动认定为垂直或水平移动是有一定风险的，因为这将分析主题与其

① 在评估教育水平和城镇化程度之间的联系时，不仅要考虑俄罗斯的特殊异质性，还要考虑在城镇化类型上属于同一类别的人类住区教育基础设施的多样性。
② 具体而言，斯皮尔曼等级相关系数的动态变化。
③ 城市人口为 500 万人及以上：
2000 年，斯皮尔曼等级相关系数 = -0.564，95% BCa 置信区间【-0.767，-0.313】，$p = 0.000$；
2020 年，斯皮尔曼等级相关系数 = -0.474，95% BCa 置信区间【-0.606，-0.308】，$p = 0.000$。
乡镇/农村：
2000 年，斯皮尔曼等级相关系数 = -0.612，95% BCa 置信区间【-0.685，-0.523】，$p = 0.000$；
2020 年，斯皮尔曼等级相关系数 = -0.572，95% BCa 置信区间【-0.646，-0.491】，$p = 0.000$。

术语置于一个二维空间类比框架中（Parsons，1940：841 - 842）。分层本身是一个社会过程，无法通过空间的物理维度，仅仅通过数量连续体来恰当地描述。

关于教育分层的定量研究考虑了教育机构的入学率、覆盖率和具有一定教育背景的人口占比（按城市类型划分）、教育和职业轨迹等指标。这些分析概要并不总是涉及检验社会结构内人员移动的定性方面。我们对分层的定性维度进行了不同方式的评估，主要关注人力资本、人力资本所有者固有的非认知因素；从职业地位、社会流动性和人力资本有效利用的角度来看，教育水平是一个人在社会经验和资本方面达到一定水平的重要指标。在这项工作中，我们试图结合定量和定性教育分层指标进行分析。

在不同住区内，年轻人的教育抱负以及受教育之后的教育、职业和（广义上）生活策略存在差异，这是俄罗斯社会中长期存在的一种独特现象。一方面，教育基础设施、某一地区的劳动力市场状况决定了教育分层；另一方面，教育分层可以在任何特定住区中复制和巩固教育基础设施和劳动力市场细节。这就是俄罗斯社会分层的恶性循环。

大城市和工业经济地区的教育和社会分层格局已经发生了重大变化，这是由于技术加速进步和这些地区固有的社会不稳定性（Bauman，2005）。拥有高等教育文凭的城市居民人数一直在上升，中级专业人员在教育分层结构中的地位和职业地位也在上升。城市化、小城市人口的减少、乡镇和村庄的消失，都是导致这些住区劳动力市场崩溃的因素，只有中高级主要专业人才仍旧被社会需要。这是俄罗斯社会分层的两个方面，就城市化而言，这两个方面是截然相反的，而在俄罗斯，教育至关重要。在其他城镇化程度中等的人类住区，教育和职业地位之间的相关性模糊不清，当分析历年的相应统计指标时，这一点变得很明显。

而且，我们总是发现年轻人处于这些研究趋势的中心，他们承载着最重要的东西，即人力资本和国家未来社会经济发展的潜力。分析数据由三个部分（官方统计数据、监测数据和作者的研究）组成，揭示了广泛的教育分层机制，以及青年在如何利用机会和克服与这些机制相关的限制方面表现出的灵活性。这就是年青一代与生俱来的特质发挥作用之处，例如，他们倾向于灵活性和流动性，在寻找快速获得（无论是经济上还是专业上）成功的机会时，他们缺乏耐心（Radaev，2018：20），他们有能力违反或绕过既定的"游戏规则"（Temnitskiy，2020：186）；与老一代人相比，他们对劳动的态度不同，并且收入和社会地位对他们来说意义不大（Zubok & Chuprov，2020：20 - 21）。他们的生活轨迹不再符合传统的模式，变得难以预测，并且高度依赖个人选择（Yadova，2017：92；Radaev，2020：32）。看起来，关于长期目标的想法已经发生了重大变化，策略正通过逐步塑造未来的手段来制定（Abulkhanova-Slavskaya，1991：67；Reznik & Smirnov，2002）。

青年社会行为的转变，随着他们利用机会和冲破与教育分层有关的障碍，一方面，这代表着对教育基础设施和区域劳动力市场的具体情况，即供求情况的适应；另一方面，这反映出他们追求自我实现、获得社会和职业地位的动力，以及将教育作为一种社会地位提升方式的不同观点。21 世纪以来发生的社会变化导致了客观和主观流动性的转变（Social Mobility in an Evermore Complicated Society：Objective and Subjective Aspects，2019：15 - 72）。人们现在对流动性的看法不同，对流动性机会的态度也不同。

第六篇

城市社会保障和社会福利

中国差异化的社会保障：主客观兼顾的视角

吕　鹏　严文利

自改革开放以来，中国逐渐建立起了完备的基础社会保障体系。随着经济增长，人们对于社会保障的需求也逐渐多起来，对全方位多层次的公正平等提出了差异化的要求。本文使用 2021 年中国社会状况综合调查（CSS 2021）数据，分别从收入、学历和体制位置几个关键差异指标出发，分析了中国公民在社会保障参与、社会保障评价和福利意识上的差异。研究发现，高经济收入和高学历、体制内人士总体上拥有更完善的社会保障，对目前的社会保障评价更高。虽然目前中国政府的社会保障制度已经实现城乡全覆盖，但为了满足不同层次人群的不同需要，需要多层次的深入建设，向着更高层次的社会公正迈进。

一　研究背景与文献综述

（一）研究背景

中国社会保障的发展目标是，全面建成覆盖全民、城乡统筹、权责清晰、保障适度、可持续的多层次社会保障体系，这一目标任务的核心要义是"全面建成"与"多层次"。因为全面建成小康社会，必然要以全面建成中国特色公共服务体系为重要依托，而社会保障又是其中非常重要的一部分。1986 年 4 月 12 日全国人大六次会议通过《中华人民共和国国民经济和社会发展第七个五年计划》，开启了中国社会保障社会化的进程，在国内首次提出"社会保障"概念。如今，中国已经建立起全球规模最大的社会保障体系，并扎实推动共同富裕，坚持社会保障事业高质量可持续发展（郑功成等，2022）。社会保障的制度变迁速度之快、惠及民生之广，成为中国改革成果的又一张"名片"（林闽钢、霍萱，2019）。

当然，完备的社会保障体系建设依然任重道远，不同社会背景的个人和群体之间的差异较大。社会资源与财富分配不均衡的问题依然存在，特别是与人民生活密切相关的社会保障方面的城乡一体化问题，受到社会的普遍关注。中国农村收入较低、生活困难的人口分布呈现明显的空间集聚特征，主要集中在中国中西部偏远的深山区、边境地区和少数民族地区，并逐渐向西南地区聚集。在中国农村，遭受疾病是造成当前个人或暂时性贫困的最大原因。自然禀赋的缺乏、恶劣的地理条件和脆弱的生态环境是持续贫困的主要动力（Liu，Liu，& Zhou，2017）。因此，关注不同地区的社会保障需求，平衡城乡差异，将会成为中国未来社会保障的重要方向，但仅仅增加社会保障的财政支出效果甚微。有学者的研究表明（Yu & Li，2021），社会保障支出与城乡居民收入差距在长期内存在正相关关系，但效果非常有限，城乡收入差距的变化近99%来自其自身的贡献。在中国目前已经解决绝对贫困问题的前提下，建设高水平全方位的社会保障体系，才是改善居民生活的重中之重。

（二）文献综述

1. 中国社会保障制度建设：从以城市为主到城乡一体

在现代社会中，社会保障是不断增进人民福祉的基本制度安排，其地位无可替代（郑功成，2017）。目前中国实施的社会保障项目与基础性民生紧密相连，通过政府主导进行再分配，以帮助处于弱势的个人和家庭，为其提供有效保障，包括社会养老保险、医疗保险、最低生活保障等。这经历了一个以城市为主，到城乡一体的演进过程，中国的社会保障体系也从针对部分城镇职工的劳动保护政策发展成了城乡全覆盖、多维度、广范围的全民社会保障体系。

社会保障是中国改革开放后实行企业改革的产物。1986年12月，第六届全国人大常委会通过《企业破产法（试行）》，作为改革的配套措施，为了保障失业职工的生活与满足劳动力市场下劳动力的流动需要，待业保险制度与社会保险转移接续制度陆续建立。社会保障制度从自下而上和自上而下两条路径展开。一方面，地方根据改革开放以来自身发展程度、条件、实际需要的不同，开展了多样化的社会保障试点工作；另一方面，中央从改革开放的全局出发，根据改革开放的实际需要，自上而下地开展了一系列社会保障制度的创新，如医疗保险制度改革和养老保险制度改革（席恒、余澍、李东方，2021）。1993 年，党的十四届三中全会之后，社会保障制度确定为市场经济正常运行的维系机制和市场经济体系的五大支柱之一，并首次提出"建立多层次的社会保障体系"及"城镇职工养老和医疗保险金由单位和个人共同负担，实行社会统筹和个人账户相结合"等。中国社会保障制度改革超越了为国有企业改革配套措施的狭窄范围，代之以服务市场经济改革，从而呈现鲜明的效率优先取向（郑功成，2019）。

养老保险方面，我国现行的职工养老保险体系于 1997 年的《国务院关于建立统一的企业职工基本养老保险制度的决定》之后得以确立，从地方到中央，个人账户与社会统筹相结合的养老保险制度体系实现并轨。生育保险于养老保险之后，在 1997 年成为第二个被确立的社会保障制度。劳动部发出了《关于印发〈生育保险覆盖计划〉的通知》，确立了针对城镇职工的生育保险制度。国务院颁布的《关于建立城镇职工基本医疗保险制度的决定》于 1998 年在 58 个城市进行试点之后推向全国，标志着我国统账结合的新型医疗保险制度及服务体系的确立。而在失业、工伤保险方面，1999 年 1 月，《失业保险条例》出台，至此，我国城镇职工五险并行的社会保险体系得以确立（席恒、余澍、李东方，2021）。

但自此为止，中国的社会保险体系还是偏向于城镇职工。城镇居民以及农村居民的社会保障制度体系确立时间较晚，直至 2007 年《国务院关于全面开展城镇居民基本医疗保险试点的指导意见》的颁布，城镇居民基本医疗保险制度才在全国范围内逐步建立。针对农民养老问题，2009 年"新农保"制度正式出台，使得中国农村老人第一次拥有了自己的养老保障制度体系，2011 年城镇居民养老保险也得到确立，从此，通过 30 余年的努力，中国社会保障体系第一次实现了制度性全覆盖，实现了"人人享有保障"的目标。截至 2020 年底，中国已经建成世界上规模最大的社会保障体系，其中，基本养老保险、基本医疗保险、失业保险和工伤保险的参保人数分别达到了 9.99 亿人、13.6 亿人、2.17 亿人和 2.68 亿人（李萍，2021）。在完成基本的社会保障制度建设之后，中国政府开始逐渐推进城乡养老与医疗的统筹整合，更加强调资源的利用，也强化了社保体系的系统性。2014 年和 2016 年相继出台的《国务院关于建立统一的城乡居民基本养老保险制度的意见》《城乡养老保险制度衔接暂行办法》《关于整合城乡居民基本医疗保险制度的意见》等政策，都为推进城乡社会保障一体化展开了全新的探索。而随着 2021 年中国农村在现行标准下全面脱贫，人们对于社会保障体系的要求也显然从解决极端贫困问题上升到了更多元化的需求，例如社会边缘群体的包容性社会政策，三孩政策开放后女性生育保障的新需求等都成为社会保障工作的全新议题（林卡，2021）。

2. 中国社会保障制度的差异化与局限性

从区域上看，中国的社会保险参与率虽然整体得到了显著提升，但伴随地区经济发展水平表现出了明显分化，东部发达地区的参与率明显高于中西部地区（蔚志新，2013）。城镇中的流动人口，尤其是来自农村的流动人口在社会保障上与本地市民仍存在较大差距（杨菊华，2011）。尤其是在农村地区，社会保障制度推行过程难度较高，效果不如预期。从 2003 年试点以来，"新农合"在促进农村居民健康、保障农民医疗需求方面一直存在较大争议（朱恒鹏，2009）。杨帆基于 2014 年和 2015 年的《内蒙古统计年鉴》进行的社会保障性收入的研究发现，社会保障对于改善农村居民绝对贫困方面有正向调节功能，但在调节农村牧区居民收入再分配、缩小贫富差距、缓解相对贫困方面的作用还较小（杨帆，2020）。

社会保障对于生育意愿也有极大的影响，并且目前全世界的社会保障制度对于女性的生育意愿并不是完全正向的影响。Boldrin 和 Levice（2005）通过对 104 个国家 1997 年的社会保障税率与总和生育率进行研究，发现养老保险制度的完善对生育率有显著的负影响。王天宇与彭晓博（2015）使用 CHNS 2000～2009 年的数据评估了新农合的建立对于农村妇女生育意愿的影响，发现社会保障制度的建立减弱了农村养儿防老的需求，导致农村妇女的生育意愿下降。社会保障的差异不仅体现在性别、年龄、受教育程度、户口性质和婚姻状况等个人特征上，还与所属行业、单位性质、就业身份和收入等职业特征密切相关（韩枫，2016）。

随着人口老龄化问题的加剧，中国也面临较大的养老困难问题。尤其是女性、高龄、受教育程度低的老年人陷入各类贫困的风险更高。农村地区的老年人群体缺乏社区健康服务和养老保障的支持，将会更容易陷入经济贫困和精神健康问题的困扰（张文娟、付敏，2022）。此外，随着人口老龄化加速以及各项社会保险待遇水平持续提高，中国社会保险基金的收支平衡压力越来越大。就业保险长期存在企业缴费遵从度不高且企业间缴费差异较大的问题，这不仅限制了进一步下调法定缴费率的空间，也影响了基金收入安全并造成制度运行的不公平（赵仁杰等，2022）。在中国的一些私营企业，社保实际缴费水平不高，缴费不足相当普遍（李雪、吕鹏，2022）。如何解决居民就业及养老问题，缩小城乡差距，构建一个多层级政府共同负责的新型民生保障体制（焦长权、董磊明，2022），将是中国特色社会主义保障的必由之路。

中国的社会保障制度推行成效不仅反映在现实的参保差异上，也可从受众对制度的评价中窥知一二。整体而言，中国社会保障满意度总体水平不高，但提升很快，存在区域、城乡和项目差异。在个体层面，低收入者、高学历者、企业职工和中青年群体的社会保障制度满意度较低（文太林、肖瑶，2020）。相反，社会经济地位较高、身体健康状况较好、参与社会保险且保险水平较高的个体对社会保障制度的满意度较高（陈旭峰，2017）。

对社会保障评价是中国人福利态度的一个反映。首先，中国人对家庭有很深的家本位观念。家庭作为福利提供的重要主体成为中国福利体系的显著特征（万国威、刘梦云，2011）。家庭经济地位越高的个体越倾向于从家庭内部寻求非制度性支持，而家庭经济地位较低者则依赖来自国家的制度性支持（金卉、祝建华，2014）。其次，受儒家文化的积极进取观影响，中国人普遍认为个体要通过勤奋、努力来实现自给自足，将贫困视作个体懒惰的结果。杨琨、袁迎春（2018）基于 ISSP 数据库中 2019 年中国公民福利态度数据的分析发现，中国民众更支持政府收入再分配和保障失业者生活的福利供给，但更不赞成政府增加对穷人的津贴。最后，在全球化大背景下，与国外类似的是，个体若持有较强的不公平感、不平等感以及对政府的不信任感，那么会更期待政府承担起收入再分配的福利责任（Whyte & Han，2008；杨琨、袁迎春，2018）。

以上研究在各自的框架和研究角度下探讨了中国社会保障制度的影响与局限性，研究已经较为深入，但往往考虑的角度较为单一，使用的研究数据多是某区域和城市的数据，缺乏较为全面的结论。

基于上文的研究综述，我们可以看到，目前中国的社会保障制度在效果上，依然存在着较大的差异性。这种差异首先是城乡二元结构导致的社会福利制度在不同地区实行的效果差异。其次是社会保障体系在不同的社会群体中的覆盖面和收益情况有巨大差别，"福利过剩"和"保护缺位"的情况并存（左停、贺莉、刘文婧，2019）。从公平与反贫困的视角进行研究，是否在社会上占据较优势社会地位的体制内、高收入、高学历人群获得了较多的社会保障福利，而对不稳定就业、收入较低、学历较低的弱势群体来说，现行的社会保障制度作用较少？面对不断涌现的新型社会需求，两种群体对于中国社会保障的评价及对政府主导福利制度的态度又有何区别？

基于对以上研究问题的分析，本文重点关注了参与社会保障程度、影响社会保障评价、福利制度态度的影响因素。是否体制内人群拥有更完善的社会保障体系，高受教育程度人群对于中国社会保障制度的评价是否更高，受教育程度对于福利意识的影响是积极还是消极，等等。这些问题有利于研究和思考中国社会保障制度的缺失部分与完善方向。

二　数据与方法

（一）数据与样本选择

本文数据来源于 2021 年中国社会状况综合调查（Chinese Social Survey，CSS）。CSS 是中国社会科学院社会学研究所于 2005 年发起的一项全国范围内的大型连续性抽样调查项目，目的是通过对全国公众的劳动就业、家庭及社会生活、社会态度等方面的长期纵贯调查，来获取转型时期中国社会变迁的数据资料，从而为社会科学研究和政府决策提供翔实而科学的基础信息。

该调查是双年度的纵贯调查，采用概率抽样的入户访问方式，调查区域覆盖了全国 31 个省、自治区、直辖市，包括了 151 个区市县，604 个村/居委会，每次调查访问 7000～10000 个家庭。此调查有助于获取转型时期中国社会变迁的数据资料，其研究结果可推论全国年满 18 ~ 69 周岁的住户人口。2021 年数据为 9923 份。

虽然取得了积极进展，但考虑到中国社会保障体系依然具有较为明显的城乡差异，因此本文主要考察城市人口的社会保障情况。本文的研究对象为从事非农业工作的居民，样本量是 2512 人。

（二） 方法和变量选择

本文是一项量化分析，对问卷中"E 部分：社会保障"的主要变量展开描述性分析，分别从体制位置、个人与家庭经济收入、受教育程度三个关键性差异出发，分析当前中国公民在社会保障参与、社会保障评价和福利意识方面的差异。

三 分析结果

（一） 社会保障参与

CSS 2021 分别考察了养老保险、医疗保险、失业保险、工伤保险、生育保险和城乡居民最低生活保障的公民参与状况，样本仅限从事非农业工作的应答者。采用问题"B5a：您从事的这份非农工作所在的单位/公司是"中回答的职业选择，本文将应答者的职业进一步整合为"体制内"与"体制外"两个大类，分析不同"体制位置"（institutional sectoral position）的城镇非农工作人员的参保水平。

如表 1 所示，就整体参保水平而言，参与医疗保险或公费医疗的应答者比例最高，为 66.96%。参与水平位居第二的是养老保险或离退休金，有 38.10%。失业保险和工伤保险参与水平相对较低，仅为三成，分别为 30.29% 和 36.11%（见表 2）。生育保险的参与水平更低，只有 26.75%。另外，作为兜底保障的城乡居民最低生活保障的参与率为 2.79%（见表 3）。上述发现表明，中国的医疗保障覆盖面最广，参与人数最多，可见中国基本医疗保险体系较为完善。享受养老保险的公民占四成左右，但在就业保障中针对失业、工伤和生育的保险参与率整体较低，还需要后续不断完善。

表 1 体制位置与养老保险、医疗保险

单位：人，%

体制位置	养老保险或离退休金		医疗保险或公费医疗	
	是	否	是	否
体制内	368 (57.23)	275 (42.77)	520 (80.87)	123 (19.13)
体制外	589 (31.51)	1280 (68.49)	1162 (62.17)	707 (37.83)
总计/整体	957 (38.10)	1555 (61.90)	1682 (66.96)	830 (33.04)

资料来源：2021 年中国社会状况综合调查（CSS 2021）。

表 2 体制位置与失业保险、工伤保险

单位：人，%

体制位置	失业保险		工伤保险	
	是	否	是	否
体制内	384 (59.72)	259 (40.28)	422 (65.63)	221 (34.37)
体制外	377 (20.17)	1492 (79.83)	485 (25.95)	1384 (74.05)
总计/整体	761 (30.29)	1751 (69.71)	907 (36.11)	1605 (63.89)

资料来源：2021 年中国社会状况综合调查（CSS 2021）。

表 3 体制位置与生育保险、城乡居民最低生活保障

单位：人，%

体制位置	生育保险		城乡居民最低生活保障	
	是	否	是	否
体制内	341 (53.03)	302 (46.97)	15 (2.33)	628 (97.67)
体制外	331 (17.71)	1538 (82.29)	55 (2.94)	1814 (97.06)
总计/整体	672 (26.75)	1840 (73.25)	70 (2.79)	2442 (97.21)

资料来源：2021 年中国社会状况综合调查（CSS 2021）。

为进一步呈现各项保障参与的内部差异，尤其是要关注整体水平较低的就业保障，有必要将体制内外作为该问题的重要切入角度之一。表1显示，整体较高水平的医疗保障（医疗保险或公费医疗）为目前覆盖率最高的社会保障，体制内覆盖率高达 80.87%，而体制外的覆盖率也有 62.17%，整体差距较小。养老保障（养老保险或离退休金）在体制内外的差异相对较小，体制内参保比例高于体制外参保水平，相差约 26

个百分点。而从表 2 中可以看到，整体低水平的就业保障在体制内外的差异十分明显。在失业保险中，体制内参保率为 59.72%，而体制外的参保率仅为 20.17%，比体制内参保率低 39.55 个百分点。体制内公民参与工伤保险的比例为 65.63%，但体制外公民的参保率仅为 25.95%。体制外公民在失业保险方面的参保率仅为约 1/5，公民的就业保障还需要得到更多的关注。

表 3 显示，差别最大的是生育保险，可以看出体制外公民未参与生育保险的比例为 82.29%，大多数体制外公民都未参与生育保险，这对于鼓励生育、改善人口结构是有很大的负面影响的。无论是在体制内，还是在体制外，参加城乡居民最低生活保障的个体都很少，其比例分别是 2.33% 和 2.94%，但这主要是因为符合城乡最低生活保障的公民群体较小。可以看出，中国社会保障水平较高的医疗和养老保障在体制内外的差异并不明显，大多数有固定工作单位的公民都可以享受到。但与就业保障相关的失业保险、工伤保险和生育保险不仅整体参与率低，其中非体制内的个体参与率更低，这说明该项保障的落实和工作单位的类型有密切关系，在体制内的个体可以将政治资本转化为更加完善的社会保障。

在目前的三孩政策下，生育成为现在中国政策讨论的热点。为了了解拥有生育保险是否对居民的生育意愿有影响，对是否拥有生育保险与问题 A6c："您还打算要几个孩子"的生育意愿问题进行交叉分析，提问主体为 1972 年以后出生（50 岁以下）有子女的受访者，共 1429 人。从表 4 可以看出，已有孩子的居民选择"再要一个"、"再要两个"和"再要三个及以上"的都较少，是否有生育保险不成为其是否有生育意愿的理由，猜测是由于其经济水平较高因此可以选择多胎生育。而在"可能不要了"和"肯定不要了"选项中，没有生育保险的居民都大大多于有生育保险的居民，分别为 64.80% 与 72.22%，可以看出，没有生育保险等基础就业保障对其选择多孩生育还是有一定影响的。

表 4   生育意愿与生育保险

单位：人，%

还打算要几个孩子	生育保险		总计
	是	否	
再要一个	50（45.87）	59（54.13）	109
再要两个	3（14.29）	18（85.71）	21
再要三个及以上	1（50.0）	1（50.0）	2
可能不要了	44（35.20）	81（64.80）	125
肯定不要了	297（27.78）	772（72.22）	1069
还没有想好	36（34.95）	67（65.05）	103
总计/整体	431（30.16）	998（69.84）	1429

资料来源：2021 年中国社会状况综合调查（CSS 2021）。

（二）社会保障评价

为了更好地了解居民对于中国当前社会保障状况的满意度，CSS 2021 调查中分别询问了被调查者对政府当前提供的各项社会保障的评价和对社会保障的总体评价，其中 1 分表示非常不满意，10 分表示非常满意。其中，包括养老保障、医疗保障、就业保障、城乡居民最低生活保障（低保）和政府提供的经济适用房、公租房、廉租房等基本住房保障。

为了了解经济收入对社会保障评价的影响因素，个人经济收入使用问题"B11a01：您的个人总收入是多少"测量，将其平均分为五档，命名为"低收入者"、"中低收入者"、"中等收入者"、"中高收入者"和"高收入者"；家庭经济收入使用问题"问 C5a01：您的家庭总收入是多少"测量，将其平均分为五档，命名为"低收入家庭"、"中低收入家庭"、"中等收入家庭"、"中高收入家庭"和"高收入家庭"。

通过对总体评价和经济收入的交叉分析，得到如表 5 所示的内容。

表5 经济收入与社会保障评价

单位：分

	社会保障评价					
	养老保障	医疗保障	就业保障	城乡居民最低生活保障	住房保障	总评
个人层面						
低收入者	6.936	6.896	5.728	5.904	6.083	6.830
中低收入者	7.143	6.958	6.060	6.459	6.403	7.089
中等收入者	7.544	7.452	6.733	6.864	6.677	7.284
中高收入者	7.691	7.711	6.967	7.098	6.902	7.538
高收入者	7.723	7.700	7.122	7.210	6.883	7.449
家庭层面						
低收入家庭	6.988	6.865	5.787	5.955	6.037	6.875
中低收入家庭	7.167	7.146	6.056	6.352	6.344	7.043
中等收入家庭	7.437	7.297	6.669	6.745	6.651	7.206
中高收入家庭	7.664	7.689	6.914	7.240	6.893	7.551
高收入家庭	7.795	7.789	7.236	7.315	7.037	7.520

资料来源：2021年中国社会状况综合调查（CSS 2011）。

在个人经济收入中，我们可以看到，居民对医疗保障、养老保障、社会保障总体的评价整体较高，均在6.8分以上，而对就业保障、住房保障和城乡居民最低生活保障的评价整体较低，低收入者对其评价分别为5.728分、6.083分和5.904分。结合不同经济收入的群体来看，中高收入者和高收入者对于社会保障的评价要高于较低收入者。对于这部分群体来说，他们可以利用经济资源来提高生活条件和降低社会风险，可以购买更多的补充性保险和商业保险，因此对于来自国家的社会保障并不敏感，而对于低收入群体而言，他们抵御生活风险的能力较差，更依赖国家提供的基础社会保障，因此对中国社会保障体系质量提升的期盼更为迫切。尤其是在养老保障和医疗保障等方面，高收入人群的满意度明显高于低收入群体，原因可能是这两部分为花销最多的。高收入人群在住房保障方面的评价低于对其他社会保障的评价，原因可能是现行的住房政策对高收入人群有税费和限制购买的要求，而且高收入人群无法享受廉租房、公租房等基本住房保障，因此满意度较低。对于低收入者而言，对就业保障的评价是对所有社会保障的评价中分数最低的，仅为 5.728 分。这可能是由于低收入者工作的稳定性和职业发展性都较低，因此较少能获得失业保险、工伤保险的保障，因此对于就业保障的评价低于较高收入群体。

在家庭经济收入方面，居民的社会保障评价趋势与个人经济收入不同人群的评价较为一致，但总体来看评价更高，这可能是因为家庭可以更好地抵御经济风险，从而降低了对于基础保障的要求。但家庭关于住房保障的评分低于个人，原因可能是中国目前以家庭为单位进行的住房保障计划较多，家庭可以更多地接触到住房保障方面的政策方案，因此抱有更高的期待。

表 6 考察了社会保障评价在不同受教育程度群体之间的差异。使用问题 "A1d1：您的受教育程度是" 测量，将受访者的受教育程度分为 5 组，分别为 "初中及以下"、"高中/中专/技校"、"大学专科"、"大学本科" 和 "研究生及以上" 五类。从表 6 中可以看出，受教育程度为大学专科和大学本科的群体对各项社会保障的评价要明显高于高中/中专/技校及以下学历的群体。值得注意的是，除初中及以下群体，研究生及以上学历的群体对社会保障的评价并不高，尤其是在养老保障和住房保障上，该群体的评价分数最低，且他们对社会保障的总体评价也是各群体中最低的。这给予我们的一个启示是，政府在进行社会保障体系建设的过程中，不仅要考虑对低学历群体的关怀，也要重视高学历群体的需求。

表 6　受教育程度与社会保障评价

单位：分

受教育程度	社会保障评价					
	养老保障	医疗保障	就业保障	城乡居民最低生活保障	住房保障	总评
初中及以下	7.094	7.003	5.983	6.119	6.193	7.006
高中/中专/技校	7.731	7.402	6.518	6.735	6.580	7.199
大学专科	7.848	7.797	7.109	7.365	7.094	7.576
大学本科	7.884	7.795	7.365	7.585	7.139	7.572
研究生及以上	7.309	7.382	7.036	7.255	6.800	7.218

资料来源：2021 年中国社会状况综合调查（CSS）。

（三）公民福利意识

不同群体的福利意识使用 CSS 2021 问卷中问题"E6：您是否同意以下观点"进行测量，由"很不同意"、"不太同意"、"比较同意"和"非常同意"，为 1～4 分。该问题一共分两个陈述："a：社会保障是政府的责任，不应当由普通百姓负担（陈述 1）"；"b：现在的社会保障水平太低，起不到保障的作用（陈述 2）"。根据不同个人经济收入水平与受教育程度划分，得到表 7 所示的情况。

陈述 1 关注的是中国社会保障的责任主体。在社会保障应以政府为主导还是应以个人为主导这个问题上，居民的态度普遍认为政府应当承担主要的社会保障责任，但个人也应该负担一些社会保障责任。以经济收入为划分，在陈述 1 中并没有特别的态度区分，得分从 2.770～2.887 分，较为平均。但在陈述 2 中，可以明显看到较低经济收入群体的评价略高于较高经济收入群体。以经济收入为划分，在个人和家庭层面，不同经济收入群体对此的平均态度均在"不太同意"和"比较同意"之间。其中，中等收入者和中等收入家庭相对更认为社会保障应由政府负责，而非由居民自己负责（见表 7、表 8）。对于高收入者和高收入家庭来说，他们虽然也认为政府应该负主要责任，但对普通百姓自我负责的排斥相对较低。由此可见，中国目前推行的政府保障制度为民众所普遍接受，但相应的，这也会对政府施加过多的养老和生育压力。尤其是在较低经济收入和较低文化程度的群体中，宣传和推广一定的补充保障制度和商业保险制度将会有助于改变他们对于政府需要全面承担保障责任的思想。

表 7　个人经济收入与公民福利意识

单位：分

	个人经济收入				
	低收入	中低收入	中等收入	中高收入	高收入
居民福利意识					
陈述 1	2.817	2.770	2.887	2.746	2.795
陈述 2	2.695	2.607	2.632	2.503	2.481

资料来源：2021 年中国社会状况综合调查（CSS 2021）。

表 8　家庭经济收入与公民福利意识

单位：分

居民福利意识	家庭经济收入				
	低收入	中低收入	中等收入	中高收入	高收入
陈述 1	2.881	2.851	2.918	2.768	2.811
陈述 2	2.753	2.708	2.657	2.540	2.509

资料来源：2021 年中国社会状况综合调查（CSS 2021）。

　　陈述 2 关心的是中国社会保障水平是否能够满足居民需要。与陈述 1 类似，在个人和家庭层面，不同经济收入群体对此的评价态度在 2.4～2.8 分，处于“比较同意”到“非常同意”的程度。分经济收入来看，中等收入以下的个人和家庭对当今社会保障能力的肯定态度要优于中高收入和高收入群体。这意味着目前的社会保障能够在一定程度上满足低收入群体的需要，可以看到目前新型农村合作医疗制度、最低生活保障制度、农村五保供养制度等社会保障体系起到了重要的作用。但目前的社会保障对高收入群体来说并不能满足他们的高需要，这或许是因为中国目前的基础保障体系主要针对的还是抗风险能力较弱的群体。

　　从受教育程度方面进行区分，我们可以看到比经济收入差别更大的福利意识评价。具体说来，在陈述 1 中，对于不同受教育程度的居民而言，对此的平均态度还是“比较同意”的，尤其是受教育程度较低的居民更加认同社会保障是由政府主导负责的，其非常同意的态度也较其他组更为明显。而大学本科及以上受教育程度的居民较少同意政府完全主导负责社会保障制度，这可能是由于中国目前的社会保障还是偏向基础的生计保障，而较高受教育程度的群体需要更多的补充性社会保障制度（见表 9）。对于陈述 2，即目前社会保障程度是否较低，平均态度为对目前的社会保障水平不是很满意，偏向于评价中国目前的社会保障体系还处于保障基础生计水平的程度。初中及以下受教育程度的居民对目前的社会保障水平有更高的要求，他们的不满意程度达到 2.704 分，高于研究生及以上人群 0.478 分，这意味着他们接触和使用各项社会保障制度的频次较高知识水平的居民更多，在日常生活中需要更多层次、更全方位的社会保障，以提高他们的生活水平。

表 9　受教育程度与居民福利意识

单位：分

	受教育程度				
	初中及以下	高中/中专/技校	大学专科	大学本科	研究生及以上
居民福利意识					
陈述 1	2.890	2.789	2.727	2.694	2.694
陈述 2	2.704	2.645	2.451	2.357	2.226

资料来源：2021 年中国社会状况综合调查（CSS 2021）。

四　总结与讨论

近年来，关于社会保障平等公正的研究越来越得到学术界的热议。本文通过 2021 年中国社会状况综合调查数据，对中国城镇非农职业居民的社会保障参与、评价和福利意识进行了研究。研究发现，在社会保障参与方面，医疗保障与养老保障的参与率相对较高且体制内外的差异较小，而就业保障中失业保险、工伤保险和生育保险的参与率整体较低，其中非体制内的个体参与率更低，无稳定职业的人在需要更多就业保障的同时却无法享受相应的就业保障，这也是目前就业保障以单位制缴费的局限性所在。在社会保障评价方面，整体上，经济收入较高的群体对于各项社会保障的评价要高于低收入群体。受过高等教育的大学专科和大学本科的群体对各项社会保障的评价要明显高于高中/中专/技校及以下学历的群体，但研究生及以上学历的群体对社会保障的评价并不高。此外，受教育程度相对较高的群体对社会保障的评价组内差异较小，而受教育程度相对较低的群体内部差异较大；在福利意识方面，高收入者和高受教育程度者都更倾向于认为社会保障需要政府和公民共同参与建设，且皆对中国当前的社会保障体系更为满意。高收入者对现有保障水平提升抱有较大的期望，而高受教育程度者对当前的社会保障水平皆持更积极的肯定态度。

为此，本文提出如下优化社会保障制度、建设高质量的中国特色社会保障体系的建议。

（一）关注体制外人员、灵活就业人员和女性的就业保障体系建设

随着中国经济的发展，当前社会的个体经营人员与灵活就业人员也越来越多，许多兼职、灵活工作时间职业、自由职业也应运而生。但目前中国的社会保障制度并没有因此提出相应的补充内容，如"美团骑手"等灵活就业人员无法享受完善的社会保障体系。因此，需要深化社会保障体系建设，促进这类人员的就业保障，尤其是让女性灵活就业人员也能享受相应的生育保险制度，这也有利于"三孩"政策下生育率的提升。

（二）加强医疗和养老保障体系的建设

从研究中可以看出，目前中国的医疗和养老保障制度已逐步实现了城乡全覆盖，但目前的社会保障制度面临着少子高龄化问题带来的家庭养老保障功能减退的问题，社会养老体系面临极大的挑战。目前的社会养老体系还未形成从顶层设计统一的统筹制度，许多试点性项目长期处于不稳定状态，导致公众对于社会保障制度的公信力和可持续性存在疑惑（郑功成，2019）。未来需要促进社会保障制度向养老和医疗方面倾斜，完成从政府到市场的多层次福利保障体系建设，未来也需要设立监管机构，让社会保障全面运行在法制化的轨道上，从而促使中国特色社会保障制度走向成熟。

本文侧重对社会调查数据进行定量分析，主要为基础的描述性分析，涉及数据为以政府为主导的基础社会保障数据，尚未涉及多层次的商业保险等数据及社会保障实际效用等方面，未来可进一步结合典型案例的实地研究和不同地域的比较分析来深入探索社会保障分化的表现、特征和形成机制，最终提升本研究的学术价值和应用价值。

俄罗斯社会福利制度的
优先级和差异化

科兹列娃（P. M. Kozyreva）　　斯米尔诺夫（A. I. Smirnov）

在过去三十年，俄罗斯社会保障制度兴起并迅速发展，为需要支持的各类公民维持生活水平创造了必要条件。由于 20 世纪 90 年代初发生的根本性变革，俄罗斯需要对社会政策实施决定性的重大变革，这反过来又使其需要在当今不同寻常的情况下，努力寻求和不断完善最有效的机制，以为俄罗斯公民提供社会保障。

一　俄罗斯的社会福利制度

《俄罗斯宪法》第 39 条规定了被视为基本人权和自由之一的社会保障权，该条规定："1. 在患病、致残、失去供养人、教育子女和法律所规定的其他情况下，对每个人按照年龄提供社会保障。2. 国家退休金和社会救济金由法律规定。3. 鼓励志愿的社会保障，建立补充的社会保障形式和慈善事业。"鉴于俄罗斯立法机关允许区分其他类型的社会保障，作为"复杂法定权力"的社会保障宪法权利结构可以基于养老金、社会津贴和补偿、社会服务、医疗救助、社会福利等基本方面（Guseva，2017）。

因此，社会保障制度可以被视为一种由旨在支持弱势群体的法律、经济和组织措施组成的体系。社会保障制度包括为公民创造生存条件，通过保障个人可接受的基本生活水平，让个体公民免受生计威胁，享有过上有价值生活的权利（Zamarayeva，2017：208）。作为一种"分配网络系统"（Machulskaya，2004：400），社会保障制度可以减少公民的物质不安全感，包括消除贫困、维持金融稳定、增加获得医疗保健的机会、减少不公平和不平等、防止出现各种理由的歧视。社会保障的实施需要结合各种措施，为防范和克服社会风险创造条件。

俄罗斯目前实施的社会保障制度是一个极其广泛和烦琐的体系，由各种社会保障措施（保险和非保险、国家和私人、强制和自愿的措施）组成，这些措施是基于不同层面制定的，并具有不同的执行机制。除各级（联邦、地区、市级）养老金保障和社会服务外，社会保障制度还包括津贴、福利、补偿和服务综合体系，专为各类受惠者设计，包括未达到工作年龄或已退休的人（儿童、青少年、退休人员）以及已达到工作年龄的人（失业、暂时丧失工作能力或正在寻找工作的公民、低收入人群、健康状况不佳的公民、失去供养人的公民等）。俄罗斯正在根据当前的经济、人口、流行病等情况，不断修订和补充当前的社会保障措施。除了各种物质商品、传统的支付方式和社会服务，用于抵消或降低风险的税收减免和保险工具，以及非货币社会福利越来越受欢迎。

随着社会保障制度的演变，越来越明显的是，它正在转变为一种社会保护制度，转变为一种政府可以利用的万能工具。社会保障制度作为一种收入再分配政策，其实施可以缩小弱势群体与社会其他群体之间的社会地位差距，缓解社会排斥和边缘化问题，解决个人收入不平等问题。如今，许多专家将"社会保护（保障）"视为对"福利"一词的广义解释，或者根本没有对这两个术语进行任何区分（Zolotaryyova et al.，2011：83）。但另一种趋势正在蓄势待发，即从福利逐渐过渡到积极的社会发展，其中关注的重点不再是被动的援助和支持，而是创造条件，让弱势群体能够提升自身技能和能力，在没有帮助的情况下养活自己（Zolotaryyova et al.，2011）。

21世纪初，俄罗斯的社会保障制度开始面临日益严峻、亟待解决的重大问题。随着社会保障制度的发展，社会保障主体数量稳定增长，社会保障主体构成发生变化，为各类残疾人群提供社会援助和支持的新方式逐渐涌现，各级政府为该制度投入了更多的资金（见表1）（Gaskarov, Gontmacher & Trubin 2022）。

表 1 俄罗斯社会支出情况

（基于人口收支平衡数据）

单位：十亿卢布，%

	2000 年	2005 年	2010 年	2015 年	2018 年	2019 年
社会支出	551	1756	5711	9656	11154	11758
社会支出占比						
社会支出占 GDP 的比例	7.5	8.1	12.7	11.6	10.7	10.8
社会支出占人口总收入的比例	13.8	12.7	17.8	18.2	19.1	18.9

福利制度是基于确定哪些人需要来自社会和政府的援助，以及确定他们所需的社会支持措施而建立的。俄罗斯建立了统一的国家社会保障信息系统（EGISSO），旨在为公民、政府机构、地方管理机构以及直接参与基本社会援助和社会服务的组织，提供有关这些措施和服务的信息，以及由联邦预算、俄罗斯联邦主体和地方预算向公民发放的其他社会保障和补贴。该信息系统可以自动识别低收入公民，并向他们提供有关津贴、补贴和其他机会的基本信息。

研究表明，与欧洲相比，俄罗斯在社会保障方面的观点和态度并没有太大不同，尽管在某些情况下，它们可能具有某些特征。例如，俄罗斯人支持全民福利计划，例如养老金和全民基本收入，但针对特定群体（例如失业者或在职父母）的计划支持则少得多，并且在对待移民的社会权利态度上相当消极。此外，俄罗斯人对国家社会保障制度的能力及其工作成果评估持怀疑态度，对减贫效果和失业者相当低的生活水平尤其不满（ESS，2018）。

俄罗斯纵向监测调查（RLMS－HSE）数据显示，许多俄罗斯人不仅对俄罗斯当前的社会保障制度持怀疑态度，甚至认为它是无效和不公平的。42.5%的受访者认为现行的养老金和社会福利制度完全不公平，另有37.6%的人认为不公平。此外，大多数俄罗斯人认为政府的收入分配并不公平（41.8%认为完全不公平，40.8%认为不公平）。值得特别强调的是，政府资金在城市和农村人口之间的分配日益不平等，31.3%的人认为完全不公平，另有39.1%的人认为比较不公平。另外，值得注意的是，34.4%的受访者表示经常面临生活拮据的困境。

许多人最关心的一个问题是医疗保健体系。大多数受访者认为医疗保健的可及性和质量问题很严重或比较严重。28.3%的人认为根本无法获得医疗保健服务，42.3%的人认为基本无法获得医疗保健服务；32.0%的人认为服务质量非常差，43.1%的人认为服务质量比较差。另一种普遍的观点是，俄罗斯政府的医疗保健体系不仅发展停滞不前，而且完全不公平或比较不公平。持此观点的受访者分别占22.9%和46.5%。41.5%的人亲身经历过无法获得各种医疗救助的情况。有趣的是，这个问题在城市居民中比在农村居民中更常见（分别为45.5%和33.6%）。60岁以上的人比其他人在获取医疗保健上更加困难（51.3%）。此外，14.7%的俄罗斯人经常无法在药店买到基本药物。

（一）养老金保障

养老金保障是社会福利制度最重要的组成部分，它直接关系到全体人民的利益，是社会稳定发展的支柱之一。就其结构和实质而言，俄罗斯的养老金制度是一套复杂的关系机制，旨在塑造和有效利用养老基金。养老金保障的主要组成部分包括：（1）由联邦预算支持的国家养老金，目的是补偿那些没有强制养老保险且不属于投保人类别的公民收入损失；（2）强制养老保险，是以强制性收取保险费用的形式，为持有相应保险单的公民提供就业养老金；（3）由自愿存款提供资金的非国家（补充）养老金，是根据与非政府养老基金的协议发放非国家养老金。值得注意的是，养老金保障制度涵盖了各种类型的养老金（见表2）（FSSS，2022）。

俄罗斯目前实行的养老金保障制度覆盖了很大一部分人口。超过4200万人领取养老金，其中大多数（82.5%）是年老且有资格领取养老金的公民。55.5%的养老金领取者是在业人口。尽管俄罗斯实施了一系列措施，使养老金制度更加平衡并扩大了其保险部分，但养老金保障仍然存在很大不足。平均养老金发放规模不高于组织支付给员工的平均工资的30%。平均养老金占领取者最低生活水平的比例约为161%，远低于"2030年俄罗斯养老金制度长期发展战略"设定的目标（保证老年人平均养老金至少为领取者最低生活水平的2.5~3.0倍）①。

---

① 自2012年12月25日生效的第2524-r号俄罗斯联邦政府令《关于发展俄罗斯养老金制度的长期战略》（修订和补充），https://base.garant.ru/70290226/（访问日期：2022年11月25日）。

　　不难注意到，领取不同类型养老金的各类领取者在养老金发放规模上存在显著差异（见表2）。2022年，联邦公务员的平均养老金比平均社会养老金高0.36倍。另一个特点是这些数字存在明显的地区差异，从达吉斯坦共和国的12637.8卢布到楚科奇自治区的27842.9卢布不等。莫斯科的平均养老金为18238.6卢布，而在圣彼得堡，这一数字为18415.5卢布，仅略高于平均水平（16884.1卢布）。此外，对RLMS-HSE数据的分析表明，女性的平均养老金略高于男性。

表2　各类养老金领取者的人数和平均养老金

（截至2022年1月1日）

	2006年	2010年	2016年	2018年	2019年	2020年	2021年	2022年
在俄罗斯养老金登记的领取者人数（千人）	38313	39090	42728	43503	43864	43545	42976	42006
在这些领取养老金的人中：								
年老者	29192	30828	35555	36336	36710	36341	35747	34638
残疾人	4323	3816	2267	2107	2043	2088	2058	2131
失去供养人（每名丧失工作能力的家庭成员）的人	2737	1523	1395	1408	1403	1381	1382	1399
遭受辐射或人为灾害的个人及其家庭成员	215	275	332	422	443	459	475	487
联邦公务员	27	43	71	74	77	78	78	78
社会养老金	1819	2605	3108	3156	3188	3198	3236	3273
继续工作的养老金领取者人数（千人）*	8592	11708	15259	9669	9667	9315	8891	8513
所有领取者的平均养老金（卢布）	2538.2	6177.4	12080.9	13323.1	14102.1	14904.4	15744.6	16884.1
在这些领取养老金的人中：								
年老者	2763.6	6630.1	12830.4	14151.6	14986.3	15878.4	16790.0	18084.8
残疾人	1981.7	4785.0	8040.1	8807.4	9278.6	9823.9	10332.2	11133.3

续表

	2006 年	2010 年	2016 年	2018 年	2019 年	2020 年	2021 年	2022 年
失去供养人（每名丧失工作能力的家庭成员）的人	1494.0	3740.3	7924.9	8875.7	9479.2	10109.9	10715.6	11751.4
遭受辐射或人为灾害的个人及其家庭成员	2438.6	6030.9	10766.7	11863.2	12428.5	12997.1	13854.3	14731.5
联邦公务员	4389.4	9565.2	17186.4	18709.7	19994.1	21224.3	22792.2	24684.7
社会养老金	1798.4	4244.5	8302.4	8806.6	9093.7	9298.1	9848.1	10195.2

＊2017 年在职养老金领取者人数下降是由于自 2015 年 12 月 29 日起生效的第 385 - FZ 号联邦法"关于暂停俄罗斯联邦立法法案的某些条款，修改俄罗斯联邦的某些立法法案以及增加养老保险金、补充养老保险金和社会养老金的固定补贴的具体细节"，在这种情况下，在职养老金领取者的养老金不会指数化。

很能说明问题的是，非国家养老金制度并不是特别受欢迎。该体系要求公民自愿存款，随后可以获得他们所存的资金加上投资利润。2000 年至 2021 年，非国家养老基金的数量从 262 个下降到 39 个。2021 年，领取非国家养老金的人数为 148.44 万人，不超过俄罗斯养老金登记领取者总数的 3.5%。每人每月领取的平均养老金为 4215.4 卢布。

俄罗斯养老基金及其子公司实施的社会援助，面向养老金领取者的社会支出包括：每月发放额外的物质保障——每月向特定公民发放的补贴；每月发放津贴和提供一系列社会服务——向特定类别的公民发放津贴（有资格获得社会服务的人可以选择是接受实际服务还是等值的货币）；失业养老金领取者的养老金中增加社会津贴，使其与所在地区的最低生活水平相匹配。

养老金发放晚的问题在 20 世纪 90 年代相当普遍，后来得到解决，在很长一段时间内都不是一个值得关注的问题。然而近年来，随着经济的持续恶化，这个问题变得更加尖锐。根据 RLMS - HSE 的数据，2018 年至 2021 年期间，未领取到上月养老金的个人比例持续提高，其中男性领取者的这一比例从 1.5% 提高到 8.2%，女性领取者的这一比例从 1.4% 提高到 6.7%。

俄罗斯的养老金制度正在不断发展。据专家称，决定其发展的主要因素包括较高比例的非正规或非法就业、低薪、人口特征（显著的性别差异、"人口波动"）、强制养老保险的保险缴费分配有利于雇主且雇员不参与，大规模保留早期养老金制度，养老金制度的整体发展缺乏系统性方法（Sinyavskaya，Yakushev，& Chervyakova，2021：102）。

2019 年，另一场养老金制度大规模改革的开始，涉及一系列重大变化，包括提高老年养老保险金领取和国家养老金发放的年龄。持续到 2028 年的增量变化导致退休年龄将提高 5 岁，女性为 60 岁，男性为 65 岁。此外，所有养老金都将实现指数化，而年满 80 岁的养老金领取者将有资格获得额外的养老金补贴。

与领取养老金的人一起，准备领取养老金的人会被正式指定为一个独立类别，并且可以获得已经达到退休年龄时提供的福利和社会支持措施（免费药物和公共交通费折扣、大型维修和其他公用事业费用折扣、免征财产税和土地税、与年度体检有关的福利、额外的就业保障等）。在达到退休年龄的前五年，可以享受大部分养老金福利的权利。

预计上述及其他已宣布的养老金制度改革，将有助于保障人民获得满意的养老金和保障养老金制度的长期财政稳定，以及解决全国人民普遍关心的问题——减少贫困、确保养老金增长速度高于通货膨胀率、提高老年人的生活水平和生活质量等。然而，对已批准的解决方案如何实施的初步评估并不能令人过于乐观。许多专家声称，俄罗斯联邦养老基金的预算只是稍微平衡了一点，而养老金保障水平的明显下降可能导致老年人的生活变得更差（Safonov & Anyushina，2019）。

（二）社会服务

总的来说，福利和社会保障制度的一个重要组成部分是向民众提供社会服务，包括向官方认为需要援助的公民提供社会照料，改善他们的生活或提高他们自给自足的能力。社会服务包括：家庭社会服务（包括社会医疗服务）；社会服务机构在住宿处日夜提供的半固定式社会服务；固定机构（寄宿学校、寄宿公寓和其他机构，无论其名称如何）的固定社会服务；紧急社会服务（紧急医疗和心理援助、一次性经济援助、为急需援助的人提供食物和基本必需品）；具有咨询性质的社会援助。[①]

[①] 自 2013 年 12 月 28 日生效的联邦法律《关于俄罗斯联邦公民社会服务的基础》，第 442 - FZ 号，《俄罗斯日报》第 295 期，2013 年 12 月 30 日。

　　社会服务主要和最广泛的受惠者是生活困难的老年人和残疾人。根据俄罗斯联邦国家统计局的数据，2021 年，超过工作年龄的人口达到 3690.3 万人，占俄罗斯总人口的 25.3%。其中只有 1.9% 的人登记并从相应的政府机构获得社会救助。在所有登记并接受社会支持且处于超过工作年龄的公民中，有 13.1% 正在接受紧急社会照料（不定期紧急援助），有 77.8% 接受居家照料（家庭护理或医疗护理），有 2.4% 接受半固定照料（日托机构），有 6.5% 申请了社会咨询。这些人中的绝大多数是免费或部分自费接受上述服务的（分别为 46.5% 和 46.0%）。

　　2021 年，俄罗斯残疾人总数为 1163.1 万人，其中一级残疾 136.7 万人，二级残疾 498.2 万人，三级残疾 457.8 万人；残疾儿童 70.4 万人。达到法定退休年龄的残疾人比例为 11.2%。其中 8.1% 的人已登记并得到社会保护机构的照料。不同服务种类和保障条件的分配情况，与所有已登记并得到社会保护机构照料的退休年龄公民的情况大致相同。

　　表 3 列出了为老年人和残疾人提供社会服务的固定组织的一般数据（Rosstat，2021：87）。截至 2021 年，俄罗斯共有 530 所寄宿公寓（6.84 万人），530 所精神病和神经病患者寄宿公寓（15.74 万人），31 所老年医学中心（6100 人）和 4 所老年精神病学中心（1500 人）。除此之外，还有 85 所儿童精神病和神经病患者寄宿学校（1.15 万名儿童），22 所儿童寄宿学校（2400 名儿童），包括生理缺陷儿童寄宿学校，以及 121 所为残疾儿童提供固定社会服务的机构（1.75 万人）（FSSS，2022）。

表 3　老年人和残疾人固定社会服务机构数量和容纳人数

（截至当年年末）

	2005 年	2010 年	2015 年	2017 年	2019 年	2020 年	2021 年
为老年人和成年残疾人服务的机构数量	1390	1475	1293	1307	1249	1243	1237
其中：							
容纳人数（千人）	235	245	251	254	279	252	256
残疾人服务机构数量（个）	153	143	144	251	235	243	228
其中：							
容纳人数（千人）	29	24	21	40	37	27	31

其他不分所有制形式提供社会服务的组织和机构包括向家庭和儿童提供社会援助的各种地方中心、未成年人社会康复中心、为失去父母的儿童设立的救助中心、为儿童和青少年设立的孤儿院、提供心理教育援助和心理健康热线的咨询中心、家庭社会救助中心（处）、过夜庇护所、专门为独居老人设立的养老院等。

目前，社会服务体系建设仍在继续推进，其中包括根据各地具体情况，建立健全社会服务机构网络，扩大社会服务覆盖面，增加服务数量。重点在于提高社会服务质量，建立长期照料体系，这需要非国家合作伙伴更积极地参与社会服务。为自我照料能力有限的公民建立稳定的长期照料体系至关重要。据专家称，到 2040 年，受到此类限制的俄罗斯公民总数将从 2020 年的 410 万人增加到 680 万人（FSSS，2022：171）。

需要解决的复杂问题包括：如何明确界定联邦政府和俄罗斯联邦主体在社会服务领域的作用，如何解决人员配置问题，如何建立外围资源基础，如何在社会服务实践中引入新技术，以及如何促进非国家社会服务部门的全面发展等。在分析俄罗斯发展非国家社会服务方面的经验时，可以明显发现，国家和非国家服务提供者之间合作的必要条件才刚刚开始形成（Grishina & Tsatsura，2020）。

为老年人提供的社会支持适用于以下人口类别：（1）在俄罗斯联邦管辖范围内的公民（伤残退伍军人、苏联卫国战争退伍军人）；（2）在俄罗斯联邦主体的管辖范围内的公民（战争后方工作者、劳工退伍军人、被免罪的个人和被官方宣布遭受政治迫害的人）；（3）其他类别公民（没有资格领取福利的养老金领取者；领取地区养老金津贴的养老金领取者；退休公务员；被战争伤害的儿童）。表 4 列出了这些措施适用的公民人数（FSSS，2022）。

表 4　2021 年由俄罗斯联邦主体综合预算提供老年人社会支持的公民人数信息

单位：千人

	有资格领取社会支持的公民人数	定期领取津贴的公民人数	领取一次性补助的公民人数
在俄罗斯联邦管辖范围内的公民	15.1	15.2	112.8
在俄罗斯联邦主体管辖范围内的公民	13285.3	10805.8	462.9
其他类别公民	13716.3	5926.1	3274.8

2021 年，退休公务员平均每人定期领取的津贴为 11858 卢布。与此同时，伤残退伍军人领取的津贴为 2149 卢布，苏联卫国战争退伍军人领取的津贴为 1574 卢布，战争后方工作者领取的津贴为 869 卢布，劳工退伍军人领取的津贴为 685 卢布，被免罪的个人和被官方宣布遭受政治迫害的人领取的津贴为 829 卢布。

医疗救助是福利制度的基本组成部分之一。根据《俄罗斯宪法》规定，每个公民都有权获得医疗保健服务和医疗救助，在国家和市政机构获得免费医疗服务，费用由各自的预算和保险费以及其他存款支付。国家和市政机构提供的全部或部分免费医疗救助和治疗，实质上是医疗社会救助，是国家社会保障制度不可或缺的组成部分。根据俄罗斯法律，所有患病、丧失工作能力或在其他必要情况下的公民，都有权获得免费的医疗 - 社会援助，以及享受与照顾患病、丧失工作能力的人和残疾者有关的社会保障，其中包括因暂时丧失工作能力而领取津贴。[①]

此外，随着俄罗斯正式推行全民免费医疗保健体系，支付医疗费用的公民人数不断增加。几乎 1/3 的俄罗斯公民有时不得不诉诸付费医疗保健服务。根据俄罗斯科学院经济预测研究所的数据，与大多数优先扩大政府作用的发达国家相比，俄罗斯的医疗保健发展方向完全不同，例如在从私人资金向公共资金转变方面。俄罗斯私人医疗保健支出占总医疗保健支出的比例从 1995 年的 16% 增长到 2018 年的 39%，其中包括购买药品和医疗用品——从 10% 增长到 25%，以及支付医疗服务——从 4% 增长到 12%。在同一时期，私人支出占国内生产总值的比例从 0.8% 增长到 2.0%（Ivanov & Suvorov，2021：67）。私人医疗保健比例的提升，导致相当一部分人口由于没有足够的钱获得付费医疗保健，在获得医疗保健的机会上较少。

（三）社会津贴和福利

福利制度的另一个组成部分是以某些社会津贴和福利的形式向人们提

---

① 自 2011 年 11 月 21 日生效的联邦法律《关于保护俄罗斯联邦公民健康的基础》，第 323 - FZ 号（最新版），http://pravo. gov. ru/proxy/ips/? docbody = &nd = 102152259（访问日期：2022 年 11 月 21 日）。

供社会救助。这包括各种大量措施（我们之前部分讨论过），这些措施具有不同的规律性，并针对特定类别的人口，具体取决于政府机构运作所依据的规范性法案或非政府组织的规范性文件中所规定的内容。

据专家称，联邦一级有近 800 项社会援助措施，而且每个地区平均还有 100 项社会援助措施。不同机构提供的联邦和地区措施重叠的情况并不少见。社会救助覆盖了大约 65% 的人口，但据专家称，上述覆盖率的结果尚未产生特别大的影响（Nazarov & Posharats，2017）。缺乏效力在很大程度上是由于现有的一整套社会支持措施的目的。社会支持措施的目的与其说是帮助那些需要帮助的人，不如说是奖励那些以这样或那样的方式为国家服务的人，使公众服务或在生命和健康面临高风险环境下的服务更具吸引力。

社会津贴是再分配概念和计划的核心组成部分，其重点是减少物质劣势和贫困。津贴通常确保有基本保障收入，但在某些情况下，也能使人维持其惯常的生活水平。定期或偶尔由俄罗斯社会保险基金或国家预算支付的社会津贴包括暂时丧失工作能力人员津贴或失业人员津贴，以及儿童津贴。

发放暂时丧失工作能力人员津贴的情况如下：当某人因疾病或受伤而丧失工作能力时；当某人照顾生病的家庭成员时；当被保险人被隔离，或其 7 岁以下上幼儿园的子女被隔离，或另一名丧失工作能力的家庭成员被隔离时；当某人因医疗在专门的住院机构进行植入手术时；当某人在住院机构接受治疗后在俄罗斯的医疗度假地进行康复时。

失业人员津贴是对经由标准程序正式宣布为失业的公民提供的一种支持形式。暂时丧失工作能力或失业人员津贴是定期发放，而不是无限期发放，只是在一定的时间范围内发放。此类津贴每 12 个月（不是连续 12 个月，而是总共 12 个月）不得发放超过 6 个月。

子女津贴是国家向产妇、父亲和儿童提供的物质保障。直到最近，这些津贴包括根据个人的具体情况而提供的大量各种儿童津贴。然而，从 2023 年 1 月开始，为了简便，为有 17 岁及以下子女的家庭提供普遍津贴。与此同时，为怀孕或分娩的妇女或照料 1.5 岁以下儿童的妇女保留社会救助，相应的津贴由雇主支付的保险费和生育资金支付。

新冠疫情及其对人民健康、粮食安全、收入和就业产生重大影响的经济后果严重影响了弱势群体，因此采取了旨在加强社会保障计划的额外措施。疫情期间出台的社会津贴制度的新优先事项包括，为有 8 岁以下儿童的低收入家庭提供津贴，为失业者提供津贴，为儿童和养老金领取者提供一次性津贴。2020 年，政府拨款 1.96 万亿卢布直接资助这些人口，发放金额占这些人口收入的 3.1%。然而，尽管这些额外社会保障措施的规模很大，但在疫情期间不得不应对收入损失的家庭中，只有 50% 获得了例行额外社会津贴形式的支持。2022 年，实现了需要财政扶持的有子女家庭全覆盖。同时，老年公民在联邦或地区一级都没有得到有针对性的支持（Gaskarov，Gontmacher，& Trubin，2022）

在社会福利方面，采取为不同类别的公民量身定制的某些优势的形式。俄罗斯的福利体系主要基于平等原则，政府的主要优先事项是支持最弱势的公民，这是因为通过国家预算分配的资金有限。

基于 RLMS-HSE 的数据，Kozyreva 和 Smirnov 于 2021 年对向俄罗斯企业员工提供社会保障和福利的做法进行的分析表明，俄罗斯尽管在维护人民的社会经济权利方面采取了积极措施，但仍有相当多的公民不能在其主要的工作地点使用强制性社会保障的合法权利。更不用说许多富有公司在危机情况下，在强制性社会保障上被迫削减了给员工提供的社会福利和服务的数量和清单，即严格基于自愿原则，通常由雇主主动提供（见表 5）。对工作人员的社会支持减少，而工资水平保持不变，导致工人及其家庭的经济保障下降，从而加剧了贫困和社会经济不平等等问题。

表 5 在主要工作地点为企业和组织的员工提供社会保障和福利

单位：%

社会福利	2000 年	2006 年	2010 年	2018 年
带薪假期	91.2	88.2	89.5	87.7
带薪病假	91.1	84.8	87.2	85.6
怀孕、分娩和照顾子女至 3 岁的带薪产假	89.1	76.2	73.6	73.5
在社会福利机构的医疗机构免费治疗，在其他医疗机构全额或部分支付治疗费用	37.7	25.8	20.0	16.6

续表

社会福利	2000 年	2006 年	2010 年	2018 年
全额或部分支付疗养地、周末度假地、旅游营地、儿童营地的费用	44.2	31.2	21.9	15.8
在社会福利机构的学前机构提供免费儿童保育，全额或部分支付在其他类型的学前机构的儿童保育	13.5	6.0	3.8	3.1
免费或折扣餐	14.9	14.2	10.2	9.5
公共交通补贴、支付公车月票费	14.4	12.0	9.8	8.1
支付移动和互联网服务费	*	*	*	4.5
培训费用由公司承担	20.7	24.6	21.5	22.6
建造或翻新住房贷款、建筑用品折扣	14.0	10.0	4.1	2.5
支付租赁房屋费用	*	2.2	1.9	1.7

* 未收集信息。

该分析还揭示了另一个现象：在高科技企业或大多数工作人员都是合格专业人员的部门，向工作人员提供额外社会福利的情况要多得多。此外，在工作场所获得加薪或各种社会救助的机会方面，最有价值的专业人员往往是第一位的，他们的能力是最强的，他们拥有独特的知识和技能。由于缺乏合格的工人，企业利用福利和保障制度作为招聘的手段，并提高拥有符合现代标准知识和技能的专业人员的忠诚度。

一般来说，向高收入管理者、高级或普通专业人员、具有现代能力的有价值的员工提供额外社会福利的情况较好，而向不合格的工人，即收入最低的工人提供额外社会福利的情况则糟糕得多。因此，这些福利更多的是有助于提高那些薪水最高的员工的福祉水平，而不是在物质上支持那些真正在经济上挣扎的、最没有保障的员工。鉴于缺乏高素质的工人，向员工提供社会福利和服务的做法，虽然在一定程度上解决了寻找训练有素的专业人员从事高科技工作的问题，但会使社会不平等现象更加严重。

二　农村福利的具体情况

为了优化和确保福利体系的有效运行，必须考虑到地域－空间聚居人群所固有的特定特征，其中某些特征尤为突出，特别是以莫斯科和圣彼得堡为代表的高度发达的中心地区，以及包括各种省级住区在内的极其广阔和多样化的边缘地区（其中大部分是农村居民区）。对于生活在农村住区的人们来说，困难的生活和较差的工作条件一直是而且仍然是现实。失业、贫困和收入不稳定对农村居民的影响尤为严重。农村居民不断面临高风险，获得综合福利措施的机会往往有限。尽管如此，近年来，在农村居民实现社会保障权利方面，也取得了一些进展。

首先，应当指出的是，大多数农村居民不得不将就着微薄的养老金，这是农业低工资的产物。这一问题得到了部分整顿，原因在于：最近实施了有针对性的社会保障措施（2019 年部署），其形式是向在农业领域工作30 年以上的农村养老金领取者发放政府奖金，金额相当于老年人或残疾津贴保险部分的 25%。

实现农村老年人的社会服务权利有几个特殊的因素，这些因素与农村生活方式的具体情况有关。社会基础设施不发达、与世隔绝且与最近的社会服务设施相隔甚远、获得许多社会服务（医疗、教育、心理治疗援助、文化和娱乐领域的服务）的机会有限、社会工作者短缺以及数字技术发展不足，所有这些因素都使得难以提供全面、高质量的社会服务。此外，农村生活水平低，导致消费者对有偿社会服务的需求低。

农村老年人最需要的服务是社会医疗卫生服务、家庭照料服务、餐饮和娱乐服务以及法律服务。发展最快的是为老年公民提供的社会服务，其形式就是在家中提供社会服务。农村老年人对这种形式服务的需求越来越大。当能够照顾农村老年人的亲属缺乏、无法在家中为他们提供充分的服务时，可以安置农村老年人到能够提供服务的专门中心（寄宿公寓、老年医学中心、特殊之家等）。许多地区通过组建"寄养家庭"的方式来解决这一问题，寄养家庭每月因照顾老人而获得报酬。

城市和农村地区在残疾人社会服务覆盖面方面存在一定差异。根据俄罗斯联邦国家统计局的数据，2021 年，城市中约 6% 的残疾人在社会保护机构注册并接受社会保护机构的服务，而在农村地区，这一数字为 8.1%。在这些人中，农村居民比城市居民更经常寻求家庭护理（占比分别为75.5% 和 55.9%）。同时，在城市住区，残疾人紧急社会服务（17.5%，而农村地区为 4.2%）、社会咨询（21.9%，而农村地区为 17.1%）和日间社会服务机构半固定照料（4.3%，而农村地区为2.7%）的比例更高。值得一提的是，城市中的残疾人能更经常地获得完全免费的医疗服务（65.9%，而农村地区为37.1%），而农村地区部分自费接受治疗的人数比例更高（55.5%，而城市地区为28.2%）。在城市和农村地区，完全自费接受治疗的残疾人比例大致相同（分别为5.9%和6.9%）（FSSS，2022）。

研究表明，与城市相比，农村残疾人对社会服务机构和社会工作者在家中提供的保障服务质量往往更满意。城市中只有56.4%的残疾人对这些服务的质量完全满意，而在农村地区，这一数字为82.3%。

尽管专门为恢复国家统一的医疗保健体系而采取的措施带来了一些积极变化，但村民仍然受到了医疗保健可及性、药品可获得性以及折扣药品供应等有关问题的严重影响。研究表明，许多旨在增加农村地区医疗保健获得机会和提高质量的计划并没有带来任何显著的积极结果（Chernyshev et al.，2022）。农村地区获得医疗保健，特别是优质医疗保健的机会比城市要少得多，村民几乎总是被迫到大型城市医疗机构寻求高科技医疗服务。相当高比例的农村人口无法获得任何形式的医疗保健。

就医疗服务的可获得性和质量而言，农村医疗机构在许多方面都存在不足，不仅在医疗设备上不如城市医疗机构，而且配备的合格工作人员也往往少得多。在城市，医疗专业人员的充足性比农村地区高2.8倍。就每万人所拥有的医疗专业人员的确切数量而言，农村地区的这一数字不高于13.8名医生，而俄罗斯全国平均水平为38名（Belova，2017：101）。在所有医生中，具有最高资格水平的医生的比例为26%，而在农村地区工作的医生中，这一比例仅为16%（Rosstat，2021：115）。农村地区的大部分医疗援助由中层人员提供，与城市居民相比，农村居民在医疗机构花费的时间通常要多得多。由于主要为富裕公民量身定制的付费医疗服务变得越来越普遍和昂贵，经济条件一般的农村居民在获得优质医疗服务方面受到了严重限制（Kozyreva & Smirnov，2018）。

正如我们已经提到的，俄罗斯目前实施的这套社会支持措施在很大程度上不是旨在帮助那些需要帮助的人，而是奖励那些为国家贡献过重要服务的人，以及支持那些健康和财产受到损害的公民，从而使公共服务和高风险条件下的服务更具吸引力。后一类受益者中，有相当一部分产生于行业立法，其中有关于在农村地区工作的某些类别的专业人员获得社会支持的权利的条款。这些措施的主要目标是解决农村的人员配置问题，而不是为弱势群体提供社会支持，也不是为了减少贫困而促进农村地区的就业。

其中一项涵盖大量人口的特殊社会支持措施是报销农村专业人员的住房租金和水电气费。地区预算数据显示，获得此类补偿的人数超过 130 万人。此外，在大多数地区，领取者包括那些实际上有资格享受这些福利的人及其家庭成员，而家庭成员人数比专业人员本身多 2~3 倍。各地区还提供 25% 的奖金，以补充在农村地区教育和医疗机构工作的工资（Nazarov & Posharats，2017：81–82）。为了使农村的工作对专业人员更有吸引力，还采取了其他措施，其中包括购买或建造住房的津贴、向有前途的年轻专业人员支付的款项、购买建筑材料的津贴和购置宅基地的津贴，这些通常都由社会保护机构处理。

人们越来越密切地关注社会援助的各个方面，也采取措施，使农村人口中的老年人和其他弱势群体能够挖掘其尚未实现的潜力，特别是，建立在监督和控制基础上的捐助计划。与以下内容相比，监督和控制不再是重点：帮助人们保住或找到工作，实现自给自足；促进家庭内部和其他类型的援助；在需要帮助的人的直接参与下，为他们开发新的护理形式；实际跟踪农村地区社会服务消费者之间的差异。

三　结论

俄罗斯目前的社会保障制度是帮助弱势群体解决他们日常生活中面临的紧迫问题的关键机制之一。俄罗斯目前的社会保障制度拥有庞大的资源基础，可以制定和实施完全符合现代标准的社会保护措施。这一领域的主要问题仍然是难以向所有有需求的人提供社会援助，解决这一问题需要联邦、区域和地方福利机构做出协调努力。妨碍实现高质量福利所需条件的一个情况是资源分配的不平等，资源分配没有考虑到俄罗斯的现实。鉴于这一事实，最重要的任务是调整现有福利措施的范围并提高其质量，通过采取有针对性和全面的方法，改善对弱势群体的社会服务和社会支持，确保自愿性以及平等和开放的获得机会。其他相关问题包括人员配置，确保更好地管理社会服务机构，以及协调它们的活动。

第七篇

城市人口结构和老龄化

中国城市老龄社会及其影响

王 晶

中国在推动市场经济改革和现代化国家建设中，以"家庭"为核心的再生产模式受到冲击。一方面，与西方经济体相似，在传统家庭中承担着更多养老托幼责任的女性劳动者，在现代化过程中越来越多地走出家庭，投身社会化生产劳动，传统社会的基础也随之衰弱。长期以来，社会政策把工作和家庭一直划分为公共和私人两个边界清晰的领域。在女性就业越来越普遍的背景下，传统的私领域家庭照料模式已难以为继。另一方面，有所不同的是，西方国家老龄化社会的福利政策建基于高经济发展水平之上，而中国则是提前步入"未富先老"的社会，如何解决人口老龄化带来的社会问题成为政府和社会必须考虑的。

本文利用 2021 年中国社会状况综合调查（CSS 2021）数据，探讨当前中国城市发展过程中家庭养老服务模式的变化，一方面从居住模式、经济支持角度探讨城市家庭应对养老需求的变化，另一方面从养老保障角度探讨国家在应对养老需求方面的变化。

一 研究背景与文献综述

（一）城市居住安排与经济支持

20 世纪 90 年代以后，中国家庭出现了明显的核心化趋势。王跃生（2020）利用 1982 年以来 4 次全国人口普查数据揭示了中国城市家庭结构的变动情况，20 世纪 80 年代以后，中国城市家庭一直呈现核心化趋势，生育控制、社会养老保障、住房改革等制度对城市家庭结构影响显著。张丽萍、王广州（2022）以第七次全国人口普查数据和 2021 年中国社会状况综合调查数据为基础，揭示了中国家庭结构最新情况，2020 年中国家庭户平均规模降为 2.62 人，比 2010 年普查数据减少了 0.48 人。这个变化意味着中国家庭从一般意义的三口之家向两口之家转变。

在家庭核心化趋势下，传统的家庭养老功能如何维系一直是学者关注的问题。许琪（2015）研究发现，城市养老功能逐步分化，女儿在家庭经济支持和生活照料两个方面的直接效应都超过儿子。在现代化过程中，传统的以儿子为核心的赡养方式虽然没有彻底瓦解，但也已经发生明显变化，快速的人口转变和女性经济地位的提高使得家庭照料逐步向女性倾斜。而杨菊华、李璐璐（2009）研究认为，现代化进程并没有导致家庭功能衰落，代际经济支持、情感联络在社会变革下依然延续，城市家庭的凝聚力具有深厚的社会基础。

（二）城市家庭照料服务外包

随着城市的发展，女性劳动力市场参与率逐步提高，越来越多的女性走向职业化。根据世界银行 2021 年的数据，中国女性劳动参与率高达 62%，远超过世界平均水平的 46%；而根据国家统计局官网发布的《中国妇女发展纲要（2011—2020 年）》，2020 年，城镇单位女性就业人员为 6779.4 万人，比 2010 年增加 1917.9 万人，增长 39.5%，女性就业显著提高了她们的收入水平和社会地位。但城市女性仍然承担着沉重的照料压力。实证研究显示，在城市家庭养老中，女性投入程度更高，就业更容易受到不利影响（吴帆，2017）；佟新、周旅军（2013）研究显示，城镇中仍然有 12% 的女性从事全职家务劳动，其中 71% 因为孩子需要照料，28% 因为家中有老人需要照顾。一些城市的中产阶层女性，迫于家庭与工作的双重压力，倾向于寻求替代性的照护安排，向市场中的机构（养老院）和个人（居家看护）寻求有酬的照料劳动，即照顾的"市场转包"。据统计，2018 年，家政服务业的经营规模达到了 5762 亿元，同比增长了 27.9%，从业人员数量超过 3000 万人（萨支红等，2020）。

在当下中国，照顾服务的市场化加深了中国城乡、阶层之间的分化，具有一定经济实力的城市白领通过雇用家政工分担老人的照顾责任，同时北京、上海、广州等大城市也出现了越来越多的收费昂贵的老人颐养照顾机构，以满足高端照顾需求。另一端，照料工作者主要为进城务工的农村流动妇女和城市中下层女性（肖索未、简逸伦，2020），在满足城市中产阶层照料需求的同时，农村产生了大量无人照料的留守老人（吴心越，2019）。

（三）政府在照料服务中的功能角色

第二次世界大战以后，福利国家出台了大量支持女性的就业政策，间接推动了家庭照料政策的发展。事实上，照顾如何在国家、市场、社会和家庭之间及内部进行分配是福利国家研究的重要范畴之一，不同国家的学者对国家在照料中的角色持有完全对立的态度。比如，在北欧，对儿童和老人的社会服务主要由地方政府承担，经费来自税收；在中欧和南欧，国家认同市场化照护，意大利即以现金福利支持照顾，从而孕育了一个巨大的照顾服务市场（岳经纶、方萍，2017）。而在亚洲国家，日本在 20 世纪90 年代建立了长期护理保险制度，逐步将家庭照护责任转向社会化服务供给。

2000 年，《中共中央 国务院关于加强老龄工作的决定》提出，"建立以家庭养老为基础、社区服务为依托、社会养老为补充的养老机制"。2021 年，《中共中央关于制定国民经济和社会发展第十四个五年规划和二〇三五年远景目标的建议》提出，"构建居家社区相协调、医养康养相结合的养老服务体系"。经过二十余年的改革和能力建设，大多数城市都建立了基本养老服务体系。而在实践中，社会化养老服务能力发展非常不均衡，经济发展好的大城市有税收支撑，地方政府有更多的财政资源发展社会养老服务，而中小城市和农村社会化养老服务资源发展滞后（胡宏伟、蒋浩琛，2021）。

在现代化过程中，城市老龄化加剧，照料服务需求发生了深刻变化，家庭、市场和国家在照料责任中如何分配并没有一个理想模式。在现有照料框架中，国家、市场、家庭责任分担保持着微妙的平衡，超出了一种适度的平衡，三者之间不仅无法相互替代或者互补，还可能出现一损俱损的后果（吴小英，2020）。下文中我们将分别从家庭、市场和政府如何回应照料需求，探讨城市养老服务模式的变化。

二 中国城市老龄化特征

在过去 20 年中，中国的老龄化率一直在快速增长，2000 年 65 岁以上人口占老年人口的比例为 7.0%，而到 2020 年，65 岁以上人口占总人口的比例已经上升到 13.5%（见图 1），中国整体步入了中度老龄化社会。①

中国经济发展存在城乡二元模式，老龄化速度和程度也存在城乡差异。2000 年到 2010 年，城市的老龄化速度快于中国整体的老龄化速度；而 2010 年到 2020 年，城市的老龄化速度反而慢于中国整体的老龄化速度。到 2020 年，城市老龄化率为 10.78%，比全国老龄化率低 2.72 个百分点。相对应的，农村的老龄化速度快于全国老龄化速度，这个结果与发达国家老龄化结构有所不同。在城市化过程中，大量中青年在城市买房，或者进入大城市打工，一定程度上中和了城市的老龄人口结构。相对应的，农村的老龄化趋势却进一步加重。

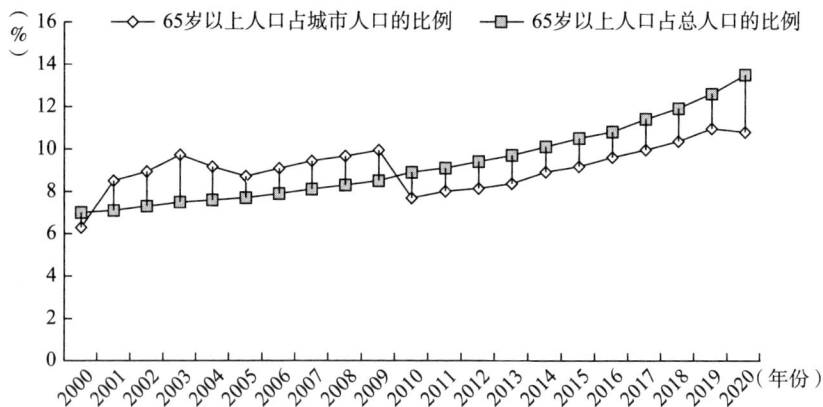

图 1　2000～2020 年我国城市老龄化总体趋势

资料来源：2001～2021 年《中国人口统计年鉴》，https://data-cnki net-s. vpn. ucass. edu. cn/Yearbook/Single/N2022040097。

人口结构与经济发展水平密切相关，过去 20 年中，中国经济发展水平

---

① 参照联合国标准，轻度老龄化为 60 岁以上人口占比超过 10%，65 岁以上人口占比超过 7%；中度/深度老龄化为 60 岁以上人口占比超过 20%，65 岁以上人口占比超过 14%；重度老龄化为 60 岁以上人口占比超过 30%，65 岁以上人口占比超过 21%。

存在着巨大的区域不平衡，对人口结构造成了重要影响。从统计数据来看，2000 年，各个地区的老龄化水平基本一致；而到 2020 年，不同区域的城市老龄化水平产生了巨大差距，东北地区城市的老龄化水平最高，2020 年达到了 14.86%；西部地区的老龄化水平最低，仅为 9.46%；东部和中部地区老龄化水平居中（见图 2）。东北地区在过去 20 年中经济发展较慢，2021 年东北三省 GDP 总量为 5.57 万亿元，占全国 GDP 总量的比例仅为 4.9%，不到广东省的一半。经济发展低迷造成了东北青年人口大量流失，导致老龄化程度高于全国大部分省份。

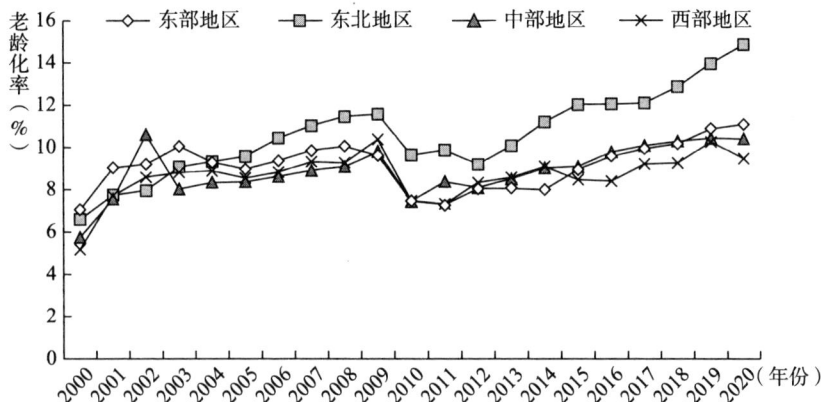

图 2　2000～2020 年我国不同区域城市老龄化情况

说明：东部地区：北京、天津、河北、上海、江苏、浙江、福建、山东、广东和海南 10 省（市）；中部地区：山西、安徽、江西、河南、湖北和湖南 6 省；西部地区：内蒙古、广西、重庆、四川、贵州、云南、西藏、陕西、甘肃、青海、宁夏和新疆 12 省（区、市）；东北地区：辽宁、吉林和黑龙江 3 省。

资料来源：2001～2021 年《中国人口统计年鉴》。

我们结合地理信息数据，进一步分析了城市老龄化人口的区域差异。2000 年，仅有辽宁、北京、天津、上海、江苏、浙江和重庆进入轻度老龄化阶段；2010 年，除了东南部五省、西藏、宁夏和陕西，其他省份均已进入轻度老龄化阶段；到 2020 年，大部分省份人口结构维持在轻度老龄化水平，仅有东北三省、上海和天津进入中度老龄化阶段。基于可视化地理信息数据，我们可以更清晰地看到过去 20 年中国老龄人口的结构性变化。一方面，经济高速发展提高了人们的教育水平和健康水平，中国人口预期寿命整体上升，老龄化速度也随之提升；另一方面，经济发展水平不均衡对人口流动产生了外生性影响，经济发展速度较慢的地区，人口结构出现了反向老龄化趋势，而经济发展速度较快的地区，却在一定程度上通过吸引外来人口维持了人口的均衡。

三　从家庭养老到社会养老：城市养老模式的变化

（一）直接照料：与老人共同居住模式

张丽萍、王广州（2022）利用2021年中国社会状况综合调查（CSS 2021）数据对家庭代际结构进行了分析。本研究按照家庭人口规模和家庭代际结构进行统计，从家庭人口规模来看，全样本家庭人口数以2人户和3人户为主，分别占25.33%和21.84%，两者合计占总人群的48.17%。我们从全样本中抽离出了有60岁以上老人的家庭，进一步分析与老人同住的家庭结构。对比来看，在有60岁以上老人的家庭结构中，家庭规模明显增大，其中5人户家庭占22.92%，6人及以上户家庭占34.87%，两者合计占与老人同住家庭结构的57.79%。在有80岁以上老人的家庭结构中，5人户家庭占20.69%，6人及以上户家庭占43.24%，两者合计占与老人同住家庭结构的63.93%（见表2）。家庭有60岁以上老人同住的平均人口规模是4.9人，家庭有80岁以上老人同住的平均人口规模是5.4人，随着同住老年人年龄的提高，家庭规模也逐渐从4.9人增加到5.4人，这背后可能反映了家庭成员在照料责任上的合作。

表1　2021年我国城镇家庭人口规模

单位：%

家庭规模	全样本家庭人口数占比	60岁以上城市家庭人口数占比	80岁以上城市家庭人口数占比
1人户	12.22	1.79	0
2人户	25.33	13.97	6.63
3人户	21.84	11.61	11.44
4人户	17.62	14.84	18.30
5人户	10.53	22.92	20.69
6人及以上户	12.47	34.87	43.24

其次，我们考察老年人的居住模式。结果显示，在与 60 岁以上老人同住的家庭中，以 3 代户居住模式为主，其次是 2 代户居住模式，两者的比例分别为 60.76% 和 20.91%；而在与 80 岁以上老人同住的家庭中，其结构与有 60 岁以上老人同住的家庭又有不同，占第一位的是 3 代户居住模式，其次是 4 代户居住模式，比例分别为 54.11% 和 26.26%。从这两个数据可以看出，在城市中，家庭仍然承担着核心的照料责任。除此之外，我们注意到 60 岁以上老年人独立居住的比例为 12.31%；80 岁以上家庭中，独立居住的比例仅为 1.59%。在城市家庭老年人口年龄增长过程中，家庭代际结构也逐渐从 2 代户、3 代户向 3 代户、4 代户转变，这个结构和整体家庭结构的变化并不一致。假定 80 岁以上老人为需要照料的老年群体，那么同住的家庭成员很可能就是老年人的直接照料者。从 80 岁以上家庭成员构成上看，2 代户主要是 50 岁受访者（平均年龄为 53 岁）＋80 岁以上父母居住模式；3 代户主要是受访者（平均年龄为 43 岁）＋80 岁以上父母＋子女家庭居住模式；4 代户即为传统的四世同堂结构，是受访者（平均年龄为 53 岁）＋80 岁以上父母＋子女家庭＋孙子女居住模式，四世同堂模式在城市家庭中占 26.26%，约占 1/4 的比例（见表 2）。从上述结果推断，夹心家庭模式，即"上有老、下有小"的家庭结构是城市老年家庭的主流居住模式。

表 2 2021 年我国城镇 60 岁以上家庭代际结构

单位：%

居住模式	全样本家庭代际结构占比	60 岁以上城市家庭代际结构占比	80 岁以上城市家庭代际结构占比
1 代户	30.48	12.31	1.59
2 代户	38.20	20.91	18.04
3 代户	23.58	60.76	54.11
4 代户	1.40	6.02	26.26

（二）间接养老：向老人提供经济支持

老年人养老需求包含日常照料、经济支持、情感慰藉三个维度。成年子女是老年人生活的重要经济来源（杜鹏等，2016）。在城市化过程中，家庭结构越来越核心化，成年子女很难提供直接的日常照料，经常通过转移支付方式替代原来的照顾功能（许琪，2015）。

2021 年中国社会状况综合调查（CSS 2021）问卷中，询问了子女"赡养或照料不在一起亲属的支出"，这里即反映成年子女通过经济支持而非直接照料方式承担赡养责任。从统计结果来看，城镇家庭中子女为老人提供经济支持的比例为 32.21%。不同收入水平家庭存在差异性，低收入家庭提供经济支持的比例最低，为 23.56%；高收入家庭提供经济支持的比例最高，为 39.17%。从绝对数额来看，低收入家庭与中等收入家庭、高收入家庭也存在显著差异，低收入家庭平均经济支持水平为 1391.76 元，而高收入家庭的平均水平为 4456.52 元，为低收入家庭的 3.2 倍。

同时，我们发现不同阶层在选择"共同居住"或"经济支持"上存在相反的取向，低收入家庭与老人共同居住的比例最高，达到 45.32%；中等收入家庭与老人共同居住的比例为 41.88%；而高收入家庭中与老人共同居住的比例仅为 34.04%。表 3 体现了现代家庭在养老选择上的替代效应，在"共同居住"和"经济支持"上，或者共同居住，或者提供经济支持，以获得传统道义上的合法性。低收入家庭更多倾向于与老人共同居住来承担照料责任，而高收入家庭更多提供经济支持来承担照料责任。

表 3　我国城镇家庭提供经济支持的情况

单位：%，元

	城镇家庭	低收入家庭	中等收入家庭	高收入家庭
经济支持的比例	32.21	23.56	34.16	39.17
经济支持的额度	2773.16	1391.76	2478.81	4456.52
与老人共同居住的比例	40.59	45.32	41.88	34.04

（三）照料外包：市场化的照料模式

如前所述，城镇女性在职业与家庭难以平衡时，也可以通过市场购买方式减轻照料负担。2021 年中国社会状况综合调查（CSS 2021）在家庭总支出分项目中询问了"家政服务支出"情况。我们同样按照相对比例和绝对数额探讨不同阶层在家政服务支出上的情况。

根据统计分析结果，城市家庭中使用家政服务的比例总体不高，仅为4.45%；其中低收入家庭使用过家政服务的比例仅为2.44%，而高收入家庭的这一比例也仅为7.92%，没有超过10%。不同收入阶层家政支出额度也存在差异，低收入家庭平均家政服务支出额度为194.32元/年，按照现在的市场价格，相当于1次上门家政的费用；高收入家庭的平均支出额度为920.23元/年（见表4），相当于4~6次上门家政的费用。

表4　我国城镇家庭家政支出情况

单位：%，元/年

	城镇家庭	低收入家庭	中等收入家庭	高收入家庭
有家政支出的家庭比例	4.45	2.44	3.29	7.92
家政支出的额度	441.63	194.32	239.57	920.23

（四）政府在养老保障中的功能

政府在养老服务中的功能包含现金和服务两类，现金包括养老金和各类养老服务津贴；服务则涵盖居家养老服务、社区养老服务、机构养老服务、家庭医生等。2016年我国开始第一批长期护理保险试点，涵盖了15个试点，老年社会服务逐步成为政府购买服务的范畴，这也意味着随着老龄化的加深，家庭不再是唯一老年服务的主体，政府将逐步介入传统的家庭领域。

由于CSS 2021年数据限制，我们只能从养老金角度探讨政府在养老保障上的功能。城市养老金体系根据不同人群进行分类统筹管理——城镇职工养老金、城镇居民养老金、公务员/事业单位退休金和新农保养老金，近些年来，随着城乡一体化进程加快，东部地区已逐渐将新农保与城镇居民养老保险合并成统一的城乡居民养老保险，但在中西部地区，新农保还是作为单一险种存在。由于缴费机制的不同，四类养老金待遇水平存在很大差异。CSS 2021样本中，被访样本的最高年龄限制到69岁，我们通过两种方式考察城镇养老金待遇情况，一个是分析50~69岁受访者养老金待遇情况；另一个是将范围扩展到家庭整体，计算家庭退休老人平均养老金待遇情况。

首先，我们分析 50~69 岁被访者养老金待遇情况。四类养老保险金中，领取退休金的待遇水平最高，年均为 24287.30 元；其次为城镇职工养老金，为 20587.00 元，两者差距并不大；最低水平来自新农保养老金，年均水平为 5287.81 元。其次，我们考察家庭退休老人平均养老金情况。我们发现，不同身份被访者家庭退休金出现叠加现象，公务员/事业单位被访者，家庭人均退休金水平为 36730.01 元，高于个人（24287.30 元）；城镇职工和城镇居民家庭人均情况与个人情况差距不大；而领取新农保养老金的家庭人均待遇水平下降为 4342.51 元（见表 5）。这说明，家庭资本产生了一种集聚效应，退休金越高的家庭，配偶或父母也可能是高收入群体，导致家庭退休金整体抬高；相反，养老金水平低的新农保家庭，配偶或父母有可能也是新农保或者没有保险的群体，导致养老金水平进一步降低。从这个角度看，家庭平均养老金水平进一步拉大了个人养老金水平的差距。

表 5　我国城市家庭老年养老金待遇情况

单位：元/年

	城镇职工养老金	城镇居民养老金	公务员/事业单位退休金	新农保养老金
被访者养老金水平	20587.00	11817.31	24287.30	5287.81
家庭平均养老金水平	21845.13	13266.61	36730.01	4342.51

四　从家庭养老到社会养老：城市家庭照料选择的影响因素

本部分中我们通过统计分析模型，分析不同阶层的城市家庭在"共同居住"、"经济支持"和"市场外包"三种养老模式选择的影响因素。同时，考虑到政府、市场和家庭在现代照护服务体系中存在互动效应，我们将在本部分进一步分析养老金对"共同居住"、"经济支持"和"市场外包"等养老模式的影响。

（一）子女与老人共同居住的影响因素

模型 1 以"家庭中是否有 70 岁以上老人"为因变量，采用二项 logistic 回归模型进行分析。在个人影响因素中，年龄和受教育程度对与父母同住具有显著影响。不同世代成年子女对与老人同住有不同的倾向，我们以1970 年以前出生的人群为参照组，1970～1980 年出生人群与父母同住的概率是 1970 年以前出生人群的 1.26 倍（$e^{0.235}$）；1980～1990 年出生人群与父母同住的概率是 1970 年以前出生人群的 63%（$e^{-0.456}$）；而 1990 年及以后出生人口与父母同住的概率最低，是 1970 年以前出生人口的 56%（$e^{-0.569}$）。受教育程度也是影响个人是否与老人同住的重要因素，以小学及以下学历人群为参照组，初中学历人群与父母同住的概率比小学学历人群降低 9%，高中及职高学历人群与父母同住的概率比小学及以下学历人群降低 25%，大专及以上学历人群比小学及以下学历人群降低了 22%，随着个人学历水平的提高，与父母同住的概率逐步降低（见表 6）。

根据前面的统计描述结果，不同收入阶层在照料模式选择上有不同的倾向性。影响不同阶层同住选择的因素也有所不同。在城市中等收入家庭中，1970～1980 年出生人群与父母同住的意愿是 1970 年前出生人群的 1.31 倍（$e^{0.276}$）。除了代际文化的解释之外，不排除低收入家庭更需要从父母处获得额外的经济支持的动机，城市经济压力较大，低收入家庭与父母同住在一定程度上可以减轻经济压力。而在 1980～1990 年出生人群中，随着收入水平的提升，与老人同住的概率降低，该年龄段中等收入家庭与老人同住的概率是 1970 年前出生人群的 86%；高收入家庭与老人同住的概率是 1970 年前出生的 52%。

其次，在低收入家庭和中等收入家庭中，有 2 个及以上未成年子女的家庭与父母同住的概率显著降低。低收入家庭与老人同住的概率降低了 44%（$1-e^{-0.575}$），中等收入家庭与老人同住的概率降低了 38%（$1-e^{-0.474}$）。城镇中低收入家庭资源不足以同时应对高龄老人和未成年子女双重照料压力，从而形成了照料赤字。在老人和孩子照料需求叠加时，两者围绕家庭照料资源展开代际竞争，中间一代更多采取以"儿童为中心"的分配模式，一定程度上挤出了高龄老年人的照料需求（钟晓慧、彭铭刚，2022）。

最后，城镇家庭与老人同住存在地区差异。在前文图 2 中，东北地区的老龄化程度最重，而西部地区老龄化程度最低。相对于东部地区，东北地区比东部地区与老人同住的概率降低了 54%（$1-e^{-0.774}$），中部地区比东部地区与老人同住的概率降低了 16%（$1-e^{-0.165}$）。前文我们提到，东北地区中青年外出比例非常高，"六普"（2010 年）数据中东北地区人口总数为 10952.0844 万人，接近 1.1 亿人；而到"七普"时期，东北地区人口总数为 9851.4948 万人。过去十年中，东北地区总人口减少了 1100.5896 万人，减少比例为 10.05%。而减少的主体人群即为中青年劳动力群体，随着劳动力的外流，东北地区不仅面临老龄化加深的问题，还面临着家庭养老难以为继的问题。

表 6 我国城镇家庭与 70 岁以上老人同住的影响因素

	模型 1 （全样本）	模型 2 （低收入家庭）	模型 3 （中等收入家庭）	模型 4 （高收入家庭）
年龄（参照组为出生于 1970 年前）				
出生于 1970～1980 年	0.235** 0.097	0.173 0.176	0.276* 0.162	0.397** 0.186
出生于 1980～1990 年	-0.456*** 0.121	-0.700*** 0.261	-0.153 0.198	-0.645*** 0.213
出生于 1990 年及以后	-0.569*** 0.136	-0.343 0.244	-0.607** 0.240	-0.744*** 0.248
受教育程度（参照组为小学及以下）				
初中	-0.084 0.100	-0.182 0.144	0.081 0.177	-0.075 0.255
高中及职高	-0.288** 0.113	-0.563*** 0.170	-0.279 0.203	0.076 0.262
大专及以上	-0.238* 0.121	-0.277 0.210	-0.224 0.222	-0.140 0.258
12 岁以下未成年子女数（参照组为没有未成年子女）				
1 个未成年子女	0.015 0.086	-0.181 0.142	0.020 0.152	0.338** 0.162
2 个及以上未成年子女	-0.257** 0.114	-0.575*** 0.199	-0.474** 0.211	0.370* 0.199
家庭收入（参照组为低收入家庭）				
中等收入家庭	-0.096 0.087			
高收入家庭	-0.294*** 0.098			

续表

	模型 1 （全样本）	模型 2 （低收入家庭）	模型 3 （中等收入家庭）	模型 4 （高收入家庭）
地区（参照组为东部地区）				
中部地区	−0.165* 0.086	−0.108 0.134	−0.338** 0.158	−0.052 0.163
西部地区	−0.202** 0.090	−0.377** 0.154	−0.050 0.151	−0.153 0.169
东北地区	−0.774*** 0.162	−0.676*** 0.227	−0.996*** 0.294	−0.778* 0.414
常数	−0.602*** 0.148	−0.843*** 0.231	−0.473* 0.279	−0.915*** 0.339
观测值	5639	1988	1774	1877
对数似然	−2653.89	−994.94	−833.80	−794.43
伪 R^2	0.0272	0.0380	0.0365	0.0289

*** $p < 0.01$，** $p < 0.05$，* $p < 0.1$。

注：其他自变量已控制，限篇幅未报告。

（二）城镇家庭为老年提供经济支持的影响因素

经济支持是区别于直接同住照料的另一种养老方式。我们对城镇家庭赡养不同住老人的转移支付进行分析。回归结果显示，"共同居住"与"经济支持"两种模式存在替代效应，"共同居住"家庭转移支付降低了101.7%；家庭收入水平与资产水平对家庭转移支付起到了促进作用，家庭收入水平每提高1%，为老人转移支付将增加11.6%；家庭资产水平每提高1%，转移支付将增加13.4%（见表7）。

我们针对不同阶层的人群进行了分类分析。不同阶层家庭给予老人转移支付的影响因素存在差异。在低收入家庭中，与老人同住家庭相对于未与老人同住家庭转移支付水平降低69.8%；而中等收入家庭中，与老人同住家庭相对于未与老人同住家庭降低了123.6%；而高收入家庭中，与老人同住家庭相对于未与老人同住家庭降低了110.6%。随着阶层水平的提升，高收入家庭更愿意通过经济支持的方式替代直接照料。另外，从家庭收入对数的影响上我们也可以确认这种判断，低收入家庭收入每增长1%，转移支付增加将 5.1%，而在高收入家庭中收入每增长 1%，转移支付将增加 42.3%。从这个趋势上看，随着城市家庭收入水平的提升，通过经济支持替代直接照料的趋势将逐渐凸显。

另外，家庭转移支付也存在着区域差异。在全样本回归模型中，东北地区的家庭转移支付比东部地区低 76.9%；分阶层回归模型结果显示，随着家庭收入水平提升，不同地区家庭转移支付水平差距拉大，在中等收入家庭中，东北地区的家庭转移支付比东部地区低 61.9%；在高收入家庭中，东北地区的家庭转移支付比东部地区低 219.5%。

表 7 我国城镇家庭为不同住亲属转移支付的影响因素

	模型 1 （全样本）	模型 2 （低收入家庭）	模型 3 （中等收入家庭）	模型 4 （高收入家庭）
共同居住	-1.017*** 0.112	-0.698*** 0.168	-1.236*** 0.192	-1.106*** 0.224
家庭收入对数	0.116*** 0.016	0.051*** 0.019	0.529 0.364	0.423** 0.205
家庭资产对数	0.134*** 0.026	0.137*** 0.041	0.089* 0.047	0.097* 0.052
地区（参照组为东部地区）				
中部地区	-0.002 0.128	0.096 0.192	0.283 0.220	-0.081 0.265
西部地区	-0.065 0.133	0.162 0.207	0.189 0.228	-0.229 0.260
东北地区	-0.769*** 0.207	0.089 0.303	-0.619* 0.322	-2.195*** 0.550
常数	0.706** 0.275	0.654* 0.364	-3.482 4.049	-2.151 2.500
观测值	5639	1880	2007	1752
R^2	0.069	0.047	0.056	0.070

*** $p < 0.01$，** $p < 0.05$，* $p < 0.1$。

注：其他自变量已控制，限篇幅未报告。

（三）城镇家庭购买市场化家政服务

阳义南、袁涛（2022）利用 CLHLS 数据研究城市家庭养老服务购买情况，研究发现，老年人对养老服务购买意愿总体较低，但存在阶层差异，"中产"职业身份、受教育程度更高、社会保障收入更高的人群具有更强的购买意愿。从本文回归结果来看，家庭收入的确是影响家政支出的显著因素，与低收入家庭相比，高收入家庭购买家政服务支出是低收入家庭的 1.76 倍（$e^{0.567}$）。大专及以上学历受访者购买家政服务的是小学及以下受访者的 5.25 倍（$e^{1.660}$）。除此以外，我们也注意到了地区性差异，中部地区购买家政服务支出的概率显著降低（见表 8）。

从家政支出数额来看，不同阶层的家庭之间家政支出数额存在显著差异。高收入家庭家政支出的数额比低收入高 23.2%。大专及以上学历受访者家政支出数额比小学及以下受访者高 56.3%。在分不同人群回归结果中，受教育程度的影响逐步递增，中等收入家庭中，大专及以上受访者比小学及以下受访者的家政支出高 42.8%。高收入家庭中，大专及以上受访者比小学及以下受访者家政支出高 77.7%。

表 8　我国城镇家庭使用家政服务及家政支出的影响因素

	是否使用家政服务	家政支出数额			
	模型 1 （全样本）	模型 2 （全样本）	模型 3 （低收入家庭）	模型 4 （中等收入家庭）	模型 5 （高收入家庭）
受教育程度（参照组为小学及以下）					
初中	0.226 0.295	0.033 0.067	0.029 0.069	0.068 0.097	-0.005 0.228
高中及职高	1.027*** 0.282	0.238*** 0.074	0.226*** 0.082	0.158 0.103	0.388* 0.231
大专及以上	1.660*** 0.284	0.563*** 0.079	0.395*** 0.100	0.428*** 0.113	0.777*** 0.226
就业	0.019 0.147	0.001 0.048	0.003 0.057	-0.049 0.069	0.069 0.117

续表

	是否使用家政服务	家政支出数额			
	模型 1（全样本）	模型 2（全样本）	模型 3（低收入家庭）	模型 4（中等收入家庭）	模型 5（高收入家庭）
家庭收入（参照组为低收入家庭）					
中等收入家庭	0.046 0.200	-0.013 0.054			
高收入家庭	0.567*** 0.195	0.232*** 0.062			
家庭资产对数	0.132*** 0.037	0.049*** 0.011	0.029** 0.014	0.020 0.017	0.096*** 0.027
地区（参照组为东部地区）					
中部地区	-0.339* 0.186	-0.122** 0.055	-0.143** 0.065	-0.027 0.078	-0.251* 0.140
西部地区	0.355** 0.158	0.051 0.057	-0.027 0.070	0.084 0.082	0.113 0.138
东北地区	-0.216 0.300	-0.078 0.089	-0.103 0.102	-0.054 0.115	-0.142 0.292
常数	-4.863*** 0.361	-0.113 0.096	0.096 0.106	-0.046 0.147	-0.284 0.285
观测值	5639	5639	1880	2007	1,752
R_2		0.037	0.020	0.013	0.040

*** $p < 0.01$，** $p < 0.05$，* $p < 0.1$。

注：其他自变量已控制，限篇幅未报告。

（四）政府养老金政策对家庭照料模式的影响

"养老金"是现代国家建构的社会养老制度。Barro（1974）和 Becker（1974）构建了公共转移支付和私人转移支付的一般性理论框架，他们认为在存在利他主义的情况下，政府用于改变代际资源分配的政策（如养老金、居家养老服务等）可能会完全替代私人的转移支付，即公共支出与私人转移支付是互替的。在对养老金的研究中，刘西国（2015）研究发现，养老金提高了老年人的经济独立性，但对子女的经济支持具有一定的挤出效应。刘一伟（2016）研究了城镇老年人"社会养老"与"家庭养老"

的关系，其研究发现，社会养老仅对老年人的生活照料具有替代作用，而对精神慰藉和经济供养没有起到显著效果。陶涛、袁典琪、刘雯莉（2022）研究认为，社会养老制度不仅是对老年人的直接服务，也是对子女赡养功能的补充和对子女养老负担的缓解。

基于上述研究，本部分从城镇家庭"老人是否与子女共同居住"、"老人是否靠子女供养"和"是否使用家政服务"三个视角，分析城镇养老金对家庭养老的影响。如前所述，中国养老体制具有碎片化特征，养老金分化为城镇职工养老金、城镇居民养老金、公务员/事业单位退休金以及新农保养老金。四类保险待遇水平存在很大差异性。

从城镇养老金对"老人是否与子女同住"的影响来看，随着养老金水平的提高，老人与子女同住的概率有所增加，相对于最低组别，在养老金为"16000～48000元"的组别中，老人与子女同住的概率增大了5倍；在48000元及以上组别，老人与子女同住的概率增大了19倍。

从养老金对"老人是否靠子女供养"的影响看，随着养老金的提升，老人对子女的经济依赖显著下降，在养老金水平达到16000～48000元时，老人对子女的经济依赖降低为31%（$e^{-1.168}$）；当老人养老金为48000元及以上时，老人对子女的经济依赖降低为10%（$e^{-2.284}$）。

从养老金对城镇家庭"是否使用家政服务"来看，城镇老年人退休金越高，使用家政服务的概率越高，和没有退休金的老年家庭相比，退休金为48000元及以上的家庭家政支出增长了1.96倍（$e^{0.677}$）。这一结果与前文中阳义南、袁涛（2022）的研究结果吻合，具有较高退休金的老年人虽然与子女同住，但是也可能同时使用家政服务以缓解子女的照料压力。这里我们推测，市场与家庭实际上承担了不同的功能，市场化的家政服务处理了基本照料问题，而与子女同住可能满足了老年人的情感慰藉需求和紧急需求。

表9　我国城镇家庭老人养老金对家庭照料资源的影响

	模型1 （老人是否与子女同住）	模型2 （老人是否靠子女供养）	模型3 （是否使用家政服务）
老人养老金水平（参照组为没有养老金）			
16000元及以下	2.233*** 0.118	-0.157 0.130	0.206 0.250

	模型 1 （老人是否与子女同住）	模型 2 （老人是否靠子女供养）	模型 3 （是否使用家政服务）
16000～48000 元	1.773*** 0.107	-1.168*** 0.148	-0.121 0.252
48000 元及以上	2.968*** 0.141	-2.284*** 0.215	0.677*** 0.203
地区（参照组为东部地区）			
中部地区	-0.173** 0.081	0.168* 0.097	-0.318* 0.187
西部地区	-0.140* 0.083	-0.028 0.103	0.362** 0.159
东北地区	-0.452*** 0.133	-0.521*** 0.177	-0.250 0.299
常数	0.823*** 0.159	-0.385** 	-5.716*** 0.467
观测值	5639	5639	5639
对数似然值	-2940.62	-2000.10	-930.60
伪 R^2	0.2277	0.3810	0.0934

*** $p < 0.01$，** $p < 0.05$，* $p < 0.1$。

注：其他自变量已控制，限篇幅未报告。养老金水平为年养老金收入。

五 总结与讨论

本文利用 2021 年中国社会状况综合调查（CSS 2021）数据，探讨了老龄化背景下城市养老模式的一些变化。主要有四个方面的研究发现。第一，家庭养老是中国传统的养老模式，在城市社会中，家庭养老日益分化为两个模式：即"共同居住模式"和"经济支持模式"，两种模式之间存在替代性，低收入家庭倾向于选择"共同居住模式"，而高收入家庭更倾向于选择"经济支持模式"。这与两个群体的机会成本和家庭观念有一定关系，高收入群体就业比例较高，放弃就业的机会成本更高，因此高收入家庭更倾向于选择以经济支持的方式承担照料责任；而低收入及中等收入家庭的照料成本可能高于工作收入，因此更倾向于选择"共同居住模式"。

第二，城镇家庭需要面对照料老人与照料儿童的双重压力。当家庭照顾资源不足以应对双重压力时，城镇家庭将产生照顾赤字问题。家庭需要在老人照料和孩子照料中进行资源分配，而从家庭选择来看，城镇家庭更倾向于将有限资源向儿童倾斜，因此回归结果中，有两个及以上未成年子女家庭选择与 70 岁以上老人同住的概率明显降低。

第三，在家庭养老和社会养老选择上，城市高收入阶层选择空间更大。在面对照料资源约束时，高收入阶层有更高的概率通过市场购买方式将家务照料服务外包，以缓解照料压力。

第四，在现代化国家建设进程中，政府在家庭养老上起到非常重要的功能，西方学者从 20 世纪五六十年代开始探讨"去家庭主义"问题，即由政府替代家庭承担照料功能，北欧国家较早进行了家庭政策设计。我国针对老年照料的政策也在逐步发展，从现金支持逐步拓展到服务供给。本文主要分析了养老金政策对家庭养老的影响，研究发现，养老金对"与子女同住"、"子女代际转移支付"和"家庭购买服务"的影响呈现不一样的倾向。随着养老金水平提升，老人与子女同住的概率提高，对子女现金支持的依赖降低，同时养老金也提高了城镇家庭购买市场服务的概率。这说明，在现代城镇家庭中，"家庭养老"和"社会养老"并重，中国老人具有很强的家庭养老观念，在收入水平提高的同时，还是倾向于通过家庭解决养老需求，同时通过市场方式外包一些辅助性需求。

综上所述，城镇家庭在家庭养老、社会养老选择上都在发生一些微妙的变化，虽然表面上与老人同住仍然是城镇养老的主流模式，但在家庭养老内部，已经逐步融入了市场化购买和社会化养老的内容。

本文最后从社会政策视角提出一些思考。首先，无论是从家庭伦理还是从现实资源约束上，家庭仍然是养老的主体。但随着"三孩"政策的放开，未来家庭将面临"一老一小"的双重照料压力，如何提高家庭的照料能力是一个亟待解决的问题。基于此，政府应逐步完善公共资源支持系统，大力促进社区服务基础设施建设，拓展专业化服务供给能力。

其次，中国经济发展水平存在区域不平衡问题，劳动力向发达地区集聚，东北地区成了老龄化最严重的地区，同时在照料资源上也最为匮乏，无论是家庭照料资源，还是社会照料资源，都存在严重的缺口。未来应逐步发展社会化的养老服务供给，以补充家庭养老资源不足。

　　最后，养老金是保证老人晚年生活的经济基础，同时养老金也有助于家庭养老的维系，养老金越高的老人与子女生活的概率越高，这一点也说明，家庭并不仅仅是利他性组织，也是一个经济组织。因此，提高城镇居民（包括农转居居民）养老金水平，一定程度上也能推动家庭养老的良性发展。

俄罗斯城市人口年龄结构的变化
及其对生活的影响

盖尔金（K. A. Galkin）

　　随着人口年龄结构不断变化，研究者需要寻找新的方法来分析人口年龄结构，并进一步分析与年龄结构相关的趋势。目前世界所有地区都呈现了老龄化趋势（Trifoniova，2016），了解不同国家老龄化现状对经济发展至关重要。在人口趋势研究中，人口转型理论应用较广，但此理论仅关注生活方式和生产方式协同的影响，忽略了区域经济和社会文化的差异性（David，2014；Sidorenko，2019）。每个区域都具有自身的社会文化特殊性。因此，在考察人口结构特征时，需要将这些社会文化因素纳入分析范畴。城市是一种特殊的区域，人们倾向于向城市聚集，这种现象在俄罗斯很普遍，人口转移对俄罗斯人口结构变化影响很大。随着人口向城市聚集，俄罗斯人口年龄结构和性别结构都出现了失衡。这种结果的出现，既有人口老龄化的内在因素，也有劳动力市场和社会经济部门的外在因素（Easterlin，1978；Bezverbniy，2016）。

　　图 1 展示了人口性别和年龄结构变化金字塔。20 世纪 50 年代的金字塔基础平稳。2020 年老年人口急剧增长，金字塔的结构趋于非线性和不一致。人口金字塔结构转变主要是由于人口结构变化，未来随着人口老龄化趋势加重会变得更加明显。

　　现代俄罗斯人口规模变化分为四个时期：第一阶段从 20 世纪 90 年代到 21 世纪，其典型特征是人口减少。在此期间，人口经历了自然下降的过程。第二阶段开始于 21 世纪第一个十年，人口自然增长，负增长的趋势得到遏制。第三阶段从 2013 年到 2015 年，这一时期俄罗斯人口减少问题得到缓解，人口数量开始增加。人口老龄化加上预期寿命延长造成了一种不

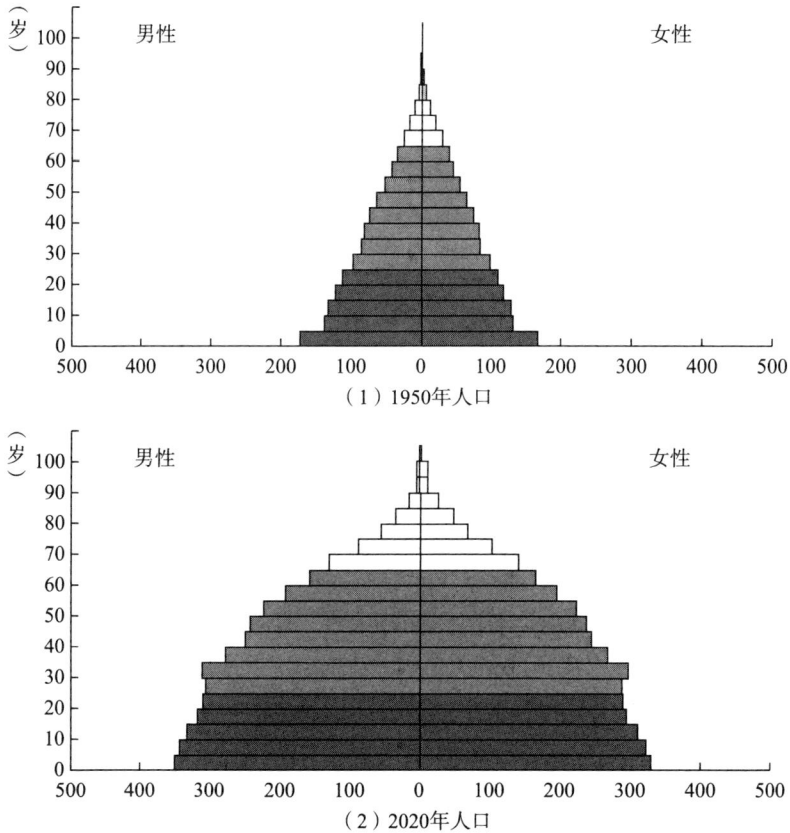

图 1 世界人口性别和年龄结构的变化

资料来源：根据联合国经济和社会事务部人口司《2019 年世界人口展望》数据制作。

稳定的人口结构。一方面人口总量持续增长，另一方面人口持续老龄化，同时适龄劳动力人口数量下降。第四阶段始于 2016 年，一直持续到今天（Klimin，2015；Golovin，2012；Soboleva, Smirnova, & Chudayeva, 2016）。在此期间，人口也一直在增长，老龄化趋势趋于稳定，老年人口数量不断增加（包括尚未领取养老金的人和在职养老金领取者）。俄罗斯联邦国家统计局（Rosstat）统计数据清楚地显示了人口增长情况，表 1 显示俄罗斯人口预期寿命实现了稳步增长。

表 1　俄罗斯联邦不同预期寿命男性和女性占比（按年份）

单位：%

年份	年满 60 岁的男性	年满 55 岁的女性
2005	13.26	22.85
2006	13.89	23.32
2007	14.20	23.77
2008	14.28	23.88
2009	14.52	24.23
2010	14.58	24.23
2011	15.14	24.85
2012	15.38	25.05
2013	15.73	25.36
2014	15.86	25.52
2015	15.96	25.62
2016	16.08	25.80
2017	16.46	26.14
2018	16.56	26.28
2019	16.86	26.56
2020	15.20	24.99

资料来源：俄罗斯联邦国家统计局。

　　无论是在农村，还是在城市，俄罗斯老年人口数均在增加。考虑到老龄化问题，当下最重要的任务是制定专项计划来支持老年人口实现积极老龄化（Sergeyev & Subbotina，2020）。但值得注意的是，在俄罗斯，积极老龄化政策只覆盖某些族群。积极老龄化政策强调家庭支持和社会参与，因此，积极老龄化政策只能惠及那些具有家庭支持和社会支持网络的老年群体（见表2）。

表 2　55 岁及以上且核心圈子内有与之讨论个人事务的人口比例

单位：%

	所有受访者	包含	
		男性	女性
55 岁及以上人口总计	100.0	100.0	100.0
核心圈子内有与之讨论个人事务的人口比例	92.6	91.4	93.3

资料来源：俄罗斯联邦国家统计局。

除此之外，从彰显自身的主体性、发挥自身潜能的角度来看，老年人为家庭做贡献、参与子女养育也是相当重要的（见表3），这也是老年人保持活跃性的一大重要因素，但这类话题超出了积极老龄化政策的范畴。

表3 55岁及以上仍在照顾（自己或他人）子女的人口比例（按年份）

单位：%

	所有受访者			
	2011年	2014年	2016年	2018年
55岁及以上人口总计	100.0	100.0	100.0	100.0
每天自我照顾和无偿参与子女照料的比例	19.1	16.1	18.4	15.1
55岁及以上男性总计	100.0	100.0	100.0	100.0
每天自我照顾和无偿参与子女照料的比例	13.2	11.9	13.2	10.5
55岁及以上女性总计	100.0	100.0	100.0	100.0
每天自我照顾和无偿参与子女照料的比例	22.2	18.5	21.6	18.0

资料来源：俄罗斯联邦国家统计局。

鉴于人口老龄化趋势，俄罗斯社会政策需纳入新的政策内容。城市老年人口是实施政策试验的重要对象，在人口老龄化的总体变动上，俄罗斯城市人口自然增长指数变化从2018年开始下降。2017年，高龄人口数比儿童和青少年多出1000万人。如表4所示，位于中央联邦管区的城市登记老年人口最多，而远东联邦管区的老年人口比例最低（Rosstat，2022）。

表4 俄罗斯各联邦管区的老年人口（65岁及以上）

单位：人，%

	人口数			占相应阶层人口的比例		
	总人口	城市人口	农村人口	总人口	城市人口	农村人口
俄罗斯联邦	23154359	17167818	5986541	15.8	15.7	16.2
中央联邦管区	6897704	5570323	1327381	17.6	17.2	19.2
西北联邦管区	2336698	1953155	383543	16.8	16.5	18.3
南部联邦管区	2785762	1755656	1030106	16.9	16.9	16.9
北高加索联邦管区	1060994	576098	484896	10.6	11.5	9.8

续表

	人口数			占相应阶层人口的比例		
	总人口	城市人口	农村人口	总人口	城市人口	农村人口
伏尔加联邦管区	4728152	3303442	1424710	16.3	15.7	17.7
乌拉尔联邦管区	1759298	1391456	367842	14.3	13.8	16.3
西伯利亚联邦管区	2509288	1833197	676091	14.8	14.5	15.5
远东联邦管区	1076463	784491	291972	13.3	13.2	13.3

资料来源：俄罗斯联邦国家统计局。

一 如何对待老年人：排斥和包容的问题

城市可以为老年人创造包容的环境，也可能创造社会排斥，这主要取决于城市空间和城市规模（Galkin, 2021a）。城市的大小会影响老年人参与公共生活的能力，而缺乏融入公共生活能力会让老年人产生心理问题，因为他们在城市环境中被剥夺了与他人交流和互动的机会（Grigoryeva & Bershadsk-aya, 2014）。值得注意的是，俄罗斯许多城市正在提倡积极老龄化理念，也正在形成一种老年友好文化。城市空间本身为发展这种老年友好文化提供了可能性和条件。根据俄罗斯老年人生活方式专项研究，城市的社会环境促进了老年人融入公共生活的能力，也重新定义了老年人的交流互动模式。通常，城市治理主体对于老年人的社会角色、社会能力及参与城市治理的水平具有刻板的印象，这在很大程度上影响了城市对老年人的包容程度（Grigoryeva, 2018; Smolenskaya, 2021）。

调查数据还反映了一个关键问题，当问及老年人应在日常生活中扮演什么角色时，人们的心态越来越保守。例如，被问及社会对老年人的态度时，人们给出的常见答案是"较友好"，许多受访者提出老年人应该受到特殊待遇，例如，提高老年健康水平，提高城市医疗保健服务水平，等等。受访者认为这些服务是俄罗斯构建积极老龄化政策的核心要素（Kiyenko, 2020; Detochenko & Kiyenko, 2016）。俄罗斯社会对老年人的刻板印象影响了城市老年人口政策。人们通过刻板印象认识老年群体，年轻群体认为老年人没有能力处理生物医学问题，因此难以融入公共生活。老年人经常承担家庭照料任务，因此他们被视为家庭生活的守护者——这在俄罗斯南部城市尤其常见——老年人越来越多地参与家务劳动，这种情况也强化了社会对老年角色的认知（Kosenko，2008；Maksimova & Nevayeva，2015）。

鉴于老年人被社会认知的误区，政府在解决老年人社会排斥及社会融入问题时需要考虑两大因素：第一个与城市规模（50万~100万人口）有关，也与消除对老年人的刻板印象有关，我们应当摒弃高龄老年人孱弱和受限的想法，而应当为高龄老年人提供更多机会（Antonova，2013）。释放老年人的潜力，鼓励他们融入各种社会活动。过去，人们对老龄人口存在刻板印象，现在城市中的老年人也在做出改变，比如他们通过使用数字技术越来越多地参与到城市发展中来（Maukhin & Medvedeva，2021；Parfyonova，2019）。特别指出的是，为老年人开发数字技术对即将退休的老年人至关重要，因为他们希望在退休之后开启新的职业和生活，接入互联网数字技术对老年人的职业发展和生活质量非常重要。特别是当老年人被社会公众排斥时，他们可以通过互联网络与同龄人交流互动、寻找新朋友和克服独居生活的孤独感（Grigoryeva & Kelasyev，2016）。

研究表明，大城市老年人会根据特定环境定义的经济、技术和社会参数，对自己年龄形成新的认知。当然，其他因素也有助于对老龄化的认识，比如社会团体、社区、交流平台、城市环境等，所有这一切均受到主观因素的影响。主观认识有助于老年人融入城市空间，推动老年人主动参与社会活动（Volkodayeva & Knaub，2016；Krasnov & Slepchenko，2019）。

积极老龄化政策在大城市发展迅速，但也面临着复杂的情况。媒体对积极老龄化构建了一个理想的愿景，但是不同城市呈现不一致的发展情况。在大城市，老年人有机会通过各种计划和举措保持活跃并积极融入城市环境，而居住在小城镇的老年人却面临一定困难，在10万~50万人口规模的城市中，积极老龄化的政策举措、体育设施及教育倡议、为老年人开设的数字技术课程均源于基层，基层往往限制了老年人的活动，也限制了老年人利用城市环境和发展老龄文化的可能性。基层应考虑老年人健康保养、专门健康检查的需求（Kolpina，2015；Belokon，2005）。但目前除了政府提供支持性方案之外，缺少其他的替代方案。老年人自身也失去了参与各种项目的机会。由于老年人社会参与空间被挤压，小城镇的老龄化问题更加突出，例如，无法采取特殊措施将老年人纳入劳动者队伍，无法帮助老年人学习新技术和满足其他职业需求（Galkin，2021b）。

二　城市空间背景下的老年人

目前存在几种可以改善老年人生活条件的城市发展规划模式。美国模式是其中之一，地方建立老年小镇或专门老年服务中心，老年人可以得到全面的照顾和支持，也有机会融入公共生活、拓宽圈子、组织休闲活动和实现某些个人发展（Paramonova，2011；Yarskaya-Smirnova & Naberushkina，2004）。在俄罗斯，人口超过百万人的城市可采用此类模式，这些城市拥有必要的基础设施，可以在城市范围或周边地区创造上述条件，比如大城市可以针对老年人需求建立私人养老院（Generalov & Anisimova，2020）。人口规模在 50 万人以下的小城镇则缺乏此类条件，而且小城镇通常也缺乏养老选择，老年人在小城镇能得到的唯一照顾就是政府对老年人的政策支持（Galkin，2021b）。美国模式尤其重视为老年人设立综合设施，修建老年特色小镇，在这样的环境中，老年人有能力融入社区，参与社会活动。

第二种模式，可称之为"国际模式"。此模式由世界卫生组织（WHO）建立，在各国也经过一些试验。这种模式的好处在于其多元文化性和多功能性，从构想阶段就将上述理念植入了开发和建设过程（Kamolov & Korneyeva，2018），其核心思想是老年人的生活要围绕城市环境来进行。国际模式考虑了以下参数：给定环境中的舒适度；老年人保健；为老年人提供的积极生活方式；在老年人居住社区为其开展各种活动；为老年人创造必要的条件，拓宽老年人的社交圈和互动网络（Paramonova，2011）。国际模式的一个特征是创造条件，为老年人提供更多的就业机会，这与大多数国家正在实施的积极老龄化政策相关（Walker & Foster，2013）。提高老年人舒适度是国际模式优先考虑的事项之一或者说是"溢出效应"。这种模式降低了老年人被孤立的风险，为老年人创造了舒适的空间，这与美国模式略有不同，美国模式更可能使老年人受到孤立。

在俄罗斯城市地区为老年人提供舒适生活条件的主导模式是"国际模式"。然而，在俄罗斯城市中应用"国际模式"时需要关注医疗保健问题，以及如何将老年护理的各个方面整合到医疗保健系统中（Galkin，2022）。

体检、治疗和支持老年人社会参与是城镇为老年人提供支持的关键部分。只有一小部分人口规模在 50 万人以上的城市完整实施了这一模式，即制订了专门的计划，支持老年人实现积极老龄化、帮助老年人就业、接受再培训和熟悉现代数字技术。大部分俄罗斯小城镇长期缺乏专门的计划，也不可能组织老年人实施积极老龄化方案，缺乏支持老年人融入小城镇公共生活的制度文化（Radina & Porshnev，2014）。在落实积极老龄化的政策上，俄罗斯大小城镇存在差距。这引发了统一性问题，也凸显了城市政府在实施积极老龄化政策方面的能力不足问题。

在城市地区，最受欢迎的积极老龄化形式是让老年人融入公共生活（Kornilova，2020）。俄罗斯出台了几部法律法规，着力创造一些制度条件，提高老年人积极融入社会的能力。但在俄罗斯，老年人积极融入社会还存在一定阻碍，最大的阻碍就在于大城镇、联邦城镇和小城镇之间的差距。

目前，大城市具备了实施老年专项计划的条件，比如让老年人融入公共生活、教授老年人数字技术、促进老年人社交俱乐部的发展。但在人口不足万人的小城镇，通常缺乏此类针对老年人的计划，这导致老年人难以融入公共生活、很难获得实现积极老龄化的机会（Galkin，2021b）。

人们通常倾向于聚居于城市，但不同地区城市化路径有很大不同，这会导致城市人口结构也产生差异。俄罗斯城市的社会经济背景非常特殊，苏联当初建立了单一工业城镇和年轻城镇，同时在城市旁边建造工厂，这种趋势以一种特殊的方式影响着城市人口的年龄结构。例如，在人口少于 50 万人的城市，大都以年青一代为主，这种特征是苏联时期城市所固有的（Pisarev，2004）。

根据以往的调查研究，俄罗斯老年人群热衷于参与政府组织的公共文化活动，这些活动往往以有组织的方式开展，旨在保护特定自然保护区和历史古迹。值得注意的是，无论是人口规模在 100 万人及以上的城市还是 50 万~100 万人的城市，老年人都热衷于参加此类活动（Dobrokhleb，2004）。但是，人口少于 50 万人的城市以及单一工业城镇却很少组织此类活动，即使老年人想参与此类社会文化活动，地方当局也无法组织。结果，小城镇的老年人经常无缘这类活动，从而面临被社会排斥的问题（Radina & Porshnev，2014）。

三　俄罗斯老年人社会服务体系

直到最近，俄罗斯针对老年人的社会政策才开始转向医疗保健和解决人口老龄化相关问题。政府提供了一项老年护理服务规划，具体包括建立和发展老年医院、老年诊所以及老年人康复中心网络（Shabalin，2009）。俄罗斯老年护理服务涉及老年群体住院治疗和家庭护理，但这些规定服务项目不包括为老年人提供心理服务或医疗援助。俄罗斯联邦 2025 年人口规划提出，针对老年人照料采取特殊措施，采取专项政策。规划中提到，到 2025 年俄罗斯人口预期寿命将达到 75 岁，因此当下实施积极老龄化政策非常重要，具体包括修建专门的老年医学中心、推动积极老龄化政策、鼓励老年人融入社会（Russian Federation Demographic Policy Concept for the Period up Until the Year 2025，2020；Smolkin，2014）。

目前在俄罗斯，就业领域存在许多障碍，雇主不愿意雇用老年人，老年人在劳动力市场上受到歧视。劳动力市场相关行为研究表明，私营部门、保守行业以及医疗保健、教育和科学等公共部门对老年人就业最为友好（Sizova & Orlova，2021）。而商业领域大多倾向于将老年人视为可以进入门槛较低的专业岗位工作，比如保安人员、门卫和商业看护的雇员。目前，俄罗斯社会学者正在进行基础研究，分析俄罗斯实施积极老龄化的政策模式。他们认为，政府应当承担主要责任，在国家层面实施积极老龄化政策，将其作为国家社会政策的一个部分。研究积极老龄化的俄罗斯社会科学家指出，政府需要引导和激励老年人积极生活，通过医疗保健和预防性保健引导健康的生活方式，确保老年人最大限度地参与公共生活，尽量减少老年人的贫困和社会排斥（Chereshnev & Chistova，2017；Kosmina & Kosmin，2016；Dobrokhlev，2012）。政策需要着重瞄准那些容易排斥的老年群体，创造制度条件，鼓励老年人融入社会生活。

让老年人参与就业是老年发展战略的主要思想。在活动组织方面，老年人就业问题似乎是最复杂的。在这份文件中，重要条款包括促进老年人参与公共生活以及促进老年人再就业（Strategies of Action in the Interest of the Russian Federation's Senior Citizens up Until the Year 2025，2016）。目前来看，志愿工作似乎是文件中提及的适宜的活动类型之一。志愿工作包括

让老年人参与社区工作，鼓励老年人在社区中为居民提供服务。俄罗斯
"人口学"国家项目的主要目标是将老年人口的预期寿命提高。上述国家
项目强调了俄罗斯老年人发展的关键标准：

（1）将老年劳动人口死亡率降低到相应年龄的 3.61%；

（2）将进行系统性训练和体育运动的老年人口比例提高到 55.0%（The
"Elder Generation" Federal Project：Prospects for its Realization，2021）。

上述数字目标的研究目前尚不清楚，文件中也没有说明如何衡量或达
到这些数字目标。这些数值似乎纯粹是政府为了证明现有战略的有效性。
致力于提高生活质量的国家项目——"人口学"，其中一部分为"老一辈"
联邦项目，此项目旨在制定和实施老年人口特别措施，提高俄罗斯老年人
的生活质量。平均健康寿命（AHLD）等数值是衡量"老一辈"项目效果
的关键参数。平均健康寿命同时考虑到客观健康标准（剩余预期寿命参
数）和主观评级（自我评估），以放大该指数的竞争优势并确保其全面性
（The "Elder Generation" Federal Project：Prospects for its Realization，
2021）。平均健康寿命方法也存在一定问题，它无法比较不同剩余预期寿
命的 AHLD 值（出生时的 AHLD 与 60 岁时的 AHLD 比较）。另外，俄罗斯
部署"老一辈"项目的一大问题是制度上的过高要求，即在制度上对老年
人进行支持、针对老年人制定具体的社会政策措施。这类体系在很大程度
上未考虑到老年人的主动性，也缺乏对地方和基层的支持。"老一辈"项
目的最大弱点是缺乏资金来开发长期护理系统（LCS），长期护理服务政策
是老年人维持健康、为老年人提供社会援助的核心政策工具。欧洲积极老
龄化理念早已纳入了长期护理系统的标准，为老年人提供必要的社会和心
理援助。尽管如此，"老一辈"项目还是为俄罗斯老年人提供了许多发展
机会，同时让老年人在健康方面保持积极主动，以健康为基础促进积极老
龄化。该项目预期可以实现俄罗斯的积极老龄化目标。在俄罗斯，老年服
务机构是负责老年人健康护理的核心部门，这些机构主要为老年人提供必
要的医疗护理和社会援助（Shabalin，2009）。从地域上看，老年服务机构
分布不均：服务机构主要位于大城市和联邦城市，而在农村和小城镇则分
布较少。在农村和小城镇，老年人面临的医疗和社会问题常常受到忽视
（Yegorov，2007）。俄罗斯老年服务机构的法律保障也存在不足，缺乏纵向

管理框架。另一个问题是，在大型医疗机构之外很难找到专业的老年科医生，因为他们不属于综合诊所和老年病中心的正式工作人员（Tkachyova，2016）。为老年人提供医疗和社会援助时，所有这些资源短缺问题都会带来政策执行的困难。需要指出的是，尽管集中性老年服务设施分散且总量匮乏，但多个部门组成了广泛的网络，这些网络与老年群体合作，一定程度上也提高了老年人群的健康水平。"2024年俄罗斯联邦国家目标及战略任务"的总统令中提到，俄罗斯将致力于提高老年人的生活质量、废除所有导致老年人受歧视的政策。

（1）将预期寿命提升至78岁（到2030年提升至80岁）；

（2）保障人民实际收入稳定增长，提高养老金，养老金增速应超过通货膨胀的速度。

但降低死亡率和维持健康生活是一个长期的过程，这些文件中设定了政策目标，但并未阐明如何实现这些数字目标。还有一个较为严重的问题阻碍了这种目标的实现，即就业的不稳定性以及劳动力市场上对老年人的歧视。因此，尽管俄罗斯采取了一些积极的社会政策措施，但如何实现积极老龄化、如何将俄罗斯老年人纳入公共生活仍不明晰。

四　家庭照料及对女性就业的影响

尽管积极老龄化和老年人支持框架逐步成型，但俄罗斯社会仍然存在明显的性别失衡问题。传统上不同年龄段的老年妇女被定义为"祖母和家庭生活的守护者"，退休后的老年妇女通常专职照顾家人，逐步丧失专业技能，也不参加培训或再培训课程，因此无法再寻求职业发展和继续就业（Grigoryeva & Sizova，2018）。

俄罗斯的几次人口普查数据显示，女性的患病率高于男性且在不断上升。但此现象有一个特定模式：年龄越大，老年女性比例越高。在俄罗斯，老年女性人口占主体进一步导致了老年二元化问题（Russia Social-demographic Portrait：According to the Results of the Russian Census of 2010，2012）。老年人口呈现女性化结构，反过来又使得社会对老年人的消极看法（老龄被社会视为凋零、应付各种健康问题的阶段）进一步加深。

总的来说，老年人口女性化趋势不仅仅是俄罗斯独有的现象，随着全球老龄化的加剧，所有地区人口结构都发生了相似的变化（Höpflinger，2006；Tews，1993）。在俄罗斯社会，老龄如果主要是女性面临的风险因素，这就很难解决。社会对老年女性存在刻板印象，即老龄被视为女性最脆弱的时期，她们缺乏任何形式的自我发展机会。在俄罗斯社会现有的各种规范性表述中，女性被视为一种"负担"，因为照顾她们的成本越来越高，而且俄罗斯缺乏让老年女性积极参与公共生活的政策手段。俄罗斯老年男性仍被认为是重要的、有价值的，即使到达退休年龄仍能继续就业和接受培训。但女性不同，不同年龄段的老年女性主要工作就是照顾家庭，而非像男性一样继续工作甚至可以承担高技术水平的工作。

尽管部分女性为了改善自身的经济状况，或者为了帮助子女被迫工作，但老年女性就业总体情况并不乐观（Bogdanova，2016）。在退休的前几年，女性就业人数往往高于男性就业人数。但70岁以后，男性就业人数远超过女性就业人数。达到退休年龄的女性主要是为了照顾家庭和料理家务而放弃工作（Grigoryeva，2018）。一方面，女性放弃工作的动机是为了照顾家庭；另一方面，这与俄罗斯流行的观念有关，即老年女性不应继续工作（Rogozin，2012）。

另外，无配偶或伴侣也是女性将自己变成家庭照顾者的一大因素。在此情况下，与同龄男性不同，她们普遍缺乏组建家庭和寻找伴侣的能力（Höpflinger，Spahni，& Perrig - Chiello，2013）。老年女性的主要身份是寡妇，与子女或孙辈一起生活、承担照顾家庭责任。这与欧洲老年女性很相似，60岁后，老年女性有更大概率陷入单身状态。但不同国家老年单身女性选择的生活方式有很大不同，俄罗斯老年女性通常选择与家人一起生活并接受家人的帮助，同时尽量减少工作时间。

对于老年女性来说，伴侣的死亡是促使她们离开劳动力市场和辞去工作的直接原因。研究表明，如果老年女性在配偶去世之前没有工作或工作较少，那么孤独和身体屡弱不会对其心理状态造成太大影响（Höpflinger，2015）。而如果配偶过世时，女性才突然或被迫离职，为逃避孤独融入家庭事务，则情况相反。在这种情况下，孤独感和离开劳动力市场是导致女性出现各种心理健康问题的关键因素（Höpflinger，2015）。根据一些欧洲国家的研究（配偶过世后的老年女性及其工作状态有何改变），失去伴侣是关键事件，这种事件的后果（针对俄罗斯女性的研究也提到了这一点）会对妇女的社会福祉产生严重的负面影响（Rogozin，2012）。一般来说，失去伴侣普遍会导致妇女的情绪波动，这也会促使其离职。她们通常会积极照顾子女家庭，以克服负面情绪，同时俄罗斯老年女性认为失去伴侣后继续工作是不合适的（Grigoryeva，2018）。

在俄罗斯，老年女性人口的负面化形象源于一些特殊因素，首先老年女性通常是失业女性，照顾家庭和无报酬的工作被视为大多数老年妇女的社会角色，俄罗斯是男性主导的性别建构模式，同时这种性别文化也具有代际连续性，通过女性一代一代传递和维护（Grigoryeva & Sizova，2018）。

另外值得一提的是，巩固传统的性别角色有助于分配家庭照顾责任。具体而言，在俄罗斯的家庭照料模式中，家庭中的老年女性（祖母）更倾向于照顾子女和孙辈，而老年男性（祖父）通常是受照顾者。老年女性通常生活在主干家庭、多代环境中，老年女性从事各类家务劳动，需要与不同代际成员保持紧密的沟通联络。在家庭生活中，家庭关系往往变成权力和从属关系，老年妇女的家庭地位通常较低，她们必须遵守家庭内部制定的规则，以换取忠诚、沟通和支持（Yelyutina & Trofimova，2017）。

有关学术研究和媒体出版物显示，在俄罗斯，女性的老龄化不仅仅是年龄变大，也是其社会生活变得不活跃的时期（主要是由于失业），而且还出现了老年人口的女性负面化趋势，这主要归因于传统的女性角色，即老年妇女是"家庭生活的守护者"，是照顾家庭的主要参与者，这使得她们难以发挥自身潜力或就业（Yelyutina & Trofimova，2017）。目前，生活在俄罗斯城市的大多数妇女继续扮演自己的家庭角色，而这些角色又通过她们无偿承担家庭照顾责任而得到强化。人口规模为 50 万 ~ 100 万人和 100 万人及以上的城市正在发生变化，老年女性也开始积极参与再培训和继续就业相关项目。在大多数情况下，这种模式适用于中产阶级老年女性，她们更愿意远离家庭角色，且不认为照顾家庭很重要。她们更愿意参与再培训和掌握新的行业技术。但在俄罗斯，女性仍然会因为高龄而在从事高技能工作方面受到歧视。与老年男性不同，女性通常会持续学习，她们希望找到工作，与他人交流与互动。但这些趋势大多见于大都市地区。在这些地区，女性可以参加数字技术课程、接触新职业或成长为专业人士，例如，在学术领域工作。并且在这些地区，性别歧视和年龄歧视并不那么明显。但是，在人口少于 50 万人的城市，家庭模式和无偿照料往往是主要甚至是唯一的选择，这导致人们对高龄产生负面看法。对于女性而言，高龄是减少工作和社交的时期，也是完全融入家庭以换取亲属的照顾、支持和交流的时期。

五　讨论：老龄化社会的问题

目前席卷全球的老龄化趋势也在影响着俄罗斯。今天，俄罗斯的老年人与其说是一种资源，不如说是一种负担，高龄大多与衰老和资源利用受限联系在一起。城市是老年人口最集中的地方。城市正在推行积极老龄化举措，以创造条件，让老年公民能够实现积极老龄化。目前，老年人与其他年龄人口在竞争资源，而在制度领域显然缺乏明确的优先次序，相关部门缺乏制定俄罗斯老年人相关的社会政策的积极性。

俄罗斯社会政策的优先事项之一是鼓励老年人的社会参与，这些措施在立法机构中被反复提及。相关政策措施由上级部门制定，但并未考虑到老年人自身的需求和特点，也未考虑到他们如何看待自己的独立性。

目前，为促进老年人实现长寿并融入公共生活，俄罗斯有三种主要机制。第一种机制是通过家庭关系让老年人获得社会支持。在此情况下，老年妇女发挥着重要的作用，她们通过照顾家庭参与社会生活。女性照顾家庭是俄罗斯长期以来的传统，至今在人口少于 50 万人的城镇依然盛行。第二种机制是积极促进老年人再就业。但此类计划通常表现为地方政府提出的地方倡议。在俄罗斯，与老年人有关的社会政策侧重于体检和治疗，发展医疗服务和为老年人提供保健方面的支持。

与此同时，俄罗斯的劳动力市场情况过去几十年几乎没有变化。鉴于俄罗斯普遍存在年龄歧视，老年人通常只能得到最低的薪酬和从事技术水平最低的工作。养老体系的长期发展和加强老年人的社会援助是俄罗斯面临的另一个关键问题。目前，俄罗斯只有大城市和联邦城市有能力提供各种促进积极老龄化和让老年人融入公共生活的项目，而小城镇缺乏这些资源，导致老年人很难融入公共生活。此外，新冠疫情在一定程度上阻碍了积极老龄化政策的实施。在此期间，没有其他可替代的积极老龄化战略。

俄罗斯目前正面临诸多与老龄化社会和老龄化政策相关的问题。最突出的问题包括：老龄化战略标准过高，需要制定和发展针对老年人的基层方案。其他重要的问题还包括：年龄刻板印象，年龄歧视问题，老年人社会融入及发展潜力问题。

第八篇

城市文化变迁

中国改革开放以来的城市文化变迁

李 炜 兰 雨 宫新爵

一 城市文化研究概述

1. 城市化与城市文化

伴随着 18 世纪以来全球范围内的工业化、现代化进程，城市化成为世界文明发展的趋势。城市化不仅带来人口向城市空间的转移和聚集，也带来以第二、三产业为主体的城市经济的发达，还造就了城市生活方式和价值观的普及与城市文化的繁荣。城市社会学研究者认为，前两者是可见的、实体性的城市化，后者则是抽象的、精神层面的城市化（许学强、朱剑如，1988：48），即美国著名的城市规划学家约翰·弗里德曼所言的两种城市化进程：生产 - 居住空间的城市化和生活方式 - 社会文化的城市化（Friedmann，1996）。

城市文化便是人们在生活方式 - 社会文化层面的城市化成果，它主要指"广大市民在城市生活中长期形成并传承下来、具有相对稳定性和影响力的精神形态的文化及其外化产物，大致包括城市中的思想观念、道德品性、情感模式、思维方式、科技教育、文学艺术、知识体系、社会风尚、宗教哲学、公共文化、文化产业等"（杜玉梅，2016）。由于城市化是现代化的产物，人们也往往认为城市文化就代表着一种与前工业的农耕文明的传统文化相对立的现代文化。

从城市文化的构成来看，城市文化是物质文明和精神文明两类成果的复合体，也是由众多子系统所组成并呈现多层次的特征。按照人类学家怀特的文化结构观点，可以将城市文化的结构大致上区分为物质文化、制度文化、精神文化三个层次。物质文化是城市文化的表层，包括公共空间、广场公园、文化场所、标志性建筑物等各类可知的、有形的基础设施，提供城市文化开展的必需空间，达成城市文化的视觉符号展示。制度文化则是城市文化的中层形式，即制度化、规范化的文化表现形式，包括文化活动与管理的规则和制度，如与文化相关的节假日、纪念日制度，新闻出版管理制度，网络言论管理制度等，主要功能是维持城市文化活动的有序化。精神文化则是城市文化的内核和深层结构，主要是通过大众传媒表现并保存传递的城市人的生活模式、思想观念和心理状态。具体可以体现为书籍、绘画、舞蹈、歌曲、戏剧、曲艺等多样式的文化作品和表演活动，也可以体现为民俗惯习等流行的生活行为模式，以及广为市民接受的观念价值。城市文化上述的三个层面由外而内、相辅相成，构成了城市文化的完整体系。

城市文化不仅是城市化的高级进阶，也支撑城市的可持续发展。其一，高质量的城市文化建设能够丰富公众的精神生活，提升公民的整体素质，带动城市社会文明发展。其二，城市文化有助于提升城市的知名度和美誉度，为融聚资源、发展经济提供良好的"软环境"，增强了城市的核心竞争力。其三，城市文化产业以其智力型、清洁型、增值型的特点，成为城市产业结构调整的重要途径，也成为城市经济发展新的增长点。其四，城市文化有助于凝聚社会认同，从而培养公众友善、和谐、包容的社会心态，为社会秩序和社会治理奠定基础，最终推动城市和谐发展。

2. 中国的城市化与城市文化

在全球范围内的现代化进程中，中国作为后发现代化国家，其城市化趋势既与世界范围内其他国家保持一致，又有差异的一面；既体现了中国社会发展本身的逻辑特点，也体现了全球化、现代化进程的中国特色。中华人民共和国成立70多年来，中国的城市化率从1949年的10.6%增长到2021年的64.72%，实现了较大程度的飞跃，超过了世界56%的平均水平，但距离发达国家80%以上的平均城市化率还有一定的差距。

在新中国城市化建设的相当长一个时期内，中国的城市化水平远远低于工业化水平，长期处于低城市化阶段，城市文化建设并未纳入国家城市发展战略，城市文化功能的发挥和文化产品的供给维系在较低水平。

1978年开始的改革开放开启了中国大规模的城市化实践，"以经济建设为中心"也成为城市化的首要目标。一段时期内，早期城市规划和建设中，生产用地、办公用地、住宅用地和生活用地具有优先性，文化设施和空间建设相对滞后，后者甚至出现被挤占挪用的状况，一些历史文化遗迹遗址也因有碍于城市经济建设而遭遇了拆除的命运。伴随着经济高速增长，人们的物质生活水平逐步提高，随之其精神生活需求日益高涨，城市文化建设的必要性，在城市居民物质生活水平提高之后逐渐显现并得到重视。1990 年国家建设部颁行的《城市用地分类与规划建设用地标准》中，首次标明了"文化娱乐用地"，将新闻出版、文化艺术团体、广播电视、图书展览、游乐等设施用地纳入法定的城市规划建设范围。

2005 年国务院正式批复《北京市城市总体规划（2004—2020 年）》，将北京的发展目标明确为"国家首都、国际城市、文化名城、宜居城市"。"宜居城市"概念在国内的首次亮相，标志着中国政府对"文化城市"理念的重视。2014 年中共中央、国务院印发《国家新型城镇化规划（2014—2020 年）》，在"推动新型城市建设"部分中特设"注重人文城市建设"内容，提出"发掘城市文化资源，强化文化传承创新，把城市建设成为历史底蕴厚重、时代特色鲜明的人文魅力空间"的人文城市建设指导思想，并突出强调人文城市建设的 6 项重点。① 由此，中国的城市化迈向了重视文化建设的新阶段。

3. 中国城市文化变迁研究内容

本文结合已有的城市文化理论以及数据资料，主要从三个方面描述中国城市文化变迁：一是描述城市文化基础设施，如图书馆、博物馆、广播电视、互联网等公共文化设施/媒介的变化；二是城市文化活动，主要考察公众参与城市公共文化活动的情况，如阅读阅览、参观展览、观看演出、旅游休闲等；三是城市生活方式和价值观念的变迁。本文根据英克尔斯的传统－现代人的理论，选取大众媒介使用、闲暇时间利用、社会组织/团体参与等生活方式的变化，以及现代价值理念等四个方面，阐释中国城市居民与农村居民在生活方式和价值观念方面的差异，以此考察中国城

---

① 这 6 项重点是：文化和自然遗产保护、文化设施、体育设施、休闲设施、公共设施免费开放，见《中共中央、国务院印发〈国家新型城镇化规划（2014—2020 年）〉》，中国政府网，http://www.gov.cn/gongbao/content/2014/content_2644805.htm。

市文化变迁。

本文使用的数据包括：国家统计局历年《中国统计年鉴》数据，中国互联网络发展状况统计数据，中国社会科学院社会学研究所"中国社会状况综合调查"（CSS）、中国人民大学"中国综合社会调查"（CGSS）和中国新闻出版研究院开展的"全国国民阅读调查"等调查数据。

二 城市文化服务基础设施

城市文化服务基础设施建设是城市文化的物质基础，是市民开展文化活动的基本保障。继 1990 年《城市用地分类与规划建设用地标准》中首次将"文化娱乐用地"纳入法定的城市规划建设范围之后，2012 年国家住房和城乡建设部进一步更新上述用地标准，进一步明确了"文化设施用地"（包括图书展览设施、文化活动设施两类用地）属于"城市公共管理与公共服务用地"的类属。2012 年，中国政府颁行了《国家基本公共服务体系"十二五"规划》，明确了国家基本公共服务的范围，其中也包括了"公共文化体育服务国家基本标准"。2016 年，全国人大通过了《中华人民共和国公共文化服务保障法》，对公共文化设施和公共文化服务都做了明确的规定。在上述政府法规和国家标准中，文化设施或文化基础设施主要是指公共图书馆、文化馆（站）、博物馆、美术馆、纪念馆、科技馆、青少年宫等，其中又以图书馆、文化馆（站）、博物馆等"三大馆"为核心的文化基础设施承载着文化育人的重任。公共文化服务则指利用上述设施为居民提供的场馆开放、图书借阅、展览、演出、讲座、节目播放等服务活动。近年来，国家大力发展文化服务基础设施，居民体验文化服务、参与文化活动的需求得到基本保障。

1. 公共图书馆

改革开放 40 余年来，公共图书馆在数量上有较大增长。1978 年全国公共图书馆业机构数为 1218 个，当时所有的直辖市、省级、地级城市内都设有公共图书馆，但全国一半以上的县区级行政区划内尚没有公共图书馆，因而很大程度上限制了小城市居民的阅读。1980 年代中期之后，图书馆的数量快速增长，至"十二五"期间（2011～2015 年）中国实现了公共图书馆的城市全覆盖；至 2020 年全国公共图书馆达到 3212 个，是 1978

年的 2.64 倍（见图 1）。其中，中央级图书馆 1 个、省直级图书馆①39 个、地市级图书馆 382 个、县市级图书馆 2790 个。目前，公共图书馆（站）正在加大乡镇级覆盖。公共图书馆的普及对激发全民阅读兴趣、丰富城市文化、提高全民思想道德和文化素质起到了极大的推动作用。

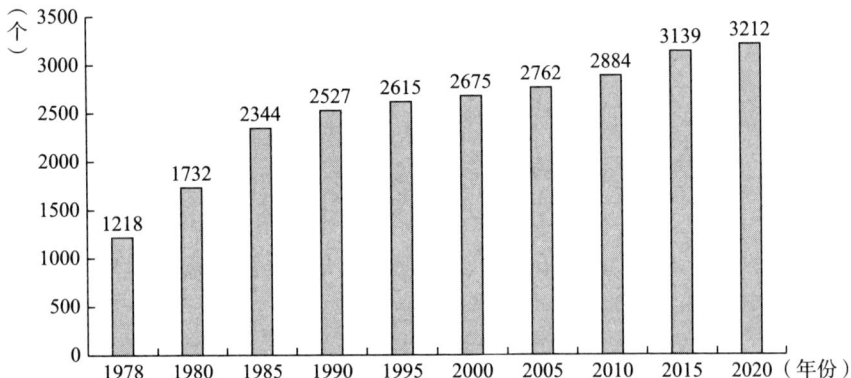

图 1   1978~2020 年全国公共图书馆业机构数

资料来源：国家统计局历年《中国统计年鉴》。

与此同时，公共图书馆的设施和资源也不断扩展。近年来，公共图书馆的场所面积有较大增加，每万人拥有公共图书馆建筑面积由 2011 年的 74 平方米上升至 2020 年的 126 平方米，超过了文化部《"十三五"时期全国公共图书馆事业发展规划》中要求的 2020 年达到 110 平方米的标准；人均拥有公共图书馆藏书量同期也由 0.52 册上升至 0.84 册（见图 2），但尚未达到文化部要求的人均 1 册的标准。

比较全国省级、地市级、县市级三级城市公共图书馆的藏书量、座席数和电子阅览室终端数，可以看出我国城市图书馆公共资源的分布差异。从藏书量来看，省级图书馆平均每馆藏书约 569 万册，地市级城市图书馆平均为约 80 万册，县市级城市图书馆仅为约 22 万册，藏书规模显然依城市级别递减，三级城市馆均藏书量之比大致为 25.9∶3.6∶1，说明公共图书资源更加集中在大中城市；从阅览室座席来看，省级图书馆每馆平均为 2223 个座席，地市级图书馆为 890 座席，县市级图书馆为 297 座席，其规模依然随城市层

———————————

①   省级图书馆包括省、自治区、直辖市的图书馆，下同。

图 2　2011～2020 年全国公共图书馆建设变化情况

资料来源：国家统计局历年《中国统计年鉴》。

级而递减，但其差异和馆藏图书相比已大为缩小；从馆均电子阅览室终端台数来看，省级图书馆、地市级图书馆、县市级图书馆分别为 209 台、81 台和 37 台，其差异依然小于馆藏图书量之比（见表 1）。由此可见，当前我国各级城市公共图书馆资源在座席、电子阅览室终端等硬件方面的差异不大，相关问题往往在建设初期依据规划和固定投入便可解决，其差异主要体现在藏书量上，省级图书馆无疑有着巨大的优势。这一方面是历史馆藏积累的差距，另一方面是需要财政资金长期购置图书才能奏效的。

表 1　2020 年全国各级公共图书馆资源比较

图书馆资源	省级图书馆	地市级图书馆	县市级图书馆
图书馆数（个）	39	382	2790
藏书量（万册）	22202	30660	60960
座席数（万个）	8.67	34	83
电子阅览室终端数（台）	8169	31040	102942
馆均藏书量（万册）	569	80	22
馆均座席数（个）	2223	890	297
馆均电子阅览室终端数（台）	209	81	37
馆均藏书量表	26.1	3.7	1

图书馆资源	省级图书馆	地市级图书馆	县市级图书馆
馆均座席数比	7.4	3.0	1
馆均电子阅览室终端数比	5.7	2.2	1

资料来源：根据国家统计局《中国统计年鉴 2021》《中国城市统计年鉴 2021》中相关数据计算。

2. 博物馆

中国现代博物馆建设始自清朝末年，中华人民共和国成立时全国有博物馆 25 个。截至 1960 年，共设立开放 190 家博物馆。1978 年改革开放之初，中国博物馆有 349 所，主要集中在各直辖市、省会城市和部分地级城市，县级区域仅有极少的纪念馆，但少有博物馆。改革开放以来，中国的博物馆数量增速明显加快，特别是 2008 年以来，博物馆总量大幅增加。至 2020 年全国博物馆数量达到 5452 家，是 1978 年的 15.6 倍。馆藏文物藏品由 1988 年的 766.3 万件（套），增加到 2016 年的 4319.1 万件（套），增长了 4.64 倍（见图 3）。

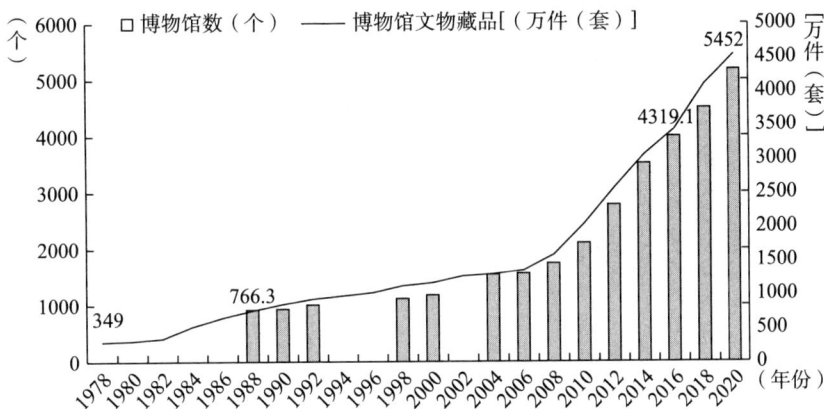

图 3　1978～2020 年全国博物馆数及藏品数

资料来源：国家统计局历年《中国统计年鉴》。

从区域分布上看，全国 333 个地级行政区中，除海南省三沙市和西藏自治区那曲市、阿里地区尚无已备案博物馆外，其他 33 个省份实现了地级行政区博物馆全覆盖；全国 2844 个县级行政区中，有 665 个区县尚无备案博物馆，覆盖率为 76.6%。北京、上海、甘肃已实现区域内县级行政区博物馆全覆盖，

299 个区县拥有 5 家（含）以上的博物馆，占全国区县总数的 10.5%。[①]

中国城市文化建设中，博物馆的发展速度要明显快于图书馆，一方面是因为博物馆承担着保存文物、展示城市历史、进行社会教育和学校教育、促进旅游等多重文化功能，所以能更多得到公众的利用，另一方面是因为其开办机构的多元性。在目前（2023 年）5472 家博物馆中，文物系统国有博物馆开办的 2770 家，占比为 50.6%；非文物系统开办的国有博物馆有 842 家，占比为 15.4%；而民间开办的非国有博物馆则有 1860 家，占比达到 34.0%。政府各部门和社会力量协力投入博物馆建设，使得越来越多的公众可以在博物馆参观品位典藏的人文自然遗产，极大地提升了城市的文化品位。

3. 文化馆

中国的文化馆源自清末民初学自西方的通俗教育馆、民众教育馆、社会教育馆。新中国成立后，将其改造为人民文化馆，其间亦称"群众艺术馆"，后来在 1982 年《中华人民共和国宪法》中定名为文化馆。文化馆是政府开办的公共文化服务机构，主要以社会教育的方式实现全民艺术普及和优秀传统文化传承的功能。其主要职能是：（1）宣传党和政府的方针政策；（2）组织开展群众文化艺术活动；（3）组织实施群众文化艺术培训与辅导；（4）提供文化艺术作品鉴赏与学习服务；（5）组织指导群众文艺创作；（6）保护传承民族民间文化艺术；（7）组织开展群众文化调查研究；（8）组织开展国内外群众文化交流（李国新，2021）。

中国的文化馆由各级政府的文化部门主管，分为省、地市、县区三级文化馆和乡镇文化站四个层级，因此普及面广，数量众多。在改革开放之初的 1978 年各级文化馆有 6893 家，之后数量快速增长，到 1994 年已达到 11276 家，1996 年之后数量一直在 4 万家以上，到 2020 年全国共有四级文化馆（站）43687 家[②]（见图 4），其中省级 31 家、地市级 359 家、县市级 2931 家、乡镇街道文化站 40366 家，实现了全国自直辖市、省会城市到乡

[①] 《致广大而尽精微——从中国博物馆实践看博物馆的力量》，http://society.sohu.com/a/610793551_121106869，最后访问日期：2023 年 5 月 25 日。

[②] 文化馆数量至 1996 年的陡增，也和文化馆的归属变化导致的统计口径变化有关。1996 年之前，部分乡镇文化站隶属于文化部之外的行业部门，未纳入文化机构的统计之中。

镇级行政辖区的全面覆盖。

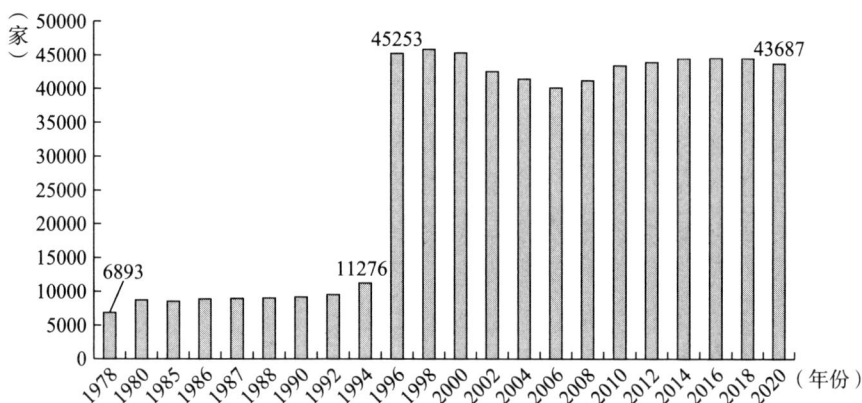

图 4　1978～2020 年全国文化馆（站）数量变化情况

资料来源：国家统计局历年《中国统计年鉴》。

通过 2020 年全国各级文化馆（站）基本活动情况的比较，可以看出四级文化馆（站）的公共资源分配差异，以及各自开展文化活动的方式特色（见表 2）。首先，可以明显看出，文化馆（站）的资源依城市的行政级别配置：省级馆的工作人员平均为 59 人，拥有计算机 91.2 台；而地市级和县市级文化馆的资源依次递减，乡镇街道级文化站仅有 3 名工作人员，电脑 8.1台；从支出经费来看，省级馆年支出 3306 万元，地市级馆 919 万元，县市级馆 310 万元，乡镇街道文化站年支出只有 38 万元。其次，可以看出，各级文化馆（站）的定位和功能侧重不同：省级文化馆举办训练班、展览、理论研讨和讲座的次数要明显多于下级文化馆，体现了更强的社会教育功能，而地市、县市级文化馆组织文艺活动和演出的次数更多，体现了传承"群众文艺"的特色。

表 2　2020 年全国各级文化馆（站）基本活动状况比较

每馆平均	省级*	地市级	县市级	乡镇街道级
从业人员数（人）	59	29	14	3
拥有计算机台数（台）	91.2	31.8	16.5	8.1
总支出（万元）	3306.0	919.0	310.0	38.0
组织文艺活动次数（次）	34.0	59.4	69.5	21.4

每馆平均	省级*	地市级	县市级	乡镇街道级
举办训练班班次（次）	126.7	144.2	68.4	10.2
举办展览（个）	17.5	9.9	8.4	2.7
举办各类理论研讨和讲座（次）	18.0	9.9	9.1	0.0
馆办文艺团体演出场次（次）	22.97	27.0	37.7	0

* 省级文化馆包括省、自治区、直辖市的文化馆。

资料来源：根据国家统计局《中国统计年鉴2021》《中国城市统计年鉴2021》中相关数据计算。

4. 大众传媒

大众传媒的普及是社会现代化的重要标志之一，以广播、电视和互联网为主的大众传媒不仅是造就现代城市文化的重要基础设施，还以其传播性将城市文化覆盖到城市以外的乡村地区，从而促进全民的文化素养。

（1）广播电视

中国最早的广播电台诞生于20世纪20年代的上海，新中国成立之初，全国广播电台只有49家，1978年发展到93家。电视台从1958年起步，到1978年发展到32家，但很长时间电视距离大多数中国人的生活还很遥远。改革开放之后，1983年党中央召开全国广播电视工作会议，提出了中央、省、地市、县"四级办广播、四级办电视、四级混合覆盖"的方针，极大地推动了中国广播电视事业的全面发展（国家广播电视总局，2019）。

1985年至2020年的36年间，中国广播节目和电视节目的综合人口覆盖率自不足70%一路攀升，至世纪之交跨过了90%，几乎达到100%（见图5），城市和乡村之间也没有明显的差别。样式众多的海量大众传媒资讯极大地满足了城乡受众多样化的新闻、文化和娱乐需求。

（2）互联网

作为一种新型大众传媒的互联网，给中国人的日常生活带来了极大的改观。互联网自1994年进入中国以来发展极为迅猛，其用户数自1997年的区区62万人，急速增加到2021年的10.3195亿人。自2008年起，中国互联网用户数超过了美国，成为世界第一大互联网用户国。互联网普及率也由2005年的8.5%快速提升到2021年的73.0%（见图6）。目前，应用

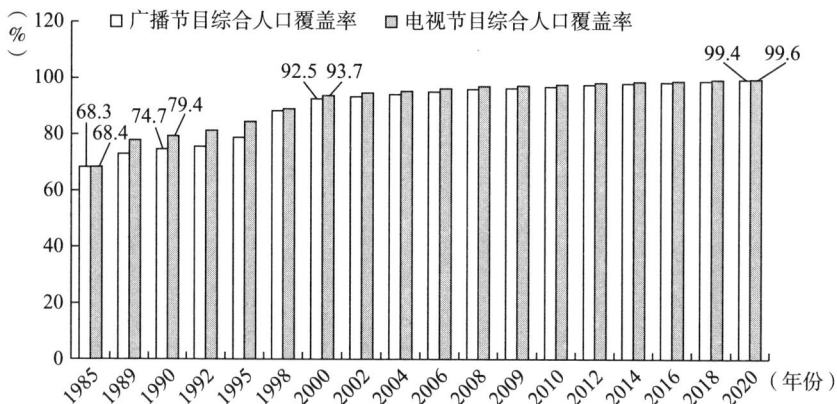

图 5　1985～2020 年全国公共广播和电视节目综合人口覆盖率
资料来源：国家统计局历年《中国统计年鉴》。

互联网进行信息搜索、新闻浏览、观看视频、欣赏网络音乐和文学阅读
等，已经成为中国民众不可或缺的文化消费。

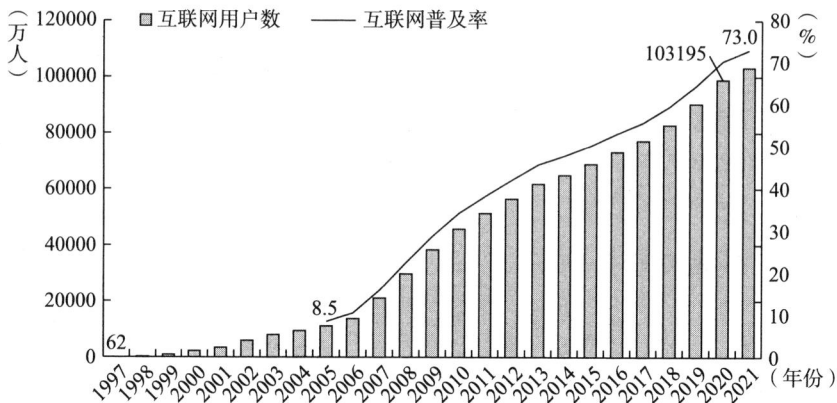

图 6　1997～2021 年中国互联网用户数和普及率
资料来源：根据中国互联网络信息中心（CNNIC）历年《中国互联网络
发展状况统计报告》数据整理。

在中国互联网的急速发展进程中，城市人口一直是互联网应用的主流
人群。自 2006 年以来互联网的城市用户从 1.14 亿人持续增长到 7.48 亿
人，增长了 5.56 倍；农村互联网用户同期自 0.23 亿人快速增长到 2.84 亿

人，增长了 11.3 倍，其增长幅度高于城市网民，但网民中的城市人口占比一直高于农村网民。此外，城市互联网的普及率也大大高于农村，前者自 2006 年的 16.9% 上升至 2021 年的 81.3%，后者同期由 2.6% 上升至 57.6%，也就是说城市人口中互联网用户占比要比农村人口中互联网用户占比高 23.7 个百分点（见图 7）。总体来看，城市居民的互联网普及率较高，通过互联网设施参与文化活动的平台较为广阔，互联网设施能够基本满足城市居民的文化需求。

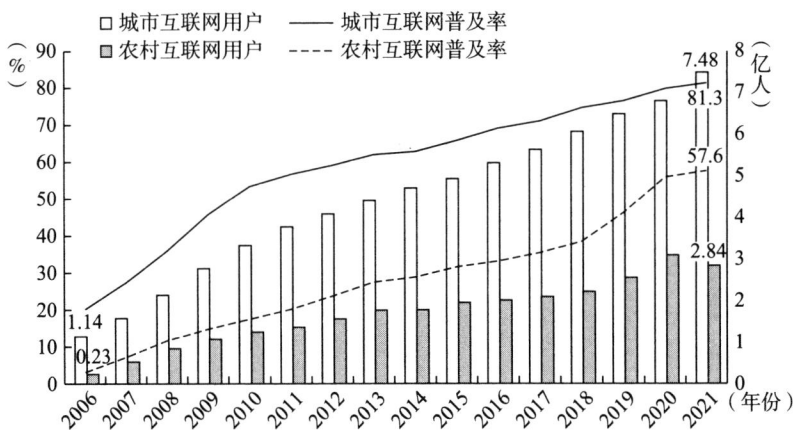

图 7　2006 - 2021 年中国城市与农村的互联网用户数和普及率

资料来源：根据中国互联网络信息中心（CNNIC）历年《中国互联网络发展状况统计报告》数据整理。

三　城市文化活动

文化服务基础设施是文化事业发展的基础，而居民的真实参与情况才是反映文化建设成效的重要指标。本部分先简述城市居民的文化消费支出变迁状况，而后从阅读、参观展览、观看文艺表演、旅游等四项市民文化生活主要类型加以描述。

1. 文化消费支出

文化消费是指用文化产品或服务来满足文化需求的消费，主要包括教育、文化娱乐、体育健身、旅游观光等。2010～2020 年中国城市居民的人均教育文化娱乐消费支出在总额上呈逐步上升趋势，自 2010 年的年人均 1467 元逐步提升到 2019 年的 3328 元，增长了 1.27 倍，2020 年受疫情影响，城市居民文化活动减少，教育文化娱乐支出缩减为 2592 元（见图 8）。从教育文化娱乐消费占总支出的比重来看，2010～2020 年一直稳定维持在 10%～12%，没有出现大的起伏波动。这说明对城市居民而言，教育文化娱乐消费支出已经相对刚性化，是城市生活不可或缺的精神补给。

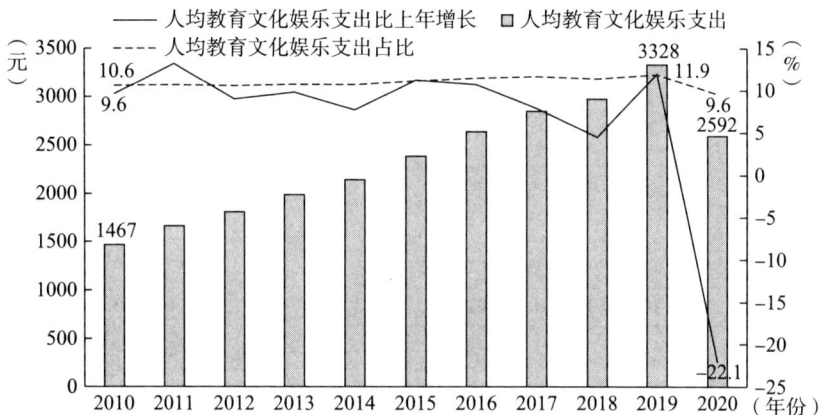

图 8 2010～2020 年中国城市居民教育文化娱乐支出情况
资料来源：国家统计局历年《中国统计年鉴》。

2. 阅读

公共图书馆是城市公众集中阅读的场所，图书的流通数较好地反映了读者阅览馆藏图书的活动。2010～2020 年全国公共图书馆的图书流通量在持续增长，自 2010 年的 32291 万人次增长到 2019 年的 89558 万人次[1]，增长了 1.77 倍，其中县市级图书馆的图书流通量增长了 1.44 倍，说明中国城市的公共图书阅读群体正在逐渐由中心城市向中小城市扩张（见图 9）。

值得关注的是，近年来全民阅读率较为缓慢地提升，数字化阅读的增长趋势十分醒目。如图 10 所示，全国成人的媒介综合阅读率[2]自 2010 年的 77.1% 上升至 2021 年的 81.6%，增长了 4.5 个百分点，但同期数字化

---

[1] 受疫情影响，2020 年的公共图书馆图书流通量有所下降，属于非正常状态，不予分析。
[2] 媒介综合阅读率，指的是调查群体在一年中阅读过纸版图书/报刊或数字出版物的人口占总体之比例。

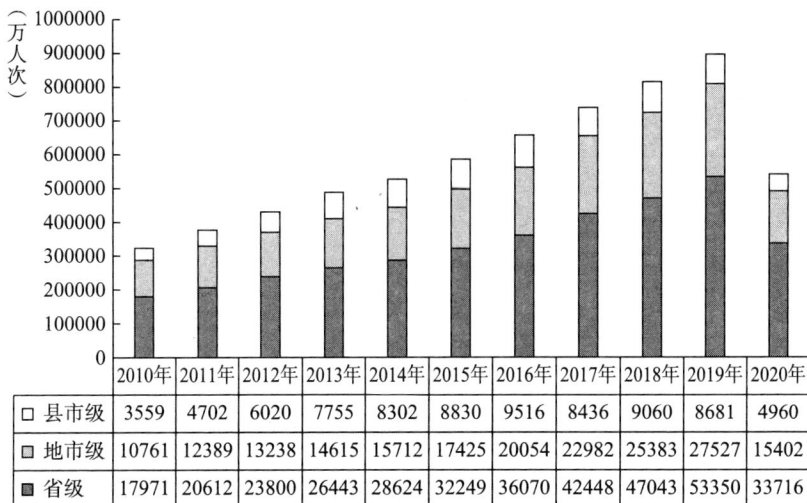

（万人次）	2010年	2011年	2012年	2013年	2014年	2015年	2016年	2017年	2018年	2019年	2020年
□ 县市级	3559	4702	6020	7755	8302	8830	9516	8436	9060	8681	4960
▨ 地市级	10761	12389	13238	14615	15712	17425	20054	22982	25383	27527	15402
■ 省级	17971	20612	23800	26443	28624	32249	36070	42448	47043	53350	33716

图9　2010~2020年全国图书馆图书流通人次

资料来源：国家统计局历年《中国统计年鉴》。

阅读率①则由32.8%快速升至79.6%，增长了46.8个百分点。说明在网络和数字化时代，公众的阅读方式有了较大的改变，数字阅读正在替代传统的纸媒阅读。

从图11可以看出，以手机阅读和网络在线阅读为主的阅读方式近年来渐居主流，而纸版图书/报刊阅读方式一直平稳保持在59%上下，五六年来变动未超过1个百分点。手机阅读和网络在线阅读2021年的阅读率分别为77.4%和71.6%，远高于纸版图书/报刊阅读率（59.7%）。

公众阅读行为也存在城乡差距。2021年全国成人的纸版图书/报刊阅读率为59.7%，但城镇居民的图书/报刊阅读率要高于农村居民18.5个百分点（68.5% vs 50.0%）；听书率也是城市居民高于农村居民7.8个百分点（34.6% vs 26.8%）；城镇居民平均每年阅读图书5.58本，而农村居民仅为3.76本（见图12）。

3. 参观展览

随着城市文博设施的不断增加和开放，以及居民文化素养的提升，参

---

① 数字化阅读率，指以网络在线、手机、电子阅读器、Pad等数字方式阅读者占总体之比例。

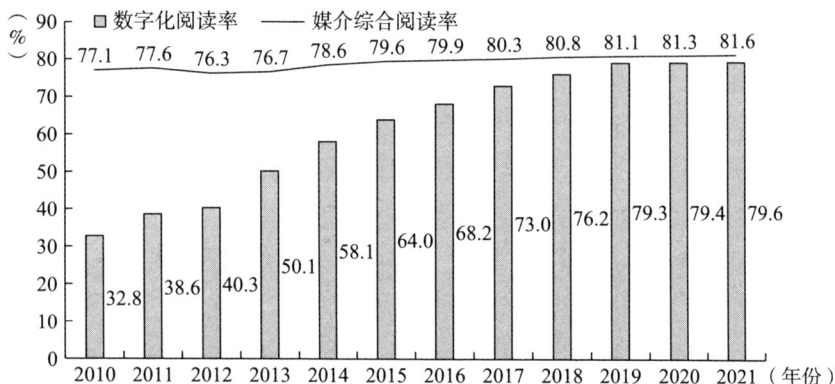

图 10　2010～2021 年全民媒介综合阅读率和数字化阅读率

资料来源：根据中国新闻出版研究院历年《全国国民阅读调查报告》整理。

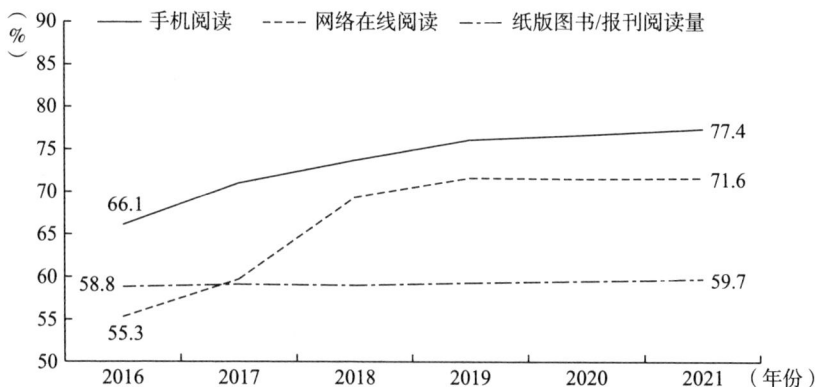

图 11　2016～2021 年公众纸媒阅读率和数字化阅读率比较

资料来源：根据中国新闻出版研究院历年《全国国民阅读调查报告》整理。

观展览成为中国居民文化消费的一股热潮。2010 年至 2020 年，全国文博业举办展览年均 2.8 万余场，特别是 2014 年以来陈列展览场次持续增加，除 2020 年因疫情办展场次减少，到 2019 年达到 30702 场次。参观人次也逐年增多，从 2010 年的 52098 万人次增长至 2019 年的 131670 万人次，增长了 1.5 倍之多，可以说每位中国人都有 0.93 人次（按总人口 14.1 亿人计）的博物馆参展贡献（见图 13）。

根据展览次数和参观人次求得场均参观人数并在不同层级城市间进行

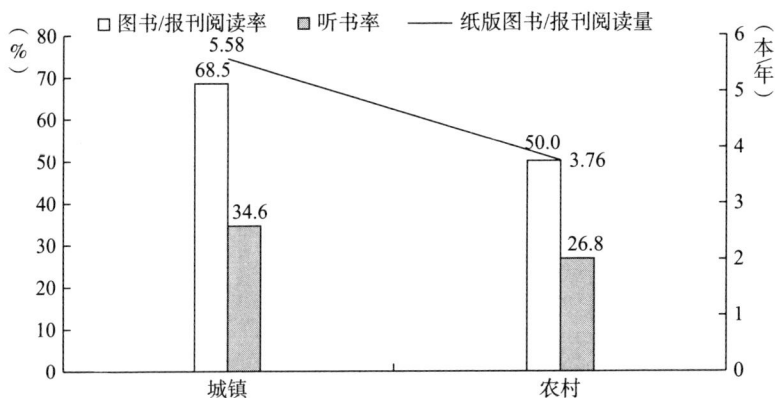

图12　2021年城镇与农村居民阅读状况比较

资料来源：根据中国新闻出版研究院历年《全国国民阅读调查报告》整理。

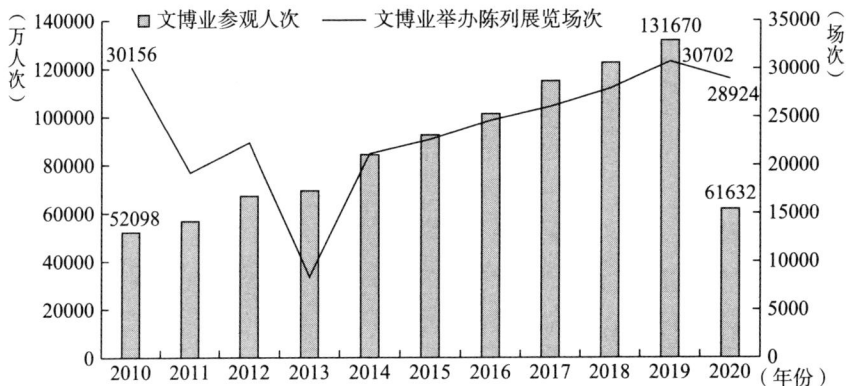

图13　2010～2020年全国文博业举办展览场次和参观人次

资料来源：国家统计局历年《中国统计年鉴》。

比较，可以看出文博展览对观众的吸引力随着城市层级的提升而上升。以2020年为例，县市级城市文博展每场展览大概有1.85万人次的观众，地市级展览则上升至2.62万人次，省级展览达到3.47万人次，中央级展览则为4.42万人次（见图14）。

4. 观看文艺表演

自2010年以来，全国文艺团体演出场次和观众人次均有所增加。文艺团体演出场次由2010年的1278千场次增加至2019年的2956千场次，增

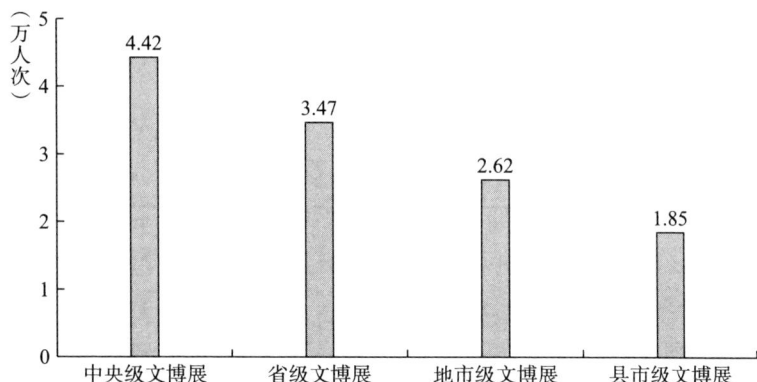

图 14　2020 年全国各级城市文博展参观人次

资料来源：国家统计局 2021 年《中国统计年鉴》。

加了 1.31 倍；同期观众人次由 88456 万人次增加至 123020 万人次（见图 15），以此估算全国 14.1 亿人口每人贡献了 0.87 人次的观演，可以说观看文艺演出十分普遍。

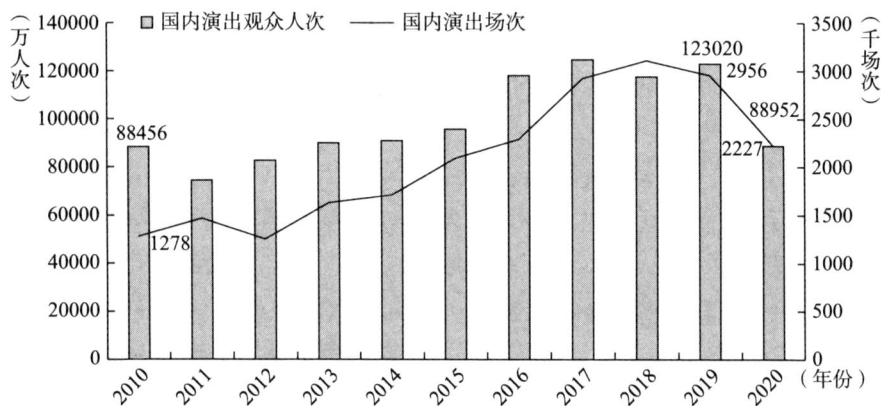

图 15　2010～2020 年全国文艺团体演出场次及观众人次

资料来源：国家统计局历年《中国统计年鉴》。

　　无论是从表演场次还是从观众人次来看，我国文艺演出的主要市场是在县市级城市。以 2019 年数据为例，全年的艺术团体表演和观众人次 90% 以上都来自县市级文艺团体表演，中央级、省级、地市级文艺演出的份额合计不足 10%（见表 3）。如果各级城市表演团体的观众基本来自本级城市的话，那么占中国城市人口四成左右的县市级城市人口，占文艺演出观众的份额超过了九成，其人均观演机会应该远远高于大中城市。①

表 3　2019 年全国各级城市文艺团体表演场次及观众人次比较

每馆平均	中央级	省级	地市级	县市级	总计
艺术团体表演场次（千场次）	3	57	95	2801	2956
观众人次（万人次）	295	3350	7937	111438	123020
艺术团体表演场次占比（%）	0.1	1.9	3.2	94.8	100.0
观众人次占比（%）	0.2	2.7	6.5	90.6	100.0

资料来源：国家统计局 2020 年《中国统计年鉴》。

5. 旅游

旅游对于中国居民而言曾被视为文化消费中的奢侈品，计划经济时期户籍的限制也使个人旅行难以实现。改革开放特别是社会主义市场经济体制确立以来，人口流动和迁徙量剧增，旅游业焕发了生机，旅游消费也逐步进入中国城市居民的文化生活之中。从现有统计数据来看，1994 年国内旅游 5.24 亿人次，其中农村居民 3.19 亿人次，城镇居民的旅游人次尚不及农村居民，仅为 2.05 亿人次。进入 21 世纪以来，特别是 2004～2010 年间，经"非典"之后的人口流动恢复和 2008 年北京奥运会的拉动，旅游人次突进到 10 亿～20 亿人次阶段；2010～2020 年随着国民收入的高速增长，全国旅游人次又从 20 亿人次快速跨越到了 60 亿人次的高点。从图 16 可以看出，城镇居民的国内游客人次和全国游客人次的变动趋势是同步的，说明国内旅游主要是靠城镇居民的旅游消费带动的。到 2019 年国内旅游的城镇游客人次达到了 44.71 亿人次，也就是当年 9 亿城镇人口几乎人均 5 人次的旅游量。

居民旅游消费也带动着旅游支出的增长。从图 17 中数据可以直观地看出，2000～2020 年国内旅游花费一直保持增长态势，2000 年国内旅游总花费为 3175.5 亿元，到 2019 年为 57250.9 亿元，增长了 17 倍有余；城镇

---

① 根据 2020 年第七次全国人口普查数据计算，中国目前有 9 亿城镇人口，其中直辖市、省会城市、地级市市辖区人口合计占比约为 62%，县及以下城镇人口占比约为 38%。

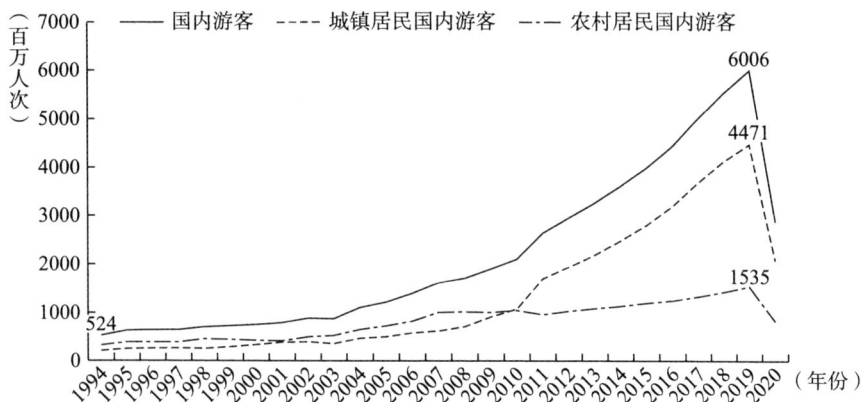

图 16 1994~2020 年全国国内游客人次情况

资料来源：国家统计局历年《中国统计年鉴》。

居民的人均旅游花费同期也由 678.6 元提升至 1062.6 元，高于同期农村居民的旅游花费（见图 17）。这说明城镇居民旅游需求不断提高，旅行支付能力不断增强。

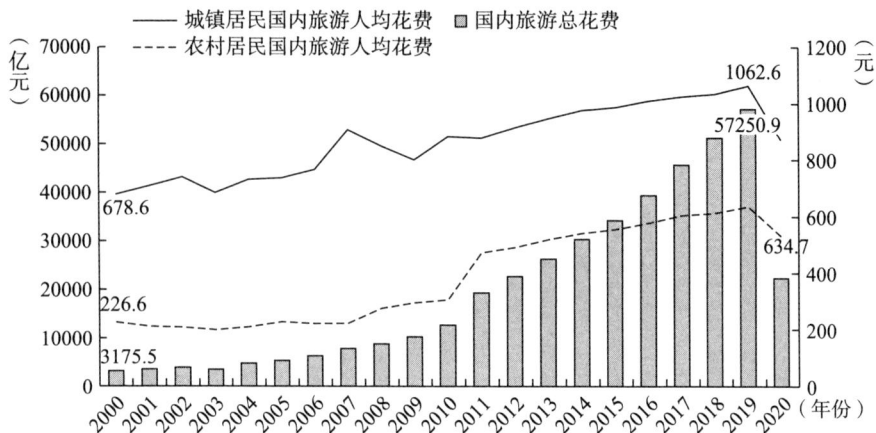

图 17 2000~2020 年全国国内旅游花费情况

资料来源：国家统计局历年《中国统计年鉴》。

四 城市生活方式与价值理念

本部分从大众传媒使用、闲暇时间利用、社会组织/社会团体参与等方面描述中国城市居民的生活方式转变，从两性平权意识、社会宽容度、权利意识、能力与平等意识、规划意识、创新意识 6 个方面论述中国城市居民文化价值观念的基本特征。

1. 大众传媒使用

大众传媒作为人的现代化的重要途径，在现代化进程中扮演着重要的角色，拥有极其重要的社会功能。现代化研究的开创人之一 D. 勒纳在《传统社会的消失：中东国家的现代化》一书中指出，大众媒介通过信息传播，使人突破了历史和地理环境限制，了解外部新事物，成为有着现代性人格的新人。美国社会学家 A. 英克尔斯在《从传统人到现代人：六个发展中国家中的个人变化》中提出大众传媒不仅从教育、城市化程度等方面影响现代化，也直接作用于人的现代性。中国的现代化进程中大众传媒也同样发挥着独特的作用。因此，在考察中国城市居民生活方式和文化价值观念的过程中，大众传媒的使用习惯是重要的视角。

调查数据表明，城市居民大众传媒使用率依高到低的次序为电视（78.2%）、互联网（74.4%）、手机定制消息（24.7%）、报纸（16.4%）、广播（15.2%）和杂志（14.5）。除电视外，其余大众传媒的使用率都是城市居民明显高于农村居民，特别是互联网的使用率城乡之差达 24.3 个百分点（见图 18）。

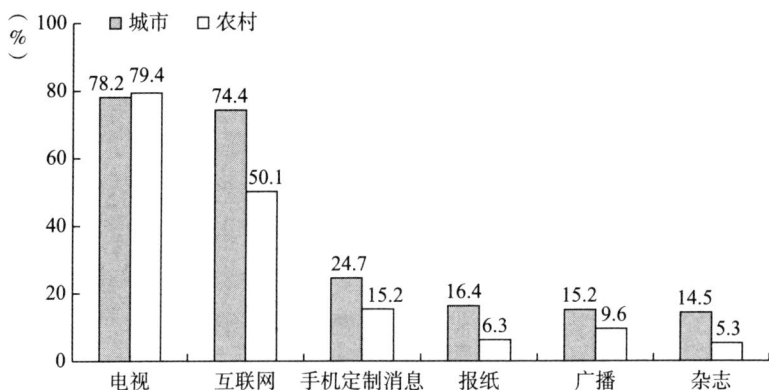

图 18 城乡居民的大众传媒使用率比较

资料来源：2018 年中国综合社会调查（CGSS 2018）。

在询问"最主要的信息来源"时，城市居民对互联网的依赖程度最高

（66.4%），其次是电视（30.2%），选择报纸、广播、手机定制消息与杂志的占比甚低，均不足 2%。农村居民则以电视为主要信息渠道（54.9%），选择互联网的次之，为 43.3%，其余大众传媒渠道占比也甚低，均不足 1%（见表 4）。由上述分析可见，目前城市居民使用频率最高的和认为重要的大众传媒都是电子形态传媒，传统的传媒如报纸、广播等已居于边缘应用地位，体现了互联网社会的信息传播特征，也说明中国的城市生活已经充分网络化、数字化了。

表 4　城乡居民最主要的大众传媒信息源

单位：%

	互联网	电视	报纸	广播	手机定制消息	杂志
城市居民（N = 7418）	66.4	30.2	1.4	1.0	1.0	0.1
农村居民（N = 5317）	43.3	54.9	0.3	0.7	0.6	0.1

资料来源：2018 年中国综合社会调查（CGSS 2018）。

2. 闲暇时间利用

受城市工作作息制度的影响，城市居民的生活大多有工作之余的规整闲暇时间。城市生活中的闲暇时间利用，更多体现了满足个人兴趣、消费、社交、"充电"等功能，和乡村生活的闲适大相异趣。调查数据表明，中国城市居民日常的休闲活动丰富多样。以每月至少一次的频率计，从高到低依次为：电视和影碟（84.4%）、上网（76.1%）、逛街购物（56.8%）、在家听音乐（56.4%）、体育锻炼（53.3%）、朋友聚会（47.1%）、阅读书刊（34.6%）、亲戚聚会（26.6%）、外出看电影（22.4%），其余做手工、外出看演出/展览、外出观看比赛等均低于 10%（见图 19）。通过分析还可看出，城市居民除了看电视和影碟的休闲活动不如农村居民外，其余各项休闲活动均明显高于农村居民，体现了城市文化生活对丰富精彩人生的塑造。

3. 社会组织/社会团体参与

社会组织/社会团体是现代社会中个人与社会的重要联结方式，社会成员经由社会组织/社会团体明确自身的社会属性和群体认同，拓展社会

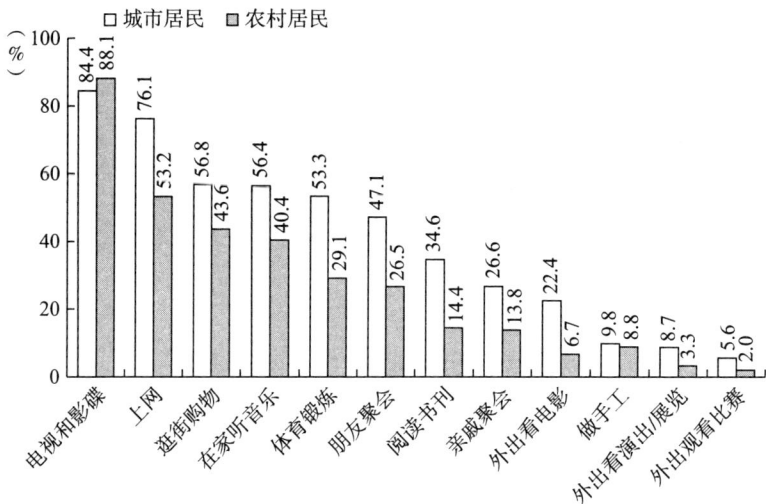

图 19　城乡居民的闲暇利用方式比较

资料来源：2018 年中国综合社会调查（CGSS 2018）。

资源，并以之为参与社会的通道。随着由"礼俗社会"走向"法理社会"，传统社会中建立在原初社会群体上的血缘、亲缘、地缘性团体的功能逐步衰弱。因此，城市居民的社会组织/社会团体参与程度与类型是考察中国城市文化现代性的一个重要指标。根据中国社会状况综合调查（CSS）2011 年、2017 年和 2021 年的数据可以看出，其一，2011～2021 年城市居民的社会组织/社会团体参与率上升。至少参加过一类社会组织/社会团体的城市居民由 2011 年的 32.4% 上升至 2017 年的 39.6% 和 2021 年的 50.6%，增幅远远高于农村居民。其二，城市居民对校友会/校友群、文体娱乐等兴趣组织、职业团体三类社会组织的参与程度相对较高，且参与率上升明显，而宗亲会/同乡会的参与率变化不大，其相对位置随时间下降。这极好地说明了城市生活的现代社会特征：友缘、趣缘、业缘的新型社会联结方式在替代传统的亲缘、地缘共同体。其三，民间自发组织的公益社团的参与率在城市居民中的重要性缓慢上升，已超过了亲缘、地缘组织的参与率，但和农村居民相比相差并不甚大，说明中国目前的城市社会组织/社会团体参与的公益性特征还不明显（见表 5）。

表 5　2011～2021 年城乡居民社会组织参与比较

单位：%

	2011 年		2017 年		2021 年	
	农村居民	城市居民	农村居民	城市居民	农村居民	城市居民
宗教团体	5.6	2.4	4.1	3.5	2.4	1.9
宗亲会/同乡会	6.2	6.4	11.2	8.5	7.4	7.1
校友会/校友群	8.8	19.7	22.1	29.0	18.3	31.6
文体娱乐等兴趣组织	4.3	9.7	5.6	6.3	11.8	22.5
民间自发组织的公益社团	1.9	4.4	5.5	6.3	5.7	9.2
职业团体	3.6	4.4	5.2	6.2	7.8	14.8
社会组织/社会团体参与率	21.4	32.4	34.4	39.6	33.6	50.6

资料来源：2011 年、2017 年和 2021 年中国社会状况综合调查（CSS 2011，CSS 2017，CSS 2021）。

4. 价值理念

长久以来，社会研究者就一直关注城市人的精神特征。20 世纪初德国社会学家齐美尔在《大城市与精神生活》一文中，便论述了城市精神具有理性主义、计算的准确性（守时、时间观念）、傲慢/冷漠、矜持、个人主义（个性化）、自由（个人独立性）、世界主义等特征（齐美尔，1991：258～279）；20 世纪 30 年代芝加哥学派的代表人物路易斯·沃斯（Louis Wirth）认为，城市的人口规模、居住密度和社会成员生活方式的异质性，造就了独有的"城市性"（urbanism），诸如成员间熟识程度降低，次级关系替代初级关系；人口流动性大，缺乏归属感；家庭规模小型化，家庭功能简化；由专业分工而产生依赖的陌生人社会，依靠间接媒介进行交流，通过委托授权过程聚合个人利益，遵循规章制度；等等（Wirth，1938）；20 世纪 70 年代美国社会学家阿列克斯·英克尔斯（Alex Inkeles）提出了著名的"现代人"（Modern Man）概念，认为工业社会的工作和生活方式，会使其成员产生乐于吸纳新经验、易于接受社会变革、敢于发表意见、具有个我效能感、遵守时间等现代的心理特质，即"现代人格"（Modern Personality）（英克尔斯、史密斯，1992：19～42）。由于现代人格产生的主要设置如工商企业、大众传媒、学校教育等都辐辏于城市，以此而言，

"现代人"大致为"城市人"的写照，"现代人格"即为"城市精神"。

本文将从两性平权意识、社会宽容度、权利意识、能力与平等意识、规划意识、创新意识等6个方面刻画当代中国城市居民的"城市精神"。

（1）两性平权意识

男女两性平权是现代社会最为基础的价值理念。中国有数千年漫长的小农经济和夫权制历史，"夫为妻纲"这样的男尊女卑的两性不平等观念根深蒂固，遗留至今依然有女性依附于男性的社会成见。但对于深受现代工商业文明熏陶的城市人而言，这样的偏见则难以接受。2018年的中国综合调查（CGSS 2018）数据表明，对于一系列体现男女不平等的传统社会观点，城市居民大多表示不赞同。如"男人以事业为重，女人以家庭为重"的观点，城市居民的赞同者占比为41.4%，即不赞同的比例为58.6%；对于"男性能力天生比女性强"的观点，城市居民赞同的比例仅为31.1%；对"干得好不如嫁得好"的说法，赞同率为35.4%（见图20）。还可以看出，上述三种"女性劣势"的观点，农村居民的赞同率都明显高于城市居民，进一步说明了城市居民更能接受男女平权的观念。

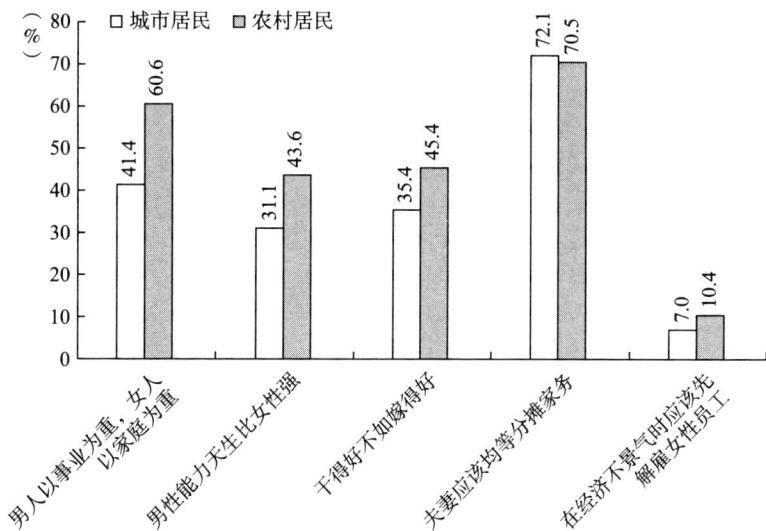

图20　城乡居民对于两性社会地位相关观点的赞同率

资料来源：2018年中国综合社会调查（CGSS 2018）。

（2）社会宽容度

现代社会尊重文化的多元性和差异性，因此现代城市精神也秉持社会宽容之价值。CSS 2021 数据显示，城市居民能够接纳各类非主流社会群体的程度要高于农村居民。城市居民对于不同宗教信仰者、刑满释放者、婚前同居者、乞讨要饭者的接纳程度均在 50％ 以上，而对同性恋、艾滋病患者的接纳度依旧比较低，均未超过 40％。与城市居民相比，农村居民对上述各类非主流社会群体的接纳程度都更低一些，其中对于同性恋的接纳程度最低（见图 21）。

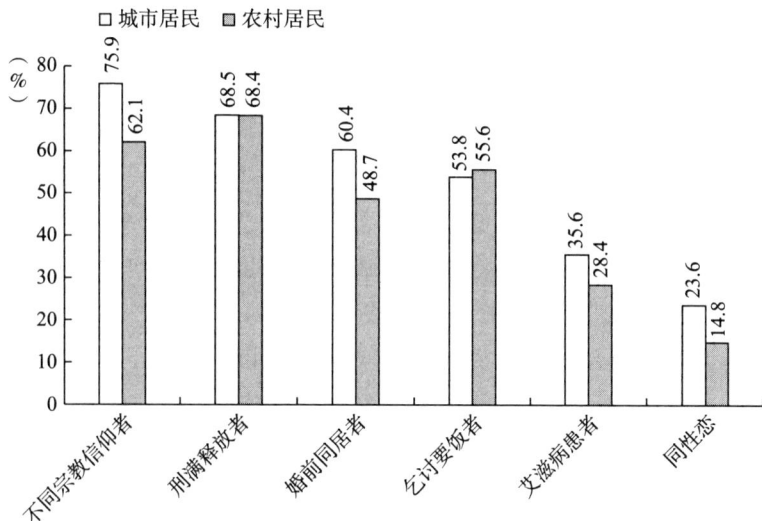

图 21　城乡居民社会宽容度比较
资料来源：2018 年中国社会状况综合调查（CSS 2021）。

（3）权利意识

权利意识是指每一个公民都具有同等的尊严和政治、经济与社会权利，并按照法律规定行使自己的权利，依照正当的法律途径维护自身权益的意识。权利意识的形成与内化是现代社会法治的根本动力。在 2015 年中国社会状况综合调查时设计了一组个人权利受损时应对意向的题目，来衡量公众的权利意识："如果个人权利受到损害，就应当据理抗争"（据理力争）还是"个人权利受到损害时，最好还是接受现实，能忍则忍"（能忍则忍）。数据结果表明，大多数（72.3％）城市居民赞同据理力争的维权观点，赞同能忍就忍观点的城市居民不足三成（27.7%）；另外，农村居民赞同据理力争观点的要比城市居民低10.2个百分点，可见城市居民具有更高的权利意识（见表6）。

表6 城乡居民的权利意识比较

单位：%，人

	如果个人权利受到损害，就应当据理抗争	个人权利受到损害时，最好还是接受现实，能忍则忍	总计	样本人数
城市居民	72.3	27.7	100.0	4239
农村居民	62.1	37.9	100.0	3206
整体/总计	67.9	32.1	100.0	7445

资料来源：2015年中国社会状况综合调查（CSS 2015）。

（4）能力与平等意识

城市居民更具有能力主义的取向及对社会资源不平等配置的体认。他们半数以上（57.7%）都主张"根据个人能力的高低来决定收入和社会地位"，而不是追求一个收入和社会地位趋近平等状态的社会。而农村居民认同这一观点的占比为52.4%，低于城市居民5.3个百分点（见表7）。

表7 城乡居民的能力与平等意识比较

单位：%，人

	人们之间的收入和社会地位差距不应当太大，越平等越好	应当根据个人能力的高低来决定收入和社会地位	总计	样本人数
城市居民	42.3	57.7	100.0	4218
农村居民	47.6	52.4	100.0	3185
整体/总计	44.6	55.4	100.0	7403

资料来源：2015年中国社会状况综合调查（CSS 2015）。

（5）规划意识

时间观念是现代工业社会社会性格的主要特征之一，与之相关联的便是对生命时间的规划利用。时间规划体现的是生活与工作目标的确认，以及理性管理的行为方式。调查结果显示，与农村居民相比，城市居民有更明确的时间规划意识。数据显示，对自身未来生活有所规划的城市居民占比高达58.2%，其中对未来1~2年、3~5年和5~10年的生活有所规划的人占比分别为25.7%、25.8%和6.7%，而农村居民对自己未来生活有所规划的占比为45.3%，比城市居民低近13.0个百分点（见表8）。

表8　城乡居民的规划意识比较

单位：%，人

	我不规划我的生活，因为对我来说很难提前规划什么	我对未来一年到两年的生活有规划	我会规划未来三年到五年的生活	我会提前规划自己未来五年到十年的生活	总计	样本人数
城市居民	41.8	25.7	25.8	6.7	100.0	4239
农村居民	54.7	22.6	17.6	5.2	100.0	3208
整体/总计	47.4	24.4	22.2	6.0	100.0	7447

资料来源：2015年中国社会状况综合调查（CSS 2015）。

（6）创新意识

进取创新是社会文明和进步的根本，是现代社会发展的精神驱动力。调查结果显示，城市居民具有较强的进取心与创新意识。70.7%的城市居民认同"就工作和生活来说，有进取心、突破常规、力图创新最重要"这一说法，仅有29.3%的城市居民认为"尊重已有的传统和习俗是最重要的"，和农村居民相比，城市居民的创新进取倾向要高8.0个百分点左右（见表9）。

表9　城乡居民的创新意识比较

单位：%，人

	就工作和生活来说，有进取心、突破常规、力图创新最重要	尊重已有的传统和习俗是最重要的	总计	样本人数
城市居民	70.7	29.3	100.0	4231
农村居民	62.6	37.4	100.0	3195
整体/总计	67.2	32.8	100.0	7427

资料来源：2015年中国社会状况综合调查（CSS 2015）。

综上分析可见，伴随着大众传播媒介特别是互联网应用的发展与普及，中国城市居民掌握了多元的传媒渠道，能够更高效、更多样地接收到广泛的社会信息，在闲暇时间享有丰富多彩的城市文化生活。通过主动参与各类社会团体和社会组织，逐步缔建了以友缘、业缘、趣缘为主脉的社会联结，更多地接受了现代价值观念的熏陶，在城市文化生活中实现了从传统人向现代人的转变。

改革开放以来，中国开启了高速城市化历程。40 余年来的城市经济社会发展已由经济城市向文化城市阶段迈进。人们越来越明确地认识到，城市不仅是文化的容器，文化更是城市发展的灵魂。中国政府将城市的文化服务设施建设纳入城市发展规划，将公共文化服务以立法的形式纳入政府公共服务体系，极大地促进了包括城市居民在内的全体公众文化需求的拓展。以传统的公共图书馆、展览馆和文化馆（站）为代表的公共文化设施已经遍及全国各级城市，带动了城市居民的阅读、参观展览、观看表演等文化活动；目前公共文化设施建设正逐步实现乡镇和街道层面的全覆盖，这将极大地提升中国民众的文化素质；广播、电视和新兴的互联网等大众传媒，从城市扩散至全国，传播信息、丰富视听文化，使全民享受到现代文化的熏陶。城市公共文化场所的增加，激发了城市居民参与社会公共活动的积极性。城市作为现代化的关键场域，也将城市居民培育为更具现代意识的"现代人"，他们更注重学习与自我提升，追求生活品质，更具有竞争意识、权利意识、平等意识、创新意识和包容心态。城市文化培育了现代化的城市居民，城市居民也积极广泛地参与城市文化创造。当前的中国正开启中国式现代化的新征程，城市化正步入高于 70% 的城市化率的成熟阶段，拥有超过 10 亿城市人口的中国，也将为丰富多元的世界城市文化增添中国的绚烂色彩。

俄罗斯城市文化实践的变迁

拉托娃（N. V. Latova）　　拉托夫（Y. V. Latov）

城市化是指从以农业为主的生活方式转向以城市为主的生活方式。城市化是现代化的关键，最早出现于西方，随后才在世界其他地区兴起。与之相关联的事实是：几乎所有现代化的关键要素（大众扫盲、基于劳动分工的市场生产、政治民主、强调创新等）都是城市生活方式而非农村生活方式不可或缺的一部分。因此，所有历史发展的相关理论都记录了 18 世纪始于西方的变革的关键作用，这场变革与工业生产、雇用劳动力和城市化发展的同步突破有关。19 世纪中叶，英国成为当时最先进的国家，其城市人口已经与农村人口相当。其他国家经过了长久的发展才达到这一水平。例如，苏联的城市人口于 20 世纪 50 年代后期才超过农村人口，而中国则在 21 世纪头十年才实现。

城市的现代化对人们的生活、工作和休闲的各个方面产生了重要的影响。与农村居民相比，城市居民的行为特别是心态（包括价值观和态度）都在发生变化。这种文化实践的变化不仅受城市工作条件的影响，还受到城市文化设施（教育中心、图书馆、电影院等）提供的大量新休闲活动的影响。从定性的角度看，实际现代化程度主要取决于城市居民中普遍盛行的新价值观和态度。这为新社会机构（政党、工会、社区等）的出现奠定了基础，而新社会机构正是现代社会的典型特征。新思维方式通常是缓慢形成的，一般要经历几代人：传统（农村）社会的价值观和态度逐渐被新（城市）的价值观和态度所取代，但两者在社会中共存了很长一段时间。

虽然早在 20 世纪五六十年代，关于现代化文化方面的讨论就开始了，但人们对现代化的理解仍然存在分歧。分歧主要在现代化与西化关系的定义上。最初，人们认为两者的定义几乎相同，但随后，一种绕开西化的现代化话语（或现代性多元化）开始出现。首先，其基于某些亚洲国家（日本、韩国、中国等）的成功发展经验。这些国家与西方国家之间存在许多质的差别（例如，对个人主义和民主价值观的显著不同的看法）。尽管如此，文化现代化经典理论的基本概念仍然有效。中国社会科学家将经典意义上的文化现代化显著特征概括为六点：（1）以科学为基础的新知识；（2）新教育；（3）基于思维理性和世俗化的新思想；（4）新价值观——自由、民主、平等和人道主义；（5）新目标——进步、繁荣、演化和自我表达、个人价值和能力的发展；（6）新行为模式——注重参与信任［China Modernization Report Outlook（2001－2010），2011：204］。自 20 世纪后几十年以来，各种国家和国际计划开始施行，最著名的是 R. Inglehart 领导的世界价值观调查（Inglehart，2011；Inglehart，2018），以进行实证测量和监测最重要的文化现代化特征。在俄罗斯，最著名的此类项目包括 N. I. Lapin 主持的"俄罗斯地区社会文化肖像"，其对俄罗斯不同地区的现代化进行了比较分析（Lapin & Belyaeva，2009；Lapin，2011）。相关项目还有俄罗斯科学院社会学研究（所现俄罗斯科学院联邦理论与应用社会学中心社会学研究所）的"俄罗斯社会做好现代化准备了吗"项目（Gorshkov，Rrunm，& Tikhonova，2010）。

本文开头概述俄罗斯的城市文化环境发展方式及各类社区的差异化程度。接下来，在俄罗斯科学院联邦理论与应用社会学中心社会学研究所的社会学调查基础上，研究 1995 年至 21 世纪 20 年代人们文化价值观和社会态度的现状和变化。① 最后一部分考察文化价值观的现代化将在多大程度上促进俄罗斯城市的新社会参与实践。

---

① 该研究的实证部分主要包括俄罗斯科学院联邦理论与应用社会学中心社会学研究所于 2021 年 3 月使用代表性样本进行的全国调查收集的数据。该调查对 2000 名 18 岁以上的俄罗斯人进行了调查，他们是俄罗斯联邦各类社区以及领土和经济区的居民，代表人口中的主要社会和职业群体。其中，俄罗斯城市人口样本 1376 人，含莫斯科和圣彼得堡居民 252 人、百万以上人口规模城市（两个省会城市除外）居民 318 人、50 万～100 万人口规模城市居民 108 人、所有其他类型城市居民 698 人。为确定一般城市居民的文化价值观和社会态度的具体特征，将其与代表性农村人口（624 名受访者）进行了比较。该研究还使用了其他一些研究的数据，这些研究与 2021 年的研究采用类似的抽样方式、使用相同类型的问题。

一 苏联解体后的俄罗斯文化设施和文化环境发展

为了解俄罗斯文化环境发展的定量变化，有必要明确区分其两个定性阶段。这两个阶段在传递文化价值观和态度方面，具有明显不同的基本要素。教育机构（学校和大学）一直发挥着根本作用，但其只确保（但不限于）文化社会化初级阶段的教育。但对成年人而言，书籍/报纸主要起日常文化传播者的作用（再生产与更新知识和规则），其次是电视和互联网。所有其他文化基础设施（电影院、剧院、博物馆等）在苏联和俄罗斯一直扮演着相对次要的角色。

20 世纪是俄罗斯文化环境发展的第一个阶段，当时，印刷出版物是主要的文化交流手段。自 20 世纪 70 年代起，电视成为其补充并部分取代。第二阶段发生在 21 世纪，与互联网的发展有关。互联网自 21 世纪初成为日常生活中不可或缺的存在。互联网在生活中扮演的角色愈加重要，因此，相对来说，传统文化内容传播渠道的重要性日渐降低，规模缩小。当然，这不应被视为文化的退化，而应被视为古腾堡世界转向互联网世界的质变（参见 McLuhan，2005；Castells，2004）。

针对上述主要文化传播者的转变，我们需要观察文化环境饱和度三大指标——图书馆文献、电视和家用电脑——的变化情况。童年和青春期积累的知识与规则在个人社会化中起着重要作用，因此有必要分析苏联晚期文化基础设施的发展，现在绝大多数俄罗斯人出生于那个时代。

在文化内容传播发展的图书时期，图书杂志数量一直在增加，直至苏联时期结束。将图书杂志数量与城市/农村人口的数量进行比较后，我们发现（见表 1）苏联时期每位农村居民所拥有的图书杂志数量明显高于城市居民（截至 1988 年——比例为 1.5：1）。农村社区的图书馆借阅者比例甚至略高于城市。20 世纪 80 年代，农村和城市阅读者每年享有的图书杂志数量相差不大（State Statistics Service of the USSR 1989：265，267–268；Public Libraries of the Russian Fedration in Figures，2013：8、9；Public Libraries of the Russian Fedration in Figures，2021，2022：7–8）。

表 1 苏联/俄罗斯城乡社区公共图书馆的特点

社区类型	1970 年	1980 年	1988 年	2008 年	2021 年
图书杂志数量（百万册）					
城市	433.4	622.5	735.7	610.1	542.4
农村	299.5	357.9	423.9	332.0	287.0
人均拥有图书杂志数量（册）					
城市	5.4	6.5	6.9	5.9	5.0
农村	6.1	8.5	10.8	8.7	7.8
总人口中的图书馆会员比例（%）					
城市	不适用	53.6	50.6	36.6	30.4
农村	不适用	63.3	63.6	51.0	45.3

资料来源：1970~2021 年俄罗斯国家统计数据。

与 20 世纪 80 年代的苏联相比，俄罗斯图书馆的各项量化指标在 21 世纪和 21 世纪前十年都有所下降。例如，图书馆会员在城市人口中的比例从 1980 年的 53.6% 下降至 2021 年的 30.4%，而农村人口中这一比例则从 63.3% 下降至 45.3%。2021 年，两类社区读者年均享有图书杂志数量与 20 世纪 80 年代基本持平。与此同时，俄罗斯人的印刷品阅读量并未减少，而是发生了质的变化。在苏联时期，许多图书是享有盛名的稀缺商品，图书馆甚至排长队。但到了 20 世纪 90 年代初中期，图书不再紧缺。最重要的是，自 21 世纪以来，纸质图书/报纸/杂志已得到电子文本的补充和部分取代。在此背景下，就图书馆图书阅读量而言，城乡社区、不同类型城市之间仍然存在一些差异，但差异不大。

为阐述当代城市居民的图书馆文献阅读量差异，我们将回顾所有俄罗斯城市与三大联邦城市之间的差异，这三大城市包括两大都市（2022 年，莫斯科——1260 万人，圣彼得堡——540 万人）和相对较小的塞瓦斯托波尔（52.2 万人）（见表 2）。

表 2　俄罗斯城市公共图书馆的特点

社区类型	2008 年	2020 年
人均图书馆库存（册）		
莫斯科	7.7	6.6
圣彼得堡	10.9	10.3
塞瓦斯托波尔	不适用	3.3
俄罗斯联邦城市整体	5.9	5.0 *
总人口中的图书馆会员比例（%）		
莫斯科	29.5	11.0
圣彼得堡	31.3	18.5
塞瓦斯托波尔	不适用	18.3
俄罗斯联邦城市整体	36.6	30.4 *

* 2021 年数据。
资料来源：俄罗斯联邦国家统计局（Rosstat）2008 年至 2020 年的数据。

　　虽然大都市在人均图书库存量方面明显超过城市平均水平，但存量使用率却明显低于城市平均水平。相较于俄罗斯其他城市，大都市的图书馆文献阅读量普遍下降趋势更为明显：2008～2020 年，城市社区的图书馆会员比例下降约 6.2 个百分点，圣彼得堡下降 12.8 个百分点，莫斯科下降 18.5 个百分点。如前所述，图书馆会员比例下降的原因是纸质图书等被电子内容取代，这一现象在日常生活数字化愈演愈烈的大城市尤为明显。

　　在研究俄罗斯文化环境的变化时，我们必须考虑到，20 世纪 60 年代，随着家庭电视开始在苏联普及，传统的印刷品开始衰落。城乡社区之间的巨大差异在此领域是显而易见的，直至苏联末期（见表 3）（Goskomstat RSFSR，1987：313；Goskomstat RSFSR，1991：174 – 175；Fecleral State Statistics Senice，2021）。原因是尽管政府于 20 世纪 20 年代出台了一项深思熟虑的政策，让苏联人接触图书报纸，使其成为新文化规范的传播者，认为电视的引入是为了提高生活水平，而不是为了传播知识与规则。因此，就这一标准而言，城市基础设施水平更明显地超过了农村基础设施水平：1970 年，苏联城市每 100 个家庭拥有电视的数量是农村的两倍以上；到 1990 年，城市每个家庭平均拥有一台以上电视，而农村地区的平均数量略低（见表 3）。到 21 世纪，这些质的差距已经消失，但 21 世纪 20 年代仍然存在电视广播普及率的微小差异，这反映了城市生活的优势。

表 3　苏联/俄罗斯联邦每 100 个家庭拥有的电视数量

单位：台

社区类型	1970 年	1980 年	1990 年	2020 年
城市	64	95	121	181
农村	29	71	88	160

资料来源：1970～2020 年俄罗斯联邦国家统计局数据。

与发达国家相比，互联网对阅读和电视的补充与替代在俄罗斯起步较晚（约 10 年）。互联网用户比例从 2000 年的 4% 飙升至 2010 年的 43%，这造成了巨大的数字鸿沟，大城市的机会最多，而农村社区的机会最少。为解决这一问题，政府实施了多项计划，其中最后一项（俄罗斯联邦数字经济）规定，宽带（高速）互联网接入的家庭比例将从 2017 年的 72.6% 增长至 2024 年的 97.0%。这意味着即使是在 21 世纪 20 年代初，各种互联网机会仍将存在。

表 4 为三个联邦城市的信息和通信技术发展的数量特征与全俄指标的比较。近年来，主要城市（不仅包括两个大都市，甚至包括塞瓦斯托波尔）仍然超过了全俄的平均指标，但不存在 21 世纪初那样的数字差距。根据 2020 年的数据，几乎所有指标都在 68%～90% 的窄幅区间内。在城市化程度最低的地区，家庭数字化率最低：2020 年，普通互联网用户比例最低（在 65%～70% 范围内），尤其是乌里扬诺夫斯克、特维尔、坦波夫和诺夫哥罗德地区以及外贝加尔边疆区（Appendix to the Compendium Regions of Russia，2021）。

表 4　2015 年和 2020 年俄罗斯信息和通信技术发展指标情况

单位：%

社区类型	2015 年	2020 年
有互联网接入的家庭比例		
莫斯科	80.4	88.8
圣彼得堡	87.4	87.4

续表

社区类型	2015 年	2020 年
塞瓦斯托波尔	82.4	82.7
俄罗斯联邦整体	72.1	80.0
有宽带互联网接入的家庭比例		
莫斯科	75.1	87.5
圣彼得堡	86.0	87.0
塞瓦斯托波尔	78.9	82.7
俄罗斯联邦整体	66.8	77.0
定期（每天）使用互联网的人口比例		
莫斯科	64.9	87.6
圣彼得堡	65.7	82.1
塞瓦斯托波尔	66.5	68.4
俄罗斯联邦整体	55.1	76.7

资料来源：俄罗斯联邦国家统计局 2015 年和 2020 年的数据。

俄罗斯科学院联邦理论与应用社会学中心社会学研究所的社会学调查数据与以下结论相关联：当代俄罗斯人对信息和文化内容的使用率较高（见表5）。虽然国家统计数据是可用性内容的典型，但民意调查显示了人们对内容的需求。正如我们所见，尽管在很大程度上内容触及率是均衡的，但鉴于不同类型社区居民日常生活方式不同，其对内容的需求仍然存在高度差异性。

表5 2010 年居住在不同类型社区的俄罗斯人的公共活动差异
（问卷答案不限数量，按俄罗斯人整体排名）*

单位：%

活动类型	莫斯科和圣彼得堡	100 万及以上人口的城市	50 万至 100 万人口的城市	1 万至 50 万人口的城市	城市社区整体	农村社区整体
去剧院、音乐会、电影院	25.1	29.1	30.3	12.3	20.4	7.3
使用电脑、互联网的活动	29.0	34.1	30.3	16.5	24.0	11.5

续表

活动类型	莫斯科和圣彼得堡	100 万及以上人口的城市	50 万至 100 万人口的城市	1 万至 50 万人口的城市	城市社区整体	农村社区整体
阅读报纸、杂志、书籍	66.1	63.7	56.7	64.7	63.5	45.1
看电视、听广播节目	47.5	81.6	82.6	79.3	75.2	77.3

资料来源：2010 年俄罗斯科学院联邦理论与应用社会学中心社会学研究所数据。

不出所料，农村居民最少参与文化消费，即使是文学阅读。同时，与其他城市的情况相比，积极层面是这两个大都市的居民阅读更加频繁，但在消极层面，其电视和广播节目的接触率较低。造成这种结果的原因是 21 世纪俄罗斯上层人士对电视节目所持有的怀疑态度，如今则是对互联网内容的怀疑态度。

因此，文化传播/交流的机制越新颖，俄罗斯不同类型的社区之间的差异就越明显。虽然整个 21 世纪一二十年代期间记录的差异相对较小，但在此之前（21 世纪），互联网和电视的使用率相差很大。同时，信息消费和文化内容的差异是一致的。可以认为，不同层次的文化消费决定了当代俄罗斯人文化价值观的显著差异，这取决于他们曾经和现在居住的社区。但这种差异不太可能是极端的，因为在更早于两代人以前就已经出现了文学接触机会的均等化，即使是在互联网世界中，文学仍保留着其作为基本信息和文化传播者的作用。

二 俄罗斯城市居民文化价值观和社会态度的变化

为找出俄罗斯城市居民文化价值观的具体特征，本文采用两种陈述，一是用现代公众心态的特征来描述一种特定的价值观，二是用传统态度的方式来描述价值观，并要求受访者从两者中选择一种更符合自己价值观解释的陈述。

从俄罗斯城乡人口的基本文化价值观和社会态度比较来看，总体上差异不大（见表 6）。然而，这两种明显不同的价值观提供了重要的现代化视角。

表 6　2021 年俄罗斯不同类型社区的不同价值观和态度

（分别按两个街区城市人口整体排名）*

单位：%

价值观和 社会态度	莫斯科和 圣彼得堡	100 万及以上 人口的城市	50 万至 100 万 人口的城市	1 万至 50 万 人口的城市	城市社 区整体	农村社 区整体
一、城市人口整体表现出现代立场的价值观和态度						
自由与物质保障						
自由对生活至关重要， 没有自由就没有意义	60.4	66.9	72.0	62.5	63.8	64.1
物质保障是生活中最 重要的，自由为次要	39.6	33.1	28.0	37.5	36.2	35.9
创新与传统主义						
主动性、企业家精神 以及在工作和生活中 寻找新事物是关键， 即使你是少数群体	62.8	61.9	66.4	60.8	61.9	57.2
尊重既定习俗和传统 是关键	37.2	38.1	33.6	39.2	38.1	42.8
机会平等与结果平等						
才能发挥机会的平等 比地位、收入和生活 条件的平等更重要	63.6	63.1	63.6	56.8	60.0	54.6
个人收入、地位和生活 条件的平等比表现才能 的机会平等更重要	36.4	36.9	36.4	43.2	40.0	45.4
主动态度与被动态度						
你必须积极争取主张 利益和权力	49.2	60.6	66.3	60.2	58.8	56.5
人必须能够适应现实， 而非浪费精力与之抗争	50.8	39.4	33.7	39.8	41.3	43.5
内部控制点与外部控制点						
人是自我幸福的创造 者，成败都在自己的 掌控之中	57.8	50.9	50.0	51.9	52.6	52.2

续表

价值观和社会态度	莫斯科和圣彼得堡	100万及以上人口的城市	50万至100万人口的城市	1万至50万人口的城市	城市社区整体	农村社区整体
人的一生更多是由外在环境决定，而非由自己的努力决定	42.2	49.1	50.0	48.1	47.4	47.8
二、城市人口整体表现出传统立场的价值观和态度						
非从众与从众						
与众不同胜于从众	39.5	41.6	39.4	43.3	41.9	41.0
从众胜于与众不同	60.5	58.4	60.6	56.7	58.1	59.0
公民自由与无政府主义自由						
个人自由体现在其政治权利和自由中	30.7	33.0	38.3	35.8	34.4	35.0
自由是成为自我主宰的能力	69.3	67.0	61.7	64.2	65.6	65.0
公民意识与个人自利						
为了国家和社会的利益，人应该限制自己的个人利益	48.6	31.3	29.0	31.6	34.4	36.3
兴趣对个人来说是最重要的	51.4	68.7	71.0	68.4	65.6	63.7

注：最低值与最高值之差不小于4%，即具有最低统计显著性。

资料来源：2021年俄罗斯科学院联邦理论与应用社会学中心社会学研究所数据。

首先，对于平等的重要性，人们的观点存在差异。城市居民和农村居民都强烈倾向于将这种价值观理解为表现个人才能的机会平等。收入均等化在苏联时期盛行，现在不那么受欢迎了。这种范式正在被一种观点所取代，即通过更有效地回应公民能力来实现公民地位的平等，并因此强调个人自我发展的重要性。在这一趋势中，农村居民更加重视收入、社会地位和生活条件的平等，城市居民更普遍持有机会平等这一现代化观念。

其次，创新的重要性存在差异。与第一种情况一样，俄罗斯城市居民和农村居民往往更倾向于主动性、企业家精神和探索新事物，而非尊重既定的习俗和传统。俄罗斯城市人口中支持这一价值观的比例也略高于农村人口（相差4.7个百分点）。

至于整组价值观，我们应该注意其特殊性。任何价值观都未占主导地位（超过 2/3 人数）。对于个人利益凌驾于公共利益之上的看法以及带有无政府主义基调的自由理念——完全依赖个人决定（自我主宰）的意愿，表现得更为显著。这些特征都反对个人和社会，属于公民的特征。这些价值观的主导地位（但不明显）表明俄罗斯人缺乏公民意识。没有这种意识，我们就无法谈论思维方式的全面现代化。如果再考虑这样一种情况，即被问及是否需要国家支持时，51.5% 的城市居民和 49.4% 的农村居民表示，没有国家支持他们就活不下去，可见社会仍然期待家长式管理，这也很难用"现代"一词来形容。

如果将现有价值观和态度放在一起考虑，不难发现，俄罗斯社会中一部分倾向于现代主义，而另一部分则更倾向于传统主义。因此，对作为语义价值的自由的态度以及社会行动主义和个人生活中的行动主义表明，俄罗斯社会正在经历现代化。就其本身而言，在既定界限内生活的人（像其他所有人一样）倾向于传统生活方式的典型价值观。因此，鉴于俄罗斯社会的文化特征，其无法被明确归类为现代社会或传统社会。

结论是，将俄罗斯城乡人口的价值观和态度进行比较，可以看出，俄罗斯社会仍在经历现代化，城市人口总体上比农村人口的现代化程度更高。

我们将从城市人口的价值特征出发，考察不同类型城市社区居民的文化特性。当然，考虑到城市居民文化价值观的矛盾心理，我们不应期望任何特定类型城市社区的居民只持有现代主义价值观，而非其他价值观。事实如下：对于所有类型的城市社区，都存在更现代意义的价值观，也有将城市居民定性为传统主义者的价值观。尽管如此，仍然可以识别某些特征。

第一个特征，也即主要特征之一是，是否从众，即个人是否与周围社会区别开来。这种态度与个人主义/集体主义的价值观有关，但只是部分一致。事实上，独立观点和与众不同的生活方式是现代社会的特征，这在传统社会是完全不能被接受的。有关这一立场（对理解文化价值观现代化程度非常重要），不同类型的城市社区居民之间没有显著差异。总的来说，在来自不同类型城市社区的俄罗斯人中，从众者的比例高于非从众者。

第二个特征是，在一些指标上，1 万至 50 万人口的城市的居民与农村居民的文化价值观几乎没有差异。与农村人口类似，这些地区的居民更多地将平等视为收入平等而非机会平等（与其他类型的城市社区的代表性人口的差异约为 0~7 个百分点），这表明他们在某种程度上更加遵守传统价值观和态度，也表明其更加尊重既定习俗和传统。

第三个特征与莫斯科和圣彼得堡这两个大都市居民的具体特征有关。表面上看，最发达的城市应该构成现代化价值观的核心，但在俄罗斯并非如此。当然，大都市居民的内部控制点最为明显（57.8% 的城市受访者认为成败主要取决于个人，而非外部环境）。这些城市表现出更高的公民意识（48.6% 的受访者表示，为了国家和社会的利益，人们应该在必要时限制自己的个人利益），将平等视为机会平等（63.6%）。但与其他城市社区相比，自由本身的价值较低，并且更倾向于从无政府主义的观点解释自由，这抵消了上述结论。最后，也是最重要的是，大都市代表了唯一一种对周围生活持消极态度的社区类型（包括农村社区）（50.8% 代表适应）。两个大都市的这一特征对于理解其中占主导地位的文化价值观和态度极为重要。在现代社会中，国家应该为公民提供条件，使其活动成为国家发展的方向指引。但在莫斯科和圣彼得堡，约一半的居民愿意委托国家做决定，他们发现国家调整决策相较于个人参与制定政策更为有效。这种被动的态度是传统社会的一个主要特征。

最终结果表明，50 万至 100 万人口的城市的居民更具有现代化价值观。对于第一组所示的所有价值观和态度，这种社区类型的居民基本为整个城市人口的先锋（"内部控制点和外部控制点"除外）。最大的差异体现在，将自由视为一种语义生活价值观（72.0% 的人在自由和物质繁荣之间选择前者）和公民行动主义（66.3% 的人赞成为了自己的利益和权力而积极行动）的程度。对于第二组（见表 6），他们较之于其他城市人口，对三种价值观陈述中的两个（非从众和公民自由）持有更先进的判断结果（在公民自由方面，100 万及以上人口的城市的居民占比略高）。这些城市的人口有一点较之于其他城市人口更传统，即个人利益是否优先于国家和社会利益。一个有趣的事实是，此价值观与另一个配对语句具有相关性（斯皮尔曼相关系数为 0.303）：相较于高水平的教育和任职资格、有效工作以及付出的努力，当今俄罗斯人的社会地位更多地取决于运气或裙带关系。接受个人利益受限的人更多地把成功归因为发挥个人潜力的结果，注重个人利益优先的人更多地将运气和人脉视为幸福生活的来源。众所周知，人力资本优先的观念是现代社会不可或缺的一部分。因此，就公民意识相比利己主义而言，大城市的居民往往更传统，但他们心目中对人力资本与公民身份之间关系的认识表明这种价值观很可能会很快适应于现代规范。

至于百万以上人口规模的城市的居民的具体特征，我们将陈述限制于这样一个事实，即从现代化程度来看，其介于两个大都市居民和 50 万至 100 万人口的城市社区居民之间。

三 俄罗斯城市居民传统价值观与现代价值观的对立统一

为了解俄罗斯城市人口的价值观和态度的变化历程，有必要研究这些指标在很长一段时间内的变化趋势。虽然价值观是稳定的，一般不会发生剧烈变化，但俄罗斯 1995 年到 2021 年处于转型时期，这足够让我们进行这种分析。事实上，在此期间，俄罗斯经历了三位总统以及数次社会和经济危机。但是俄罗斯城市人口的现代化情况如何？为了回答这个问题，我们将比较八种价值观数据（见图 1）。其中四种代表一个价值观和态度组，即 2021 年城市居民经历了价值观和态度的现代化改变，另外两组持有传统态度。

从上述数据中可以得出一个主要结论：俄罗斯正处于现代化进程中。2021 年的数据也得出了这样的结论：缺乏明确的现代化特征，存在相反的价值观和态度。数据趋势体现了更多细微差别。随着时间的推移，一些价值观和态度强化了对现代化的关注，而另一些则表现出进一步的传统主义转向。与此同时，其与特定群体的联系未发挥任何作用。因此，2021 年，被归类为现代化价值观的四个价值观中，有两个呈现了弱化的趋势，另外两个则相反。持有传统价值观的群体也是如此。但有两种价值观的变化尤其明显，首先，对平等机会价值观的支持下降了 16.9 个百分点，而对收入平等价值观的支持有所增加。其次，俄罗斯城市居民明显更愿意从众，而非特立独行（变化值为 13.5 个百分点）。其他价值观的态度没有明显改变。纵观全局，应该承认，自 1995 年以来，俄罗斯城市人口现代化程度总体上有所下降。

我们注意到，根据 2021 年的数据，俄罗斯城乡人口的价值观和态度存在相似性。但这种情况在社会现代化进程中并非如此。例如，1995 年，俄

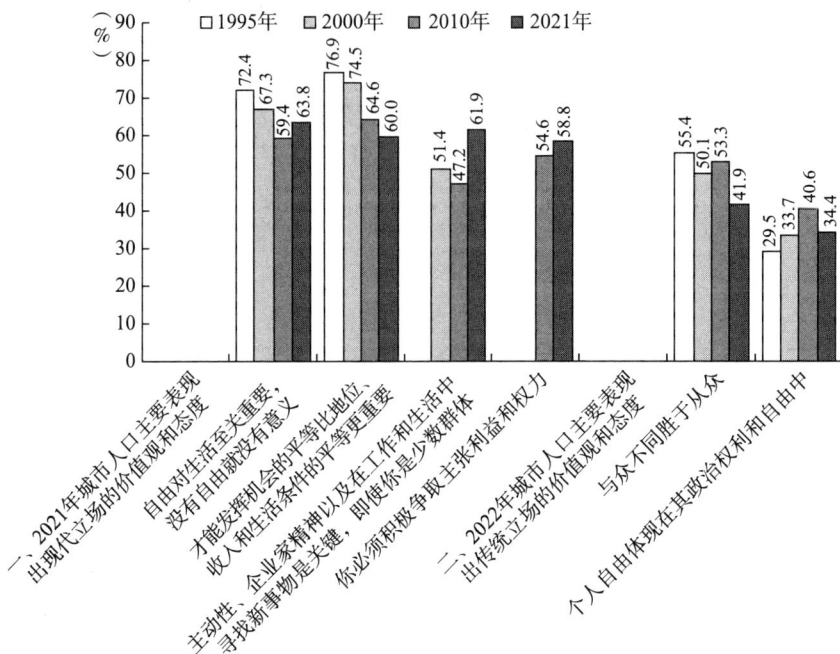

图1 1995~2021年俄罗斯城市居民的不同价值观和态度趋势

说明："主动性、企业家精神以及在工作和生活中寻找新事物是关键，即使你是少数群体"的价值观数据始于2000年。"你必须积极争取主张利益和权力"的价值观数据为2010年和2021年的。

数据来源：1995~2021年俄罗斯科学院联邦理论与应用社会学中心社会学研究所数据。

罗斯城市居民与农村居民差异明显。事实上，20世纪末的农村居民在价值观和态度上都比较传统。例如，1995年只有23.7%的农村居民认为个人自由的实现基于政治权利和政治自由，只有42.0%的人认为与众不同胜于从众，2001年只有40.9%的人支持主动性、企业家精神以及在工作和生活中寻找新事物。因此，在过去的1/4世纪里，俄罗斯农村居民对现代社会的实现做出了重大贡献。考虑到这一事实，且城市居民现代化趋势有所减弱，从而发生了价值观趋同，2021年的数据记录了这一现象。

2000~2021年不同类型城市社区的价值观和态度趋势同样耐人寻味（见表7）。在所有城市社区中，我们观察到多种方向的变化：一些价值观变得更加符合现代社会，而另一些价值观则朝着更传统主义的方向转变。

表 7 2000～2021 年俄罗斯不同类型社区的不同价值观和态度趋势

单位：%

价值观和社会态度	莫斯科和圣彼得堡				100 万及以上人口的城市				50 万至 100 万人口的城市				1 万至 50 万人口的城市			
	2000 年	2010 年	2021 年	2021 年与 2000/2010 年的数据差异	2000 年	2010 年	2021 年	2021 年与 2000/2010 年的数据差异	2000 年	2010 年	2021 年	2021 年与 2000/2010 年的数据差异	2000 年	2010 年	2021 年	2021 年与 2000/2010 年的数据差异
一、2021 年城市人口整体表现出现代立场的价值观和态度																
自由对生活至关重要，没有自由就没有意义	67.5	65.6	60.4	-7.1	67.5	55.9	66.9	-0.6	56.8	59.1	72.0	15.2	68.4	59.0	62.5	-5.9
主动性，企业家精神以及在工作和生活中寻找新事物是关键，即使你是少数群体	—	39.9	62.8	22.9	—	56.1	61.9	5.8	—	52.0	66.4	14.4	—	44.9	60.8	15.9
才能发挥机会的平等比地位、收入和生活条件的平等更重要	77.0	71.6	63.6	-13.4	75.6	59.6	63.1	-12.5	65.9	67.8	63.6	-2.3	74.5	63.4	56.8	-17.7
你必须积极争取主张自己的利益和权力	—	47.5	49.2	1.7	—	57.8	60.6	2.8	—	58.3	66.3	8.0	—	54.5	60.2	5.7
二、2021 年城市人口整体表现出传统立场的价值观和态度																
与众不同胜于从众	66.0	54.1	39.5	-26.5	53.6	55.4	41.6	-12.0	60.2	53.4	39.4	-20.8	43.7	52.2	43.3	-0.4
个人自由体现在其政治权利和自由中	32.5	33.9	30.7	-1.8	32.2	33.6	33.0	0.8	34.1	42.0	38.3	4.2	34.6	44.9	35.8	1.2

说明：此处为 2000 年数据，因为 1995 年的数据不足以区分可比较的城市社区类型。2000 年，调查问卷中未出现两种价值观的陈述。

资料来源：2000～2021 年俄罗斯联邦科学院理论与应用社会学研究中心社会学研究所得数据。

正如我们所注意到的，传统主义方向上的价值变化通常在一定程度上强于现代化方向。这种趋势在几乎所有类型的城市社区中都很普遍。50 万至 100 万人口规模的城市的居民是唯一例外。从他们的价值观的变化中，可以观察到现代社会特征的逐渐增加。但即使是在这种情况下，传统主义价值观方向上也发生了一些突然的变化。例如，对非从众价值观的支持在 20 年内下降了 20.8 个百分点。2000 年，就这种价值观而言，此类社区的人口比较符合现代社会规范，但到了 2021 年，则应将其纳入传统社会。

研究期间，在两个俄罗斯大都市观察到的最显著变化与进一步的传统主义倾向有关。在所有记录的社区中，50 万到 100 万人口规模城市的变化最大，下降了 20.8 个百分点，这与非从众者的增加有关。但除此之外，莫斯科和圣彼得堡的居民开始不再将自由视为语义价值观（下降 1.8 个百分点），也更不愿意主动争取机会平等（下降 13.4 个百分点）。但这一情况看起来并不令人担忧。需要说明的是，两个大都市的变化都发生在 2010 年以后。对这一趋势的可能性解释是，人们越来越重视大都市的休闲和文化基础设施发展以及更加积极地参与城市生活。例如，莫斯科推出了"积极公民"（Active Citizen）、"我们的城市"（Our City）、"创意之城"（City of Ideas）、"任务之城"（City of Tasks）和"积极老龄化"（Active Longevity）等项目，并且正在实施重大的住房改造计划，开发公园、运动场和儿童游乐场。所有这些因素结合起来削弱了对自由、机会平等的需求。此外，省会城市的居民越来越重视主动性价值观，这对有利于传统主义的转向进行了某种补偿。这种动态潜力的增长是至关重要的，因为在某些情况下其可能会刺激现代主义价值观的另一次增长。

在 100 万及以上人口以及 1 万至 50 万人口规模的城市，情况稍微稳定一些。总的来说，这些领域的变化较少，但其累积效果仍然是朝着更传统主义的方向发展。

四 俄罗斯城市居民社会参与行为的变化

居住在不同类型社区的俄罗斯人的信息和文化基础设施以及文化价值观之间的差异相对较小，这表明他们在社会参与实践方面的差异也将是适度的。为了研究哪些趋势——平衡或区分社会参与普遍性的趋势——更强，我们将分析 2021 年不同形式社会活动参与频率的表征指标。

总体而言，已证明城乡社区居民之间的差异（见表 8）是相当有限的：农村居民的参与度略低（51.0% vs 44.4%），平均下来，城镇居民人均参与形式略高（1.03%），农村居民人均参与形式稍低（0.86%）。但这掩盖了社会活动个体类型方面更大的差异。

表 8 2021 年俄罗斯城乡居民社会参与实践差异（按城市人口排序）

单位：%

参与形式	城市社区（1）	农村社区（2）	（1）：（2）
参与公共非政治组织			
参与慈善和志愿者运动	4.8	3.0	1.6
参与居住地的公共自治	4.8	1.6	3.0
参加工会组织的活动	4.6	2.6	1.8
参与环境、文化和历史遗产保护公共组织的活动	2.8	1.0	2.8
参与青年和学生社团	1.7	1.3	1.3
参加宗教（信仰）组织	0.7	0.3	2.3
平均选择数	0.19	0.09	2.1
保持以政治为导向的沟通			
与朋友、同事或同学讨论政治事件	26.1	16.8	1.6
在社交网络、互联网论坛与志趣相投的人交流	4.9	5.4	0.9
平均选择数	0.31	0.22	1.4
日常性质的政治行动主义			
参与选举，作为选民投票	39.8	39.3	1.0
作为观察员、鼓动者、签名收集员等参与竞选活动	6.0	7.2	0.8
参与政党活动	1.2	1.6	0.8
在民选地方政府机构工作	0.8	2.6	0.3
参与人权组织的活动	0.7	0.6	1.2
平均选择数	0.48	0.51	0.9
抗议行动主义			
参与公共和政治行动（集会、示威等）	2.7	1.4	1.9

续表

参与形式	城市社区（1）	农村社区（2）	（1）：（2）
参与公开听证会、上诉、向当局请愿等	2.3	1.6	1.4
平均选择数	0.05	0.03	1.7
整体			
总平均选择数	1.03	0.86	1.2
不参与任何社会或政治生活	44.4	51.0	0.9

资料来源：2021 年俄罗斯科学院联邦理论与应用社会学中心社会学研究所数据。

　　具体而言，农村居民在日常政治行动方面超过城市居民（例如，超过城市两倍的人在民选地方政府机构工作），但在公共非政治组织的参与方面（特别是参与居住地公共自治方面）远远落后——城市居民是农村居民的 3 倍。同时，就最不正式的社会活动（主要是参与公共非政治组织，城市居民为农村居民的约 2 倍）而言，农村居民比城市居民更加被动。

　　因此，在 21 世纪 20 年代初期，具有社会活跃性的城市居民与活跃性不强的农村居民之间的对立（赶超型现代化国家的典型特征）在俄罗斯仍然存在，但形式更为温和。

　　表 9 展示了各类城市社区居民之间不同社会参与形式频率的差异。

表 9　2021 年居住在不同类型城市社区的俄罗斯人过去一年或一年半的
社会参与实践（问卷答案不限数量，按城市社区整体排名）

单位：%

参与形式	莫斯科和圣彼得堡	100 万及以上人口的城市	50 万至 100 万人口的城市	1 万至 50 万人口的城市
参与公共非政治组织				
参与慈善和志愿者运动	4.0	5.7	6.5	4.4
参与居住地的公共自治	3.6	6.0	11.1	3.7
参加工会组织的活动	4.4	5.0	8.3	3.9
参与环境、文化和历史遗产保护公共组织的活动	2.8	3.5	4.6	2.3

续表

参与形式	莫斯科和圣彼得堡	100万及以上人口的城市	50万至100万人口的城市	1万至50万人口的城市
参与青年和学生社团	1.6	1.3	2.8	1.7
参加宗教（信仰）组织	0.8	0.9	3.7	0.1
平均选择数	0.17	0.22	0.37	0.16
保持以政治为导向的沟通				
与朋友、同事或同学讨论政治事件	33.3	23.0	30.6	24.2
在社交网络、互联网论坛与志趣相投的人交流	6.3	3.2	9.3	4.6
平均选择数	0.40	0.26	0.40	0.29
日常性质的政治行动主义				
参与选举，作为选民投票	29.8	49.5	35.2	39.7
作为观察员、鼓动者、签名收集员等参与竞选活动	4.8	4.7	6.5	6.9
参与政党活动	0.4	1.6	1.9	1.1
在民选地方政府机构工作	0.8	0.3	0.9	1.0
参与人权组织的活动	0.8	0.9	0.9	0.6
平均选择数	0.37	0.57	0.45	0.49
抗议行动主义				
参与公共和政治行动（集会、示威等）	3.2	1.6	6.5	2.4
参与公开听证会、上诉、向当局请愿等	1.2	2.2	7.4	2.0
平均选择数	0.04	0.04	0.14	0.04
整体				
总平均选择数	0.98	1.09	1.36	0.99
不参与任何社会或政治生活	46.0	38.8	38.9	47.1

资料来源：2021年俄罗斯科学院联邦理论与应用社会学中心社会学研究所数据。

不同类型社区居民参与频率与城市社区规模之间的相关性具有曲线特征（呈倒U形）。这种曲线特征最为清楚地体现在受访者选择的总平均人数指标上，其中50万至100万人口规模城市的居民以较大的差距（1.36%）领先，100万及以上人口规模城市的居民则较为落后（1.09%），大都市（0.98%）和 1 万至 50 万人口规模的城市（0.99%）相差无几。

50 万至 100 万人口规模的城市居民的社会行动水平最高。这主要是由于所考虑的 15 个特征当中的 11 个，其参与率是城市平均参与率的两倍以上「在参加宗教（信仰）组织、居住地的公共自治以及社会和政治活动方面」。

在俄罗斯，普遍认为省会城市居民的社会行动水平最高，但 2021 年的调查明确反驳了这种刻板印象。大都市居民领先于其他城市居民的社会参与特征只有一种（与朋友、同事或同学讨论政治事件），但其在五大特征上均有所落后。具体而言，省会城市参与政党活动的比例（0.4%）较 50 万至 100 万人口规模的城市（1.9%）和 1 万至 50 万人口的城市（1.1%）低许多。

俄罗斯城市居民的社会活动与其居住的城市社区的规模关系呈倒 U 形，这反映了文化特征表达中的类似模式，如上所述，其与思维现代化有关。

我们下面将比较 2010 年和 2021 年的调查数据，来考察观察到的社会活动频率分布模式是否会随着时间的推移保持稳定。

支持前者的城乡居民的社会行动水平在十年前也存在差异，这些差异在几乎所有可比类别中都较低。尽管俄罗斯普遍认为，社会（尤其是政治）行动主义在 21 世纪 10～20 年代有所减少，但调查数据显示趋势是相反的：2010 年，约 70% 的受访者（城市社区有 67.5%，农村社区有 75.2%）表示他们不参与任何形式的公共和政治生活，到 2021 年，这一比例仅为约 50.0%。社会行动主义水平的提高与文化现代化的进程是一致的。同时，在不同类型社会参与频率方面，城乡之间的差异越来越大，对应于现代化早期而非晚期。在现代化晚期，这些差异应该受到抑制。

现在我们考虑 2010 年不同类型城市的居民在这七种社会参与形式上有多大差异，这与 2021 年的指标具有可比性。很明显，十年前，大都市居民社会活动水平较低（见表 10）。大都市居民参与率最低的（71.0%，高于城市社区平均水平 3.5 个百分点），在 7 个指标中有 4 个，其参与率最低。与此同时，50 万至 100 万人口规模的城市居民的参与率并非最高。100 万及以上人口的城市居民的参与率最高，在 7 个指标中的 3 个，这些处于领先地位。但是，2010 年社会参与的领先和落后只能放在某些条件下进行讨论，因为当时城市未参与度的广义指标分布范围普遍较小（仅 4.7%），非城市居民指标甚至更低（仅 1.7%）。

表 10　2010 年居住在不同类型城市社区的俄罗斯人过去三年的社会参与实践
（问卷答案不限数量，按城市社区整体排名）

单位：%

参与形式	莫斯科和圣彼得堡	100 万及以上人口的城市	50 万至 100 万人口的城市	1 万至 50 万人口的城市	城市社区整体
参与公共非政治组织					
参与内务委员会、合作社、地方公共自治政府的活动	2.7	6.3	4.5	3.1	3.9
参加工会组织、劳工集体委员会的活动	0.5	4.9	4.5	2.6	3.0
参与宗教组织的活动	1.6	2.2	1.1	2.8	2.2
日常性质的政治行动主义					
参与竞选活动（收集签名、竞选活动、在投票站工作）	6.6	4.5	5.6	7.3	6.4
参加政党区域分支机构的活动	0.5	0.9	0.6	2.1	1.4
抗议行动主义					
签署请愿书、呼吁书，参加集会，就你所在城市、城镇、社区等生活中的特定事件发起抗议。	5.5	7.2	7.3	5.9	6.3
参加当地工会组织的集会、罢工	1.6	2.7	2.2	1.0	1.6
整体					
没有参加任何活动	71.0	67.3	68.0	66.3	67.5

资料来源：2010 年俄罗斯科学院联邦理论与应用社会学中心社会学研究所数据。

因此，莫斯科和圣彼得堡的社会参与率一直较低。从 2010 年至 2021 年，落后的省会城市与所有其他城市之间的差异开始呈现倒 U 形，其中 50 万至 100 万人口规模的城市在很多指标上遥遥领先于俄罗斯所有其他类型的城市社区 。

五　结论

最后，我们将对俄罗斯不同城市社区人口文化特征的现状规律及其变化的对立统一特征进行综合考察。

（1）在苏联后期，不同类型社区的信息和文化基础设施差异大多被抑制（但未完全消除）。据统计，不同社区类型的居民在文学作品获取方面几乎没有差异，在电视普及方面差异极小，21 世纪 20 年代初，农村社区主要面临互联网接入水平较低的问题。在获取信息和文化内容的主要渠道方面，不同类型的社区没有质的差异，同时，在对这些内容的需求中保留了受文化制约的实质性差异，就不同文化价值观的归属而言，这种差异源于不同类型社区的俄罗斯居民的差异。

（2）按照城市化和现代化理论，俄罗斯城市人口相较于农村人口而言，更符合现代社会的价值观，但差异并没有大到城乡价值观对立的程度。两种类型社区的居民都表现出了价值观结构的矛盾：一些价值观符合现代社会规范，而另一些则具有更多的传统特征。因此，有些人关注自由而非倾向于物质繁荣、主动性和机会平等；另一些人表现出从众、无政府主义和利己主义倾向。同时，城市社区类型内部也存在一定差异。事实证明，50 万至 100 万人口规模的城市居民（城市化程度并非最高的地区的居民）具有更先进的现代化思想。令人惊讶的是，两个大都市人口的价值观并非像人们最初所料想的那样符合现代社会规范。

（3）长期以来，俄罗斯城市居民的传统价值观与现代价值观的对立统一在许多方面是独特的。1995～2021 年，城乡居民的价值观都发生了显著变化，但其发展的方向并不单一。一些价值观和态度已经有效地转向了更为现代化的发展方向，而另一些价值观和态度则相反，其现代化潜力有所降低，累计的变化导致价值观朝向更传统的语义内涵方向发生了一定逆转。50 万至 100 万人口规模的城市居民在大势下脱颖而出；在过去的 20 多年里，他们已经成为价值观的先锋，不仅引领着城市居民，也引领着所有俄罗斯人。与此同时，大都市居民的价值观和态度的现代化程度急剧下降。

（4）对不同类型城市社区居民社会行动水平差异的研究表明，21 世纪

20 年代初，俄罗斯城市居民的社会参与频率与城市社区规模之间呈倒 U 形关系：社会行动在 50 万至 100 万人口规模的城市居民中更为普遍，在两大都市和 1 万至 50 万人口的城市居民中较少见。两个大都市居民的低社会参与率似乎较为稳定（2021 年和 2010 年均有观察到），而此前并未观察到中等城市居民的领先优势。

　　一般而言，三个分析对象（物质文化基础设施、文化特征和文化导向活动）的特征都存在显著相关性。事实证明，俄罗斯城市居民在文化特征和社会参与率方面的差异实际上并不大，因为大家享有物质和文化基础设施的机会平等化程度较高。与此同时，虽然这类基础设施在省会城市地区发展得更好，但与小城市居民相比，城市居民的现代化程度较低。这种现象的可信度得到了俄罗斯社会学家早前提及的事实的证实（参见 Gorshkov, Krumm, & Tikhonova, 2010：166 - 167）。在信息和文化内容需求、文化和现代化价值观坚守以及不同类型社会参与率方面，也观察到不同类型城市社区居民之间的差异呈倒 U 形。虽然 50 万至 100 万人口规模城市（主要是俄罗斯联邦主体的行政中心）的现代化实力在一定程度上优于较小的城镇和农村社区，但两个大都市的现代化潜力有所降低，这是一个特殊现象，与现代化的一般模式相矛盾。因此，我们可以得出一般性结论，即俄罗斯社会文化现代化具有模糊性。

第九篇

城市环境文化和绿色低碳生活

中国城市绿色低碳生活方式的兴起

朱　迪

在中国式现代化新发展阶段，加快发展方式绿色转型成为重要议题。为实现中国在 2030 年碳达峰和 2060 年碳中和的目标，低碳消费和低碳生活方式在社会生活的方方面面都得到强调。

低碳消费以消费环节的能源消耗和碳排放控制为核心内容，与绿色消费、可持续消费等概念相比，低碳消费的指向更明确，是从碳排放的角度来解决消费不可持续的问题。从中国文化传统来看，低碳生活具有"本土性"，植根于勤俭节约的传统美德，很多老年人的生活习惯一直都是节约和简朴。而在当代，低碳生活又与青年文化相结合，变成很"潮"的东西，很多 80 后和 90 后主动选择绿色低碳产品和服务，践行绿色低碳理念，过着"极简生活"甚至所谓"零废生活"。比如，可持续时尚受到越来越多年轻人喜爱，潮牌 delicates 使用天然可降解材料并倡导白色 T 恤的简单生活方式。[1] 二手消费也成为年轻人热衷的新时尚，"闲鱼""爱回收""多抓鱼"等二手交易平台兴起，"多抓鱼"还在北京三里屯开设"多抓鱼循环商店"，推广循环可持续的生活方式。[2]《互联网平台背景下公众低碳生活方式研究报告》显示，以"闲鱼"的旧衣回收为例，18 ~ 30 岁的年轻用户占到了近一半；支付宝垃圾分类回收平台自 2018 年 10 月上线至 2019 年 7 月底，累计有 350 多万人在平台下单"垃圾分类回收"，七成用户为 80 后（生态环境部环境与经济政策研究中心课题组，2019）。另外，

---

① 《10 年内，不低碳的品牌将被淘汰：Dior、宜家、星巴克等 12 个品牌的最新实践》，https://new.qq.com/rain/a/20211129a0ce9w00，最后访问日期：2023 年 5 月 25 日。

② 《循环经济正当时 多抓鱼在北京三里屯再开设实体店》，https://baijiahao.baidu.com/s?id = 1721016245451968140&wfr = spider&for = pc，最后访问日期：2023 年 5 月 25 日。

低碳生活也是有"门槛"的，需要一定的经济资本和文化资本支撑，比如很多节能环保产品价格较高，而且积极的绿色消费转型也需要拥有较强的生态环保意识，很多已有实证研究指出，社会经济地位较高群体更经常参与低碳消费。

那么低碳消费和低碳生活方式到底是具有较强的文化能动性，还是具有较强的结构制约性？学术界一直存在关于二者的争论。结构性视角强调消费者的有限能动性，绿色消费转型受到所拥有的经济资本、文化资本和社会资本的制约；能动性视角则认为，只要愿意接纳新生事物、拥抱新兴生活方式，就可以参与到低碳消费中，通常越年轻的世代，其能动性越强。这两种理论视角也指向不同的社会治理路径。结构性视角认为应改变消费者所处的社会经济地位和日常生活情境，扩大中等收入群体和中产阶层，营造社会共享文化，促进人们在社会文化的规范和推动下转向绿色低碳生活；而能动性视角则认为应改变人们的消费观念、增强绿色消费认同，从而改变人们的消费行为，因此教育消费者改变态度是最重要的。

借助结构性和能动性的理论框架，本文试图通过实证研究对这两种不同内涵、指向不同治理路径的效应进行检验，说明哪种理论视角更适合解释中国城市居民的低碳消费，以及产生何种政策启示。实证层面，本文使用社会经济地位来测量结构性影响，使用年龄世代来测量能动性影响，通过描述性分析和回归模型分析，考察哪种因素对城市居民低碳消费的影响更重要。

数据来源是中国社会科学院社会学研究所课题组主持实施的"2022 年中国城市低碳消费调查"。该调查覆盖全国六大地理区划，包括 4 个直辖市、5 个计划单列市、27 个省会（自治区首府）城市以及 4 个二/三线城市，共包括 40 个样本城市，并根据第七次全国人口普查数据进行抽样设计，确保样本能够代表全国大中城市居民。对有代表性的样本，调查以网络推送问卷的方式进行，共获得有效样本 4107 个。调查样本中，男性占50.3%，女性占 49.7%；年龄结构上，50 后占 4.2%，60 后占 13.8%，70后占 23.4%，80 后占 25.1%，90 后占 27.3%，00 后占 6.2%；受教育程度上，未上学/小学/初中占 19.5%，高中/中专/职高/技校占 40.0%，大专及以上占 40.5%。

一 多元视角下的低碳消费研究

基于广义视角，低碳消费包括低碳生产消费和低碳生活消费，消费者通过直接或间接方式减少能源消耗和相应的二氧化碳排放（庄贵阳，2019；刘长松，2015）；基于狭义视角，低碳消费特指低碳生活消费，即通过低碳产品选择、低碳消费方式的选择等满足个人生活需要的行为和过程，是低碳生活方式的重要组成部分（刘文龙、吉蓉蓉，2019）。低碳消费涉及居民广泛的消费领域，包括低碳出行、低碳衣着、低碳食物和其他使用低碳产品的行为（薄凡、庄贵阳，2022）。也有研究强调碳减排的重点消费领域，比如出行交通、居住和食物，这三个领域分别占生活方式碳排放的 17%、9% 和 20%（Hertwich & Peters，2009），薄凡、庄贵阳（2022）提到建筑、交通、家电消费是当前排放大量二氧化碳的领域。

已有研究从经济学、管理学、社会学、心理学以及环境科学等不同理论视角出发，讨论如何理解居民绿色低碳消费，包括消费差异及其影响因素、消费动机等。社会学既注重社会经济地位的结构性视角，也考虑消费认同的能动性视角，而经济学和心理学更强调消费者的理性选择和个体能动性。

在结构性视角方面，已有研究普遍发现，不同社会经济群体在可持续消费和伦理消费方面存在差异。性别、文化资本、购买力、健康偏好、社会区分等不同特征对于食品消费、公平贸易消费、可持续消费具有影响（Stamer，2018；Barnett et al.，2005；Hall，2011）。中产阶层作为消费文化的核心力量，在可持续消费和环保行为的研究中广受关注。有研究指出高社会经济地位人群对气候变化应当担负更多责任（Nielsen et al.，2021），因为高社会经济地位人群一方面通过消费直接影响温室气体排放，另一方面还可以通过非消费者角色、借助其经济和社会资源（比如通过社会政策）间接影响温室气体排放和减缓气候变化。一些研究发现，中产阶层具有更强的绿色消费倾向：绿色消费满足了中产阶层社会区分和社会认同的双重需求和动机，使得中产阶层比下层和上层都有更强的绿色消费倾向（Li et al.，2020）；也有研究发现，在高阶层人群聚集、居住环境更好的社区，能够收集更多的可回收物品（Lo & Liu，2018）；虽然其日常消费和实践以健康、舒适和品质为核心诉求，但是中等收入群体随着年龄增长总体趋向适度消费和可持续逻辑（章超，2022）。但是也有针对低碳消费的阶层影响的实证研究有不同的发现。赵卫华（2015）通过对北京市居民用水行为的调查，发现家庭结构、消费水平、行为习惯、水危机意识、水价对用水量影响显著，但是水危机意识越强、感觉水价越高的人用水量越大，这进一步说明用水行为的刚性特点。叶闽慎、周长城（2016）发现受教育程度对于居民的生态价值观有一定的正面作用，但受教育程度与环保行动参与之间的相关性不显著。

与结构性视角相反，能动性视角强调消费者主权和理性选择，认为改变个体的文化观念就可以改变消费行为。社会学相关研究也强调文化认同的能动性视角，以及文化认同与社会经济地位的交织。在可持续消费研究领域，物质性一直受到重视（如 Warde，1994；Spaargaren & Vliet，2000；Lodziak，2002），但是也有观点提出应正视和重视认同的维度，即消费实践的表达性和认同性的特征（Soron，2010）。首先，社会心理上的焦虑、欲望和认同需求本就是消费文化中具有合法性的构成，因此在鼓励可持续消费行为时不能避开。其次，将可持续消费视为欲望和情感需求的更优解决方案，因为商业和广告提供的解决方案是购买和拥有商品，而这既对环境有负面影响，也破坏了个体认同，还让人们远离了更加可持续、更加让人满足的生活。最后，强调认同的研究范式也承认了绿色消费行为的合法性及其局限性——普通人也能够感受到某种直接能动性，绿色消费选择为集体认同奠定了一种仪式性基础，尤其是在那些具有环境责任感但又不确定拥有深刻影响能力的群体中（Soron，2010）。在文化认同的研究范式下，已有研究也提到绿色消费者通过对消费意义和自我身份的建构，表达自身社会地位以及与其他阶层、群体的区隔（Hall，2011；Paddock，2015）。Paddock（2015）通过对英国一个农夫市集的参与式观察以及对顾客的深入访谈，揭示有机食品的消费体现了社会区隔，尤其白领消费者在这样的消费选择中力图维持一个"更好的自己"的形象，并在消费话语中建构出"选择好的食物的我"和"没有进行这样选择的他者"之间的区分；另外，价格更高的有机食品也被认为是有较高经济能力的社会阶层才能承担的。

　　心理学研究普遍认为价值观念和环保意识是影响环保行为的重要因素。总体上消费者的环保意识与绿色购买行为呈正相关（Schlegelmilch et al.，1996）。从价值观角度衡量消费者是否具备环保导向，能够预测环境行为（Mainieri et al.，1997）。实证研究表明，人口统计因素和心理意识因素对资源节约行为都存在显著影响，且心理意识因素对资源节约行为的影响效应更大，消费者对资源环境问题的情感态度越强烈越倾向于注重资源节约行为（王建明、郑冉冉，2010）。然而，已有研究也发现，消费者对绿色消费的积极态度与实际消费行为之间通常存在不一致，被称为"态度 – 行为缺口"（attitude-behavior gap）（Peattie，2001a，2001b；Hassan et al.，2016）。态度 – 行为缺口的存在给绿色产品营销和环境公共政策制定均带来严峻挑战，近年来相关研究的热度不断递增。计划行为理论（Theory of Planned Behavior，TPB）认为，个人行为意愿越强，实际行为发生的可能性越大；行为意愿包含行为态度（个体对购买伦理产品的评价）、主观规范（个体感知到的来自重要他人关于购买伦理产品的社会压力）和感知行为控制（个体感知到的购买伦理产品的困难和阻碍）（Ajzen，1985，1991）。其中，感知行为控制对消费行为实施具有重要影响；个体若感知到实施绿色消费行为的促进因素多、阻碍因素少，就易于进行绿色消费，反之，绿色消费态度难以转化为绿色消费意愿（陈凯、赵占波，2015）。个体能力、绿色产品特性均直接影响消费者对绿色产品购买行为控制的感知（Terlau & Hirsch，2015；Papaoikonomou，Ryan，& Ginieis，2011；Olson，2013；陈凯、彭茜，2014）。

　　近些年出现了极简生活和二手消费等新兴生活方式，已有研究从青年文化角度理解这些低碳消费行为，认为符合青年的文化认同和消费观念，也是能动性视角的一种体现。极简生活作为一种生活方式，是青年个体的一种选择，当然这种选择可能是社会时尚、商业资本、媒介信息、同伴好友等影响与促动的结果，但践行极简生活是青年个体选择的生活方式（王玉香，2022）。以青年为主的年轻消费群体拥有个性化、环保和体验式的消费观念，加上分享经济理念的渗透和绿色消费政策的助力，青年成为二手消费的主力军（马爽，2022）。

二 城市居民低碳消费行为的描述性分析

本文将从一般性和重点领域分析城市居民低碳消费行为的特征，重点考察低碳消费行为在阶层和世代上的差异。按照从购买/获取到使用再到处置的不同环节，本文使用 3 个一级指标测量一般性低碳消费行为，包括"低碳商品购买行为"、"商品/能源使用低碳化行为"和"商品处置低碳化行为"。具体来看，（1）低碳商品购买行为指标关注人们在做出消费决策时，是否会考虑低碳的因素，由"选择购买可循环利用的材料制成的产品"、"优先购买有环保标志的商品"、"优先购买耗能少的商品"、"避免购买对环境有害的商品"和"避免购买过度包装的商品"5 个二级指标构成；（2）商品/能源使用低碳化行为指标关注人们在使用商品或能源时是否考虑低碳因素，由 6 个二级指标构成，包括"避免使用一次性餐具"、"夏天不会把空调温度调的很低"、"节约洗浴用水"、"节约厨房用水"、"随手关灯"和"外出就餐打包剩菜"；（3）商品处置低碳化行为指标关注人们对使用之后的商品如何处理、丢弃的行为，由 4 个二级指标构成，包括"变废为宝"、"捐赠闲置物品"、"出售闲置物品"和"垃圾分类"。

首先，一般性低碳消费行为显示了与阶层地位有关的结构性特征。从商品购买、使用和处置的不同环节再到消费宣传，相对于较低社会经济地位群体，高学历、高收入群体总体更经常参与低碳消费行为。如图 1 所示，个人月收入越高，更经常有商品使用和处置的低碳化行为，低碳商品购买也呈类似趋势，稍有不同的是，最高收入组（月收入 10001 元及以上）在这些行为上表现不如中等收入组。图 2 也显示，受教育程度越高，更经常有这些不同环节和不同程度的低碳消费行为，学历为大专及以上群体的表现最积极。

其次，一般性低碳消费行为也显示出了与世代有关的能动性特征。就商品购买、使用和处置的不同环节而言，世代越年轻越经常参与低碳消费行为。如图 3 所示，相较之前的世代，90 后及之后世代经常实践低碳消费的比例是最高的，分别有 68.7%、58.0% 和 55.0% 表示经常有低碳商品的购买以及产品使用和处置的低碳化行为。

除了考察城市居民的一般性低碳消费行为，本次调查还重点关注二手消费和出行消费。这既是低碳研究领域的重点课题，也是应用层面推动低

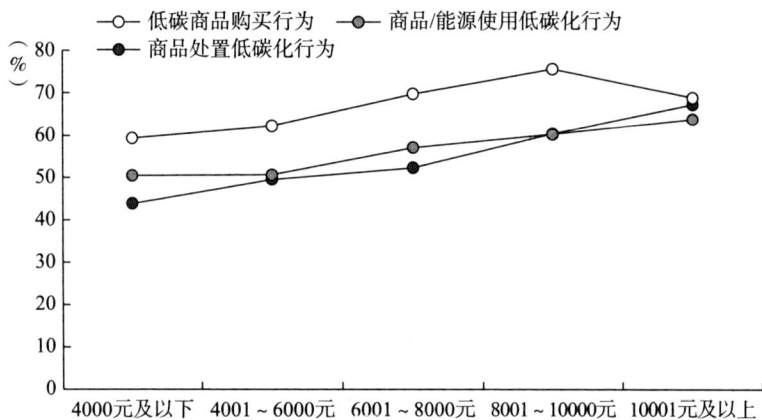

图 1　不同收入群体的一般性低碳消费行为

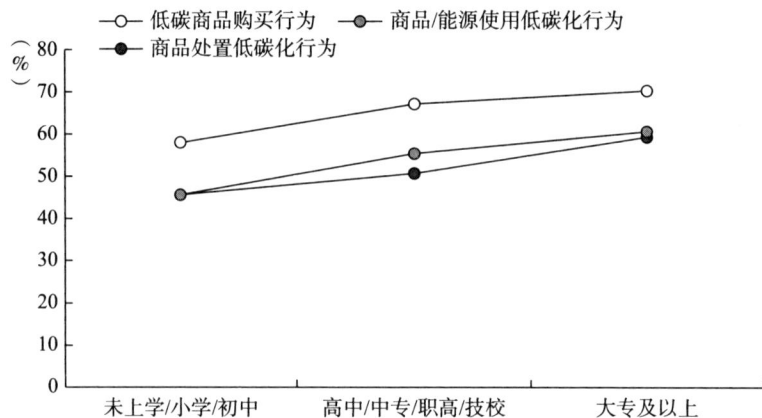

图 2　不同受教育程度群体的一般性低碳消费行为

碳消费的重要领域。二手消费的本质是提高商品的重复利用率，发挥其价值以实现资源的最大化利用，在资源循环利用的过程中减少浪费、提高使用效率，促进可持续发展。《中共中央 国务院关于完整准确全面贯彻新发展理念做好碳达峰碳中和工作的意见》指出，要加快形成绿色生产生活方式，加快发展循环经济，加强资源综合利用，不断提升绿色低碳发展水平。①《"十四五"循环经济发展规划》提出，要建设资源循环型社会，特

---

① 《中共中央 国务院关于完整准确全面贯彻新发展理念做好碳达峰碳中和工作的意见》，中国政府网，http://www.gov.cn/xinwen/2021 - 10/24/content_5644613.htm，最后访问日期：2023 年 5 月 25 日。

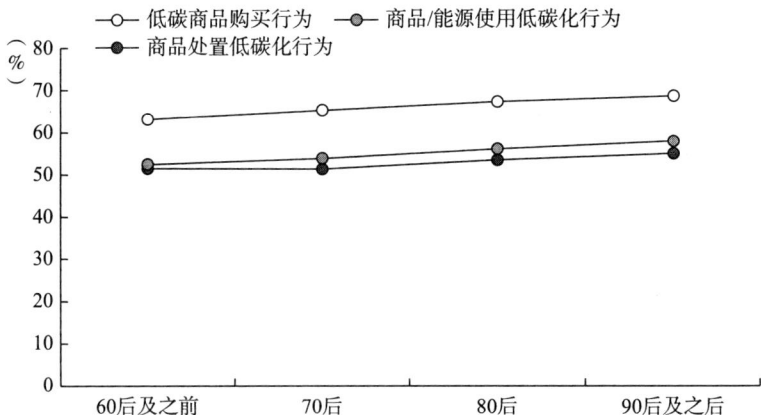

图3　不同年龄世代的一般性低碳消费行为

别强调要规范二手商品市场发展，包括鼓励"互联网＋二手"模式发展、推动线下实体二手市场规范建设和运营等。[①] 随着我国经济的迅速发展，二手闲置交易的需求量逐年上升，二手消费也衍生出了许多新业态，如线下"循环商店"、二手商品的线上直播等，二手闲置物品电商平台发展更是迅速，2021年市场规模破万亿元。[②]

数据显示，64.3%的消费者曾有过二手交易体验，其中部分受访者（10.8%）更是经常或总是在二手渠道购买商品，二手消费渐成一种常见的消费形式。从二手消费渠道来看，互联网成为人们购买二手产品的重要方式，线上二手交易平台使用的最为广泛，67.8%的受访者用过此渠道。一些具有社交属性的线上平台交易逐渐兴起，如近1/3的受访者使用过二手交易微信群、二手交易网络社区。与此同时，线下渠道也有其发展空间，35.9%的消费者曾经在实体二手店铺或二手摊位购买过二手产品。还有少部分人（12.7%）会进行亲友之间的熟人二手交易。

阶层效应显著，社会经济地位越高，越经常进行二手消费。个人月收入4000元及以下群体经常或有时进行二手消费的比例为31.6%，而个人

① 《"十四五循环经济发展规划"》，国家发展和改革委员会，https://www.ndrc.gov.cn/xxgk/zcfb/ghwb/202107/P020210707324072693362.pdf，最后访问日期：2023年5月25日。
② 《二手电商行业深度报告：循环经济助力，闲置市场规模破万亿》，https://new.qq.com/rain/a/20211125A02GMM00，最后访问日期：2023年5月25日。

月收入 10001 元及以上群体的这一比例达到 51.7%；初中及以下学历群体经常或有时进行二手消费的比例为 27.7%，而大专及以上学历群体的这一比例达到 43.9%。世代差异也显著，年轻人二手消费体验更多并且频率更高。首先，90 后群体中有 69.6% 的人曾有二手消费体验，比 80 后高出 3.0 个百分点，比 70 后和 60 后高出 10.0 个百分点以上。其次，90 后群体中合计有 43.4% 的受访者有时或者经常进行二手消费，该比例比其他年龄段的群体至少高出 5.0 个百分点。

在二手交易渠道上，年轻人更偏向于线上交易（见表 1），中老年人更偏向于线下交易。90 后和 80 后都有超过七成的人使用过线上二手交易平台，比 70 后和 60 后高出约 10.0 个百分点；而 60 后及之前和 70 后则有更高比例的人通过实体二手店铺或二手摊位和个人关系网络即亲友进行二手交易。

表1　不同年龄世代的二手消费渠道差异

单位：%

	60 后及之前	70 后	80 后	90 后及之后
实体二手店铺或二手摊位	41.0	39.1	35.5	32.2
线上二手交易平台（如闲鱼）	54.4	61.8	71.3	74.9
二手交易网络社区（如豆瓣）	30.1	27.7	30.1	27.0
二手交易微信群	29.6	32.9	31.3	26.2
亲友	13.9	14.7	12.5	11.2

城市居民通过二手消费购买的商品中，如图 4 所示，图书类商品最为常见，27.4% 的受访者通过二手交易购买过图书。其次，手机类和数码产品类（不含手机）、家电类、家具类、日用品类等家居商品也在二手市场中较受欢迎，两成左右的受访者曾购买过相关二手产品。再次，皮具箱包类、运动户外装备类二手商品构成了二手交易品类的第三梯队，紧随其后的是玩具类、衣物类、鞋帽类二手商品。相对而言，美妆类和母婴类商品通过二手交易购买的人比较少。

表现比较突出的是个人月收入在 6001～8000 元和 8001～10000 元的群体，分别有 26.4% 和 24.8% 的人购买过二手手机，26% 的月收入在 6001～8000 元收入群组购买过二手家电，高于较低和较高收入组。年轻世代购买

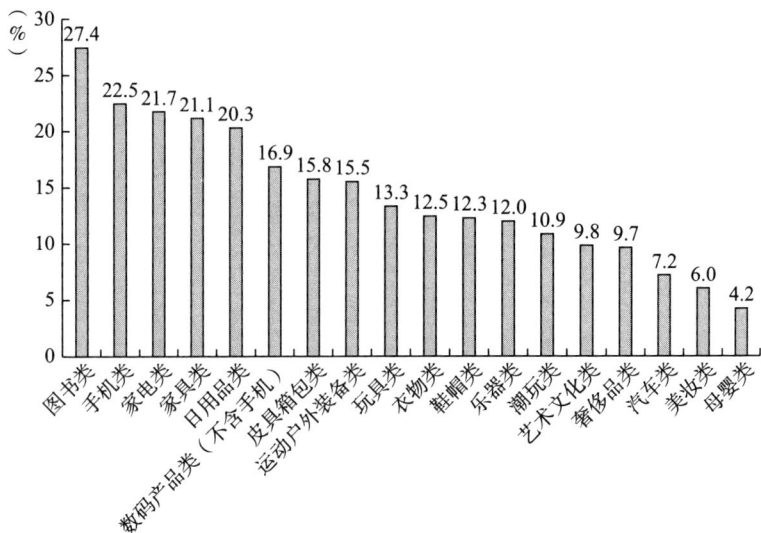

图 4　城市居民购买的二手商品类别

说明：此题为多选题，因此比例相加大于 100%。

二手手机的比例更高，25.3% 的 90 后和 31.9% 的 00 后购买过二手手机，而只有 12.3% 的 50 后和 18.7% 的 60 后购买过。

已有研究表明，出行是消费碳排放的主要来源，伴随我国汽车保有量的增加，私家车出行在我国居民出行方式中所占比重不断上升，引导居民选择电动车等新能源车，也是消费减碳的重要途径。我国高度重视新能源车产业发展，出台了一系列鼓励消费的政策。2022 年财政部、国家税务总局、工业和信息化部发布《关于延续新能源汽车免征车辆购置税政策的公告》，延长新能源汽车免征购置税期限至 2023 年 12 月 31 日。① 国务院发布的《新能源汽车产业发展规划（2021—2035 年）》明确指出，发展新能源汽车是我国从汽车大国迈向汽车强国的必由之路，是应对气候变化、推动绿色发展的战略举措。②

---

① 《关于延续新能源汽车免征车辆购置税政策的公告》，中国政府网，http://www.gov.cn/zhengce/zhengceku/2022-09/26/content_5712586.htm，最后访问日期：2023 年 5 月 25 日。
② 《国务院办公厅关于印发新能源汽车产业发展规划（2021—2035 年）的通知》，中央政府网，http://www.gov.cn/zhengce/content/2020-11/02/content_5556716.htm，最后访问日期：2023 年 5 月 25 日。

在不考虑价格、购车指标、不会开车、用车场景等因素下，调查显示，69.4%的城市居民倾向购买新能源车（电动、混动或其他新能源），25.1%的倾向购买燃油车，还有5.5%表示不了解。高学历、高收入人群明显更喜欢新能源车。大专及以上学历人群中有73.8%倾向购买新能源车，高中/中专/职高/技校学历人群中有68.4%倾向购买新能源车，而初中及以下学历人群中该比例为62.3%。如表2所示，月收入8001~10000元的人群中有77.6%、10001元及以上人群中有76.3%倾向购买新能源车，而月收入4000元及以下人群中该比例为67.8%（见表2）。表3显示60后及之后世代都比50后更倾向购买新能源车，80后中有71.3%、00后中有72.1%倾向购买新能源车，同时60后中也有70.3%倾向购买新能源车，而50后中该比例仅为60.0%。

表2　不同收入群体的新能源车购买意愿

单位：%

选择意愿	4000元及以下	4001~6000元	6001~8000元	8001~10000元	10001元及以上
燃油车	24.4	27.8	31.7	17.6	17.2
新能源车	67.8	68.9	62.7	77.6	76.3
不了解	7.7	3.3	5.6	4.8	6.5
合计	100.0	100.0	100.0	100.0	100.0

表3　不同年龄时代的新能源车购买意愿

单位：%

选择意愿	50后	60后	70后	80后	90后	00后
燃油车	28.8	24.8	26.4	23.7	25.8	20.5
新能源车	60.0	70.3	67.5	71.3	69.6	72.1
不了解	11.2	4.9	6.2	4.9	4.5	7.5
合计	100.0	100.0	100.0	100.0	100.0	100.0

三　城市居民低碳消费的影响因素分析

本文将进一步构建回归模型，分析低碳消费行为的影响因素，使用收入和受教育程度测量结构性影响，通过年龄世代测量能动性影响，验证哪种效应对城市居民低碳消费的影响更重要。本文将以新能源车消费行为和二手消费行为为例，构建低碳消费行为的逻辑回归模型。

（1）结果变量：①是否选择新能源车，将"不了解"设置为缺省，有73.5%的表示在不考虑其他因素的情况下倾向选择新能源车；②有无二手消费，将有关二手消费频率的变量定义为是否有过二手消费的二分变量，有64.3%的被访者有过二手消费。

（2）解释变量：①世代，划分为70后及之前（占41.3%）、80后（占25.1%）以及90后及之后（占33.5%）；②受教育年限，被访者平均受教育年限为12.8年；③个人月收入对数，将个人月收入取自然对数，均值为8.708。

（3）控制变量：①性别，女性占49.7%，男性占50.3%；②婚姻状况，已婚占79.6%、未婚或离婚/同居占20.4%；③私家车拥有情况，划分为家中无私家车（占66.8%）、家中有电动车或混动车（占10.5%）和家中仅有汽油车（占22.8%）。

分析也加入了世代和阶层的交互效应，考察世代和阶层对低碳消费行为的共同影响。表4列出了进入模型的所有变量的描述性统计结果。

表4　进入模型的所有变量的描述性统计

变量	样本量	平均值	标准差	最小值	最大值
家中有无新能源车	3880	0.735	0.442	0	1
有无二手消费	4107	0.643	0.479	0	1
世代	4107	1.922	0.862	1	3
受教育年限	4107	12.778	2.682	0	19
个人月收入对数	4107	8.708	0.621	6.215	10.309
性别	4107	0.497	0.500	0	1
婚姻状况	4107	1.796	0.403	1	2
私家车拥有情况	4107	0.560	0.838	0	2

新能源车消费的嵌套模型如表5所示。模型1.1是只有主效应的模型，显示了控制其他变量的情况下，受教育年限的影响显著，而个人月收入对

数和世代的影响不显著。可以认为，至少从教育的维度来看，阶层对新能源车购买意愿的影响是显著的，阶层比世代的影响更重要。计算发生比得到，受教育年限每增加1年，选择新能源车的可能性增加0.061倍。

模型1.2和模型1.3分别加入了世代*受教育年限和世代*个人月收入对数的交互项，考察世代和阶层对新能源车购买意愿的交互效应。模型1.2显示，在控制其他变量的情况下，个人月收入对数的主效应显著，而受教育年限因素变得不显著，世代因素依然不显著，世代和受教育年限的交互效应也不显著。模型1.3显示，在控制其他变量的情况下，受教育年限的主效应显著，个人月收入和世代的影响不显著，世代和受教育年限的交互效应依然不显著。研究发现显示了与描述性分析结果的一致性，是否选择新能源车与所属世代呈现比较模糊的相关关系。综合考虑主效应和交互效应，逻辑回归模型总体显示，阶层对新能源车的购买意愿具有显著影响，而世代的影响不显著，因此可以认为在新能源车购买意愿上，阶层比世代的影响更重要。

再看控制变量，女性更愿意选择新能源车，已婚居民更不愿意选择新能源车。私家车拥有情况的影响显著，相较家中无私家车，家中有电动车或混动车等新能源车的居民更愿意选择新能源车——以主效应模型为例，相较家中无私家车的居民，家中有电动车或混动车等新能源车的居民倾向选择新能源车的可能性高出9.299倍，而家中仅有汽油车的居民更不愿意选择新能源车且差异显著。

表5 新能源车购买意愿的逻辑回归模型

	模型1.1	模型1.2	模型1.3
世代（以70后及之前为参照）			
80后	0.040 (0.100)	-0.278 (0.497)	-0.955 (1.735)
90后及之后	-0.193 (0.110)	-0.950 (0.489)	0.733 (1.252)
受教育年限	0.061*** (0.016)	0.039 (0.022)	0.057*** (0.017)

续表

	模型 1.1	模型 1.2	模型 1.3
个人月收入对数	0.126 (0.067)	0.135 * (0.067)	0.166 (0.112)
女性	0.166 * (0.077)	0.164 * (0.077)	0.175 * (0.077)
婚姻状况（以未婚或离婚/同居为参照）			
已婚	− 0.284 * (0.119)	− 0.279 * (0.119)	− 0.264 * (0.120)
私家车拥有情况（以家中无私家车为参照）			
家中有电动车或混动车	2.332 *** (0.287)	2.334 *** (0.287)	2.327 *** (0.287)
家中仅有汽油车	− 0.677 *** (0.085)	− 0.676 *** (0.085)	− 0.672 *** (0.085)
交互项（世代 * 受教育年限）			
世代（参照组：70 后及之前）* 受教育年限			
80 后		0.027 (0.039)	
90 后及之后		0.059 (0.037)	
交互项（世代 * 个人月收入对数）			
世代（参照组：70 后及之前）* 个人月收入对数			
80 后			0.112 (0.197)
90 后及之后			− 0.105 (0.143)
_ cons	− 0.593 (0.560)	− 0.424 (0.575)	− 0.925 (0.938)
N	3880	3880	3880
pseudo R^2	0.062	0.062	0.062

* $p < 0.05$, ** $p < 0.01$, *** $p < 0.001$。

注：括号内为标准误。

表 6 显示了二手消费的逻辑回归模型。模型 2.1 是只有主效应的模型，显示了在控制其他变量的情况下，世代、受教育年限和个人月收入对数的

影响都显著。相比 70 后及之前世代，90 后及之后世代更可能有过二手消费；受教育年限越长、个人月收入越高，也更可能有过二手消费。从此模型可以得到，阶层和世代对二手消费的影响都是非常重要的。

然而当分别加入世代和受教育年限、世代和个人月收入对数的交互项之后，世代效应发生了变化。模型 2.2 显示，在控制其他变量的情况下，世代、受教育年限和个人月收入对数的影响也都显著，但是 80 后比 70 后及之前世代更可能有过二手消费，且差异显著，而 90 后及之后世代与 70 后及之前世代有过二手消费的差异不显著。可以认为，在控制其他变量的情况下，世代对是否有过二手消费的影响呈倒 U 形，80 后世代更积极参与二手消费，而更老或者更年轻世代的积极性相对较低。交互分析支持了 80 后世代的显著影响，虽然世代对二手消费的影响受到受教育年限的显著影响，但是相对 70 后及之前世代和 90 后及之后世代，80 后进行二手消费的可能性较少受到受教育年限的影响。模型 2.3 进一步用世代和个人月收入对数的交互效应代替世代和受教育年限的交互项，结果同样显示，在控制其他变量的情况下，相对于 70 后及之前世代，80 后进行二手消费的可能性较少受到收入水平的影响，并且 80 后的影响系数更大了。因此，就二手消费而言，研究发现指向了阶层和世代都产生比较重要的影响，也强调了 80 后整体比其他世代都更积极参与二手消费。

表 6　二手消费的逻辑回归模型

	模型 2.1	模型 2.2	模型 2.3
世代（以 70 后及之前为参照）			
80 后	0.139 (0.087)	1.020 * (0.440)	3.849 ** (1.472)
90 后及之后	0.259 ** (0.097)	− 0.052 (0.441)	1.516 (1.090)
受教育年限	0.092 *** (0.014)	0.102 *** (0.019)	0.090 *** (0.015)
个人月收入对数	0.176 ** (0.058)	0.177 ** (0.058)	0.311 ** (0.096)
女性	− 0.110 (0.067)	− 0.109 (0.067)	− 0.115 (0.067)

续表

	模型 2.1	模型 2.2	模型 2.3
婚姻状况（以未婚或离婚/同居为参照）			
已婚	0.005 (0.104)	0.011 (0.104)	0.007 (0.106)
交互项（世代 * 受教育年限） 世代（参照组：70 后及之前）* 受教育年限			
80 后		-0.068* (0.034)	
90 后及之后		0.021 (0.033)	
交互项（世代 * 个人月收入对数） 世代（参照组：70 后及之前）* 个人月收入对数			
80 后			-0.421* (0.167)
90 后及之后			-0.145 (0.124)
_cons	-2.172*** (0.484)	-2.304*** (0.498)	-3.321*** (0.813)
N	4107	4107	4107
pseudo R^2	0.022	0.023	0.023

* $p < 0.05$, ** $p < 0.01$, *** $p < 0.001$。

注：括号内为标准误。

四 研究结论与讨论

根据最新全国调查数据，本文考察了城市居民的一般性和重点领域的低碳消费行为，重点关注阶层效应和世代效应。描述性分析显示，在商品购买、使用和处置的不同消费环节，阶层和世代的影响都非常重要，高收入、高学历、越年轻的群体更积极参与低碳消费行为；二手消费的阶层和世代效应也显著，高社会经济地位群体和较年轻世代更可能进行二手消费，而且 80 后、90 后和 00 后更经常使用二手交易平台；相对于世代，阶层对新能源车购买意愿的影响更重要，高学历、高收入人群明显更喜欢新能源车。本文进一步构建回归模型进行验证性分析，在新能源车购买意愿上，阶层具有显著影响，多个模型结果显示，个人月收入对数或受教育年限至少一个因素显著，阶层比世代的影响更重要；而在是否有过二手消费方面，阶层和世代都产生比较重要的影响，分析发现也强调了80后整体比其他世代都更积极参与二手消费。

研究发现总体指向阶层和世代对于城市居民低碳消费来讲都非常重要的事实，但是在具体消费领域上阶层效应和世代效应并不平衡。实证分析也能够回应结构性影响还是能动性影响的学术争论。在城市居民低碳消费中，总体上既存在结构性影响又存在能动性影响，一方面，低碳消费受到社会经济地位的影响，经济资本和文化资本更高的群体更容易转向绿色低碳消费；另一方面，低碳消费也与消费者个体能动性有关，消费者积极建立绿色消费认同、努力培养绿色低碳生活习惯，也能够促进绿色消费转型。此外，哪种影响更重要也取决于低碳消费本身的特征，比如新能源车消费除了拥有绿色低碳属性，也需要一定的经济资本，因而阶层的作用更大些，而二手消费的经济和文化门槛较低，还可以省钱，消费者的能动性就可以发挥更大作用。

本文的分析发现也能够产生一些政策启示。一是重视中等收入群体和中产阶层的示范效应，营造绿色低碳社会共享文化，引导全社会认同、追求绿色低碳生活方式，由此也应着力扩大中等收入群体，增强居民的经济资源和文化能力。二是重视青年的带动效应，青年总体更愿意接纳新生事物、更愿意尝试新兴生活方式，有助于引导全社会从羡慕模仿到认同践行绿色低碳生活。三是特别重视发挥中青年的能动性，研究发现强调了80后总体更积极参与低碳消费，最年轻的90后和00后反而更加受到收入、受教育年限等的结构性影响，这可能由于80后不仅具有青年的文化能动性，也有更多人步入中等收入群体和中产阶层，整体具有更高的能动性和社会经济地位，因此应重视作为社会中坚力量的80后群体，引导其在践行和推广低碳生活方式中发挥重要作用。四是完善绿色产品和服务供给，丰富绿色低碳市场、加强基础设施建设，增强技术创新，满足不同层次多元化消费需求，扩大供给的结构性影响，更大限度发挥消费者能动性。

俄罗斯人的环境文化：感知与实践

巴舍瓦 （O. A. Basheva）

近年来，俄罗斯政府一直在为保护大自然调整其环境政策，并建设相关基础设施，让日常生活和工作中的资源消耗更经济、更合理。公众环境文化的发展也取得了一些小的进步。尽管如此，环保还远未拥有独立价值。俄罗斯人的环境文化并不一致，而且支离破碎。环境文化的发展程度取决于人们所居住的社区类型。人们采取环保行动最常见的激励因素包括经济因素、便利的基础设施以及不利于健康的负面风险。当今，环境文化的推广者通常是女性和青年。不同社区对环境的态度以及采取的环保行动都存在重要差异。一方面，社区越小，当地人就越相信周围环境是有利的，并且他们可以通过各种方式改变环境。另一方面，社区越小，环境行动相关基础设施条件越差。专家指出，目前俄罗斯特定城市的环境政策应优先考虑以下措施：通过让公众参与到景观美化和环境问题中来加强与公众的互动，以能够促进低碳生活的方式改变城市空间，并加强环境教育和增强环境意识，从而在社会上推广环境文化。

一 公众意识中环境议程的落实情况及其与国家环境政策的联系

随着技术的发展和地球人口指数的增长，资源消耗水平和有害物排放水平已远超地球极限，造成全球环境失衡，具体体现在气候变化、生物多样性明显丧失和海洋污染等方面。过去几十年来，人类已经充分认识到这些问题的严重性。21 世纪初，研究人员开始讨论全球经济和政治的"绿色转型"（OECD，2021）。在绿色转型的背景下，俄罗斯目前的本地化环境政策似乎不够有效，无法充分应对时代的挑战（Makarov et al.，2021），导致俄罗斯人的环境文化发展不足且不一致。

环境文化的定义非常宽泛。环境文化指整个社会或某一社会团体所共有的复杂的规范、标准和组织形式体系，这种文化通过教育和社会化向人们灌输，有助于维持环境平衡。环境文化通常表现在以下方面：规范、信仰、价值观、概念、知识、习惯、实践、期望、生活方式、制度以及确保社区环境可持续的社会经济模式（Spinola，2021）。这一现象包含多个方面：价值和规范（个人意识和集体意识的态度）、系统性（社会和自然环境的关系体系，表现为正式和非正式制度）及行为（有助于环境平衡或减少环境足迹的具体行动）（Kurbanov & Prokhoda，2019：350 – 351）。O. N. Yanitsky（2005）对"环境文化"的解释是：某一社会主体（个人、团体、社区）对周围（地方、全国或全球）环境的整体态度。

在过去的一个世纪里，俄罗斯的环境文化严重依赖政府的自然资源消耗政策。这不仅决定了公众将自然当作资源基础还是珍宝，还增强了公众践行环保理念的能力。

如今，与"绿色转型"相关的经济和政治变革正成为各国国家战略的一部分，这受到了俄罗斯早在 1996 年通过的可持续发展相关文件的影响（Shulga，2021）。这一概念提出的目的是，在不给自然造成过度压力的情况下维持社会福祉。可持续发展目标已被列入俄罗斯国家项目、各行业和地区发展战略以及联邦文件。但现实情况并不那么乐观。俄罗斯政府的环境政策由来已久，一直反映着经济利益和政治力量的变化，以及环境产业在治理过程中的地位。研究人员认为，环境产业的地位一直十分脆弱（Khaly & Levchenko，2017：65）。俄罗斯国内研究人员强调，俄罗斯环境政策的首要特点是资源开发机构与环保机构的联合，因而减少了环保机构在战略决策和环境控制中的作用。此外，俄罗斯环境政策的具体内容是由野生动物的高度保护和人居环境的沉重负担决定的，导致环保主义者认为俄罗斯城市的环境政策缺乏系统性和平衡性。虽然 20 世纪 90 年代苏联工业的衰退一定程度上减轻了城市人居环境的负担，但这种负担在主要的大都会中仍然十分突出（Lyakhovenko & Chulkov，2017）。俄罗斯环境政策的第三大特点是，联邦中央与地方环境管理责任的分配持续面临挑战。

自 20 世纪 90 年代以来，俄罗斯人一直认为环境政策不利于经济发展。

2017 年批准的《2030 年前俄联邦经济安全战略》① 甚至将 "绿色技术" 列为经济安全的主要挑战和威胁，因为这些技术减少了对俄罗斯出口原材料的需求。当今的专家认为，根据这些观念制定环境政策是不合理的（Makarov et al.，2021）。他们将环境问题日益严重的影响与若干因素联系起来：环境问题的客观恶化；环境损害的严重累积，增加了对公共卫生和生活质量的负面影响；环境问题与经济问题的结合，特别是自然资本商业化和 "绿色" 技术转型，形成公司与国家之间的竞争；在消费不断增长的基础上，当前资本主义模式面临的全球危机。

政府已推出全新的社会和自然互动系统。目前，俄罗斯正在实施《2025 年前俄罗斯联邦生态安全战略》。② 作为环境安全体系发展领域的基本战略规划文件，它阐明了一系列为确保各级环境安全所制定的国内外政策中相关的优先事项、目标、目的和措施。该战略文件定义的 "环境安全" 的状态是：环境和重大人类利益不受经济和其他活动、自然和人为灾害及其后果的负面影响。

这一部分将专门讨论俄罗斯环境文化的现状，以及国家环境政策转型背景下俄罗斯人不同类型环境行为和观念的变化。我们将谈及个人行为，包括低成本（例如，垃圾分类）和高成本（绿色消费、减少汽车使用等）选择，以及环境行动主义，如环境抗议、环境志愿服务等集体行为（Sánchez，2010）。

本部分将在二次分析俄罗斯民意研究中心、列瓦达中心和俄罗斯科学院联邦理论与应用社会学中心社会学研究所在研究基金会支持下进行的各种研究后得出结论。我们将使用 2019～2021 年全国代表性调查（俄罗斯基础研究基金会 "变化和稳定社会的福祉因素" 项目的一部分，批准号：19 - 011 - 00522，负责人：M. F. Chernysh）；2017～2019 年对莫斯科和喀山居民进行的专家访谈［俄罗斯科学基金会 "新社会环境挑战背景下的俄罗斯特大城市：建立俄罗斯绿色城市形成的综合跨学科评估模型和战略"

---

① Russia's Economic Security Strategy 2030, http://www.xinhuanet.com/world/2017 - 05/16/c_129605353.htm.

② Environmental Safety Strategy for 2025, http://m.ce.cn/bwzg/202206/t20220606 _ 37721674.shtml.

项目的一部分，批准号：17 - 78 - 20106，负责人：P. O. Yermolayeva；CESSI（社会科学信息中心）根据"2018 年俄罗斯社会研究"进行的全国性调查]。

二　城市居民对环境质量和环境治理的态度

俄罗斯人对环境的态度会随着国家政策发生改变（Yanitsky，2005），但公众几乎从未将环境状况视为独立价值，而将其视为影响人口健康或生活质量的因素（Sushko，Bukhtiyarova，& Zubova，2018）。

大多数俄罗斯人都宣称爱护环境很重要，尤其是生活在首都的人。在莫斯科，77.7% 的居民认为必须保护大自然；在拥有百万人口的城市，65.7% 的居民持这种观点；而在小城镇、大城市和中等城市，这一比例分别为 65.1%、63.5% 和 60.4%。[①]

在俄罗斯人认为能提高生活质量的重要的五大因素中，环境排在第四，其他四个因素分别是健康、安全、稳定的收入和高质量的食物。超过一半（57%）的俄罗斯人认为，良好的环境可以延长寿命。这种观点在年轻人中更为普遍（这一比例在 25～34 岁的群体中达到 63%，而在 60 岁以上受访者中仅为 46%）（Quality of life among Russians：Key Factors，2018）。此外，俄罗斯人对周围环境（特别是空气和水的质量）的满意度的得分为 3.2 分（满分 5 分）。

在相当长一段时间内（1991 年以及 2008～2016 年），列瓦达中心的调查显示，公众认为他们所居住地区的环境状况（空气和水的质量、噪声级、自然状态）较差。到 2016 年，有 46% 的人认为环境状况非常差/较差。有 38% 的人认为环境状况非常好/较好。评价模式明显取决于社区规模：城市或城镇越小，越多人认为环境状况较好（见图1）。

总体而言，大多数社区对环境（空气、水、土壤）质量的满意度相当低（Environmental Agenda as Ten Months Remain until the Duma Election，2020）。2019 年，俄罗斯科学院联邦理论与应用社会学中心社会学研究所的研究人员在全国范围内开展了一项调查，结果显示，对环境质量感到

---

① 数据来自 2018 年《俄罗斯社会研究》。

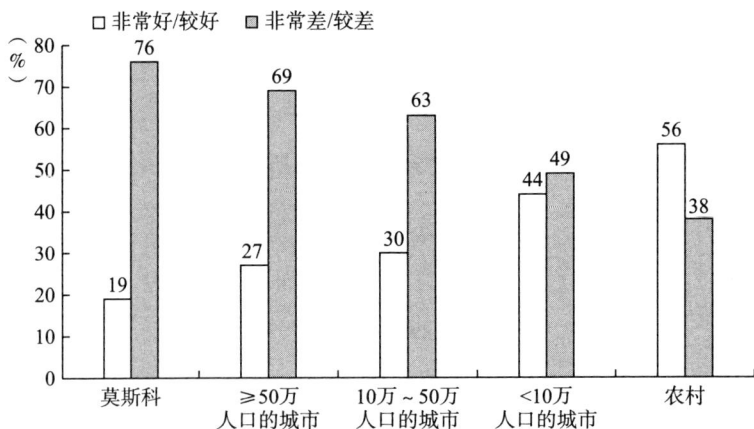

图1 受访者对居住地区环境状况的评价

资料来源：2016年列瓦达中心的调查结果。

满意的俄罗斯人的比例仅略高于1/3。① 这些受访者大多来自小型社区（人口低于10万人），其中56.1%的居民对环境质量十分满意。人口为10万~50万人的城市中，满意度降至39.4%。在莫斯科和圣彼得堡，不到1/3（31.4%）的受访者对环境感到满意；在人口为100万人及以上的城市和人口为50万~100万人的城市，这一比例更低，仅为27%~28%（见图2）。

各年龄层之间存在鲜明对比。大都市青年对环境质量的满意度最低：莫斯科和圣彼得堡18~29岁的群体中，仅26.5%表示满意；30~39岁的群体中，这一比例为36.0%，60岁及以上群体中，这一比例为36.2%。相反，在小型社区中，年轻人对环境质量的满意度最高：满意比例在18~29岁人群中为60.3%，在30~39岁人群中为57.3%，而在40~49岁人群中仅为51.2%，在50~59岁人群中为55.2%，在60岁及以上人群中仅为54.4%。男性和女性的态度也不同：在所有类型的社区中，男性对环境质量的满意度都更高，女性对环境质量的满意度更低。

① 俄罗斯基础研究基金会"变化和稳定社会的福祉因素"项目，批准号：19-011-00522，负责人：M. F. Chernysh，俄罗斯科学院通讯会员。

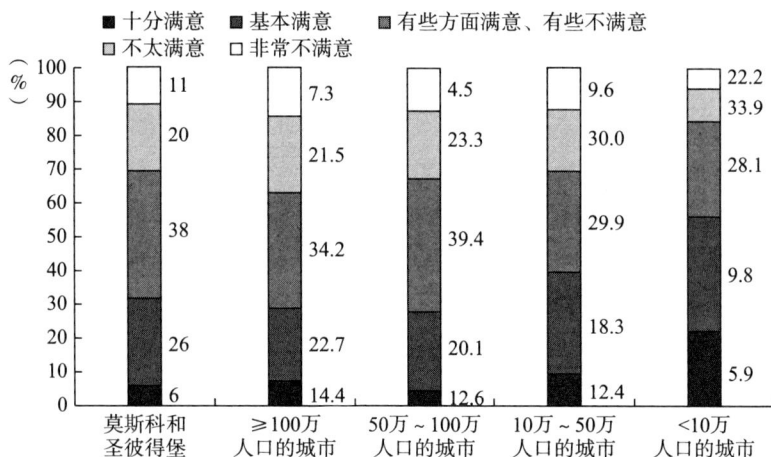

图2 受访者对所处环境（空气、水、土壤）现况的满意程度

资料来源：2019年俄罗斯科学院理论与应用社会学中心社会学研究所调查结果。

就对环境状况的焦虑而言，情况也大致如此：在较小的社区中，居民对环境的焦虑程度似乎有所下降。2016年的数据显示，莫斯科85%的受访者表示对环境状况感到焦虑（包括"焦虑"和"比较焦虑"），在大城市（人口为50万人及以上）中，这一比例为78%，在中等城市（人口为10万~50万人）中为69%，在小型城镇（人口低于10万人）中为61%，在农村仅为53%。各类社区居民焦虑的首要原因都一样（包括空气污染、饮用水污染、水体污染和食物中的有害化学物质），但焦虑程度各不相同。在莫斯科和大城市（人口为50万人及以上）中，空气污染是人们焦虑的首要原因：分别有72%和67%的居民表示空气污染是最大焦虑的来源。在中等城市（人口为10万~50万人）、小型城镇（人口低于10万人）以及农村，分别有53%、62%和50%的居民表示水体（江、河、湖、海）污染是焦虑的最大原因。在莫斯科，噪声级的增加也十分令人担忧（36%的受访者提到这一原因），而在大城市和中等城市，居民对本地区的卫生状况感到担忧（分别有31%和35%的受访者提到"糟糕的卫生状况"这一原因）（见表1）。

表1　居民对居住地及周围环境状况感到焦虑的最大原因

单位：%

	莫斯科	≥50万人口的城市	10万~50万人口的城市	<10万人口的城市	农村
空气污染	72	67	47	44	27
不健康的污染饮用水	45	26	29	29	35
水体（江、河、湖、海）污染	39	50	53	62	50
食物中的有害化学物质	37	34	32	32	26
噪声级增加	36	23	12	12	8
气候变化	22	20	22	19	22
森林消失	21	15	21	12	6
缺乏绿植	14	21	7	5	5
酸雨	11	11	6	9	16
某些鸟类、鱼类、动植物和昆虫的灭绝/动植物群的变化	8	6	16	5	15
糟糕的卫生状况	7	31	35	19	21
辐射增加	7	10	12	12	11
水体变浅、沙漠出现以及其他形式的供水中断	4	10	16	18	15

资料来源：2016年列瓦达中心的调查结果。

大多数（61%）的居民认为环境恶化会对人体健康产生负面影响。这一比例在莫斯科为75%、大城市为69%、农村为62%、中等城市为56%、小型城镇为52%。与其他类型社区相比，大城市和中等城市的居民更常谈论的是森林消失的问题（比例分别为39%和38%）。

2006年，仅20%的俄罗斯人表示环境问题对国家和个人都至关重要。而且这些问题不在十大民众最关心的问题之列（包括通货膨胀和价格上涨、酗酒和吸毒、恐怖主义、犯罪、失业等）（the main Issues of our Country，2006）。14年后，也就是2020年，多达48%的俄罗斯人将爱护环境列为国家的首要任务（Environmental Agenda as Ten Months Remain until the Duma Election，2020）。持这种观点的女性比男性更多（两者比例分别为52%和44%），持这种观点的老年群体也比年轻群体更多（该比例在55~64岁群体中达 57%，在 18~24 岁群体中仅为 39%）。

近一半（48%）的俄罗斯人认为他们社区的环境状况没有发生任何变化。而约 1/3（34%）的人认为环境似乎有所恶化。人口为 100 万人及以上的城市中察觉到环境似乎有所恶化的人最多（42%），而莫斯科和圣彼得堡较少（26%）（见图 3）。

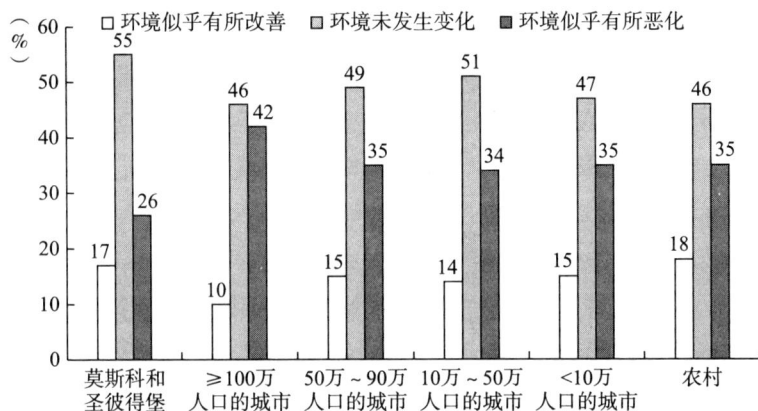

图 3　受访者对过去 2~3 年社区环境变化的评估

资料来源：2020 年俄罗斯民意研究中心调查结果。

在最迫切需要解决的区域问题中，俄罗斯人提到了水体污染（73% 受访者提到社区内和社区周围水体中有漂浮的垃圾，64% 提到工业泄漏和污水泄漏导致的社区内和社区周围水体污染）、空气污染（63% 担忧废气排放导致的空气污染，52% 对工业生产、火电厂运行等造成的空气污染感到担忧）、废弃物（58% 提到社区附近或社区内未经授权的垃圾场，58% 提到生活垃圾收集问题，53% 对社区附近的垃圾填埋场感到担忧），受访者还提到大规模非法砍伐木材（57%）、森林火灾（51%）以及工业生产造成的土壤污染（56%）（见图 4）。35% 的受访者表示，在社区附近建垃圾焚烧炉令人担忧（这个问题与 17% 的人高度相关）。

关于气候变化，虽然有 86% 的俄罗斯人在 2017 年就感知到了这一现象，但只有 11% 的人认为气候正在变暖。二十年来，对全球变暖有十分了解的人口比例显著下降（从 2007 年的 34% 降至 2017 年的 20%）。2017年，了解这一问题的年轻人比例低于老年人（Climate Fluctuations：Hot or

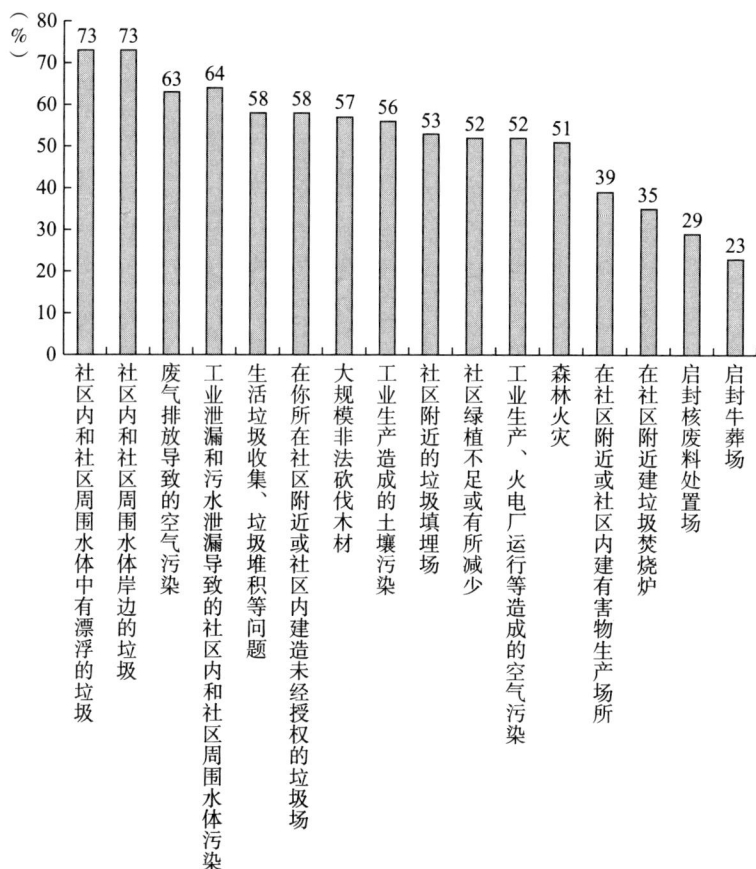

图 4　受访者对所在地区最关心的环境问题

说明：多选。

资料来源：2020 年俄罗斯民意研究中心调查结果。

Cold，2017）。

过去，公共组织在环境文化的传播中发挥了重要作用。但是在俄罗斯，只有一半（50%）的受访者知道环保组织或环保主义者的存在。而且他们并不清楚这类组织和群体的工作内容。仅 7% 的受访者对这些问题非常清楚，其中 78% 的人了解保护主义者举办过的具体活动，85% 的人知道这类群体工作的影响（Environmental Situation in Russia：Monitoring Study，2019）。

在知道俄罗斯环保组织存在的人当中，大多数（57%）无法判定当局与环保组织之间的关系；15%认为环保组织正试图获得当局的支持，但当局对此不予理会；只有12%的人认为当局与环保组织积极互动，携手完成相关任务。

公众大多认为地方当局（30%）和地区当局（23%）应对环境状况负责，但也有约1/5（21%）的俄罗斯人认识到公众所扮演的角色的重要性。2019年，仅有7%的受访者认为联邦当局和政府对环境问题十分负责，而2010年这一比例为27%。当被问及联邦政府处理环境问题的效果如何时，36%的受访者表示取得了一些进展，但进展不大，而33%的受访者表示没有取得实际成果，环境状况没有变化（Environmental Situation in Russia: Monitoring Study，2019）。

对俄罗斯年轻受众（18－24岁）来说，最受欢迎的环境状况的信息来源是社交媒体，占比为63%；而对老年群体（55－64岁和65岁及以上）来说，最受欢迎的环境状况的信息来源是地方和地区电视台，两个年龄段群体的占比均为46%（Environmental Agenda as Ten Months Remain until the Duma Election，2020），具体如图5所示。

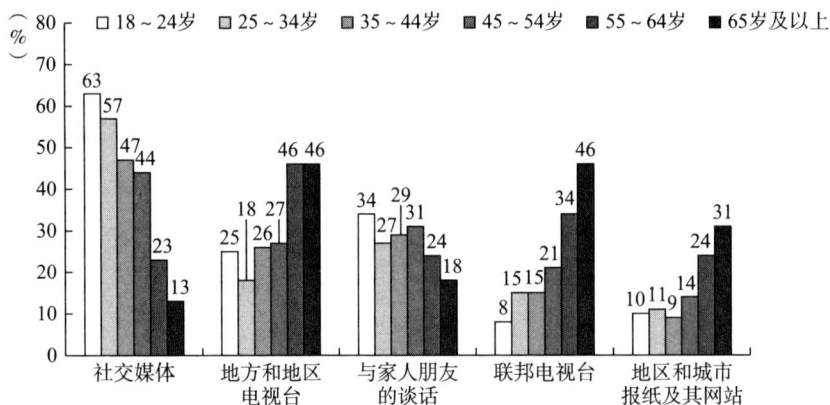

图5 受访者所在地区最受欢迎的环境状况信息来源

资料来源：2020年俄罗斯民意研究中心调查结果。

三 俄罗斯城市/城镇绿色低碳生活方式的特点和趋势

面对21世纪日益严峻的环境挑战和国际公认的可持续发展理念，世界正在寻找能够确保人与自然和谐发展的创新模式。当今领先的模式有联合国提出的绿色经济等。绿色经济（与传统经济相比）提供了新的社会经济体系，旨在减少温室气体排放，同时不影响社会经济发展的速度。这一模式还提出要实现生产和消费的质的改变，将绿色原则纳入战略规划和预算系统，让企业发展和基础设施建设更加绿色环保。这一模式的首要特征是能源效率的大幅提高，所以它又被称为低碳模式（Belik et al.，2016）。这一模式的原理如下：（1）通过技术创新、基础设施变革和行为模式，将经济增长与能源消耗的增长以及温室气体和其他污染物的排放分开；（2）实现经济增长、创造就业和促进社会经济发展等关键目标，同时减少资源消耗、促进科技进步（Gritsevich，2011）。

俄罗斯作为包括《巴黎协定》在内的大多数国际环境协定的缔约国，正在实施一项长期发展战略，该战略提倡降低温室气体排放，以减少气候变化对人口和经济构成的风险，同时保持俄罗斯国家安全和可持续社会经济发展的优先地位（The Russian Federation's National Security Strategy for 2030；Decree No. 204 of the President of the Russian Federation，2018）。经济学家确实说过，低碳发展对俄罗斯来说并不是一个好的选择。俄罗斯是全球能源转型风险较大的国家之一（McKinsey Global Institute，2022），这类国家不可能将其低碳消费政策与整体社会经济发展战略分开。

尽管如此，俄罗斯在该领域已采取多项措施，包括电力行业的立法转型、俄罗斯公司执行的各种资源和能源效率项目（Porfiryev，Shirov，& Kolpakov，2020）、"垃圾改革"、制定 2030 年新的运输战略等。

随着这些措施的实施，俄罗斯社会逐渐出现了一些低碳生活方式的迹象，但这一情况主要出现在大都市和大城市，这些地区已经建立了必要的基础设施。这种生活方式的理念是，在关键消费领域（营养、家庭管理、出行等）组织日常活动，尽可能减少环境足迹。

正如我们在上一部分中所看到的，俄罗斯人确实认为环境问题与气候变化相关，但他们还未完全准备好采取具体行动来解决这些问题。大多数人并不相信放弃积极消费可以改变地球的气候状况，只有 12% 的受访者认为每个人都应减少各种资源的消耗（Life after Greta Thunberg, or Consumption Amidst Global Warming，2020）。为控制温室气体排放，俄罗斯准备采取的唯一措施是控制电力和水的消耗。不过俄罗斯很多人减少资源消耗并不是考虑到环境价值，而是为了节约开支。

俄罗斯民意研究中心最近的一些调查数据显示，监测能源资源（电力、天然气、暖气、热水）消耗情况并努力减少消耗的俄罗斯人数量有所增加：2019 年秋季，这类群体占俄罗斯总人口的比例达到 57%，而三年前仅 46%（Energy Efficiency and Frugal Consumption of Resources：Who "gets it"？, 2015；Energy-Efficient Behavior of Russians：A Monitoring Study, 2019）。2021 年，84% 的受访者表示他们尽量使用节能灯泡（2019 年该比例为 79%），76% 的受访者表示他们在日常生活中会节约用水（2019 年该比例为 74%）（Eco-friendly Practices in the Life of Russians, 2021）。

老年人监测能源消耗情况的比例更高：45～59 岁的人群中，56% 正在行动，60 岁及以上人群中这一比例为 71%。这种行为在人口 10 万人以下城市（63%）和农村地区（64%）的居民中也更为普遍（见图 6）（Eco-friendly Practices in the Life of Russians, 2021）。

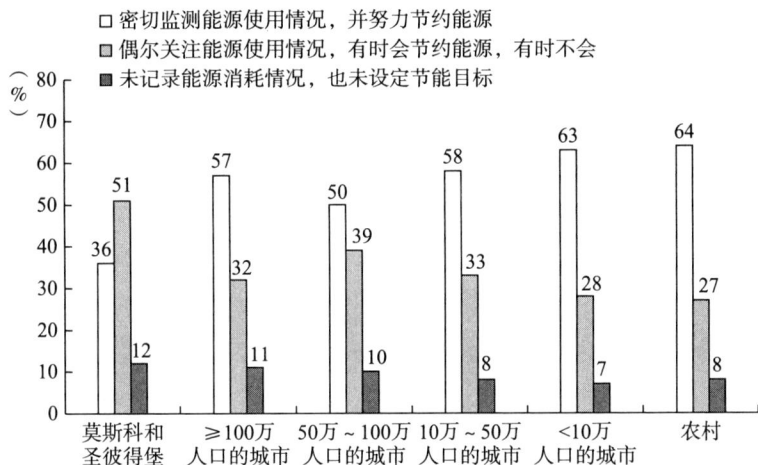

图 6　俄罗斯能源资源的日常消耗情况

资料来源：2019 年俄罗斯民意研究中心调查结果。

2019 年大多数受访者（79%）表示，减少能源消耗主要是为了节省开支（见图 7）。不仅如此，过去几年俄罗斯人才开始更多地考虑节约自然资源。2015 年，仅 3% 的受访者表示节约自然资源，到 2019 年，这一比例上升至 15%。

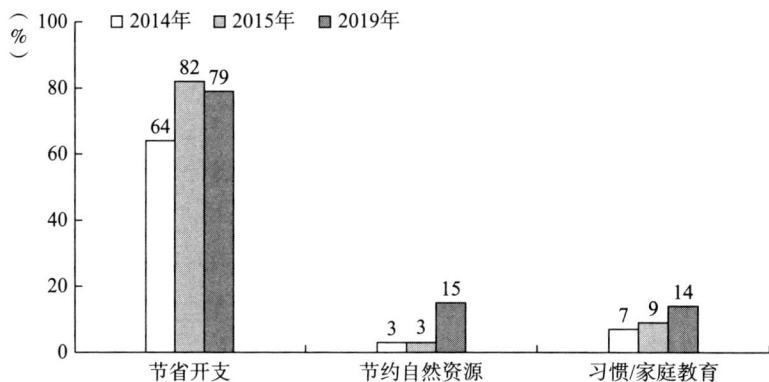

图 7　受访者节能的动机

说明：多选。
资料来源：2014 年、2015 年、2019 年俄罗斯民意研究中心调查结果。

年轻人的能源消费动态呈现有趣的趋势。2015～2019 年，短短几年内，关注节能的18～24岁人群增长了 22 个百分点，从 2015 年的25%激增至 2019 年的47%，令人印象深刻。其他年龄段人群关注节能的比例也有所增长，但增长幅度较小（见图 8）。

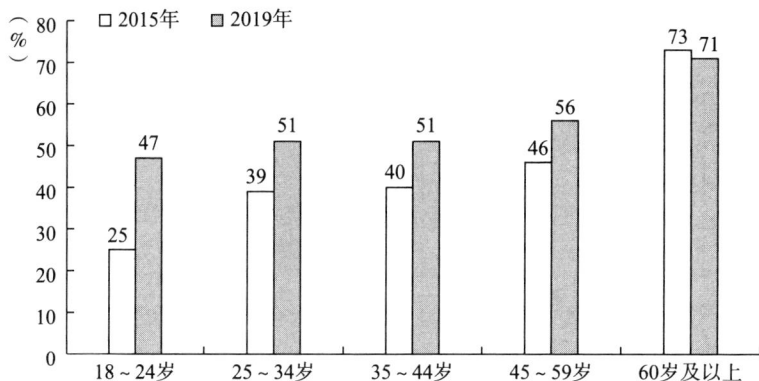

图 8　受访者家庭用能态度（密切监测能源使用情况，并努力节约能源）

资料来源：2015 年、2019 年俄罗斯民意研究中心调查结果。

绿色生活方式另一个非常重要的方面是废物处理。在俄罗斯，这一领域的改革需求早已迫在眉睫。每年产生的城市垃圾达到 7000 万吨。据估计，这些废物中约有 60% 的原材料可以回收并出售。在改革实施之前，

90% 以上的人都选择将垃圾投放到垃圾填埋场或非法垃圾场。而且约有一半（51.2%）的垃圾填埋场不符合环境安全标准（Second Wind：Reusing and Recycling Textiles，2019）。

2019 年，"垃圾改革"正式启动，全国各地都制订了垃圾管理计划，选择专门的运营商对垃圾收集和处理过程进行管控，计算费用和服务成本的程序也发生了变化。改革最重要的目标之一是建设垃圾分类相关基础设施，包括安装可回收物和不可回收物的专用垃圾箱。

改革前几年，只有一小部分俄罗斯人会将垃圾进行分类。列瓦达中心报告称，2016 年，只有 6% 的俄罗斯人会在家进行垃圾分类，而 57% 在有专用垃圾箱的情况下会进行分类。2019 年 3 月，已有多达 16% 的人会在家进行垃圾分类，而 50% 的人在住宅附近有专用垃圾箱的情况下会进行分类，以便将来回收。

中小城市和农村的住户（51%~54%），尤其是老年人，在有相关基础设施的情况下愿意对垃圾进行分类（"Garbage Reform" and Waste Sorting：March Survey Results，2019）。然而莫斯科和圣彼得堡的情况与其他城市截然不同：正在践行垃圾分类的人的比例更高（18%）；在住宅附近有垃圾分类箱的情况下，愿意和不愿意对垃圾进行分类的人的比例相同（均为 37%）（见图 9）。

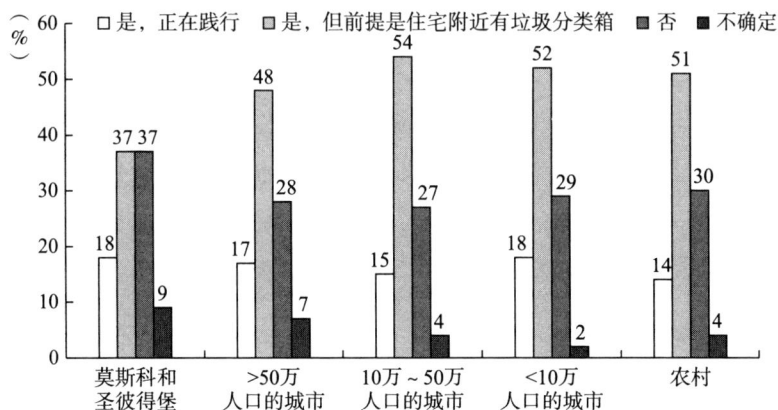

图 9　受访者愿意在家进行垃圾分类以便将来回收的情况

资料来源：2019 年列瓦达中心调查结果。

关于人们未进行垃圾分类的原因，2019 年最普遍的回答是没时间（36%）或储存空间不足（30%），而有的人没有意识到垃圾分类的意义，他们认为"所有垃圾都会在垃圾填埋场再次混合"（27%）。近 1/5 的俄罗斯人将责任推给第三方："要有专用设施才能进行垃圾分类。"（18%）

改革进展并不顺利，公众和企业都对改革提出抗议且有所误解，主要原因在于垃圾收集费用的增加。而环保主义者强调现行立法存在不足。环保人士指出，垃圾填埋场数量的减少应该是资源消耗减少的结果，而不是最终目标。垃圾填埋量的减少需要通过减少垃圾产生以及简化垃圾收集、分类和回收等措施来实现（What the Garbage Reform Changes，2020）。

到 2020 年，近 1/3 的俄罗斯人表示，他们的住宅附近设有垃圾分类箱。这一比例在莫斯科和圣彼得堡达 64%，在 50 万人口以上的大城市为 45%；在中小城市为 26%～27%，在农村为 18%（见图 10）。大多数（70%）住宅附近有分类垃圾箱的受访者已经开始对垃圾进行分类，其中，近一半的人会定期分类（Seperate Garbage Collection，2020）。

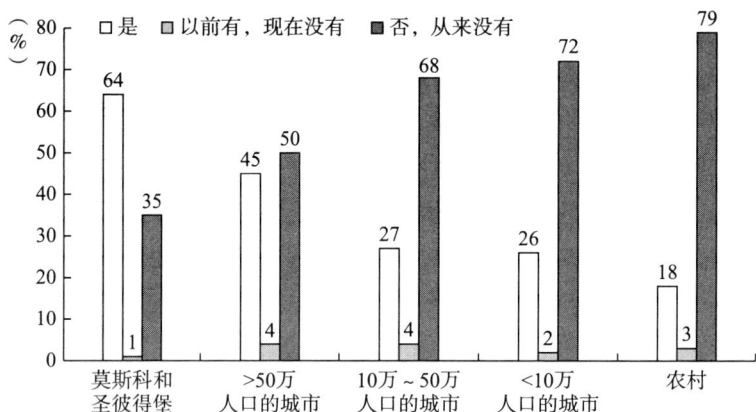

图 10　受访者住宅附近有无垃圾分类箱的情况

资料来源：2020 年列瓦达中心调查结果。

2021 年，俄罗斯民意研究中心的一项全国性调查显示，俄罗斯践行垃圾分类的人数比例已上升至 45%。经过多年改革，将危险废物（电池、电子产品、汞蒸气灯）投放到专门收集点的俄罗斯人数量也有所增长：从 2019 年的 23% 增至 2021 年的 39%（Eco-Friendly Practices in the Life of

Russians，2021）。

我们所看到的（主要是在大都市和大城市逐渐推广）是有意识消费的第一步：升级回收（如将旧衣服交给二手商店）和回收利用（如纺织品）。这类做法的推广是俄罗斯企业、非营利组织和环保团体共同努力的结果。这些做法能够促进为可重复使用和可回收物（纺织品）的单独收集、分类与再分配建设相关基础设施（Second Wind：Reusing and Recycling Textiles，2019）。除了废物收集点和处置点，二手商品线上销售平台（如 Avito 和 Yula）数量也有所增加。

俄罗斯人处理旧物品最普遍的方法是送家人朋友或者扔掉。对于旧衣物和旧鞋，赠送的比例（44%）高于扔掉的比例（37%），但对于家用电器和家具，情况却完全相反，扔掉的比例（42%）高于赠送的比例（28%）。他们也经常将衣物捐赠给慈善机构（28%），或通过专门的网站和应用程序以及跳蚤市场转售家具和电器（16%）。

只有 6% 的人选择回收旧衣物和旧鞋，他们中年轻人居多（占比为14%；45～54 岁的人占比仅为 5%）。有 10% 的人选择回收家具和电器（同样，18～24 岁的年轻人居多，占比为 15%）。值得注意的是，只有22% 的受访者知道其居住地的衣物回收点；13% 的受访者知道家用电器回收点；11% 的受访者知道鞋类回收点；6% 的受访者知道家具回收点。

社区越大，居民对回收点就越清楚。其中，18～24 岁的受访者消息最灵通（New Life to Old Things，2022）。总的来说，负责任消费的主力是女性和 18～24 岁的年轻人。统计资料显示，与其他群体相比，这两个群体将衣物赠送亲戚朋友（分别为 56% 和 50%）或捐给慈善机构（各占 33%）的比例更高。计划用于投放可回收物的基础设施范围（以及对此类基础设施的了解）与居住区的大小成正比：莫斯科和圣彼得堡处于领先地位（见图 11）。

我们再次注意到，负责任的升级改造主要不是由环境价值决定的，而是由利他主义和经济原因决定的：45% 的受访者（不将旧物扔掉的人）表示旧物品对有需要的人来说还有用；而 17% 的人认为，如果物品状况良好，就应该回收；只有 13% 的人关心环境问题。

商业企业采取了一些做法，旨在促进负责任的资源消耗。为此，俄罗

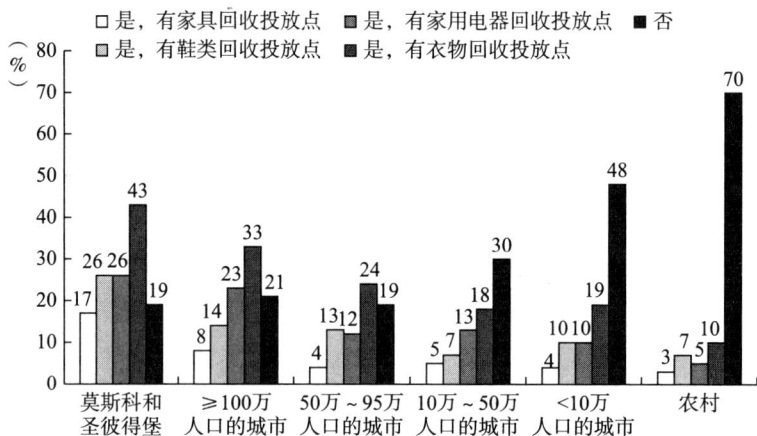

图 11　受访者所在社区有专门的可回收物品投放点的情况

说明：多选。

资料来源：2022 年俄罗斯民意研究中心调查结果。

斯正在实施绿色办公计划。落实这项计划的主要是大公司。到目前为止，这类公司数量不多（只有几百家），而且主要位于大都会。

据统计，20% 的公司加入绿色办公倡议是为了减少水电费，约 50% 的公司是为了提高员工忠诚度、强化其业务的环保形象和增加上头条的机会。

37% 的公司对废弃物（纸张、纸板、塑料、玻璃、金属）进行分类；62% 的公司单独投放电池；30% 的公司实施相关计划以减少用水量。40% 的公司不使用一次性餐具；84% 的公司推行合理用纸；48% 的公司使用节能光源；45% 的公司使用移动传感器和/或人体存在传感器。42% 的公司通过特殊项目鼓励员工骑行上下班（Green Office as a Path to Sustainable Development，2021）。

绿色办公计划实行中的环境效率趋势也反映在大众调查结果中：大多数（64%）俄罗斯人正在努力减少纸张的使用。使用纸张的替代方法，包括阅读电子形式的文件和书籍（在总人口中，占 33%；在 18 ~ 24 岁的年轻人中，占 58%），以及双面打印（在总人口中，占 32%；在女性中，更典型，占 39%；而在男性中，占 23%）和/或完全不打印（在总人口中，占 21%，在 18 ~ 34 岁的年轻人中，更典型）。13% 的俄罗斯人循环利用废纸：女性循环利用废纸的比例更高（17%，而在男性中，这一比例仅为9%），25～34 岁的年轻人也循环利用废纸（20%）（Life Without Paper：Can This Be Done，2020）。

低碳生活方式的另一个重要方面，与私家车辆的使用有关。专家们将其归类为高成本的环保行为。

在俄罗斯，私家车数量几乎每年都在增长：2013 年，只有 44% 的公众表示，其家庭拥有汽车；2021 年，这一比例上升到68% 。近年来，拥有多辆汽车的家庭比例迅速提升：从 2013 年的 4% 提升到 2019 年的 18% （An Alternative to Personal Cars：Mirage or Reality，2019；Eco-Friendly Cars：Pros and Cons，2021）。有意思的是，莫斯科和圣彼得堡的汽车拥有率是较低的（见图 12）。这可能是因为公共交通网络、出租车高度发达，以及共享汽车的普及，我们稍后会讨论。

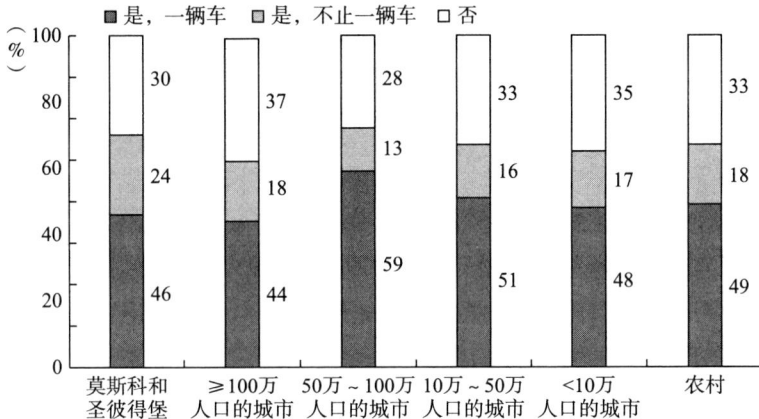

图 12　受访者家庭拥有车辆情况

资料来源：2019 年俄罗斯民意研究中心调查结果。

在俄罗斯人不愿意频繁用车的原因中，经济动机居首位（47% 的受访者提到没有钱买汽油和支付其高成本；16% 的受访者提到汽车维护费用、保险和/或税收高昂；15% 的受访者提到需要精打细算）。其次是时间管理（14% 的人提到交通拥堵/不愿意花时间在交通堵塞上），接下来才是对环境的关注（8% 的受访者提到了这一点）。

在假设的情况下，一半（50%）俄罗斯人愿意偶尔改用电动汽车，而

35%的人愿意骑自行车，14%的人愿意骑电动踏板车。即便如此，60岁以上的人愿意改用电动汽车的比例最低（只有21%，而在25～34岁的人中，这一比例为60%）。在18～24岁的人中，超过一半（54%）的人愿意不开车而开始骑自行车；在45～59岁的人中，只有约1/4（26%）的人愿意这么做。电动踏板车也经历了同样的趋势：在18～24岁的年轻人中，约1/3（34%）的人会选择使用电动踏板车；其次，在25～34岁的人中，占比为16%；在60岁以上的人中，占比仅为1%。

2018年，只有20%的车主可能会放弃使用私家车这一交通工具。从私家车转向另一种交通方式的主要标准是安全（41%）。考虑减少私家车出行次数的受访者比例随着出租车使用频率的增加而提高：在每月打车少于一次的受访者中，占比为18%；在每月打车数次的受访者中，占比为20%；在每周打车数次的受访者中，占比为23%。然而，只有5%的俄罗斯人表示，在假设的情况下，他们会完全放弃私家车这一交通工具。作为汽车的主要替代方式，驾车者考虑的是出租车（27%）、地面公共交通（23%）和地铁（21%）。

调查显示，在过去的几年里，居住在百万人口城市并且使用出租车服务的车主中，18%的人减少了私家车出行次数，17%的人开始更频繁地这样做，而大多数人（65%）仍然像一两年前一样经常通过私家车出行。减少私家车使用次数的主要原因包括：汽油价格上涨、缺乏停车位、私家车出行需求减少、更频繁地使用城市公共交通和出租车服务（Personal Cars：Dvive or not to Drive，2018）。

2012年，共享汽车进入俄罗斯。在大城市，共享汽车已经成为驾驶私家汽车的另一种替代方式。2021年，在所有活跃的交通工具用户中，只有2%的百万人口城市居民以及喀山和叶卡捷琳堡居民（这一数字分别为4%和3%）使用共享汽车，但莫斯科和圣彼得堡除外（这一数字分别为11%和10%）。在莫斯科，共享汽车服务甚至得到了当地政府的支持，例如，共享汽车服务用户可以免费停车。总体而言，莫斯科人占所有共享汽车出行的42%（Tinkoff Study：in 2021，2022）。

尽管低碳实践和环境实践总体上取得了积极进展，但调查显示，疫情使俄罗斯人的意识发生了显著变化（这些变化并不总是有利于环境）。疫情发生后，倾向于放弃私家车的俄罗斯人数量显著下降（从 2020 年 2 月的 44% 下降到 2020 年 7 月的 35%）（Life after Greta Thunberg, or Consumption Amidst Global Warming, 2020）。

四　公众参与解决环境问题

研究人员列出了公众参与解决环境问题的 30 多种形式和多种方法。所有这些公众参与的形式和方法都旨在影响当局的决策过程，以促进公民权益或改变社会现实（Podyachev, 2013：3）。这些公众参与的形式，可以分为高成本形式和低成本形式。正如我们稍后将要呈现的，在俄罗斯最普遍的公众参与形式可以大致描述为低成本且低风险。

一次全国性调查结果显示，很大一部分俄罗斯人正在尽其所能地参与环境保护。94% 的受访者尽量不在街上和大自然中乱扔垃圾，79% 的受访者清理住所附近的垃圾，49% 的受访者对垃圾进行分类（同样比例的受访者也参与特定区域的垃圾收集），44% 的受访者在住所附近以外的地方种植花草树木，27% 的受访者签署环境请愿书和呼吁书，13% 的受访者将自己的资金捐赠给环境保护事业，11% 的受访者在社交媒体上传播来自环境保护组织的信息，9% 的受访者联系行政机构或检察官办公室讨论环境保护问题。

当今公共生活的数字化转型促进了其中一些努力。在大城市，得益于莫斯科的"活跃市民"或莫斯科州的"Dobrodel"（善事）等城市数字平台的兴起，当地居民正在获得越来越多的机会，通过投票、提案或投诉、传播信息，为城市生活做出贡献。虚拟城市社区、电子政务、开放地理门户和众包平台的用户群正在增长（Internet in Russia：Proliferation Dynamics, 2015）。2019 年 4 月，在向政府机构提出投诉和呼吁的人（约占总人口的 31%）中，45% 更倾向于在线上向政府机构提出投诉和呼吁，另有 25% 的人在线下和线上向政府机构提出投诉和呼吁的频率相同（Digitalization of Services in Russia：It's Almost Here, 2019）。

公众对其对政治问题（包括与环境保护有关的问题）的影响程度的感知在大社区和小社区中有所不同，约 75% 的人口赞同这种观点，但社区越小，当地人越相信他们仍然可以影响决策：在莫斯科和 100 万及以上人口的城市，约 80% 的受访者认为他们的影响力是完全微不足道的"毫无"和"极少"，而在 50 万 ~ 100 万人口的城市，这一比例为 73.6%；在中等城市（10 万 ~ 50 万人口的城市），这一比例约为 69.4%（见图 13）。

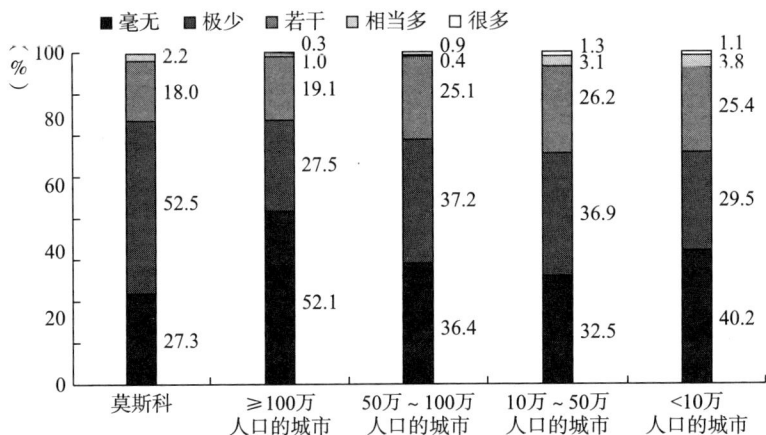

图 13 受访者感知的所在群体呼吁政府采取某些行动的影响力

资料来源：2018 年俄罗斯社会研究。

这些观念可能造成的后果是，大多数俄罗斯人认为自己无法积极参与任何处理政治问题（而环境问题往往会发展成政治议程）的团体的工作。即便如此，表现出的趋势并不相同：莫斯科的居民比其他城市的居民更经常地提到他们有能力为这类团体做出贡献。在莫斯科，多达 39.1% 的受访者表示他们有能力做出贡献；在 10 万 ~ 50 万人口的城市，25.4% 的受访者表示他们有能力做出贡献；在城镇（人口低于 10 万），22.7% 的受访者表示他们有能力做出贡献。在 100 万及以上人口的城市，这一数据略低，为 21.3%；在 50 万 ~ 100 万人口的城市，这一数据仅为 17.0%（见图 14）。

抗议活动具有一定的风险，在俄罗斯人中并不普遍。环境议程的抗议潜力主要集中在地方层面，即当人们对解决环境安全问题（例如拯救他们的院子或附近的公园）有个人兴趣时。专家们是这样描述地方行动主义的状态的："现场越危险，参与的人就越多……当地人对任何城市环境政策的全部贡献都局限于试图保护他们门口的大自然。有些地方，人们正在反对花园广场被夷为平地；有些地方，人们要求恢复被砍伐的树木；还有在

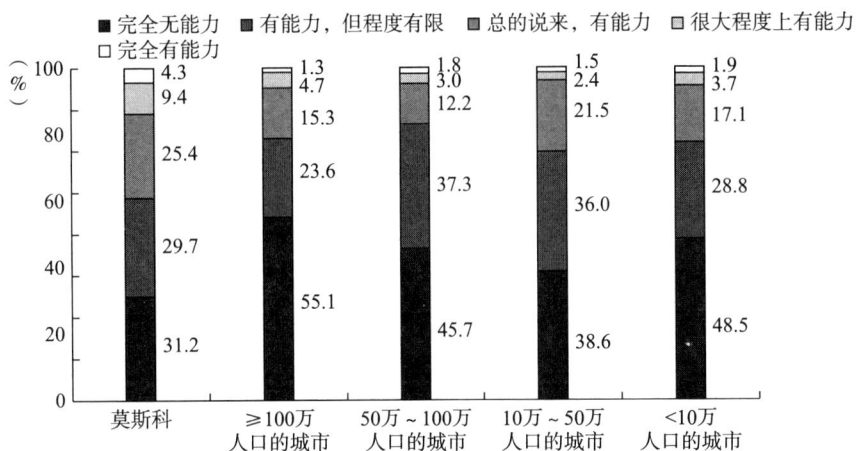

图 14 受访者能够为解决政治问题的团体事业做出贡献的程度
资料来源：2018 年俄罗斯社会研究。

其他地方，人们在愤怒地反对户外化学试剂的疯狂数量，或者野蛮地破坏天然草甸，代之以每年需要反复种植的短寿命草坪。所有这些本质上都是生态灭绝。但除了反对之外，公众并没有参与其中 …… 在我们国家，人们对任何重大举措的态度都可以归结为‘除非这件事直接影响到我，否则不关我的事’。"①

绝大多数俄罗斯人（81%）认为，反对环境状况恶化的大规模抗议不太可能发生。与此同时，100 万及以上人口的城市的受访者确实比其他社区的受访者更经常地认为反对环境状况恶化的大规模抗议"很有可能"发生（在100 万及以上人口的城市中，约 1/5，即 22% 的受访者赞同这一观点，而在莫斯科和圣彼得堡，只有 12% 的受访者赞同这一观点）（见图 15）。

大约 1/3 的俄罗斯人（35%）准备真正出门抗议，最常发生在村庄（42%）和 100 万及以上人口的城市（40%），而较少发生在两个州首府（21%）。有一些具体的事件会让俄罗斯人更有可能抗议：68% 的受访者在

---

① 引文出自 2018 年进行的专家访谈，为俄罗斯科学基金会"新社会环境挑战背景下的俄罗斯特大城市：建立俄罗斯绿色城市形成的综合跨学科评估模型和战略"项目（2017 - 2019）的一部分，该项目批准号：17 - 78 - 20106，该项目负责人：P. O. Yermolayeva，社会科学候选人。

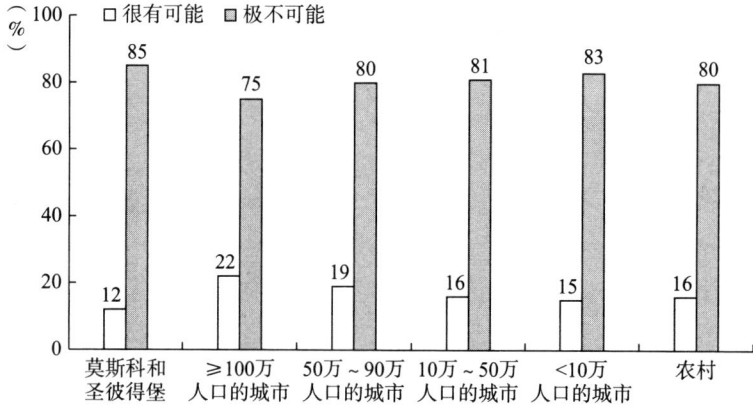

图 15　受访者所在城市/农村地区的人们对日益恶化的
环境状况提出抗议的可能性

资料来源：2020 年 10 月俄罗斯民意研究中心调查报告。

工业泄漏和污水泄漏导致的社区内和社区周围水体污染情况下准备抗议；67% 的受访者表示，他们将抗议大规模非法砍伐木材，在所在社区附近或社区内建造未经授权的垃圾场，或社区内和社区周围水体中有漂浮的垃圾；66% 的受访者表示抗议启封核废料处置场（见图 16）。

　　与此同时，只有 5% 的人口参加定期环境抗议，而 7% 的人口表示他们也参加了这些抗议，但很少参加（Caring for the Environment：Can but Won't，2019）。然而，在当地社区获得公众支持方面，环境抗议显示出巨大的潜力。在过去的几年里（自 2017 年以来），由于家庭和工业废物处置这一无法解决的问题，俄罗斯发生了许多环境抗议活动。这些抗议活动甚至得到了积极的报道，主要来自反对派媒体（Ermolaeva et al.，2020）。这些抗议活动包括呼吁关闭莫斯科附近巴拉希哈的库奇诺垃圾填埋场、沃洛科拉姆斯克的亚德罗沃垃圾填埋场和科洛姆纳的沃洛维奇垃圾填埋场；集会反对在喀山附近建造垃圾焚烧厂，以及在阿尔汉格尔斯克州建造所谓的希耶斯村生态科技园（也不过是个名称被美化了的垃圾填埋场）。事实上，阿尔汉格尔斯克州抗议活动已成为近年来最严重的社会经济冲突之一。这场抗议活动从 2018 年 8 月持续到 2020 年 6 月，人们在阿尔汉格尔斯克、北德文斯克和科特拉斯等城市，举行了数千场示威活动。集会蔓延到邻近

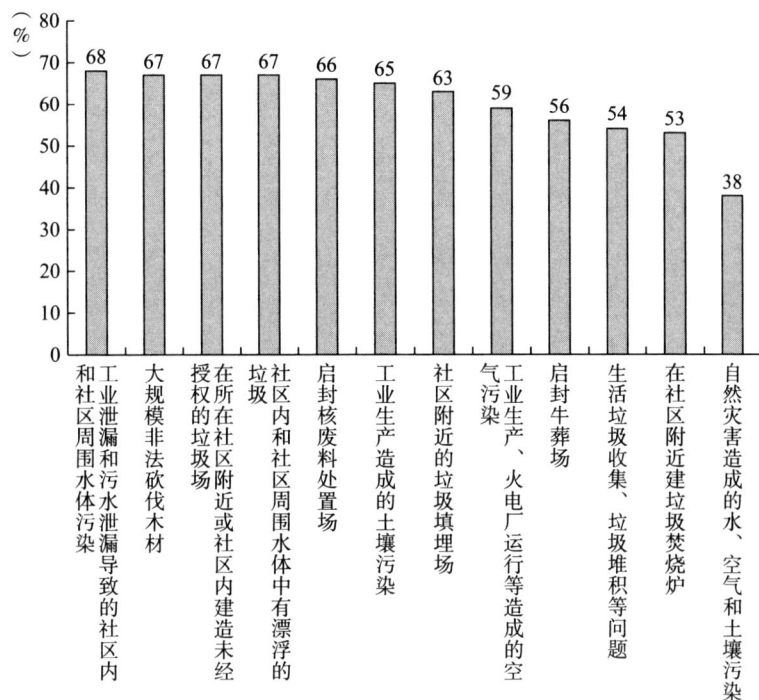

图 16 受访者的居住地或附近发生环境示威或抗议活动时自己可能参加的情况

说明：多选。
资料来源：2020 年 10 月俄罗斯民意研究中心调查报告。

的科米共和国，因为垃圾填埋场将建在其边界附近（Tsepilova，2019：21）。

我们必须指出，这一活动凸显了抗议的"数字化"趋势，因为社交媒体上的当地社群成为基层组织的真正平台。例如，在公众反对阿尔汉格尔斯克州垃圾填埋场的斗争中，人们在俄罗斯 Vkontakte 网站上创建了 91 个社群来讨论这个问题（Tsepilova & Holbreich，2020）。而且，尽管这场冲突的研究人员得出的结论是，这些社群成员中只有一小部分人准备出门参加线下抗议，但他们的数字行动主义仍然达到了相当高的水平。

以莫斯科和喀山的调查为例，我们注意到，近年来，除了垃圾问题外，在大城市和大都市中，引发抗议活动的原因还包括：在绿区和蓝区修建道路、公路、建筑物、加油站或停车场（参与此类抗议的莫斯科居民和喀山居民中，分别有40%和30%给出了这个回答）以及砍伐树木（参与此类抗议的莫斯科居民和喀山居民中，分别有35%和20.6%给出了这个回答）。在这类环保集会的参与者中，女性最为常见（在莫斯科，女性的比例是56%，而男性为44%；在喀山，女性占绝大多数，即64%，而男性为36%）。在莫斯科，抗议者也更有可能是年轻人和退休人员（分别为32%和34%），而在喀山，抗议者主要是50~59岁的人（67%）。

大多数大城市居民（在莫斯科，占60%；在喀山，占56.1%）认为，一般来说，地方当局在让民众参与环境保护方面不够积极。在让民众参与解决城市环境问题的困难中，专家们指出，人们很难获得有关城市规划、环境状况和公众会议等领域当前事态的信息（人们往往事后才了解到这些信息）。此外，公众的提案不被视为强制性的，而被视为建议。后一现象源于环境法的矛盾。

一些专家认为，就在5~8年前，情况还比较乐观，因为当局和公众之间有更大的合作。情况恶化的原因可能是对俄罗斯第131号联邦法《关于地方自治》的修订，一位城市发展专家认为该修订未能见效（市政当局几乎没有权力和机会以某种方式影响局势），但恢复地方自治（正如一位专家将其与许多地方问题联系起来）将有可能完善包括环境保护在内的许多领域的城市政策。

此外，专家们指出，缺乏从公众那里获得反馈的可行方法，也缺乏报告城市服务工作中违规行为的机制。例如，这适用于在没有特别许可的情况下在公园和花园广场砍伐树木（"他们在没有任何许可的情况下砍伐树木，他们没有给任何人出示相关许可，而且砍伐的树木比官方计划所需的多得多"），不正确的树木清除模式破坏了草坪的完整性，等等。

五　结论：俄罗斯城镇推广绿色低碳生活方式和环境价值的提案

总之，在本文中，我们研究了俄罗斯人环境文化中可用于分析的认知和行为方面，即对环境状况以及低成本环境实践和高成本环境实践的认识和理解，包括能源消耗、垃圾管理、出行以及公民行动主义。

回顾过去 10～15 年来人们对环境状况的感知，我们发现，"较差"和"非常糟糕"的评价稳步超过"较好"和"非常好"的评价。与此同时，将解决环境问题和保护环境视为政府最重要任务的俄罗斯人的比例明显上升（从 2006 年的 20% 上升到 2020 年的 48%）。

在实际趋势中，我们注意到，监测自己能源消耗的俄罗斯人的比例正在上升，主要是 18～24 岁和 25～34 岁年龄组的年轻人。将生活垃圾分为可回收物和不可回收物的俄罗斯人数量也在增加（从 2019 年的 16% 增加到 2021 年的 45%）。显然，从 2020 年开始，个人水表和电表以及智能电表系统的广泛引入支撑了前一种趋势（How Smart Meters Will Lead to Transparent Energy Consumption, 2019）。后一种趋势可能是由于垃圾处置改革。

大多数俄罗斯人承认环境的价值；尽管如此，这通常不会为支持环保的活动提供动力。人们追求低碳生活方式，首先是出于经济动机和舒适性（节省财力资源和时间）。其次是利他主义（例如，在处理旧的或不必要的东西时）。抗议形式的公民行动主义，往往是受到对人们健康和习惯性生活方式的直接风险的刺激。然而，在过去几年里，出于节约自然资源的需要/愿望而节约能源的俄罗斯人的比例有所提高（从 2014～2015 年的 3% 提升到 2019 年的 15%）。

如今，环境大众文化由女性和年轻人引领。女性对环境质量的满意度低于男性，她们更倾向于参加环境保护集会、发起公众讨论、向有关当局提出呼吁。这种支持环保的行为倾向可能与女性的共情水平较高有关，这一点已经通过实证主义的研究方法得到证明（Arnocky, 2011）。

反过来，18～24 岁的俄罗斯年轻人更频繁地参与更现代的升级利用和循环利用实践。由于高度的数字化，他们也在减少对资源的使用，例如纸张，更多地阅读电子形式的文件和书籍，几乎是普通人群的两倍。这类人群比其他人群更倾向于放弃私家车，转而选择电动汽车、自行车和电动踏板车。

关于不同类型社区之间的差异，我们观察到以下几个趋势。（1）社区规模越小，当地人对能源资源的监测就越多。100 万～500 万人口的城市是唯一的例外，因为在这些城市中，仔细监测其资源消耗的人口比例与 10 万～50 万人口的中等城市大致相同。（2）社区规模越小，当地人越愿意进行垃圾分类，只要有必要的基础设施（他们家旁边的垃圾分类箱），而受访者越不经常注意到后者的情况确实如此。（3）社区规模越大，居民对当地垃圾收集和回收点的认知度越高。（4）城市规模越大，居民越经常地宣称保护自然的重要性，但人口低于10万人的城镇例外，因为在这些城镇，人们提及自然价值的频率与在100万~500万人口的城市一样。（5）社区规模越小，居民对当地环境的"较好"和"非常好"的评价就越高。（6）社区规模越小，居民对环境状况的满意度越高。莫斯科尤其引人注目，当地人对环境的满意度超过了100万~500万的城市。我们注意到一个奇怪的趋势：在首都莫斯科，年轻人对环境质量的满意度最低，而在小社区，相反，他们是所有统计人群中对环境质量的满意度最高的。（7）社区规模越小，居民对环境状况的焦虑程度越低。各类社区居民焦虑的首要原因是空气污染、饮用水污染、水体污染和食物中的有害化学物质。莫斯科和大城市的居民主要担心空气污染，而中小城镇和村庄的居民更担心水污染。（8）社区规模越小，当地人越有信心推动环境变化。

首都莫斯科和其他几个大城市的环境文化发展所走的特殊道路是以更广泛的负责任消费机会为蓝图的。当地人可以重复使用和循环利用他们的垃圾，这主要得益于商业和非营利组织建造必要基础设施的举措；他们也有更多的机会通过特殊的数字平台影响环境决策，如莫斯科的"活跃市民"和莫斯科州的Dobrodel，用户可以在这些平台上投票或提案、投诉。最后，共享实践，特别是共享汽车，更加先进。与此同时，来自首都的受访者对他们真正有能力影响决策最不自信，同时也比任何其他类型社区的人更了解他们能够加入处理政治问题的各种团体的机会。在莫斯科和圣彼得堡，人们最不常提及环境恶化；然而，与此同时，这两个城市有最多的受访者担心环境恶化会影响人们的健康。

关于俄罗斯环境文化进展的数据表明，俄罗斯人的环境文化"支离破碎"（Kurbanov & Prokhoda，2019），而且，在可用低碳生活方式基础设施和分配与公众有关的环境风险方面，存在环境不平等。

研究人员认为，俄罗斯人环境文化水平低，很大程度上是由于"几乎国家和市政当局的各级决策者，以及各种所有制类型组织的各级企业管理人员对环境的无知"（Vishnyakov & Kiseleva，2017：4）。政府不愿意让公众参与环境议程，而环境议程充满了严重的问题。

基于目前的状况，大多数研究者、专家和从业者，对促进环境文化和公众意识发展的方法达成一致。与这些方法有关的是，改变环境政策和城市空间，使采用环境友好做法更加方便。所有这些工作都必须与提升环境教育同时进行。

我们认为，发展环境教育的提案之一适用于俄罗斯。环境教育的规模化发展要经历三个阶段。环境教育的发展应：（1）通过应用政治和社会意愿来激活驱动力，这将建立一个促进环境教育和最佳实践的机制；（2）通过社会文化转型，将最佳环境实践和环境教育项目引入社区生活；（3）实现环境可持续性（Spinola，2021）。

环境教育必须与正规学校教育分开，成为公共生活的一部分。必须将重点从学校和儿童转移到所有组织和社会团体的日常运作，通过发展社区教育，向所有人传授环境文化和可持续发展的知识。

换句话说，社会和环境本身必须为培育环境文化提供条件。社会团体和社区应民主地参与消除或缓解地方一级的环境不平衡问题和危机，解决环境政策问题，以及通过共享信息，在国家和公众之间建立双边沟通机制（Lyakhovenko & Chulkov，2017），并为此创建某些平台（从强制考虑基层建议的公开会议到数字反馈平台），"从上而下"营造城市环境。所有这些也必须通过资助公民环境倡议和项目来促进。公众必须认识到环境问题会影响其个人生活，并且必须从其以往成功的环保努力中获得鼓舞，从而获得动力，在这一领域做出进一步的贡献（Uzzell，Rutland，& Whistance，1995）。研究表明，如果鼓励与自然直接接触和参与解决环境问题，以及当被视为榜样、领导者或影响者的人参与这一过程时，环境素养和环境文化往往会得到提升（Brody & Storksdieck，2013）。

根据这些信息，将环境教育融入各种机构和组织的活动之中似乎是行之有效的，这些机构和组织（从公共当局到创造就业机会并提供产品和服务以满足当地人的需求的私营公司）构成了社区生活。他们还必须提供一个真正有影响力的教育环境。此外，有必要调整物理空间及其功能结构，这将使社区嵌置在鼓励环保行为的背景中。同样地，公共空间也必须进行功能上的重新安排。

在各组织内采用最佳环境管理实践，即减少垃圾和循环利用、合理和有效地使用水和能源，以及防止空气污染，这本身就是通过雇员介入和参与进行环境教育的一种方法。这一过程应从找出环境问题和不平衡开始，以引入解决这些问题的方法结束。

上述在各组织中启动和保持最佳环境管理实践的机制也应应用于更有限的社会背景，例如在单个家庭甚至单个房间内。只有通过多样化地融入社会和日常生活，环境教育项目才能更具影响力。

第十篇

城市社会治理及评估

中国城市社区治理的现状及地区差异

邹宇春　　王翰飞

推进基层治理体系和治理能力现代化，是实现国家治理体系和治理能力现代化的基础工程。加强和推进城市社区治理，提高社区的公共服务能力、增进社区关系、激发社区活力，成为中国国家治理体系和治理能力现代化的内在要求。因此，系统科学地分析当前中国城市社区治理的现状和地区差异，对于了解中国城市社区的治理经验和治理特色，提升中国城市社区治理的效能，提高中国人民群众的幸福感、获得感和安全感，具有重大意义。

为此，本文通过采用"2021 年中国社会状况综合调查"（CSS 2021）中的居民问卷、社区问卷数据和部分案例、文献资料，对中国城市社区治理的发展现状和地区差异展开分析。CSS 2021 由中国社会科学院社会学研究所主持实施，调查了中国 31 个省（自治区、直辖市，不包括港澳台地区），采用多阶段混合概率抽样方式，结合 CAPI 系统完成入户访问。CSS 2021 有效样本为 10136 份，其中，城市居民样本量为 5695 份。另外，有效回收的社区自填问卷为 505 份，其中城市社区样本量为 231 份。CSS 2021 居民问卷和社区问卷中设置了多项关于社区治理的测量题目，为中国城市社区治理研究提供了翔实的实证数据支撑。

一　中国城市社区治理的基本分析范式

社区这一概念源自德国学者滕尼斯的学说，滕尼斯在其名著《共同体与社会》一书中对社区与社会进行区分，认为社区是一种有别于"社会"的传统的、富有情谊的社会团体（滕尼斯，1999），在团体内部人们对社会关系、生产方式、生活习惯等方面产生归属与认同。自此以后，社区及其治理的重要性便逐渐进入西方学者的研究视野。例如，美国政治学家帕特南在其著作《独自打保龄球：美国社区的衰落与复兴》中对美国社区的衰落和公民结社情况进行了分析（帕特南，2011）。反观中国，社区治理的重要性是随着经济社会体制改革的不断深入而逐渐显现的，城市社区治理作为转型期间社会经济结构调整在城市社区发展中的一种反映，它代表着中国城市社区发展的方向，其基本含义是指在一定区域范围内政府与社区组织、社区公民共同管理社区公共事务的活动。梳理近年来的研究可以发现，学者们主要在"国家与社会关系"的视角下对城市社区治理的内涵进行分析论述。

（一）政府主导下的治理模式：行政型社区

在行政型社区的分析范式下，社区治理的特点主要表现为：首先是政府的社区管理职能下移，通过对街道办的赋权，突出街道办对本辖区内社区事务管理的职能；其次是在政府的管理下，通过上级指挥和下级服从的一体化链条维系整个基层社会的协调与运转；再次是市、区两级政府对社区建设和社区发展的政策制定进行宏观指导；最后是高效运行的网格化管理，通过对社区的功能（单元）分区，运用信息化手段，实现对社区公共事务的快速、高效、有序管理（尹广文，2016）。

行政型社区本质是政府"主导"下的社区治理实践。它通过强化街道的中心职能，不仅实现政府依托科层机制管理社区的意图，还能有效集中资源推动社区建设与发展。但这种模式在现实推行中，往往出现社区居委会被行政套牢，街道办无限的行政扩张与社区居委会缺乏自主性的冲突，甚至使社区居委会沦为社区治理的"附属品"（刘娴静，2006）。因此，行政主导下的社区治理，是以政府为主体，依靠行政化的动员命令，吸纳社区内各方力量进行社区参与，协商社区公共事务并达成一致，且由街道派出机构或人员负责推行，社区居委会处于被动的地位，呈现"强国家、弱社会"的特点。

（二）政府与社会合作的治理模式：自治型社区

在自治型社区的分析范式下，社区治理的特点主要表现为：首先，社区治理的主体是社区自组织，即参与社区公共事务管理与决策的社区组织以自治型组织为主，政府从法律、制度上为社区组织提供保障、监督和管理；其次，通过原有的社区区划和组织体系的调整，突出社区居委会的职责和权能，形成以社区为本位的自治型治理实践；最后，明确社区内各主体的关系与职责，详细规定社区各治理主体之间的权利义务关系，明确社区自组织与街道办之间的协助与指导、服务与监督，把社区事务交还给社区自组织，突出社区的自治性。

自治型社区本质上属于以社区自组织为主的社区居民自治型治理实践，社区逐渐承担起对社会整合的功能，成为基层社会治理的中坚力量。社区组织成为社区治理的主体，呈现"强国家、强社会"的特点。

（三）多元复合型自治模式：共同体社区

值得注意的是，以上两种分析模式，均是在"政府和社会关系"的视角下展开，其背后的理论预设是政府和社会之间存在一定冲突，这在一定程度上使治理内涵的有效性和全面性受到挑战，也制约了治理政策思路的创新。相对而言，多元复合型自治模式下的共同体社区的理论构想作为第三种研究范式更有助于理解和分析目前中国社区自治的实践方向。

当前，在共同体社区的研究中，存在这样一个争论，即"共同体社区消失论"和"共同体社区保存论"。其中，"共同体社区消失论"认为，随着城市化进程的发展，传统意义上的社区共同体将逐渐消失，社会中的个体将日益原子化（Wirth，1938）。与之相对，"共同体社区保存论"认为，过分强调个人的原子化状态是不恰当的，即使是在大都市，共同体社区依然能保存下来（Bell & Boat，1957）。本文沿用"共同体社区存在论"的观点，认为共同体社区依然在当代中国城市中发挥着重要作用，甚至欣欣向荣（桂勇、黄荣贵，2006）。就如滕尼斯所言："共同体的力量在社会的时代中，尽管日益缩小，但依然保留着，并构成社会生活的现实……"（滕尼斯，1999）

在共同体社区中，人们通过日常生活实践来构建共同体路径，并反向将其嵌入自身的生活实践，从而带动社区中多元主体的参与。在多元主体参与过程中，强烈的集体意识会将同质性的个体结合在一起，实现"共同体化"（王春光，2021），塑造形成共同的生活方式、社会信仰、文化价值观等，最终集结为社区治理的强大力量，并构成社会秩序的坚实基础。共同体社区中社区治理主要包括三个方面的内容（向德平，2020）。第一是完善社区治理结构，凝聚社区内部各方力量，推动社区多元主体共同解决社区问题。本文将其重新操作化为"社区各主体参与情况"。第二是建立社区服务体系，提升社区服务能力，满足社区居民的多层次、多样化服务需求。本文将其重新操作化为"社区服务能力"。第三是培育社区共同体精神，提升居民参与社区事务的意识与能力，增强居民对社区的认同感和归属感，营造和谐温馨的社区氛围。本文将其重新操作化为"社区共同体精神"。

在社区各主体参与情况方面，当前学界主要将社区参与主体划分为"社区党委"、"政府部门"、"社会组织"、"物业"、"业委会"和"居民"等（袁方成，2019），本文参照此类研究，将社区主体参与情况划分为社区"两委"的参与情况、政府部门的参与情况、社会组织的参与情况、业主委员会的参与情况、物业公司的参与情况、社区居民的参与情况。在社区服务能力方面，杨团利用服务经济理论，将社区服务能力划分为自治型服务、保护型服务、专业型服务以及运营型服务（杨团，2002）。本文参照此类研究并根据《中共中央 国务院关于加强和完善城乡社区治理的意见》[①]，将社区服务能力划分为社区基础性服务能力、社区福利性服务能力和社区发展性服务能力。在社区共同体精神方面，纵观滕尼斯以降的社区共同体思想（黄杰，2019），可以发现社区共同体精神的内涵日渐丰满。概而言之，社区共同体精神大致包括以下含义：一是人们在长期共同生活基础上形成的共同生活方式，彼此之间有强烈的归属感和认同感。本文将其操作化并重新命名为"本地认同感"；二是共同体成员具有清晰的集体意识，对于同一类事务有相似的清晰感知或理性态度。本文将其操作化并重新命名为"基层政府信任"；三是共同体成员之

① 《中共中央 国务院关于加强和完善城乡社区治理的意见》，https://baike.baidu.com/item/中共中央国务院关于加强和完善城乡社区治理的意见/20849403? fr = Aladdin，最后访问日期：2017年6月12日。

间彼此亲密信任,追求共同的价值目标。本文将其操作化并重新命名为"人际信任水平"。

综上,本文尝试以多元复合型视角展开讨论,以社区自身治理结构为落脚点,围绕社区各主体参与情况、社区服务能力、社区共同体精神三个维度进行社区治理内涵的探讨。此三个维度的优势在于能够有效矫正以往分析范式中出现的过于强调"行政性"因素或"自治性"因素的不足,代之以重塑社区的公共性为目标,充分发挥各方优势,系统客观地评估分析中国城市社区治理的现状。本文的分析指标框架如表1所示。

表1 中国城市社区治理基本现状的分析指标

一级指标	二级指标	三级指标
城市社区治理	社区各主体参与情况	社区"两委"的参与情况
		政府部门的参与情况
		社会组织的参与情况
		业主委员会的参与情况
		物业公司的参与情况
		社区居民的参与情况
	社区服务能力	社区基础性服务能力
		社区福利性服务能力
		社区发展性服务能力
	社区共同体精神	本地认同感
		基层政府信任
		人际信任水平

二 中国城市社区治理的基本现状与地区差异

(一) 中国城市社区治理中各主体的参与情况及地区差异

1. 社区"两委"在共治中逐步发挥效能,基本筑成"一核多元"的城市社区治理架构

在新时代基层社会治理重心下移和打造"共建共治共享"治理格局的

背景和要求下，中国的城市社区"两委"有效动员社区内各治理主体，使其参与到基层社会治理之中，取得了重大成效。特别是在当下的治理场域中，社区"两委"不仅作为城市社区治理的积极行动者，而且大力推动党建的引领作用，推动社区内多元主体参与社区治理。诸如居民、物业公司、社区社会组织、业主委员会等力量在社区"两委"的推动下成长起来，形成合力，通过协商、互动方式发挥各自的力量。在这一过程中，社区"两委"逐渐成为社区共同利益的发现者、黏合者以及共同价值的确认者和提供者。

总之，中国的城市社区"两委"通过发挥"同心圆"的政治引领功能和"连心桥"的服务群众功能（曹海，2018），基本在全国范围内形成了"一核多元"或"一核多能"的城市社区治理新架构，且不存在明显的地区差异。以北京市通州区和山东省滕州市为例，两地坚持党建引领城市基层社区治理，强化党组织的领导核心地位，注重发挥党组织的引导、协调和服务作用，把各方力量团结凝聚在基层党组织周围，做到基层党组织"一呼百应"，群众呼声"有求必应"，极大提升了城市社区精细化治理能力和服务群众水平。

2. 政府部门以行政推动为主要力量，以提供民生公共服务为主要目标，通过社会政策的传递和管理服务的指导，提高社区治理水平

社区是人民群众日常生活的重要依托，是党和政府联系服务群众的"最后一公里"。政府部门的社区治理是通过社会工作行政手段将社会政策转化为政策服务的过程，是在社区中直接面对社会成员执行和推动社会政策的行为。这其中既包括行政领导，也包括政策指导和管理服务，具有较强的实务性。如，北京市为推动政府服务绩效改革，将坚持人民群众主体地位的治理理念与问题导向有机结合，搭建起群众向政府反映民意的"直通车"，不断深化推动"接诉即办"政策机制发展。相关数据显示，2019年1月1日至2021年11月20日，北京12345热线共受理并解决群众反映问题3134万件[①]，内容覆盖劳动和社会保障、社会秩序、环境保护、市场管理、疫情防控等多个民生服务保障领域，切实破解了民生难题，畅通服

---

① 《最新成绩单来了！12345 热线 3 年受理群众反映 3134 万件》，https://baijiahao.baidu.com/s？id＝1719555020494036233&wfr＝spider&for＝pc，最后访问日期：2022 年 8 月 15 日。

务群众的"最后一公里"。山东省济南市历下区政府通过加大财政投入，积极打造社区治理服务平台，将社区服务设施建设达标列入区民生工程，大力推动社区为民服务中心建设，切实提高居民群众生活便利性。

不难看出，在当前中国各地的城市社区治理实践中，政府部门以行政推动为主要力量，助力城市民生服务建设和社区发展，已成为一种可观、可认的事实，且地区差异不明显。有研究指出，中国政府通过"行政发包制""治理竞赛""规范化管理"等行政举措推动社区治理，以期实现社区治理现代化，已经构成理解中国城市社区治理的重要线索之一。其隐含的逻辑就在于政府通过自身的不断改革来推动和引导社区治理改革，以便进一步强化社区治理中行政力量的发挥，形成一种行政吸纳的特色治理现象（彭宗峰，2022）。

3. 中国社会组织参与城市社区治理的总体势头较好，但当前中国社会组织数量的增长态势放缓，且地区之间存在显著差异

当前，中国社会组织参与社会治理的总体势头良好，态度积极（王伟进、王雄军，2018）。在城市社区治理的实践中，通过以各类公益服务为手段，团结和动员居民，进行再组织化，营造共享意识。同时，整合社区资源，关注各方社会利益，进行合作共治。以一个协同者的身份，参与社区共治平台建设，最终形成一条党建引领下社会组织合作协同参与社区治理的新道路。以江苏省昆山市某社会组织为例，其在参与城市社区治理的过程中，围绕"做服务、育队伍、聚治理、建平台"理念，整合社区治理各主体资源，团结组织居民，促进了社区内"人人有责、人人尽责、人人享有"治理氛围的形成。

需要指出的是，截至2020年底，中国登记注册的社会组织数量已达89.4万个，但其增长呈减缓态势（张翼，2020）。从地区分布来看，CSS 2021数据分析结果显示①，华东和西北地区社会组织数量较多，中南和东北地区社会组数量较少。如图1所示，各地区社会组织数量占比由高到低依次为：西北地区（87.50%）、华东地区（87.30%）、西南地区（79.41%）、华北地区（70.27%）、中南地区（66.67%）、东北地区

---

① 如无特别说明，本文的相关统计分析均通过卡方检验或 t 检验。

（61.54%）。由于社会组织的地区发展差异会影响社会组织的协同发展，而各地区社会组织协调共进发展对于促进中国社会组织发展、强化市民社会建设、推进社区治理又具有重要意义。因此，如何实现社会组织在中国地区之间协调共生发展，进一步强化社会组织在城市社区治理中的作用，仍需进一步探索。

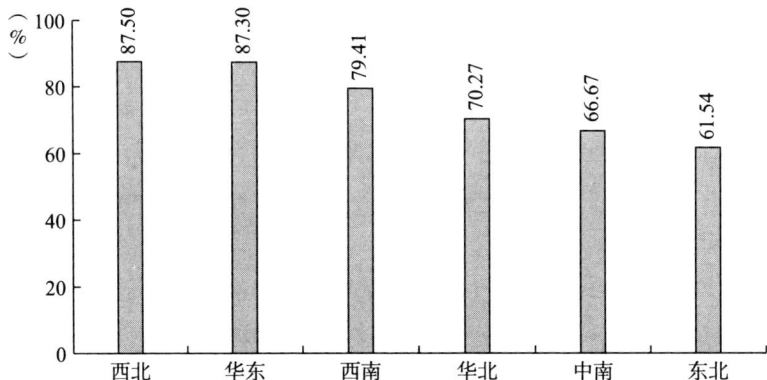

图1　中国不同地区之间城市社区社会组织数量占比

4. 中国城市社区中业主委员会参与社区治理基本保持社区治理导向和业主维权导向，且地区差异较小，有效促进了共建共治共享社区治理格局的形成

相对于社区居委会来说，业主委员会是嵌入在社区之中，更具"在场性"，对社区事务的感受更真实，同时，对业主来说，业主委员会是社区的内生组织，业主对其信任感较强。因此，业主委员会在中国城市社区治理中发挥着不可替代的作用。

当前，中国城市社区中业主委员会参与社区治理的基本逻辑表现为社区治理导向和业主维权导向（赵祥云，2019），且地区差异较小。从苏州市相城区和荆州市沙市区的业主参与社区治理的做法来看，其社区治理导向表现为：一方面，小区业主委员会成立以后，对物业公司形成制衡作用，业主和物业公司之间的纠纷得到有效解决，社区治理环境得到改善；另一方面，业主委员会也被社区"两委"纳入社区治理网格，并利用业主委员会，让社区骨干加入社区建设队伍，壮大社区治理的力量。业主维权导向表现为，通过追讨物业公司在小区内的公共收益，利用沟通协商等方式，使物业公司和业主委员会的权力格局发生变换，最终实现公共收益在社区内各主体之间的公平分配。

5. 通过坚持党建引领，中国在城市社区不断推动物业公司参与基层治理，并取得新发展、新成效

物业公司作为基层治理的重要力量之一，可以为城市社区治理提供强有力的支持。以深圳市和杭州市为例，两市近年来坚持推进"支部建在社区上"，将加强党的领导写入《物业管理条例》，为小区党组织赋能增效，同时强化党政部门对物业公司的引导，定期召开以小区党组织为主导的党群联席会议，畅通社情民意表达渠道，打造出"小区党支部 + 物业公司"治理模式。这种社区治理模式，一方面，通过坚持党建引领，着力解决群众反映的物业难题；另一方面，通过扎实推进物业监管，促进物业公司的健康发展，激发物业企业发展活力，营造物业公司发展的良好环境，全面提升物业治理和服务群众能力，不断推动党建引领物业公司参与基层治理取得新发展、新成效。

6. 中国城市居民的社区参与效能感较高，志愿服务参与的积极性不断提升

人民群众作为中国国家权力的主体，是决定党和国家前途命运的根本力量，这种内在规定性便决定社区居民在社区治理中的主体地位。坚持以人民为中心的社区治理，就是要"充分激发蕴藏在人民群众中的创造伟力"（习近平，2018），从而产生出推动社区治理的不竭动力。

从城市居民的社区参与效能感来看，CSS 2021 中以量表形式测量了居民的社区参与效能感，如"我关注村（居）委会的选举"、"在村（居）委会选举中，选民的投票对最后的选举结果没有影响"和"村（居）委会根本不在乎和我一样的普通村（居）民的想法"。每个问题的选项均是"很不同意"、"不太同意"、"比较同意"和"非常同意"。最后用分数表示效能感，分数越高，表明居民的社区参与效能感越高。结果显示，当前中国居民的社区参与效能感平均得分为 7.41 分，处于较高水平。因此，充分尊重社区居民的社区选举意愿和表达权利，提升社区居民的参与效能感，对于凝聚社区居民力量，增强居民在社区内的主人翁意识具有重要意义。

同时，社区居民也是社区治理具体实践的主体，社区治理的每一项活动都离不开居民的参与，没有社区居民的积极参与，各项工作将难以开展，社区治理就会变为"无源之水，无本之木"。CSS 2021 调查结果显示，近一年来[1]，中国城市社区居民有过至少一次志愿服务经历的占比为32.93%，与 CSS 2019 调查结果相比[2]，增长了将近 3 个百分点。可以看出，近年来，中国城市社区居民参与志愿服务的比例不断上升，志愿服务参与的积极性不断提高。

从志愿服务参与领域来看，参与率最高的三个领域由高到低排序依次为环境保护（13.38%）、老年关怀（10.14%）、儿童关爱（10.05%）；参与率最低的三个领域由低到高排序依次为国际援助（0.27%）、法律援助（1.27%）、妇女维权（1.59%）。此外，从表 2 可以看出，一方面，儿童关爱和抢险救灾两个志愿服务参与率存在显著的地区差异。其中，华东地区（10.70%）和中南地区（10.18%）儿童关爱类志愿服务参与率显著高于其他地区。另一方面，可能是受到自然灾害的影响[3]，近一年来，西南地区（7.02%）、华东地区（5.91%）和西北地区（5.33%）的抢险救灾

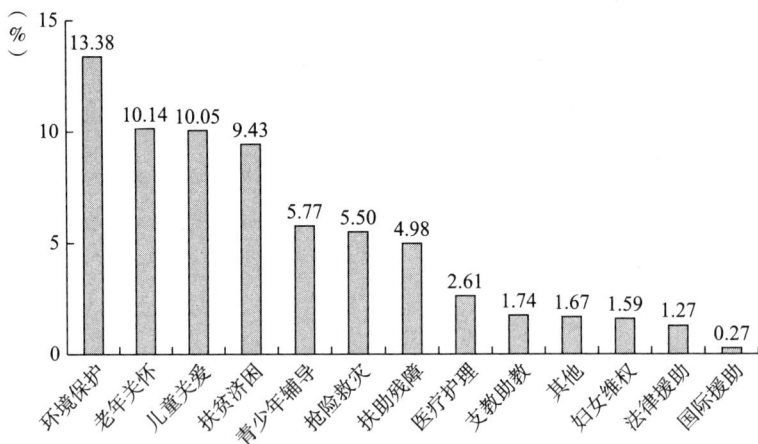

图 2　中国城市社区居民志愿服务参与领域占比

① 近一年来指调查时点往前推一年。
② CSS 2019 的调查显示，2019 年中国城市社区居民近一年来有过至少一次志愿服务经历的占比为 30.22%。
③ 《应急管理部发布 2020 年全国自然灾害基本情况》，https://www.mem.gov.cn/xw/yjglbg-zdt/202101/t20210108_376745.shtml，最后访问日期：2021 年 1 月 8 日。

类志愿服务的参与率要显著高于华北地区（2.57%）、东北地区（3.49%）和中南地区（4.34%）。由此可见，城市社区居民参与志愿服务领域的情况受到所在地区的经济、文化、社会和自然条件等因素的影响，存在地区差异。因此，推动志愿服务事业的发展需要因地制宜，具体考虑不同地区的实际情况。

表 2　城市社区居民志愿服务领域参与率的地区差异情况

单位：%

	华东地区	中南地区	华北地区	西南地区	东北地区	西北地区
儿童关爱	10.70	10.18	7.01	9.94	7.42	4.14
抢险救灾	5.91	4.34	2.57	7.02	3.49	5.33

注：本表中只列出了存在地区差异且统计检验显著的志愿服务领域。

（二）中国城市社区治理中社区服务能力情况及地区差异

城市社区作为城市居民生活的基础单元，是中国社会民生建设的最基层平台。社区的服务能力和服务质量直接关系到城市居民的生活质量和水平，更是实现社区居民利益表达、增进民生福祉、落实共建共治共享理念的出发点和落脚点（张来明、刘理晖，2022）。

1. 在社区基础性服务能力方面，当前中国城市社区的基础性服务可以满足居民的生活、购物、医疗等需求；从地区差异来看，中西部地区的基础性服务建设率要低于华东地区，在推进城市社区基本服务均等化方面还需进一步努力

在社区基础性服务能力方面，CSS 2021 中，社区问卷调查了城市社区中 14 项基础性服务/设施的建设情况。数据分析结果显示，按照社区提供基础性服务/设施的数量来看，中国城市社区平均提供了约 10 项基础性服务/设施，其中提供了 10 项及以上基础性服务/设施的社区占多数（比例约为 14.29%）。按照具体的基础性服务/设施类型的建设率来看，建设率占比最高的三个类型由高到低排序依次为便利店（99.13%）、社区医院（86.90%）、物流/快递公司运营点（84.72%）；建设率占比最低的三个类型由低到高排序依次为百货商场（44.54%）、公园（48.91%）、超级市场（49.34%），具体如图 3 所示。可以看出，当前中国城市的社区基础性服务已覆盖了居民的生活、医疗、购物等方面的基本需求。

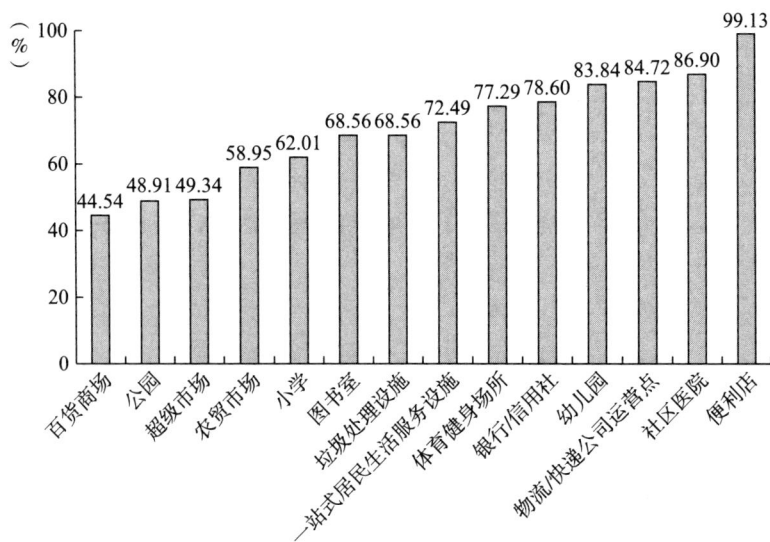

图 3 城市社区基础性服务/设施的建设情况

从社区基础性服务的地区差异来看，如表 3 所示，中南地区的农贸市场建设率（69.70%）要高于西南地区（67.65%）、华东地区（62.90%）、西北地区（50.00%）、东北地区（40.00%）、华北地区（35.14%）。原因可能就在于中国中南地区人口较为密集，消费潜力巨大，农贸市场的价格比较亲民，更能满足一般居民的消费需求，因此建设率较高。在社区医院建设方面，除东北地区以外，其他地区的社区医院建设率均超过八成，这和以往研究基本一致（林春梅等，2021），说明中国基层医疗的服务力量不断壮大，在供给侧方面，着力提升了基层医疗服务能力。此外，华东地区在垃圾处理设施、体育健身场所、一站式居民生活服务设施的建设率方面，显著高于中西部地区。这说明中国中西部地区在提升城市的精细化管理水平，打造干净整洁、环境优美、人人享有的城市人居环境方面还需进一步努力。因此，必须深刻认识到当前中国社区的基础性服务仍存在一定的地区发展差距，在提升基础性服务数量和质量方面还需进一步努力。

表 3　城市社区基础性服务/设施建设率的地区差异情况

单位：%

	华东地区	中南地区	华北地区	西南地区	东北地区	西北地区
农贸市场	62.90	69.70	35.14	67.65	40.00	50.00
社区医院	87.30	89.39	83.78	97.06	53.33	93.75
体育健身场所	84.14	77.27	75.68	82.35	46.67	62.50
垃圾处理设施	76.19	72.73	64.86	70.59	33.33	56.25
一站式居民生活服务设施	80.95	74.24	75.68	70.59	33.33	56.25

注：本表中只列出了存在地区差异且统计检验显著的基础性公共服务/设施类型。

2. 在社区福利性服务能力方面，当前中国城市社区所提供的福利性服务基本可以保证居民生活的安全感、获得感和幸福感；从地区差异来看，中东部地区的福利性服务提供率要明显高于西部地区

在社区福利性服务能力方面，CSS 2021 中的社区问卷调查了城市社区中 17 项福利性服务的提供情况。数据分析结果显示，社区福利性服务提供率占比最高的三个类型从高到低排序依次为邻里调节服务（93.89%）和残疾人服务（93.89%）、环境维护及治理服务（92.14%）、治安保护服务（89.96%）。提供率占比最低的三个类型从低到高排序依次为动迁人员安置帮扶服务（29.69%）、机构养老服务（36.68%）、家政中介服务（37.99%），具体如图 4 所示。可以看出，当前中国城市社区所提供的福利性服务紧紧围绕着人民群众最关心的"小事"，保证人民群众社区生活的舒适、便捷与安定。

从社区福利性服务的地区差异来看，在养老服务方面，华东地区和西北地区的养老服务提供率要显著高于其他地区。一个可能的原因就在于，差异化的公共财政投入造成区域之间福利服务提供的差异化。① 在社区心理服务方面（见表4），华东地区、中南地区、华北地区、西北地区的福利性服务提供率高于西南地区和东北地区。其社区心理服务提供率占比从高到低排序依次为华东地区（65.00%）、华北地区（63.16%）、西北地区

---

① "十三五"规划期间，中央对西部、中部、东部地区社会服务建设项目平均总投资的 80%、60%、30% 予以了补助。

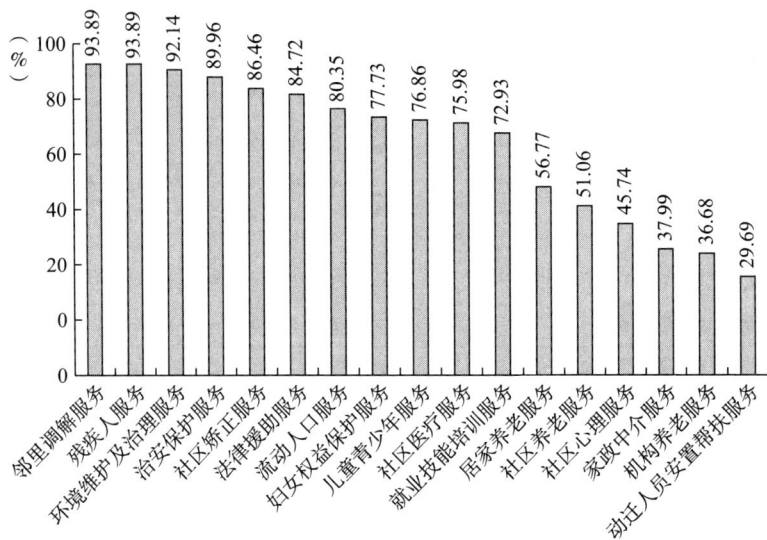

图 4　城市社区中福利性服务的提供情况

（50.00%）、中南地区（38.46%）、西南地区（23.81%）、东北地区
（0.00%）。值得指出的是，在环境维护及治理服务、治安保护服务方面，
西部地区，尤其是西南地区服务提供率明显偏高，且提供比例高于或大致
与华东地区持平。究其原因，政府的政策支持①是推动西部地区针对环境
治理、治安保护等内容的福利服务得以有效落实的关键因素。

表 4　城市社区福利性服务提供率的地区差异情况

单位：%

	华东地区	中南地区	华北地区	西南地区	东北地区	西北地区
居家养老服务	69.84	46.97	43.24	50.00	60.00	87.50
社区养老服务	75.00	30.77	57.89	38.10	25.00	83.33
机构养老服务	36.51	31.82	27.03	41.18	26.67	75.00
社区心理服务	65.00	38.46	63.16	23.81	0.00	50.00

---

①　如针对环境保护的《西部地区重点生态区综合治理规划纲要（2012—2020 年）》，以及
针对治安保护的《中共中央 国务院关于新时代推进西部大开发形成新格局的指导意
见》等。

	华东地区	中南地区	华北地区	西南地区	东北地区	西北地区
环境维护及治理服务	96.83	92.42	86.49	97.06	66.67	93.75
治安保护服务	90.62	92.65	89.19	94.12	61.54	93.75

注：本表中只列出了存在地区差异且统计检验显著的福利性服务类型。

3. 在社区发展性服务能力方面，当前中国疫情防控志愿服务提供率最高；从发展性服务需求的地区差异来看，各区域内城市社区居民较为关注的仍是民生保障领域

人的全面发展就是指人的多方面、多层次和多样化的发展。人的全面发展离不开一定的社会关系、社会生活和社会实践，人只有在社会实践的过程中，才能获得成长与发展的机会。志愿服务作为一种社会实践活动，能够使志愿者在奉献社会的同时，使自身获得学习与成长的机会，获得身心上的愉悦、精神上的满足和心灵上的充实（党秀云，2019）。因此，社区所提供的志愿服务活动是衡量社区发展性服务能力的重要指标。

CSS 2021 数据分析结果显示（见图 5），当前中国城市社区发展性服务提供率占比最高的三个类型从高到低排序依次为疫情防控志愿服务（96.94%）、老年关怀（95.63%）、扶助残障（94.32%）；提供率占比最低的三个类型从低到高排序依次为抢险救灾（64.19%）、心理咨询（70.31%）、教育助学（75.98%）。可以看出，中国城市社区发展性服务的提供，以现实观照为主，重点满足居民的生存发展需求。

从社区发展性服务的地区差异来看，如表 5 所示，一方面，青少年辅导、教育助学、扶贫济困、医疗护理和心理咨询五个发展性服务建设率存在显著的地区差异。另一方面，中东部地区和西北地区的城市社区对于五个类型的发展性服务建设率均显著高于其他地区。可以看出，目前中国城市社区仍较为关注居民的基本民生保障需求，如青少年辅导、弱势群体帮扶、教育医疗、心理健康等。因此，社区不仅要着重面对民生保障领域，提供相关志愿服务，切实提高居民的获得感，还要因地制宜，以更具针对性地满足居民的生存需要和发展需要。

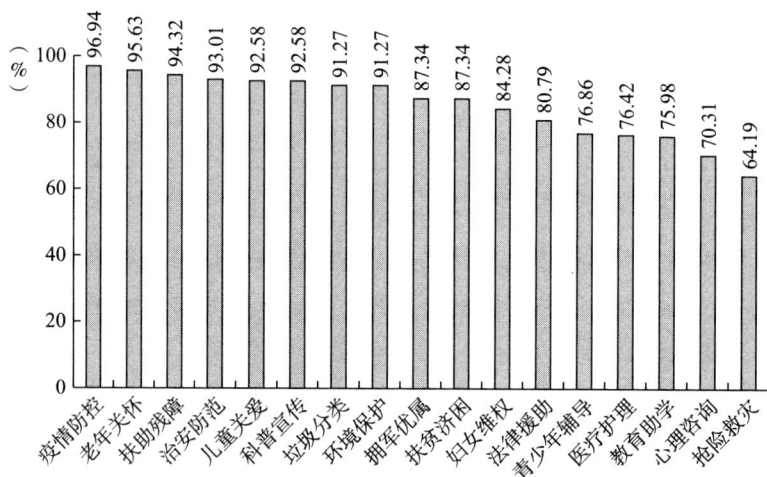

图5 城市社区中发展性服务的提供情况

表5 城市社区发展性服务建设率的地区差异情况

单位：%

	华东地区	中南地区	华北地区	西南地区	东北地区	西北地区
青少年辅导	88.89	77.27	78.38	58.82	53.33	81.25
教育助学	92.06	65.15	83.78	61.76	73.33	68.75
扶贫济困	95.24	86.36	91.89	70.59	73.33	93.75
医疗护理	92.06	71.21	75.68	64.71	53.33	81.25
心理咨询	84.13	71.21	67.57	47.06	53.33	81.25

注：本表中只列出了存在地区差异且统计检验显著的发展性服务类型。

（三）中国城市社区的共同体精神及地区差异

社区共同体是一种特殊的社会关系模式，能为个体提供健康的社区生活，是实现高质量社区治理的重要基础。社区共同体精神对于构建社区公共精神，塑造价值共识，达成社区治理共识，具有重要意义。

1. 当前中国城市社区居民具有本地认同感的比例较高，居民的社区归属感和认同感较强

根据社会身份理论，个体在人际交往和生活世界中获得特定的社会角色并据此形成自我观念与社会联结，最终形成本地认同感。本地认同感可

让人们获取一种安全感、归属感与心灵慰藉，诱发人们的合作与奉献意识，实现多元化、原子化个体的有机聚合。

在 CSS 2021 问卷中采用了"就您目前的生活状况来说，您认为自己是本地人，还是外地人"一题进行测量，将"是本地人"处理为具有"本地认同感"，将"是外地人"处理为不具有"本地认同感"。数据分析结果显示，在城市社区居民中将近九成左右的居民具有本地认同感，仅有一成左右的居民没有本地认同感。这说明当前中国城市社会居民的本地认同比例较高，社区融入度也较高。从地区差异来看，城市社区居民具有本地认同感的比例从高到低排序依次为：东北地区（92.81%）、西北地区（90.27%）、华北地区（88.48%）、华东地区（86.37%）、中南地区（86.31%）、西南地区（84.07%）。与 CSS 2017 年调查结果相比①，除华东地区、华北地区、中南地区、西南地区以外，东北地区和西北地区的城市社区居民具有本地认同感的比例出现一定增长。

2. 当前中国城市社区居民持有较为一致的集体意识，居民的基层政府信任水平较高

政府信任尤其是基层政府信任，历来是直接关乎民生、关乎社会和谐的重要砝码。同时，基层政府信任作为一种制度信任的存在，更是具有天然的"道德合理性"（郭忠华，2006）。一方面，居民对于基层政府的信任也是影响政府能否有效提供社会服务的重要因素；另一方面，基层政府通过价值塑造对群众的未来预期发挥作用，促进居民形成一致的社会行为和社会态度，其对于社区凝聚力的提升，社区参与困境的破解具有重要价值。本文在 CSS 2021 问卷中采用"请问，您信任下列机构吗"一题来测量居民的基层政府信任，其中包括区县政府信任和乡镇政府信任。将"很不信任"和"不太信任"重新编码为"不信任"，将"比较信任"和"非常信任"重新编码为"信任"，其他处理为缺失值。根据数据分析结果，如图 6 所示，当前中国城市社区居民的基层政府信任情况为：超七成比例的居民对乡镇政府以及超八成的居民对区县政府持"信任"态度，可以看

---

① CSS 2017 年中国各区域城市社区居民具有本地认同感的比例分别为：华东地区（87.37%）、中南地区（87.88%）、华北地区（89.37%）、西南地区（90.77%）、东北地区（90.24%）、西北地区（83.87%）。

出当前中国城市社区居民对基层政府的信任度较高，且存在学界一致认为的信任层极差现象，即"差序政府信任"（李连江，2012）。

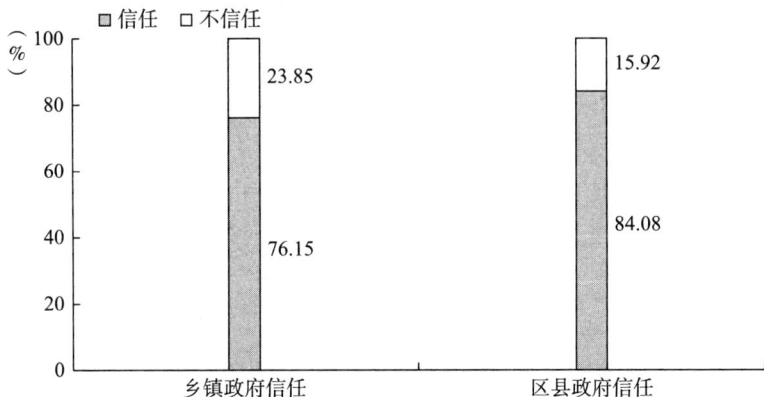

图6　中国城市城市居民的基层政府信任情况

从地区差异来看，中国城市社区居民的区县政府信任比例从高到低排序依次为：华东地区（86.37%）、华北地区（84.80%）、中南地区（82.21%）、东北地区（82.18%）、西北地区（81.29%）、西南地区（80.89%），大致呈现"东高西低"的态势。就乡镇政府信任而言，城市社区居民的信任占比从高到低排序依次为：华北地区（79.52%）、华东地区（78.54%）、东北地区（76.33%）、中南地区（74.30%）、西南地区（73.34%）、西北地区（69.02%），大致呈现"东中西"递减的态势。此外，与CSS 2019年的调查结果相比[1]，中国东北地区、华北地区、华东地区、中南地区、西南地区和西北地区城市社区居民的区县政府信任和乡镇政府信任比例均趋于上升姿态。

3. 当前中国城市社区居民的人际信任水平较高，且与2019年相比出现显著增长

人际信任作为社区生活的重要黏合剂，对于塑造社区共同体精神具有不可忽略的作用。CSS 2021问卷中主要采用"请用1～10分，来表达您对现

---

[1]　2019年中国各区域内城市社区居民的区县政府信任比例为：中南地区（72.99%）、华东地区（79.46%）、西南地区（69.94%）、华北地区（77.13%）、西北地区（65.23%）、东北地区（72.08%）。乡镇政府的信任比例为：中南地区（64.75%）、华东地区（72.12%）、西南地区（62.58%）、华北地区（69.77%）、西北地区（59.19%）、东北地区（65.93%）。

在人与人之间的信任水平的评价"一题进行测量。1 分表示"非常不信任",10 分表示"非常信任"。数据分析结果显示,当前中国城市社区居民的人际信任水平平均得分为 6.64 分。与 2019 年调查结果相比[①],增长了 0.43 分。从地区差异来看,2021 年城市社区居民的人际信任水平平均得分从高到低排序依次为华东地区（6.81 分）、西南地区（6.62 分）、东北地区（6.62 分）、华北地区（6.59 分）、中南地区（6.58 分）、西北地区（6.09 分）,并显著高于 CSS 2019 中国东中西部城市社区人际信任水平的调查结果。[②] 可以看出,近年来中国城市社区居民的人际信任水平在逐渐提高。

三 总结与讨论

（一）中国城市社区治理的特色

2017 年 6 月,中共中央、国务院印发的《关于加强和完善城乡社区治理的实施意见》中提出"到 2020 年,基本形成基层党组织领导、基层政府主导的多方参与、共同治理的城乡社区治理体系,城乡社区治理体制更加完善,城乡社区治理能力显著提升,城乡社区公共服务、公共管理、公共安全得到有效保障"的总体目标规划（以下简称"2020 目标规划"）。

从本文的研究结果来看,当前中国城市社区的治理体系已基本完成"2020 目标规划"。首先,在社区治理中各主体的参与情况方面,已基本形成以党建为引领,"社区两委"为领导统筹核心,政府、居民、物业公司、社会组织、业主委员会等多方力量共建共治共享的城市社区治理格局,城市社区治理体制愈加完善;其次,在社区服务能力方面,无论是在基础性服务,还是在福利性服务和发展性服务方面,都已基本满足居民对于生活、文化、娱乐、消费、医疗、安全等方面的公共服务需求,社区服务能力显著提升;最后,在社区共同体精神方面,当前中国城市社区居民的社区归属感、社区集体意识和人际信任水平都较高,社区共同体精神显著提升。

总的来说,中国城市社区治理经历了从"行政型社区"到"自治型社

---

① 2019 年中国城市社区居民人际信任水平的平均得分为 6.21 分。
② 2019 年中国各区域内城市社区居民人际信任水平的平均得分分别为:华东地区（6.38 分）、西南地区（6.20 分）、华北地区（6.19 分）、中南地区（6.08 分）、西北地区（6.06 分）、东北地区（6.05 分）。

区"的变革，到现在形成的"一核多元共治"的新型社区治理模式，构成了实现基层社会治理现代化、国家治理现代化乃至中国式现代化的现实注解。其中"一核心"即"党委领导"，"多元"即党组织、政府、社会组织、社区居民等多元主体，"共治"既有各个主体共同治理的内涵又体现着民主治理、依法治理、科学治理等多种治理方式并举。"一核多元共治"的社区治理模式是用中国实践创建的具有中国特色、中国风格、中国气派的城市基层社会治理样式，对于本土现实观照和国际经验推广都具有重要参考价值。"一核多元共治"的城市社区治理模式如图 7 所示。

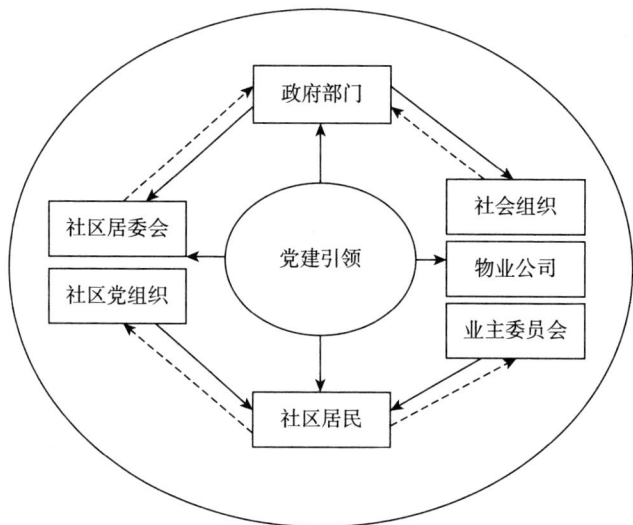

图 7　中国"一核多元共治"的城市社区治理模式

（二）中国城市社区治理的未来发展建议

1. 促进社会组织协调发展，增强社区治理的合力

如前文所述，当前中国社会组织发展还存在地区差异，而社会组织的协调发展将进一步增强城市社区治理的力量，提升城市社区治理的合力。因此，提出如下建议。第一，坚持和加强党的全面领导，确保社会组织沿着正确方向发展。第二，加大对社会组织发展的引导和支持力度，尤其要重点加大对中西部地区和东北地区社会组织事业发展的扶持力度，优化社会组织的孵化和成长环境，鼓励建立社区自组织。第三，拓展社会组织参

与城市社区治理的发展空间。加快政府职能转变步伐，正确处理好与市场和社会之间的关系。简化社会组织行政审批程序，为社会组织提供良好的成长环境。将培育社会组织相关资金纳入政府预算，鼓励社会组织参与地区社会发展和社会治理，提升社会组织在基层社区治理中的影响力。

2. 促进基本公共服务均等化，提高社区治理的水平

尽管当前中国经济社会发展取得了诸多可喜的成就、基本公共服务的质量与水平也稳步提升、社区服务能力显著提高。但基本公共服务非均等化问题依然突出，地区发展不均衡等问题都影响着公共物品的提供效率以及人民群众的获得感。因此，提出如下建议。第一，以经济高质量转变为契机，调整政府间财政关系，夯实地方基本公共服务财政基础，尤其要加大对于中西部地区的财政投入力度。第二，鼓励探索建立横向援助及补偿机制，促进区域间均衡发展。一方面，要总结长期对口支援的实践经验，提升横向援助制度的适用性；另一方面，要结合功能区建设，围绕基本公共服务建立区域间横向补偿机制。第三，要在党和政府的支持和鼓励下，帮助社区提供更加多元化的服务。同时，重点扶持存在较大缺位的服务领域，进一步缩小供需差距。

3. 整合社区社会资本，提高社区人际信任水平

在现代治理语境下，社区社会资本的培育能够显著提升社区自治的整合度，也能对居民的社会参与产生积极影响，同时促进居民之间的沟通合作以及达成信任共识。如前文所述，当前中国城市社区居民的人际信任水平还有一定提升空间。因此，提出以下建议。第一，打造以人为本的"第三空间"，促进居民自发的日常互动。根据社区的社会结构来安排公共空间的物理结构，提高社区空间的沟通性，吸引居民及其活动在空间上一定程度的聚集。第二，培育社区信任网络和体系，形成良好的社区规范。组织形式多样的社区活动，并使某些活动成为经常化和制度化安排，丰富人们的业余精神生活，促进社区成员间的交流和了解，增强社区成员的归属感，使社区成员从中获得鼓励、同情、理解和认可。可通过社区成员之间长期、频繁、密切的交流和沟通，唤起一些有助于互助合作的价值和创造一种群体的身份和意识。

基于社会文化现代化的俄罗斯
城市治理及地区差异比较

莫兹雅科夫（A. A. Merzlyakov）

一 引言

社会治理是一种较为特别的管理方式。与对机械技术类和自然生物类等的管理类型不同，社会治理的最基本目标是实现对组织、社区和各种社会团体的管理的社会过程。此过程体现了一种机制："通过规范不同群体及各类人口的社会关系从而提升他们的生活标准和质量。"（Tikhonov et al.，2007：295 – 296）因此，整个社会管理系统的首要任务是创造和巩固最合适的条件，以进行社会关系的部署和复制，从而达到提高生活水平和生活质量、防止社会冲突的目的。

经过科学的概念化过程，社会治理在国内外科学文献中的定义发生了变化。一般来说，主要的理解方式有两种。第一种（1940～1970 年）将社会治理视为控制主体有意识地影响客体，而控制本身被视为一个主体 – 客体的过程。这非常符合在那个时期占主导地位的科学原理的经典范式。其中，支持主体 – 客体方法的思想家包括笛卡尔、康德、胡塞尔和维特根斯坦（Lektorskiy，2010）。

自 20 世纪 70 年代中期开始，新科学范式的采用导致被视为主体 – 客体的社会治理中的客体不再只是沉默和顺从的，而是有意识的行为者，可以独立发挥作用且对主体具有一定的影响力（G. Bateson、S. Rubinstein，A. Brushlinskiy 等人）（Arshinov & Lepskiy，2007：70 – 78）。如今，社会治理在后非经典理论中被定义为多主体性的，在主体与自我发展的半主体环境之间呈现了一种新型关系。在这种情况下，一个重要的区别是，管理本身在本质上变得"人性化"（N. Luhmann、G. Schedrovitskiy、V. Lepskiy）（Lepskiy，2019）。正如 V. Lepskiy 所言，"在后非经典理论的背景下，对社会系统进行建模的基本方法是，使用'人'来对系统的单个活跃元素进行建模"（Lepskiy，2019：83）。

基于主体间合作基本原则的社会管理是一个反映后非经典社会管理解释的典型示例，这种管理方式认为，应当积极地让不同个人和各种社会团体、社区参与管理过程，以充分全面地考虑其需求和利益。在有关社会管理的后非经典解释中，一个很好的例子是以社会导向的管理，基于主体之间合作的基本原则，是需要积极地让单独的个人以及各种社会团体和社区参与管理过程，以便充分和全面地考虑他们的需求和利益。

在历史发展的背景下，这种以社会导向的管理描述了一种公民自治类型。在此类型之下，传统的治理主体和治理客体构成了实用的有机统一体。而以社会导向的治理产生于人与群体之间的实际互动之中，并且是由各主体在治理体系中所处位置的差异所决定的，其社会利益与需求也起着决定性作用。此种治理建立在这样一个事实的基础上，即治理客体（社区、社会组织、社会机构等）在外部并非表示为自身存在，而是作为自我组织的主体呈现（Dridze，1994）。

因此，在后非经典的科学思维中，对管理的理解不再通过严格的决定论视角来进行，而是从使用灵活的控制形式以及创造建立和扩展这些形式的条件的角度来进行。在这种情形下，主要的焦点是研究各种类型的治理，同时研究这种治理下涌现和再生产出的环境。V. Lepskiy 认为，控制的问题在于寻找"组织主体与自我发展的多主体环境之间互动"的形式和手段，其中，"前者以其行动的各种反映形式存在于其中，这个环境也被赋予主体性的意义"（Lepskiy，2019：75）。而城市环境在很大程度上便可以充当这种多主体环境。

城市和大都市区的社会治理的不同之处在于，城市地区的治理是由一种特殊类型的行政地域社区——城市居住区来进行的。作为一种社会环境，城市是一种特殊的交互组织方式，其核心是人类及其各种不同的联系和关系。因此，在城市社会治理中，不仅要研究城市空间的环境、事物和社会文化，还要研究其社会群体，这些都是至关重要的。正如 Y. Zaborova

所言，"城市是由居民组成的，城市社区是一个整体。在城市实践系统中，居民是以社交网络、联系、关系、连接、性格、社会角色、地位的形式呈现"（Zaborova，2014a：24－26）。从这个意义上说，多主体类型的管理结构最适合评估城市治理体系，城市是一个良好的多主体环境示例，在此环境中，各种类型的主体不断相互影响。

城市社会治理是通过组织城市治理体系来安排和实施的。根据俄罗斯宪法，如今城市治理被认为是地方政府的一种形式。需要指出的是，虽然城市治理的主要关注点是管理城市这一特殊类型的居住区，但将城市与地方政府联系起来便必然意味着在控制机制、执行方式和形式方面有特定要求。城市社会治理的关键在于将城市居民从治理客体"转化"为治理主体。因此，地方政府的主要任务应该是满足城市社区的需求并保护其利益。此项任务完成的好坏是衡量地方政府工作的标准。

城市社会治理旨在保障城市的社会经济发展，必须与作为治理客体的城市自身的复杂性相适应。在这种情况下，建立城市自身与作为城市居民的治理主体之间的互动机制一般被视为城市社会治理的核心问题。这种互动是基于社会参与的形式实现的，即所有利益相关方在对话和参与的基础上，制定和实施重要的社会决策。需要指出的是，社会参与的机制由两个关键原则组成。第一个原则是"双重告知"，即地方政府向民众提供城市未来发展计划的相关信息，而民众则向地方政府传达其需求和利益。第二个原则是"在发展中合作"，即地方政府制定未来城市的主要规划方案供民众评估和反馈（Dridze，1998）。

地方政府和当地社区之间的合作问题一直是城市规划专家、城市规划师和社会学家的特权。L. Kogan、O. Yanitskiy 和 A. Akhiyezer 等著名社会学家是首批关注这个话题的学者，他们注意到了社会文化因素对城市空间发展和运作的影响（Akhiyezer，1969）。特别是 L. Kogan 的研究便侧重于让城市居民参与制定城市发展规划。在 20 世纪 80 年代后期，L. Kogan 主持了一项综合社会学研究，旨在调查城市居民对城市环境的意见和看法（Kogan，1990）。O. Yanitskiy（1988）和 Y. Shomina（1999）的著作详细分析了城市居民运动的出现和运作等问题，并描述了运动的组织方式及其与地方管理机构的互动机制。

此外，一项由俄罗斯科学院联邦社会研究中心社会学研究所跨学科研究团队进行的基础研究也值得一提（预测性社会项目开发：理论、方法论和方法问题，1994：304）。该研究的目的是为预测性社会规划提供通用方法，其中的研究对象之一是城市社区，研究主题是建立城市发展主体之间的互动机制。同时，A. Baranov、A. Dmitriyev、M. Mezhevich、V. Rukavishnikov、V. Trushkov 等研究人员也对此主题进行了重要的归纳研究（Kuznetsova，2013）。

如今，面对现代数字技术的实施、人口从农村地区大量涌入城市以及城镇化等相关城市发展问题，城市治理体系的变革亟待进行。要求变革的原因在于，城市发展过程中，各主体参与者之间的社会互动过程日益复杂，并且一些新型社会关系和社会参与者的出现，也影响着城市规划项目的发展和实施过程。联合国人类住区规划署对"城市治理"一词做出的定义是："城市治理是个人和机构、公共和私营部门规划和管理城市公共事务的多种方式的总和。这是一个持续的过程，这个过程有助于调和不同参与者之间的冲突或利益，最终达至合作行动的状态。"（United Nations Human Settlements Programme，2002：41）为此，我们需要转变城市管理模式，从僵化的集中治理模式过渡到分散、非等级制的模式（Mossberger，Clarke，& John，2012：696）。这种管理模式的转变关键在于创造条件，能够使城市治理主体之间协同互动、共同制定目标和共同规划、共同解决问题。这也意味着城市治理逐渐走向城市自治。值得说明的是，许多国内外研究者表明，目前正是切实实施这种城市发展模式的时候（Mossberger & Stoker，2001；Korotkova，2016）。

二　城市社会治理研究的方法论基础

现代城市中存在着大量的社会差异，这种差异主要表现为对城市治理机制、手段和形式的不同看法和判断。鉴于此，当涉及公共领域中的某些重要问题时，地方政府和民众可能不会达成一致的见解或合作，因此城市治理必须首先关注和协调管理过程中各方参与者的利益，同时积极寻找新的形式和手段来促成这种合作。此外，现代数字技术在促进各方参与者交流以及地方政府与民众之间达成有效合作方面的效果如何，也是同样重要的问题。在这种情况下，本研究就需要在主要参与者（地方政府和城市居民）的互动背景下评估城市治理体系的当前状态。

本研究在选择调查区域时所使用的方法论基础为中国科学院现代化研究中心主任何传启院士所指导开发的区域性社会文化现代化方法论（Lapin，2011）。同时，结合俄罗斯的具体情况，本研究通过使用俄罗斯科学院哲学研究所社会和文化变革研究中心的统计数据对调查区域进行了适当调整（Lapin，2016）。

在选择调查区域时，本研究确保涵盖了所有联邦管辖区（北高加索联邦管区除外）、经济区和气候区，具体结果如表 1 所示。

表 1　样本中的调查区域

地区编号	名称	联邦主体地位	联邦管区	经济区	地理位置	社会文化现代化水平
1	下诺夫哥罗德州	州	伏尔加	伏尔加 - 维亚特卡	中部	6
2	斯维尔德洛夫斯克州	州	乌拉尔	乌拉尔	中部	5
3	萨哈（雅库特）共和国	共和国	远东	远东	北部	4
4	鄂木斯克州	州	西伯利亚	西西伯利亚	中部	3
5	伏尔加格勒州	州	西北部	北部	北部	2
6	斯摩棱斯克州	州	中央	中央	中部	2
7	卡尔梅克共和国	共和国	南部	伏尔加	南部	1

表 1 中所选调查地区代表了俄罗斯社会文化现代化水平的整个谱系。在社会文化现代化水平的测量方面，采用了 N. Lapin 所划分的六个等级，从低到高依次排序为：（1）欠发达，（2）初步发展，（3）中等以下，（4）中等，（5）中等以上，（6）高度发达（Lapin，2012）。

此外，本研究制定了一项大规模调查程序，以识别和分析人们对俄罗斯各级治理体系的现状、潜在发展以及治理机构有效解决社会文化问题的能力，包括对城市群级的问题的看法。

在 2019 年和 2020 年，本研究针对俄罗斯联邦的 7 大主题进行了一项代表性调查，该调查共回收问卷 3512 份。同时，该调查基于俄罗斯联邦国家统计局 2019 年的数据，在考虑每个地区居民的年龄、性别和受教育水平等方面的差异后，最终选用了配额抽样调查。此外，在制定样本时还考虑了行政地域因素：对于每个选定区域，调查对象包括该地区的首府、两个人口数量不足 50000 的城市、两个人口数量在 5000 ~ 50000 的城镇和两个人口数量低于 5000 的农村。

值得注意的是，按照基础研究计划，本次调查的对象不仅包括城市居民，还包括农村居民。本部分的主要任务是通过分析整个调查数据集，提取仅与区域城市人口相关的数据。此外，不同城市之间还根据以下标准进行了排名：

——人口超过 100 万人的城市；

——人口在 20 万 ~ 100 万人的大城市；

——人口在 5 万 ~ 20 万人的中等城市；

——人口 5 万人及以下的小城市。

需要指出的是，在分析城市地域类型时，这种对城市住区规模进行排名的方法并非社会学界所认可的传统方法。但使用此种方法可以解决各种传统类型的城市住区在样本分布中不对称的问题，也可消除样本分布中因城市住区规模而产生的误差。为保证样本中调查对象的性别、年龄和受教育水平的代表性，本研究通过重新计算，最终得到一个包含 2974 名受访者的数据集。

三　城市治理体系的评估状况

城市治理体系的主要组成部分包括治理主体、治理职能和执行治理决策的机制。因此，为全面了解城市治理体系，本研究在审视其核心职能——制定城市发展战略，分析决策机制——的同时，评估其主要治理主体的运作情况。

城市治理体系是一个包含众多主体的复杂系统。这里主要指地方政府部门，其职责是管理城市地域，并且为城市居民舒适的生活提供各种运营和服务。城市发展的主体清单必须包括公共组织，他们在保护不同阶层和群体的城市人口利益方面发挥着重要中介作用。此外，城市发展的主体还应包括推动项目开发和进行研究的科学、教育设施。同时，还应关注"第四等级"，即传播有关城市现状和存在问题信息的媒体。当然，城市居民也是城市治理的重要主体。

地方（城市）政府和其他治理主体（媒体、公共组织、教育和科学设施、城市居民）运作情况的一个评价标准是其解决城市重要问题的能力。本研究采用的评估工具为一套完整的评分系统，该系统评分范围为 1~3 分，其中 1 分表示"不满意"，2 分表示"满意"，3 分表示"非常满意"。

从表 2 可以看出，一方面，受访者对城市治理体系的现状普遍感到满意。在五类城市治理主体中，有四类（媒体、公共组织、教育和科学设施及城市居民）的评价分数已高于平均分（2 分），其评价得分从高到低依次排序为：教育和科学设施（2.26 分）、公共组织（2.24 分）、城市居民（2.20 分）、媒体（2.18 分）。另一方面，城市治理的重要主体——地方政府的最终评价得分（1.98 分）低于平均分。这表明，城市居民在一定程度上对地方政府在治理体系中的运作方式感到不满。同时在所有城市类型中，尽管人口规模不同，但与其他城市治理主体相比，居民对于地方政府的不满情绪最为明显，这也导致地方政府在治理体系中的评价得分较低。

表 2   各城市治理主体功能评价的平均得分

单位：分

城市类型	城市发展主体				
	地方政府	媒体	公共组织	教育和科学设施	城市居民
百万人口城市	1.96	2.26	2.22	2.23	2.15
大城市	2.12	2.21	2.34	2.35	2.29
中等城市	1.74	1.95	2.03	2.10	2.07
小城市	2.05	2.32	2.33	2.32	2.24
总体	1.98	2.18	2.24	2.26	2.20

需要注意的是，本研究在对每种类型的城市进行单独分析后发现，与其他类型的城市相比，中等城市中，居民对于城市治理体系所有治理主体的评价得分均较低。同时，大城市中，居民对于地方政府、公共组织、教育和科学设施以及城市居民的评价得分均较高。此外，百万人口城市和小城市，其治理体系评分处于中间位置。前一类城市类型中居民对于媒体的评分

（2.26）最高，而后一类城市类型中居民对于公共组织的评分（2.33）最高。

城市治理体系所履行的职能代表了治理活动的实质。这些职能包括规划、预测、项目开发和决策机制，以及协调和监督。众多社会学家和管理学者认为，实际上城市治理体系的关键职能是制定社会政策，从而为满足公众的基本需求创造必要条件，营造积极的社会氛围，并确保不同群体之间的和谐，使他们的利益保持平衡（Zborovskiy，2007）。城市社会政策是城市未来发展的战略，也是帮助地方政府和城市居民共同努力以确保城市竞争优势和稳定发展的有用工具之一。

此外，认识到城市战略评级的主要性质，将有助于评估地方政府和居民在城市未来发展愿景上的共识程度。为了确定城市居民对当前城市发展战略的支持水平，本研究还进行了公众对中期（2024 年）城市战略发展规划的完成情况的评估（注：实证数据来自 2019～2020 年），同时分析了地方政府在解决与实现该战略相关问题和实施相应计划的能力。

表 3 显示，总体而言，受访者对所在城市的战略发展规划实施方式感到满意，约有半数（45%）民众对地方政府战略发展规划的实施情况给予"满意"评价。同时在所有的城市类型中，均有超四成的公众对地方政府战略发展规划的实施情况给予"满意"评价。此外，在涉及对地方政府有效实施战略发展规划能力的评估中，仍有 44% 的民众给予"满意"评价。

表 3　公众对城市发展战略规划完成情况的评价

城市类型	问题 1（%）			问题 2（%）			CC
	较差	满意	良好	较差	满意	良好	
百万人口城市	22	43	36	20	47	34	0.653
大城市	19	47	34	21	44	35	0.646
中等城市	30	46	24	35	44	22	0.774
小城市	20	42	39	21	42	37	0.709
总体	22	45	33	24	44	32	0.694

注：（1）"问题 1"指"请评价贵市 2024 年战略发展规划的实施情况"；（2）"问题 2"指"请评价地方政府在解决问题以实现 2024 年城市战略发展规划目标的表现"；（3）"CC"指问题 1 和问题 2 之间的相关系数（表中为斯皮尔曼等级相关系数，$p < 0.05$ 时为显著）。

值得单独讨论的是，战略发展规划实施得分与地方政府有效工作能力之间表现出较强的相关性，相关系数值达到了 0.694。显然，在公众看来，战略发展规划的实施和地方政府在该地区的活动紧密相关。但不同类型的城市之间，这种联系的紧密程度是不同的。对于中等城市的居民而言，两者之间的相关性（0.774）最强。考虑到此类城市居民对地方政府战略执行和职能的评分最低，可以看出，地方政府未能履行职责，因此民众对此感到不满。在其他类型的城市中也可以观察到相同的相关性。但首先，这种相关性不那么强；其次，受访者给出的分数往往要高得多。总的来说，这些结果与作为城市发展主体的地方管理机构的得分非常一致（见表2）。

　　城市治理的民主化具有地方自治所固有的组成部分，其要求是为公民参与创造有利条件，以解决重要社会问题。将公众作为社会资源来解决城市问题，是当前管理城市和都市圈发展的重点任务之一。城市居民对于如何改善所居住的城市的环境都持有较好的想法，并可以在制定和改进城市发展战略方面提供帮助。但首先需要弄清楚的是城市居民是否已经准备好参与制订完善城市治理体系的计划。这促使我们衡量做好准备的程度（见表4）。

表 4　参与制订完善城市治理体系计划的意愿

单位：%

城市类型	是，我已做好准备	不，我尚未做好准备	不太确定
百万人口城市	20	10	70
大城市	22	13	66
中等城市	27	11	62
小城市	16	12	72
总体	21	12	67

　　从表4中可以看出，21%的受访者表示他们已经准备好参与制订完善城市治理体系计划，这与之前其他社会学家得出的研究结论相一致（Zaborova，2014b；Tikhonov，2017）。然而，总体而言，城市居民不确定他们是否打算参与完善城市治理体系的占比最高，达到了67%。这种态度的普遍存在很可能是由于调查问卷中问题的表述方式过于模糊。为促使其做出决定，问题需要具体地阐述，之后受访者才能决定是否真正影响他们的利益。如果该问题能够更详细地概述和描述，那么民众对于参与解决问

题的决定会更加明确。

值得注意的是，在考察不同城市类型的居民时发现，中等城市的居民表示愿意参与制订完善城市治理体系计划的占比最高，达到了27%。他们高涨的积极性很可能与其对所在城市发展和地方政府工作的低评分有关，同时也表明有意协助解决城市的关键问题。相反，小城市的居民表示愿意参与制订完善城市治理体系计划的占比最低，仅有16%。这可能是因为他们对城市发展和地方政府的活动感到满意，他们认为不需要且没必要参与其中。

在社会治理机制内部，包含着一套形式、方法和技术体系，以促进治理主体之间的合作。城市治理机制也多种多样，其中包含着法律、经济、文化和人口等各种社会关系的调节器。本部分的主要焦点是寻找居民与城市管理机构之间的最佳互动形式和方式，以完善城市治理体系的运作方式。为此，在问卷中询问了愿意参与制订完善城市治理体系计划的受访者，了解他们认为哪种参与形式最为合理。

从表5中可以看出，受访者会选择城市实践中最广泛、最常用的形式与地方政府互动。值得注意的是，不存在某一种参与形式要明显优于其他形式的情况。有29%的受访者认为可以"审阅公众的意见"，以确定公众对正在开发或已经实施的项目的态度。有24%的受访者指出可以"将实际结果告知公众"，即建立一个简化的信息系统，向公众及时公布当前城市发展的问题、城市规划项目及其实施机制等。有21%的受访者表示可以"邀请公共组织和利益团体参与讨论"，即邀请代表城市不同群体和阶层利益的公共组织与利益相关方来讨论重要的社会问题。

表5　公众参与制订完善城市治理体系计划的形式

单位：%

参与形式	百万人口城市	大城市	中等城市	小城市	总体
审阅公众的意见	34	25	31	30	29
邀请公共组织和利益团体参与讨论	20	26	20	15	21
将实际结果告知公众	23	23	26	22	24
不需要特别邀请，公众将主动参与	4	4	3	6	4
不确定	20	22	21	28	22

值得注意的是，在谈及公众可能的参与形式时，城市居民希望政府机构能够主动发起合作，邀请居民参与到城市治理中的比例较高，仅有 4% 的受访者认为"不需要特别邀请，公众将主动参与"。需要特别指出的是，超过两成的受访者表示"不确定"，即愿意参与解决城市问题，但无法选择其认可或接受的参与形式。在按照城市类型来分析受访者的回答时发现，各城市类型之间，公众所选择特定合作的形式并没有显著差异。总的来说，此处的分析结果符合总体情况。

在此部分末尾，本研究想指出，公众对城市治理体系运作方式评价的区域特征以及居民参与讨论城市发展相关重要问题意愿的区域特征。具体结果如表 6 所示。

表 6　城市发展战略实施情况评价及其主体运作、参与意愿和参与形式方面的区域特征

		总计	下诺夫哥罗德州	斯维尔德洛夫斯克州	萨哈（雅库特）共和国	鄂木斯克州	沃洛格达州	斯摩棱斯克州	卡尔梅克共和国
城市发展主体运作方式的平均得分（分）									
地方政府		1.98	2.09	1.93	2.35	1.96	2.03	2.01	1.58
媒体		2.18	2.33	2.26	2.30	2.30	2.11	2.22	1.81
公共组织		2.24	2.27	2.41	2.43	2.21	2.20	2.35	1.80
教育和科学设施		2.26	2.32	2.27	2.51	2.24	2.23	2.34	1.93
城市居民		2.20	2.15	2.21	2.39	2.24	2.19	2.27	1.94
公众对城市发展战略实施情况的评价（%）									
问题1	较差	22	20	27	15	14	13	25	39
	满意	45	41	38	46	47	53	42	48
	良好	33	39	35	39	39	34	33	13
问题2	较差	24	21	26	20	15	15	24	44
	满意	44	42	38	38	55	52	42	46
	良好	32	38	36	42	30	33	35	10
CC		0.694	0.826	0.53	0.529	0.549	0.683	0.673	0.808

	总计	下诺夫哥罗德州	斯维尔德洛夫斯克州	萨哈（雅库特）共和国	鄂木斯克州	沃洛格达州	斯摩棱斯克州	卡尔梅克共和国
公众参与制订完善城市治理体系计划的意愿（%）								
是，我愿意	21	24	16	25	12	18	21	31
不，我不愿意	12	12	8	17	11	8	14	12
不太确定	67	64	76	59	76	74	66	57
公众参与制订完善城市治理体系计划的形式（%）								
审阅公众的意见	29	24	29	25	45	24	27	32
邀请公共组织和利益团体参与讨论	21	19	28	26	13	26	17	19
将实际结果告知公众	24	26	19	23	18	25	27	27
不需要特别邀请，公众将主动参与	4	6	4	4	4	4	4	3
不确定	22	26	21	23	19	22	25	19

对不同区域间的特征的分析发现，公众对城市发展主体运作方式的评价与该区域社会文化现代化水平之间存在着明显联系。这种联系可以描述为"线性－非线性"。也就是说，在社会文化现代化水平较高地区（1、2、3级），人们往往会对地方政府和其他治理主体的运作方式给予较高的评价[包括下诺夫哥罗德州、斯维尔德洛夫斯克州、萨哈（雅库特）共和国]。相反，在社会文化现代化水平较低地区（4、5、6级），人们往往对治理主体的运作表示不满并给出较低分数（包括沃洛格达州、斯摩棱斯克州和卡尔梅克共和国）。

在公众对城市发展战略实施情况的评价方面，所有调查地区的得分都保持在平均水平。总体而言，公众对于城市发展战略的执行情况感到满意。需要说明的是，与其他地区相比，卡尔梅克共和国内公众对于城市发展战略的执行情况做出"较差"评价的人数占比远高于做出"良好"评价的人数占比。其原因在于该地区的社会文化现代化水平较低。

此外，公众对于地方政府实施发展战略能力的评价也稍有不同。社会文化现代化水平较高地区（1、2、3级）的地方政府所获得的评价分数更高。鉴于此，可以看出，城市发展战略实施情况的评价得分与地方政府执行这些战略的能力密切相关。在所有调查地区，这些得分之间都存在明显的相关性，然而在社会文化发展水平较低的地区，这种相关性最为显著，即受访者对城市发展战略实施的情况评价得分越低，他们往往越倾向于认为这是由于地方政府无法胜任或能力不足造成的。

就城市居民参与解决问题和讨论重大社会事务的意愿而言，在各调查区域之间似乎不存在显著差异。唯一值得强调的分析结果是，与其他地区相比，卡尔梅克共和国内城市居民参与解决问题和讨论重大社会事务的意愿最强，占比达到了31%。可能的原因就在于，人们对当地政府的职能评级较低，从而反向促使着公众积极参与，通过表达观点和态度来创造变革需求。在公众与管理机构之间最有效的合作形式选择方面，不同地区之间的回答并无显著差异。

四 城市治理中数字技术使用的先决条件

俄罗斯社会经济发展的主要优先事项之一是推行城市和联邦地区的数字化。作为重大发展计划实施的一部分，联邦中央政府为此制定并批准了一项名为"数字经济"的国家规划，旨在促进数字技术在各个领域的应用，以提升俄罗斯联邦居民的生活水平。正如俄罗斯总理米舒斯京所说："俄罗斯必须推广自己的尖端数字平台，并以'数字经济'国家规划作为其促进因素。"[1]

推行数字化过程的另一个方面是利用现代数字技术来组织和管理城市空间。在国家层面，这种独立规划被称为"智慧城市"。数字技术可以为城市生活的各个领域提供广泛的可能性。它能为居民提供舒适的生活条件，同时提高市政服务、物流、公共交通和城市管理等领域的效率，使城市环境总体上更具吸引力。但推行数字化不仅仅意味着提高大城市和大都市实施现代技术的能力，因为这些地区的居民通常在使用现代技术方面已经拥有相当高的技能。需要强调的是，在小城市地区推行数字化才是更应该关注的问题，毕竟小城市才是俄罗斯人口数量最多的定居区域。

---

[1] 《米舒斯京声称俄罗斯正在推广自己的尖端数字平台》，参见 https://tass.ru/ekonomika/7535809，最后访问日期：2022年6月21日。

　　数字化的主要目标之一是利用现代技术管理城市环境，以便创造更多机会，邀请居民和公共组织参与实施城市发展计划和项目，从而为城市自治的发展创造更有利的条件。这需要在地方政府与当地民众之间开发新的合作方式，如通过创建数字通信平台，人们可以在其中交流信息和意见，并利用数字资源获取重要信息或政府服务。

　　数字技术旨在拉近地方政府和民众之间的距离，并促进其合作，以确定与城市发展计划和项目的相关态度，促使公民参与解决城市问题。在本部分中将提出城市空间数字化这一方面，该方面与评估人们使用互联网和数字技术的现有先决条件和可能性（作为与城市管理机构合作解决关键问题的一部分）有关。这项任务的重点是鼓励地方政府与城市居民开展合作，积极创造条件，使公众能够更好地获取地方政府行动的最新信息，提高公众获取基本服务的效率。

　　毫无疑问，将现代数字技术引入民众与政府合作领域将有助于公众生活水平的提高。但如果不满足关键条件，这些效果将被抵消，这一关键条件即人们具有使用现代数字技术和通信渠道的能力与技能，而一旦缺乏这种能力便意味着城市居民将无法充分利用数字化提供的机会。此处最重要的因素是城市居民对互联网的访问和使用程度。因此，本部分首先要做的就是分析所调查城市中公众的互联网使用情况。

　　表 7 的结果表明，约有 90% 的受访者使用过互联网，其中某些城市类型中受访者的使用频率明显偏高。此外，有 75% 的受访者表示每天都使用互联网，同时有 14% 的受访者的互联网使用频率不同，从每周一次到三个月一次不等。如预期所料，最活跃的互联网用户来自人口过百万的城市。在这些城市中使用互联网的用户明显更多，占比达到了 95%，并且互联网使用频率也更高，有 82% 的受访者表示每天都使用互联网。在其他城市类型中，互联网使用的总体情况符合以下趋势，即随着城市人口规模的缩小，互联网使用频率也随之减少。大城市的使用互联网的用户大约为 90%，中等城市为 87%，小城市为 83%。此外，城市聚落规模越小，公众使用互联网的频率就越少。可以说，在所调查地区内居民能够利用现代数字技术的适当条件均已具备，

表 7　公众的互联网使用频率

单位：%

城市类型	百万人口城市	大城市	中等城市	小城市	总体
每日	82	76	76	63	75
每周	10	8	7	13	9
每月	2	3	2	4	3
三个月一次	1	3	2	3	2
从来没有，我也无意愿	4	7	10	13	8
从来没有，但我有意愿	2	3	3	4	3

　　数字化的主要目标之一是更有效地向公众提供政务服务。最初，调查问卷中并没有询问受访者利用数字化技术申请国家服务的使用程度问题。因此，为评估数字技术的作用，本研究分析了公众与地方政府打交道的情况，同时比较分析了公众接触城市管理机构的总体情况和互动方式，以及使用某种互动方式的频率。

　　在 2017 年至 2020 年间，向地方政府提出询问的受访者总体占比为 14.7%，而在使用互联网的受访者中，这一比例略高，为 17.2%。因此，可以假设互联网的使用能够促使公众向城市管理机构提出更多询问。

　　为了验证这一假设，本研究分析了城市居民使用互联网的主要目的。如表 8 所示，总体而言，城市居民中的互联网用户有着广泛的兴趣爱好，但无法确定其显著的核心需求。调查结果显示，城市居民中使用互联网进行社交沟通和搜索信息的比例分别为 21% 和 23%；解决工作相关问题和娱乐（看电影、下载音乐等）的比例分别为 18% 和 14%；购买商品或支付服务费用的比例为 14%；用于学习的比例为 10%。

表 8　公众使用互联网的目的

单位：%

使用目的	所有受访者					接触地方政府的受访者				
	百万人口城市	大城市	中等城市	小城市	总体	百万人口城市	大城市	中等城市	小城市	总体
工作	15	16	17	16	16	20	17	18	18	18

续表

使用目的	所有受访者					接触地方政府的受访者				
	百万人口城市	大城市	中等城市	小城市	总体	百万人口城市	大城市	中等城市	小城市	总体
学习	11	11	13	9	11	10	11	12	9	10
社交网络中的交流	20	22	22	23	22	19	22	21	22	21
娱乐	17	16	16	17	16	15	14	14	13	14
搜索信息	23	20	21	24	22	22	22	23	26	23
购买和/或支付商品和服务费用	14	15	11	12	13	15	15	12	13	14

此外，通过比较分析所有互联网用户的兴趣列表和联系政府机构的互联网用户的兴趣列表后发现，两者之间的差异并不显著。但那些与政府机构打交道的受访者会更频繁地使用互联网进行工作，这一比例约为18%。用于搜索信息的比例约为23%，用于购买和/或支付商品和服务费用的比例约为14%。与之相反，那些使用互联网进行社交网络沟通、娱乐和学习的受访者，其接触政府机构的频率更低。基于政府服务不同于娱乐或社交网站交流的假设，本研究得出以下结论，即接触政府机构的受访者更倾向于使用互联网来解决他们的问题，包括寻求某种政府服务或搜索信息。同时，如果某个受访者将互联网技术用于工作事宜、查找信息或支付服务费用，则其使用互联网的倾向往往更强，并且这种"倾向"在所有调查的城市类型之间不存在差异。

现在，本研究从评估互联网技术使用经验转向分析民众对政府服务质量的评价，并确定互联网使用在此领域中发挥的作用。同时，为了确定公众对此类服务的满意度是否取决于互联网使用程度，本研究还比较分析了两类受访者（互联网用户和非互联网用户）给出的服务质量评价分数。具体结果如表9所示。

总体而言，在互联网用户和非互联网用户中，受访者对政府服务质量的评价并无显著差异。两类群体给政府服务质量做出正向评价的比例较高，负向评价的比例较低，其中正向评价的比例为39%~44%。然而，需要指出的是，互联网用户给政府服务质量做出负向评价的比例（19%）要略高于非互联网用户（15%）。

表9 政府为人民提供的服务质量

单位：%

质量评价	互联网用户					非互联网用户				
	百万人口城市	大城市	中等城市	小城市	总体	百万人口城市	大城市	中等城市	小城市	总体
较差	17	17	24	16	19	25	12	27	7	15
满意	36	43	42	32	39	46	50	42	30	41
良好	47	40	34	52	43	29	39	31	63	44

调查结果显示，不同城市聚落类型之间对政府服务质量的评价也存在显著差异。从表9可以看出，在百万人口城市中，互联网用户和非互联网用户对政府服务质量做出的评价差异较大。具体来讲，互联网用户对政府所提供服务感到"良好"的比例（47%）要显著高于非互联网用户（29%）。而这与小城市的情况完全相反，即小城市非互联网用户中对政府所提供服务感到"良好"的比例（63%）要显著高于互联网用户（52%）。需要指出的是，与其他城市类型相比，居住在中等城市的受访者对政府服务质量的满意度较低，其不满意程度最高。只有1/3的受访者对政府提供的服务感到"良好"，其中互联网用户对政府提供的服务感到"良好"的比例约为34%，非互联网用户对政府提供的服务感到"良好"的比例约为39%。

数字化社会治理的目标不仅是以交互的形式为民众提供政府服务，更要为城市居民持续获取政府运作重要信息创造必要条件和可能性。数字化社会治理目标的实现将极大促进民众和政府交流平台的建立，公众可以在平台上讨论其城市的社会重大问题，同时以监测形式为建立治理机构和民众之间的建设性对话提供条件。

当前，各级政府机构（包括市级机构）都有责任在官方互动平台和官方网站上发布有关活动、当前计划和未来发展前景的相关信息。因此，了解城市居民如何评价这项任务的执行情况及其对当前提供服务的满意度至关重要。

表10显示，城市居民对政府机构活动数字化信息的可利用性情况的评价较为积极。仅有18%的受访者给予了"较差"评价，其他受访者对政府网站所涵盖的职能信息感到"满意"（41%）或表示"良好"（41%）。

表10 公众对政府机构运作方式的数字信息可利用性的评价

单位：%

可利用性评价	百万人口城市	大城市	中等城市	小城市	总体
较差	19	15	27	13	18
满意	42	43	43	35	41
良好	40	42	30	52	41

在分析不同城市类型中居民对政府机构活动数字化信息的可利用性情况的评价时发现，中等城市居民对政府所提供数字化信息的可利用情况感到最不满意。该类城市居民对政府活动数字化信息的可利用状况持负面评价的比例（27%）最高，且表示"良好"的比例也最低，仅为30%。

此外，除中等城市以外，在所有其他类型的城市类型中，公众对政府机构活动数字化信息的可利用性情况的评价并无显著差异。需要指出的是，小城市居民对政府机构活动数字化信息的可利用性情况的满意度较高。约有52%的受访者给出了"良好"评价，比总体高出11个百分点。

在本部分末尾，本研究将分析城市居民如何看待数字化作用的区域特殊性和差异，以便促使城市居民和地方政府之间建立合作。

表11的结果显示，城市居民在互联网使用程度和互联网使用目的方面存在细微差异。同时，基本上可以断定，在社会文化现代化水平较高的地区（1、2、3、4级），互联网技术在公众的日常活动中发挥着更重要的作用。在这些地区，公众更积极和频繁地使用互联网。在社会文化现代化水平较低的地区（5、6、7级），一个显著特点是有机会使用互联网的人口比例不高，也拒绝使用。

总体而言，不同区域之间，居民在互联网使用目的方面不存在显著差异，但需要强调的是，在社会文化现代化水平较高的地区，民众更倾向于使用互联网进行学习或接受教育。同时，在社会文化现代化水平较低的地区，民众则更倾向于使用互联网以外的方式进行社交。此外，关于政府服务质量和政府活动数字化信息的可用性评价方面，在社会文化现代化水平较高的地区，民众对于政府服务质量的评价往往更高，并且对政府活动数字化信息的可用性评价也更高。

表11　互联网使用程度和使用目的以及政府服务质量和政府活动数字信息的可用性情况评价的区域性特点

单位：%

	总体	下诺夫哥罗德州	斯维尔德洛夫斯克州	萨哈（雅库特）共和国	鄂木斯克州	沃洛格达州	斯摩棱斯克州	卡尔梅克共和国
互联网使用程度								
每日	75	75	79	82	71	66	74	75
每周	9	8	9	7	16	11	8	6
每月	3	1	7	4	5	2	2	1
三个月一次	2	1	3	3	1	3	2	2
从来没有，我也无意愿	8	12	1	1	5	15	11	12
从来没有，但我有意愿	3	3	1	4	1	3	4	4
互联网使用目的								
工作	16	16	17	17	13	15	17	16
学习	11	11	13	12	9	8	10	12
社交网络中的交流	22	19	16	20	26	28	20	25
娱乐	16	17	17	16	15	15	18	16
搜索信息	22	22	25	18	26	20	21	20
购买和/或支付商品和服务费用	13	15	13	17	12	14	14	11
政府机构为人民提供的服务质量的评价								
较差	19	24	14	17	15	17	16	29
满意	38	36	36	42	27	49	41	37
良好	43	41	50	41	58	35	43	35

	总体	下诺夫哥罗德州	斯维尔德洛夫斯克州	萨哈（雅库特）共和国	鄂木斯克州	沃洛格达州	斯摩棱斯克州	卡尔梅克共和国
政府活动数字化信息的可用性的评价								
较差	18	19	16	16	15	14	13	35
满意	41	36	42	44	40	48	34	44
良好	41	45	43	40	45	38	53	21

五　结语

如果将城市治理体系视为一个多主体环境，其中城市发展的各个主体（地方政府、媒体、公共组织、教育和科学设施以及城市居民）也可进行积极互动。总体而言，所有调查地区的居民对当前城市治理体系的现状表示满意。人们对于城市治理体系的综合评价得分持续保持较高水平。同时公众对城市发展战略实施的高满意度进一步证实了这一观点，即城市居民认为现有的城市规划和发展项目执行得相当成功。

需要注意的是，公众对政府机构运作方式的批评态度也越来越普遍。与其他城市发展主体相比，政府机构运作方式的评分仍然是最低的。所有调查地区和所有类型的城市都具有这一趋势。城市居民认为城市治理体系的运作方式与战略发展规划的实施方式以及与地方政府的行动之间存在很强的相关性，但这种相关性具有特殊性，即特定地区或城市的发展情况越糟糕，人们越认为其与当地政府的运作方式有关。换言之，这类地区的居民会把地方政府效率低下视作这些负面评价产生的根本原因。然而，这种趋势并不是双向的。关于民众对于城市治理体系运作方式的积极反馈与地方政府活动的评价之间没有很强的相关性。虽然这种联系确实存在，但并不显著。

总体而言，城市居民对自己在解决城市重大问题中发挥的作用给予了较高评价，调查结果显示，城市居民愿意参与制定和实施城市发展规划和项目的回答比例已达到21%，该研究结果和其他社会学家的研究结论相呼应。值得强调的是，人们并不准备自己发展合作形式，而是等待政府机构的邀请。尽管如此，城市居民对地方政府所提供的合作形式和方式都表示满意。在选择具体的合作形式方面，公众没有表现出明确的偏好，更多关注在邀请本身以及在制定和实施城市发展规划时尊重公众的利益。

在城市治理实践中实施数字技术存在重要的先决条件。当前，互联网技术在俄罗斯各地区的发展势头良好。特别是在政府机构与城市居民互动中，互联网为使用现代数字通信技术奠定了良好的基础。然而，需要注意的是，人们在处理日常事务时确实会经常使用互联网，包括搜索信息、支付服务费用和解决当前问题等。这种趋势正成功地融入民众与政府机构之间的互动，当人们从政府机构寻求各类国家服务时，交互式的实用工具便得到了有效应用。此外，使用现代数字技术的另一个积极影响便是增强民众与政府之间的互动强度，并且政府机构活动的数字化信息也具备了高度可利用性。

正如本研究所提及的，所有调查地区的城市类型都被分为四个类别：百万人口城市、大城市、中等城市和小城市。每种类型都有其与城市治理评估体系相关的独有特征。人口为 5 万~20 万人的"中等城市"具有最复杂的情况。在这些城市居民中，对现有城市治理体系以及当地政府有效实施城市发展战略的运作和能力持批评态度的比例最高。这降低了公众对可用国家服务质量的评价得分和获取政府活动信息的评价得分。同时，中等城市居民的这个评价得分均低于其他城市类型居民。

人口为 20 万~100 万人的大城市的居民对地方治理体系、地方政府的运作方式、地方政府有效实施战略性城市发展计划的能力、政府服务质量和政府活动数字信息的可利用性评分均最高。事实证明，小城市居民的评分情况也非常有趣。总的来说，在所有调查地区的小城市中，居民往往对地方政府的评分较高。不仅是对地方政府，而且对地区和联邦政府的评分也较高。居民对政府服务质量方面的评分也有类似情况。虽然小城市地区互联网使用较少，但居民对地方政府的评分都相当高。主要原因就在于，与人口稠密的大城市相比，小城市类似于一种大型公社，而大型公社的人际交流范围更广。因此，重要的信息和服务通常不是通过官方渠道提供，而是通过个人参与提供的。

不同区域间的比较分析表明，一个城市治理体系的整体评价应取决于该地区的社会文化发展状况，并且两者之间的相关性同时具备线性和非线性的特点。总的来说，与欠发达地区相比，发达地区在治理体系、政府运作、城市战略发展规划的实施效果以及可用国家服务质量方面的评分更高。然而，值得注意的是，一个地区的发展对互联网使用的程度和频率，以及互联网使用的目的并无显著影响，在所有调查地区中该情况都大致相同。这表明，截至今日，在城市治理程序中实施和扩大数字技术使用的条件已经变得平等。

总之，本研究意在指出，城市治理体系是区域间和地域间社会不平等的重要因素。其评估方式会影响人们对特定地区或特定行政区域（本研究为城市地区）发展的整体看法。

参考文献

中文文献

阿列克斯・英克尔斯，戴维・H. 史密斯1992，《从传统人到现代人：六个发展中国家中的个人变化》，顾昕译，北京：中国人民大学出版社。

薄凡、庄贵阳，2022，《"双碳"目标下低碳消费的作用机制和推进政策》，《北京工业大学学报》（社会科学版）第1期。

蔡宁伟、张丽华，2021，《新零工经济的优势与劣势——基于用工时间、内容、流程、收入、体验和发展等多维度思考》，《中国劳动》第2期。

曹海，2018，《党建引领下的社区治理和服务创新》，《政治学研究》第1期。

陈凯、彭茜，2014，《参照群体对绿色消费态度–行为差距的影响分析》，《中国人口・资源与环境》第2期。

陈凯、赵占波，2015，《绿色消费态度–行为差距的二阶段分析及研究展望》，《经济与管理》第1期。

陈旭峰，2017，《老年人养老保障满意度影响因素的实证研究——基于CSS（2013）问卷数据的分析》，《云南民族大学学报》（哲学社会科学版）第7期。

陈璋、徐宪鹏、陈淑霞，2011，《中国转型期收入分配结构调整与扩大消费的实证研究——基于投入产出两部门分析框架》，《经济理论与经济管理》第5期。

程丽香，2021，《中等收入群体成长特征、影响因素及对策的城乡差异分析》，《中共福建省委党校（福建行政学院）学报》第6期。

程名望、张家平、李礼连，2020，《互联网发展、劳动力转移和劳动生产率提升》，《世界经济文汇》第 5 期。

淡静怡、姜全保，2020，《中国女性初婚模式变动趋势研究》，《人口学刊》第 2 期。

党秀云，2019，《论志愿服务可持续发展的价值与基础》，《中国行政管理》第 11 期。

邓仲良，2021，《如何促进人力资本的空间再平衡：基于中国 275 个地级市研究》，《湖北大学学报》（哲学社会科学版）第 48 卷第 4 期。

丁英顺，2019，《日本应对低生育政策再探讨》，《东北亚学刊》第 2 期。

董保华，2022，《社会法"非中心化"调整模式的思考》，《社会科学文摘》第 5 期。

董鉴泓，2004，《中国城市建设中心》，北京：中国建筑工业出版社。

都阳、蔡昉、屈小博、程杰，2014，《延续中国奇迹：从户籍制度改革中收获红利》，《经济研究》第 8 期。

杜传忠、侯佳妮，2021，《"去工业化"对中国地区经济增长的影响——基于门槛效应的分析》，《现代财经》（天津财经大学学报）第 41 卷第 9 期。

杜鹏、孙鹃娟、张文娟、王雪辉，2016，《中国老年人的养老需求及家庭和社会养老资源现状——基于 2014 年中国老年社会追踪调查的分析》，《人口研究》第 6 期。

杜玉梅，2016，《社会变迁中的中国城市发展》，《中国文化论衡》第 1 期。

斐迪南·滕尼斯，1999，《共同体与社会》，林荣远译，北京：商务印书馆。

费孝通，1996，《论中国小城镇的发展》，《小城镇建设》第 3 期。

费孝通，2016，《中国城乡发展道路》，上海：上海人民出版社。

高原、吕伟杰，2021，《产业结构、经济增长与就业结构的联动效应研究》，《市场论坛》第 5 期。

顾朝林等，1999，《中国城市地理》，北京：商务印书馆。

顾雨辰、蔡跃洲，2022，《互联网普及能促进居民消费结构升级吗？——基于 LA/AIDS 拓展模型的实证分析》，《贵州社会科学》第 1 期。

桂勇、黄荣贵，2006，《城市社区：共同体还是"互不相关的邻里"》，《华中师范大学学报》（人文社会科学版）第 6 期。

郭克莎、彭继宗，2021，《制造业在中国新发展阶段的地位和作用》，《中国社会科学》第 5 期。

郭忠华，2006，《奥菲福利国家的矛盾》，吉林：吉林人民出版社。

国家发展和改革委员会城市和小城镇中心，2021，《面向 2035 年的新型城镇化战略研究》，载何立峰主编《"十四五规划"战略研究》（中），北京：人民出版社。

国家广播电视总局，2019，《新中国成立 70 年来广播电视事业发展成就与经验》，《旗帜》第 12 期。

国家统计局编，2021，《中国统计年鉴 2021》，北京：中国统计出版社。

国家统计局城市社会经济调查司，2022，《中国城市统计年鉴 2021》，北京：中国统计出版社。

国家统计局国民经济综合统计司，1999，《新中国五十年统计资料汇编》，北京：中国统计出版社。

国家统计局，2021，《中国统计年鉴 2021》，北京：中国统计出版社。

国务院发展研究中心和世界银行联合课题组，2014，《中国：推进高效、包容、可持续的城镇化》，《管理世界》第 4 期。

韩枫，2016，《城镇流动人口社会保障参保率的影响因素研究——基于京津冀流动人口动态监测数据的分析》，《人口学刊》第 1 期。

何一民，2012，《中国城市史》，武汉：武汉大学出版社。

胡宏伟、蒋浩琛，2021，《我国基本养老服务的概念阐析与政策意涵》，《社会政策研究》第 4 期。

黄杰，2019，《"共同体"，还是"社区"？——对"Gemeinschaft"语词历程的文本解读》，《学海》第 5 期。

黄群慧，2014，《"新常态"、工业化后期与工业增长新动力》，《中国工业经济》第 10 期。

计迎春、郑真真，2018，《社会性别和发展视角下的中国低生育率》，《中国社会科学》第 8 期。

简新华、黄锟，2010，《中国城镇化水平和速度的实证分析与前景预测》，

《经济研究》第 3 期。

江小涓，2011，《服务业增长：真实含义、多重影响和发展趋势》，《经济研究》第 4 期。

江小涓，2021，《数字时代的技术与文化》，《中国社会科学》第 8 期。

焦长权、董磊明，2022，《迈向共同富裕之路：社会建设与民生支出的崛起》，《中国社会科学》第 6 期。

教育部，《2021 年全国教育事业发展统计公报》，教育部网站，http://www. moe. gov. cn/jyb_ sjzl/sjzl_ fztjgb/。

金卉、祝建华，2014，《东亚福利体制背景下的居民福利供给主体偏好》，《南京社会科学》第 10 期。

李春玲，2021，《教育发展的新征程：高质量的公平教育》，《青年研究》第 2 期。

李春玲、刘森林，2018，《国家认同的影响因素及其代际特征差异——基于 2013 年中国社会状况调查数据》，《中国社会科学》第 4 期。

李国新，2021，《论文化馆及其主要职能》，《中国文化馆》第 1 期。

李建民，2009，《中国的生育革命》，《人口研究》第 1 期。

李连江，2012，《差序政府信任》，《二十一世纪》第 3 期。

李培林，2013，《小城镇依然是大问题》，《甘肃社会科学》第 3 期。

李培林，2017，《中国跨越"双重中等收入陷阱"的路径选择》，《劳动经济研究》第 1 期。

李培林、崔岩，2020，《我国 2008—2019 年间社会阶层结构的变化及其经济社会影响》，《江苏社会科学》第 4 期。

李培林、朱迪，2015，《努力形成橄榄型分配格局——基于 2006—2013 年中国社会状况调查数据的分析》，《中国社会科学》第 1 期。

李萍，2021，《我国建成全球最大社会保障体系　13.6 亿人参加基本医疗保险》，《深圳特区报》4 月 22 日，第 4 版。

李强、陈宇琳、刘精明，2012，《中国城镇化"推进模式"研究》，《中国社会科学》第 7 期。

李雪、吕鹏，2022，《破解企业社会保险高参保低缴费之谜：全球关联与国家强制——基于中国私营企业调查（CPES）2002—2016 的混合截面数据分析》，《贵州社会科学》第 2 期。

李永华，2022，《"不愿进厂当工人"难题怎么解？ 人大代表：提升工匠的社会地位》，《中国经济周刊》第 5 期。

理查德·泰勒、卡斯·桑斯坦，2015，《助推：如何做出有关健康、财富与幸福的最佳决策》，刘宁译，北京：中信出版社。

林宝，2021，《康养结合：养老服务体系建设新阶段》，《华中科技大学学报》第 5 期。

林春梅、秦江梅、张丽芳、张艳春、孟业清、王鑫，2021，《2020 年中国社区医院建设追踪监测分析》，《中国全科医学》第 31 期。

林卡，2021，《回顾与展望：中国社会保障体系演化的阶段性特征与社会政策发展》，《人民论坛·学术前沿》第 20 期。

林闽钢、霍萱，2019，《中国社会保障的制度变迁——以 1997、2008 年经济危机为关键节点的考察》，《武汉大学学报》（哲学社会科学版）第 6 期。

林晓珊，2017，《增长中的不平等：从消费升级到消费分层》，《浙江学刊》第 3 期。

刘长松，2015，《低碳消费的科学内涵与发展途径》，《鄱阳湖学刊》第 3 期。

刘来会、安素霞，2020，《去工业化对收入不平等的影响：机制分析与实证检验》，《南方经济》第 12 期。

刘士林，2019，《城市中国之道——1949 年以来中国共产党的城市化理论和模式研究》，上海：上海交通大学出版社。

刘文龙、吉蓉蓉，2019，《低碳意识和低碳生活方式对低碳消费意愿的影响》，《生态经济》第 8 期。

刘西国，2015，《社会保障会"挤出"代际经济支持吗？——基于动机视角》，《人口与经济》第 3 期。

刘娴静，2006，《城市社区治理模式的比较及中国的选择》，《社会主义研究》第 2 期。

刘献廷，1997，《广阳杂记》，北京：中华书局。

刘一伟，2016，《互补还是替代："社会养老"与"家庭养老"——基于城乡差异的分析视角》，《公共管理学报》第 4 期。

刘宇辉，2022，《推动义务教育优质均衡发展》，《中国党政干部论坛》第 9 期。

陆学艺、李培林主编，1991，《中国社会发展报告》，沈阳：辽宁人民出版社。

陆益龙，2008，《户口还起作用吗——户籍制度与社会分层和流动》，《中国社会科学》第 1 期。

罗伯特·帕特南，2011，《独自打保龄：美国社区的衰落与复兴》，刘波译，北京：北京大学出版社。

罗威廉，2005，《汉口：一个中国城市的商业和社会（1796—1889）》，江溶、鲁西奇译，北京：中国人民大学出版社。

罗志恒、占烁、吕子亮，2020，《大迁徙时代：2000 年以来的中国人口大流动》，https://mp.weixin.qq.com/s/sltIhrmnWZBCPrIS849lZA，最后访问日期：2021 年 5 月 17 日。

马超培、蔡光韦、唐旭，2016，《基于投入产出分析的行业吸纳就业能力研究》，《北京林业大学学报》（社会科学版）第 15 卷第 4 期。

马瑞婷，2021，《零工劳动市场评价制度研究》，《合作经济与科技》第 11 期。

马爽，2022，《旧观念打破与新身份认同：当代青年"二手时尚消费"的成因与引导》，《商业经济》第 4 期。

尼尔·亚伦·西尔、特里·尼科尔斯·克拉克，2019，《场景：空间品质如何塑造社会生活》，祁述裕、关军译，北京：社会科学文献出版社。

倪鹏飞，2013，《新型城镇化的基本模式、具体路径与推进对策》，《江海学刊》第 1 期。

彭宗峰，2022，《政府、社会与居民良性互动的社区治理何以可能——一个基于内卷理论重释的理解框架》，《求实》第 4 期。

浦善新、陈德彧、周艺，1995，《中国行政区划概论》，北京：知识出版社。

渠敬东，2012，《项目制：一种新的国家治理体制》，《中国社会科学》第 5 期。

齐美尔，1991，《桥与门——齐美尔随笔集》，涯鸿、宇声泽，上海：上海三联书店。

任保平、苗新宇，2021，《新经济背景下扩大新消费需求的路径与政策取向》第 3 期。

萨支红、张梦吉、刘思琪、刘京、辛瑞萍，2020，《家政工生存状况研究：基于北京、济南被访者抽样调查》，《妇女研究论丛》第 4 期。

上海研究院社会调查和数据中心课题组，2016，《扩大中等收入群体，促进消费拉动经济——上海中等收入群体研究报告》，《江苏社会科学》第 5 期。

生态环境部环境与经济政策研究中心课题组，2019，《互联网平台背景下公众低碳生活方式研究报告》。

施坚雅，1991，《中国封建社会晚期城市研究——施坚雅模式》，王旭等译，长春：吉林教育出版社。

施坚雅，2000，《中华帝国晚期的城市》，叶光庭等译，北京：中华书局。

宋锦、李曦晨，2019，《产业转型与就业结构调整的趋势分析》，《数量经济技术经济研究》第 36 卷第 10 期。

孙凤，2019，《关于消费"升级"与"降级"的几点认识》，《学术前沿》第 1 期（下）。

孙鸿志，2007，《拉美城镇化及其对我国的启示》，《财贸经济》第 12 期。

孙久文、李承璋，2022，《需求侧与供给侧结合的消费升级路径研究》，《中国人民大学学报》第 2 期。

孙立平，2000，《内需不足的社会学分析》，《中国青年政治学院学报》第 6 期。

孙晴、韩平、丁莹莹，2019，《三次产业的就业弹性、结构偏离度与比较劳动生产率协同研究》，《统计与决策》第 35 卷第 10 期。

陶涛、袁典琪、刘雯莉，2022，《子女支持对城乡老年人养老服务购买意愿的影响——基于 2018 年中国老年追踪调查的分析》，《人口研究》第 1 期。

佟新、周旅军，2013，《就业与家庭照顾间的平衡：性别与职业地位的比较》，《学海》第 2 期。

万国威、刘梦云，2011，《"东亚福利体制"的内在统一性——以东亚六个国家和地区为例》，《人口与经济》第 1 期。

王春光，2021，《社会治理"共同体化"的日常生活实践机制和路径》，《社会科学研究》第 4 期。

王春光，2006，《农村流动人口的"半城市化"问题研究》，《社会学研究》第 5 期。

王笛，2012，《中国城市史研究的理论、方法与实践》，《都市文化研究》第 1 期。

王国刚，2010，《城镇化：中国经济发展方式转变的重心所在》，《经济研究》第 12 期。

王建明、郑冉冉，2010，《消费者资源节约行为的影响因素——基于购买、消费过程的考察》，《北京工商大学学报》（社会科学版）第 4 期。

王俊秀，2019，《莫让"996"成为职场明规则》，《人民论坛》第 33 期。

王美艳、蔡昉，2008，《户籍制度改革的历程与展望》，《广东社会科学》第 6 期。

王宁，2003，《传统消费行为与消费方式的转型——关于扩大内需的一个社会学视角》，《广东社会科学》第 2 期。

王宁，2009，《消费系统现代化——一个扩大消费的社会学视角》，《中山大学学报》（社会科学版）第 6 期。

王宁，2014，《地方消费主义、城市舒适物与产业结构优化——从消费社会学视角看产业转型升级》，《社会学研究》第 4 期。

王宁，2022，《从雇员到零工：劳动者个体化中的劳动价值》，《人民论坛·学术前沿》第 8 期。

王天宇、彭晓博，2015，《社会保障对生育意愿的影响：来自新型农村合作医疗的证据》，《经济研究》第 2 期。

王伟，2019，《日本少子化进程与政策应对评析》，《日本学刊》第 1 期。

王伟进、王雄军，2018，《中国社会组织参与社会治理的进展与问题》，《国家治理》第 35 期。

王小鲁、夏小林，1999，《优化城市规模推动经济增长》，《经济研究》第 9 期。

王小章，2007，《中古城市与近代公民权的起源：韦伯城市社会学的遗产》，《社会学研究》第 3 期。

王旭、赵毅，1992，《施坚雅宏观区域学说述论——中国城市史研究的理论探索》，《史学理论研究》第 2 期。

王亚菲、贾雪梅、王春云，2021，《中国行业层面就业核算研究》，《统计研究》第 38 卷第 12 期。

王亚男、冯奎、郑明媚，2012，《中国城镇化未来发展趋势——2012 年中国城镇化高层国际论坛会议综述》，《城市发展研究》第 6 期。

王玉香，2022，《透视青年极简生活观念、方式及行为》，《人民论坛》第 15 期。

王跃生，2020，《制度变迁与当代城市家庭户结构变动分析》，《人口研究》第 1 期。

王志章、刘天元，2017，《生育"二孩"基本成本测算及社会分摊机制研究》，《人口学刊》第 4 期。

蔚志新，2013，《流动人口社会保险参与状况的地区差异分析——基于 2011 年全国 32 个省级单位的流动人口问卷调查》，《人口学刊》第 2 期。

魏婉、王林，2022，《年轻人真在"逃离"工厂吗 制造业企业就业结构错配问题亟待破解》，《中国中小企业》第 4 期。

文太林、肖瑶，2020，《普惠时代的社会保障满意度及影响因素——基于 CGSS 数据的实证分析》，《财政科学》第 2 期。

闻效仪，2020，《去技能化陷阱：警惕零工经济对制造业的结构性风险》，《探索与争鸣》第 11 期。

邬志辉、秦玉友，2017，《中国农村教育发展报告 2017》，北京：北京师范大学出版社。

吴帆，2016，《欧洲家庭政策与生育率变化——兼论中国低生育率陷阱的风险》，《社会学研究》第 1 期。

吴帆，2017，《中国家庭老年照料者的主要特征及照料投入差异——基于第三期中国妇女地位调查的分析》，《妇女研究论丛》第 2 期。

吴小英，2020，《照料的问题化及其政策选择——一个家庭变迁视角的探讨》，《杭州师范大学学报》（社会科学版）第 6 期。

吴晓刚，2007，《中国的户籍制度与代际职业流动》，《社会学研究》第 6 期。

吴心越，2019，《市场化的照顾工作：性别、阶层与亲密关系劳动》，《社会学评论》第 1 期。

吴要武、蔡昉，2006，《中国城镇非正规就业：规模与特征》，《中国劳动经济学》第 3 卷第 2 期。

吴振球，2017，《我国扩大居民消费：理论模型与实证研究》，《学习与实践》第 9 期。

习近平，2018，《在庆祝改革开放 40 周年大会上的讲话》，《人民日报》12 月 19 日。

习近平，2022，《促进我国社会保障事业高质量发展、可持续发展》，《求是》第 8 期。

席恒、余澍、李东方，2021，《光荣与梦想：中国共产党社会保障 100 年回顾》，《管理世界》第 4 期。

向德平，2020，《推动新时代社区治理创新发展》，《中国社会科学报》第 7 期。

向书坚、温婷，2015，《中国现代服务业就业优势效应的区域差异性分析——基于空间偏离－份额模型的实证检验》，《科技管理研究》第 35 卷第 9 期。

肖索未、简逸伦，2020，《照料劳动与社会不平等：女性主义研究及其启示》，《妇女研究论丛》第 5 期。

辛伟、任保平，2021，《中国高品质消费引领高质量供给的机制和路径研究》，《消费经济》第 6 期。

新华社，2021，《中共中央 国务院关于优化生育政策促进人口长期均衡发展的决定》，http://www.gov.cn/zhengce/2021－07/20/content_5626190.htm。

新华社，2022，《中国共产党第二十次全国代表大会在京开幕 习近平代表第十九届中央委员会向大会作报告》。

徐朝阳、张斌，2020，《经济结构转型期的内需扩展：基于服务业供给抑制的视角》，《中国社会科学》第 1 期。

徐春燕，2017，《明清时期中原城镇发展研究》，北京：社会科学文献出版社。

许宏，2000，《先秦城市考古学研究》，北京：北京燕山出版社。

许琪，2015，《儿子养老还是女儿养老？基于家庭内部的比较分析》，《社会》第 4 期。

许琪，2016，《中国人性别观念的变迁趋势、来源和异质性》，《妇女研究论丛》第 3 期。

许庆明、胡晨光、刘道学，2015，《城市群人口集聚梯度与产业结构优化升级——中国长三角地区与日本、韩国的比较》，《中国软科学》第 1 期。

许学强、朱剑如编著，1988，《现代城市地理学》，北京：中国建筑工业出版社。

薛二勇，2022，《新时代义务教育优质均衡发展的路径》，《人民教育》第 20 期。

闫冰倩、冯明，2021，《服务业结构性扩张与去工业化问题再审视》，《数量经济技术经济研究》第 38 卷第 4 期。

阳义南、袁涛，2022，《养老服务购买者的甄别与归因分解》，《中国人口科学》第 1 期。

杨滨伊、孟泉，2020，《多样选择与灵活的两面性：零工经济研究中的争论与悖论》，《中国人力资源开发》第 37 卷第 3 期。

杨帆，2020，《社会保障有利于缓解农村居民的相对贫困吗？——来自内蒙古农村牧区的经验数据》，《西部发展研究》第 1 期。

杨菊华，2011，《城乡差分与内外之别：流动人口社会保障研究》，《人口研究》第 5 期。

杨菊华、李路路，2009，《代际互动与家庭凝聚力——东亚国家和地区比较研究》，《社会学研究》第 3 期。

杨可，2018，《母职的经纪人化——教育市场化背景下的母职变迁》，《妇女研究论丛》第 2 期。

杨琨、袁迎春，2018，《共识与分化：福利国家公民的福利态度及其比较研究》，《公共行政评论》第 3 期。

杨团，2002，《社区公共服务论析》，北京：华夏出版社。

杨伟国、周宁，2017，《中国人口与劳动问题报告 No. 18. 新经济新就业》，北京：社会科学文献出版社。

杨晓军，2017，《中国户籍制度改革对大城市人口迁入的影响——基于 2000—2014 年城市面板数据的实证分析》，《人口研究》第 1 期。

姚明明、李华，2014，《财富结构、消费结构与扩大内需》，《消费经济》第 5 期。

叶海云，2000，《试论流动性约束、短视行为与我国消费需求疲软的关系》，《经济研究》第 11 期。

叶闽慎、周长城，2016，《从观念到行为：教育、生态价值观与环保行为》，《黑龙江社会科学》第 1 期。

尹广文，2016，《多元主体参与社区场域中的协同治理实践——基于四种典型的社区治理创新模式的比较研》，《云南行政学院学报》第 5 期。

尤越，2022，《致广大而尽精微——从中国博物馆实践看博物馆的力量》，http://society. sohu. com/a/610793551_121106869 。

余永定、李军，2000，《中国居民消费函数的理论与验证》，《中国社会科学》第 1 期。

於嘉，2022，《何以为家：第二次人口转变下中国人的婚姻与生育》，《妇女研究论丛》第 5 期。

於嘉、谢宇，2019，《中国的第二次人口转变》，《人口研究》第 5 期。

袁方成，2019，《增能居民：社区参与的主体性逻辑与行动路径》，《行政论坛》第 1 期。

岳经纶、方萍，2017，《照顾研究的发展及其主题：一项文献综述》，《社会政策研究》第 4 期。

曾洁华、钟若愚，2021，《互联网推动了居民消费升级吗——基于广东省城市消费搜索指数的研究》，《经济学家》第 8 期。

张兵、李苹，2022，《职业替代、行业智能化与中国劳动力就业》，《上海经济研究》第 5 期。

张光直，1985，《关于中国初期"城市"这个概念》，《文物》第 2 期。

张恒龙、姚其林，2020，《基于城乡居民消费行为分析视角的扩大内需研究》第 1 期。

张鸿雁，2013，《中国新型城镇化理论与实践创新》，《社会学研究》第
　　3 期。

张辉，2021，《技术进步与畅通国内大循环：产业结构升级视角》，《上海
　　对外经贸大学学报》第 28 卷第 1 期。

张来明、刘理晖，2022，《新中国社会治理的理论与实践》，《管理世界》
　　第 1 期。

张丽宾，2004，《"非正规就业"概念辨析与政策探讨》，《经济研究参考》
　　第 81 期。

张丽萍、王广州，2022，《中国家庭结构变化及存在问题研究》，《社会发
　　展研究》第 2 期。

张伟，2003，《都市圈的概念、特征及其规划探讨》，《城市规划》第 6 期。

张文娟、付敏，2022，《中国老年人的多维贫困及其变化趋势》，《人口研
　　究》第 4 期。

张杨波，2017，《新型城镇化、扩大内需与消费升级》，《浙江学刊》第
　　3 期。

张艺、皮亚彬，2022，《数字技术、城市规模与零工工资——基于网络招
　　聘大数据的实证分析》，《经济管理》第 44 卷第 5 期。

张翼，2020，《全面建成小康社会视野下的社区转型与社区治理效能改
　　进》，《社会学研究》第 6 期。

张占斌，2013，《新型城镇化的战略意义和改革难题》，《国家行政学院学
　　报》第 1 期。

章超，2022，《中等收入群体家庭消费、日常生活安排的可持续逻辑》，
　　《社会科学辑刊》第 1 期。

赵仁杰、唐珏、张家凯、冯晨，2022，《社会监督与企业社保缴费——来
　　自社会保险监督试点的证据》，《管理世界》第 7 期。

赵卫华，2015，《居民家庭用水量影响因素的实证分析——基于北京市居
　　民用水行为的调查数据考察》，《干旱区资源与环境》第 4 期。

赵祥云，2019，《业主委员会参与社区治理的多重合法性及运行逻辑——
　　基于对苏州市相城区 R 小区的分析》，《深圳社会科学》第 4 期。

郑功成，2017，《构建积极、健康的社会保障体系》，《中国社会保障》第7期。

郑功成，2019，《中国社会保障70年发展（1949—2019）：回顾与展望》，《中国人民大学学报》第5期。

郑功成，2020，《中国养老金：制度变革、问题清单与高质量发展》，《社会保障评论》第1期。

郑功成、何文炯、童星、王杰秀、丁建定、胡秋明、李春根、鲁全、席恒，2022，《社会保障促进共同富裕：理论与实践——学术观点综述》，《西北大学学报》（哲学社会科学版）第4期。

郑祁、杨伟国，2019，《零工经济前沿研究述评》，《中国人力资源开发》第36卷第5期。

郑真真，2014，《生育意愿的测量与应用》，《中国人口科学》第6期。

中国互联网络信息中心，2022，《第50次中国互联网络发展状况统计报告》。

中共中央、国务院，2014，《国家新型城镇化规划（2014—2020年）》，http://www.gov.cn/gongbao/content/2014/content_2644805.htm。

中国城市规划设计研究院，2021，《2020年后新型城镇化趋势和阶段性特征分析》，载何立峰主编《"十四五规划"战略研究》（中），北京：人民出版社。

中国新闻出版研究院，2021，《全国国民阅读调查报告·2020》，北京：中国书籍出版社。

钟晓慧、彭铭刚，2022，《养老还是养小：中国家庭照顾赤字下的代际分配》，《社会学研究》第4期。

周洲、段建强、李文兴，2022，《交通可达性提升能促进城镇居民消费升级吗？——基于双效应ELES和空间面板分位数回归的实证分析》，《云南财经大学学报》第4期。

朱迪，2013，《城市化与中产阶层成长——试从社会结构的角度论扩大消费》，《江苏社会科学》第3期。

朱迪、Browne Alison、Mylan Josephine，2020，《供给系统、社会习俗与生活方式——中产阶层日常生活中的饮食消费变迁》，《山东社会科学》第3期。

朱恒鹏，2009，《新医改研究文献综述：2008—2009》，《经济学动态》第10 期。

朱金、赵民，2014，《从结构性失衡到均衡——我国城镇化发展的现实状况与未来趋势》，《上海城市规划》第 1 期。

庄贵阳，2019，《低碳消费的概念辨识及政策框架》，《人民论坛·学术前沿》第 2 期。

左停、贺莉、刘文婧，2019，《相对贫困治理理论与中国地方实践经验》，《河海大学学报》（哲学社会科学版）第 6 期。

外文文献

Abdrakhmanova, G. , K. Bykhovskiy, N. Veselitskaya, K. Vishnevskiy, L. Goc-hberg et al. 2021. NRU "Higher School of Economics". *Digital Transformation of Sectors of the Economy：Conditions and Priorities at the Start：Report Given at the 22nd April International Scientific Conference on Economic and Social Development*, Moscow, April 13 – 30 2021. M. : Higher School of Economics Publishing House.

Abramov, R. , & Klimov, I. 2020. "Remote Work：No Longer Exclusive." *Socio-digger*. V. 1. Issue 1. pp. 16 – 26.

Abulkhanova-Slavskaya, K. 1991. Strategy of Life. M. : Mysl. ISBN：5 – 244 – 00380 – 1.

Ajzen, I. 1985. *From Intentions to Actions：A Theory of Planned Behavior.* Heidelberg：Springer.

Ajzen, I. 1991. "The Theory of Planned Behavior." *Organizational Behavior and Human Decision Processes* 50 (1), pp. 179 – 211.

Ajzen. 1991. "The Theory of Planned Behavior." *Organizational Behavior and Human Decision Processes* 50 (2).

Akhiyezer, A. , L. Kogan, & O. Yanitsky. 1969. "Urbanization, Society and the Technological Revolution." *Philosophical Questions*, № 2, pp. 44 – 56.

Alternativa lichnomu avtomobilyu：mirazh ili realnost? (An Alternative to Personal Cars：Mirage or Reality?). VCIOM. 2019. ［Electronic resource］. URL：

https：// wciom. ru/analytical-reviews/analiticheskii-obzor/alternativa-lichno-mu-avtomobilyu-mirazh-ili-realnost. (Date visited：20. 09. 2022).

Andersen, Synøve N. , Nina Drange, & Trude Lappegård. 2018. "Can a Cash Transfer to Families Change Fertility Behaviour?" *Demographic Research* 38 (March).

Andreyeva, A. & Y. Marmi. 2012. "Fashion and Demonstrative Consumption in Russia. " *Brand-management*. № 2 (63). pp. 109 – 111.

Anikin, V. 2013. "Professional Structure of the Population and Type of Economic Development of a Country. " *Terra Economicus*, № 2. pp. 41 – 68.

Animitsa, E. G. , Dvoryadkina, E. B. , & Silin, Ya. P. 2006. *Mestnoe Samouprav-lenie* [Local self-government]：Tutorial. Yekaterinburg：Publishing House of Ural State University of Economics；Cultural Information Bank. ISBN 5 – 9656 – 0057 – 7.

Animitsa, E. G. , & Vlasova, N. Y. 2006. *Urban Studies：Tutorial.* 2nd ed. , Revised and Extended. Yekaterinburg：Ural State University of Economics Publishing House. p. 417. ISBN 5 – 9656 – 0052 – 6.

Antonova, V. 2013. "The Concepts of Social Inclusion and Exclusion in a Global Society：Drifting between Social Institutions, Actors and Practices," *Social Policy Research Journal*. V. 11. № . 2. pp. 151 – 170.

Appendix to the Compendium Regions of Russia. 2021. Social and Economic Indi-cators. Section 17. *Information and Communication Technology*//Federal State Statistics Service：[website]. 2021. URL：https：//rosstat. gov. ru/folder/210/document/47652 (accessed on：October 01, 2022).

Appendix to the Compendium Regions of Russia. 2022. Social and Economic Indi-cators. Section 6. Culture, Leisure and Tourism//Federal State Statistics Service：[website]. 2021. URL https：//rosstat. gov. ru/folder/210/document/47652 (accessed on：October 01, 2022).

Arnocky, S. 2011. "Gender Differences in Environmental Concern and Cooper-ation. The Mediating Role of Emotional Empathy," *Current Research in So-cial Psychology*. Issue 16. pp. 1 – 11.

Arshinov, V. & Lepskiy, V. 2007. *Subject-related Issues in Post-non-classical Science. Moscow*: *Cogito-Center. ISBN* 978 – 5 – 89353 – 250 – 0.

Baburov, A., Gutnov, A., Dumenton, G. et al. 1966. *Novyy element rasseleniya na puti k novomu gorodu* [A New Settlement Element on the Way to a New Urban Center]. Moscow: Stroyizdat. p. 127.

Barg, K. 2015. "Educational Choice and Cultural Capital: Examining Social Stratification within an Institutionalized Dialogue between Family and School." *Sociology*. 49 (6), pp. 1113 – 1132. https://www.jstor.org/stable/44016 775.

Barnett, C., Cloke, P., Clarke, N., & Malpass, A. 2005. "Consuming Ethics: Articulating the Subjects and Spaces of Ethical Consumption." *Antipode* 37 (1), pp. 23 – 45.

Barro, R. 1974. "Are Government Bonds Net Wealth?" *Journal of Political Economy* 82 (6), pp. 1095 – 1117.

Bauman, Z. 2005. *Liquid Life* (1 edition). Polity. ISBN: 978 – 0 – 745 – 63514 – 9

Becker, G. 1974. "A Theory of Social Interactions." *Journal of Political Economy* 82 (6).

Becker, G. S. 1993. *A Treatise on the Family*: *Enlarged Edition*. Cambridge, M. A.: Harvard University Press.

Becker, G. S. 1962. "Investment in Human Capital: A Theoretical Analysis," *The Journal of Political Economy*. Vol. 70. № 5. pp. 9 – 49.

Belik, I. S., Starodubets, N. V., Mayorova, T. V., & Yachmeneva, A. I. 2016. *Mekhanizmy realizatsii kontseptsii nizkouglerodnogo razvitiya ekonomiki* (Mechanisms for Implementing the Concept of Low-Carbon Economic Development). Ufa: Omega Science. p. 119.

Bell, W., & Boat, M. D. 1957, "Urban neighborhoods and informal social relations." *American Journal of Sociology* 62 (4), pp. 391 – 398.

Belokon, O. 2005. "Modern Issues Pertaining to Russia's Elderly Population's (surveyresults)," *Achievements in Gerontology*. № 17. pp. 087 – 101.

Belova, N. 2017. "Rural Healthcare: the Current State, Tendencies and Issues." *Sociological Studies* 3.

Belov, A. V. 2012. "Gorod agrarnogo tipa sredi poseleniy Tsentralnoy Rossii na rubezhe XVIII – XIX vv. [The Agrarian-type Urban Settlement Among the Settlements of Central Russia at the Turn of the 18th – 19th Centuries]" *Vestnik slavyanskih kultur* [Bulletin of Slavic Cultures]. No. XXVI (4). pp. 34 – 39.

Belyanin, A. 2017. *Stimuly, paradoksy, provaly. Gorod glazami ekonomistov: Sbornik dokumentov* [Incentives, Paradoxes, Failures. City as Seen by Economists: Collection of Documents] /A. Belyanin, S. Bobylev, S. Weber, 3rd ed. Moscow: Strelka Press. p. 219. ISBN 978 – 5 – 906264 – 50 – 3.

Bespalaya, E. A. 2020. Izuchenie i opisanie zhivotnykh, vedushchikh stadnyy (staynyy) obraz zhizni [Study and Description of Animals Having a Herd (Gregarious) Way of Life] // MOU DOD CNTT: [website]. URL: http:// grinsut. ru/index. php/ob-edineniya/estestvennonauchnaya-napravlennost/bespalaya-e-a/216 – izuchenie-i-opisanie-zhivotnykh-vedushchikh-stadnyj-stajnyj-obraz-zhizni (accessed on: 30. 10. 2022).

Bezverbniy, V. 2016. *The Demographic Imbalance Between Northern and Southern Countries as a Factor of the World's Civilizational Reorganization.* Glavnyeredaktory (editors-in-chief). p. 34.

Billingsley, S. , & Ferrarini, T. 2014. "Family Policy and Fertility Intentions in 21 European Countries." *Journal of Marriage and Family* 76 (2).

Bogdanova, E. 2016. "Work Relations Involving Pensioners: Care or Manipulation?" *Social Policy Research Journal.* V. 14. №. 4. pp. 535 – 550.

Bogdanov, M. B. , & Malik, V. M. 2020. " Social, Territorial and Gender Inequalities in Educational Trajectories of the Russian Youth." *Monitoring of Public Opinion: Economic and Social Changes.* No. 3. pp. 391 – 421. https:// doi. org/10. 14515/monitoring. 2020. 3. 1603.

Boldrin, M. , & Levine, D. K. 2005, "The Economics of Ideas and Intellectual Property." *Proceedings of the National Academy of Sciences* 102 (4), pp. 1252 – 1256.

Boling, P. 2008. "Demography, Culture, and Policy: Understanding Japan's Low Fertility." *Population and Development Review* 34 (2):, pp. 307 – 326.

Bosker, M., Brakman, S., Garretsen, H., & Schramm, M., 2012, " Relaxing Hukou: Increased Labor Mobility and China's Economic Geography." *Journal of Urban Economics* 72 (2 – 3), pp. 252 – 266.

Bourdieu, P. 1984, *Distinction: A Social Critique of the Judgement of Taste.* London: Routledge & Kegan Paul.

Bozhenov, S. A. 2012. "Umnyy gorod v strategii razvitiya g. Belgoroda [Smart City in the Development Strategy of Belgorod]" *Upravlenie gorodom: teoriya i praktika* [Urban Management: Theory and Practice]. Issue 1 (4). pp. 3 – 10.

Bracken, G. 2012. *Aspects of Urbanization in China: Shanghai, Hong Kong, Guangzhou.* Amsterdam: Amsterdam University Press.

Brinton, M. C., & Oh, E. 2019. "Babies, Work, or Both? Highly Educated Women's Employment and Fertility in East Asia." *American Journal of Sociology* 125 (1), pp. 105 – 140.

Brody, M., & Storksdieck, M. 2013. "Evaluation and Analysis of Environmental Education Programs, Materials, and Technologies and the Assessment of Learners and Learning." in J. Dillon, M. Brody, & R. B. Stevenson (Eds.), *International Handbook of Research on Environmental Education.* New York: Routledge Publishers, pp. 283 – 288.

Bumpass, L. L., Rindfuss, R. R., Choe, M. K., & Tsuya, N. O. 2009. "The Institutional Context of Low Fertility." *Asian Population Studies* 5 (3), pp. 215 – 235.

Campos, C. 2012, "The Geographical Concentration of Industries." United Kingdom Office for National Statistics, July 20, pp. 1 – 20.

Caravay, A. 2022. "Unconventional Employment in Modern Russia: Types, Scale, Dynamics." *Social-labor Studies.* № 48 (3), pp. 81 – 93.

Castells, M. 2000. *Informatsionnaya epokha: ekonomika, obshchestvo i kultura* [The Information Age: Economy, Society and Culture] /M. Castells: Translation from English. Under the Scientific Editorship of O. I. Shkaratan. Moscow: Higher School of Economics National Research University. p. 606. ISBN 5 − 7598 − 0069 − 8.

Castells, M. 2000. *The Information Age: Economy, Society and Culture.* Translated from English Under Scientific Editor O. Shkaratan. M.: SU HSE.

Castells, M. 2004. *The Internet Galaxy: Reflections on the Internet, Business, and Society.* [translation from English by A. Matveev, edited by V. Kharitonov]. Yekaterinburg: U-Faktoria: Publishing House of the Humanities University. ISBN 5 − 94799 − 373 − 2 (In Russ.).

Chereshnev, V. & Chistova E. 2017. "Identifying the Regional Specifics of the Russian Population's Aging," *Economic Analysis: Theory and Practice.* V. 16. №. 12 (471). pp. 2206 − 2223.

Chernyshev, V., Voyevoda M., Strelchenko O., & Mingazov I. 2022. "Rural Healthcare in Russia. The Current State, Problems and Prospects," *Siberian scientific medical journal*, V. 42. № 4. pp. 4 − 14.

Chto menyaet musornaya reforma (What the Garbage Reform Changes)//RBC Trends. 2020. [Electronic resource]. URL: https://trends.rbc.ru/trends/green/5e7df56b9a7947da11b50114. (Date visited: 20.09.2022).

Cohen, B. 2006. "Urbanization in Developing Countries: Currents Trends, Future Projections, and Key Challenges for Sustainability." *Technology in Society* 28, pp. 63 − 80.

Corresponding Member of the Academy of Sciences of the USSR V. L. Yanin. 1976. *Russkiy Gorod.* 1976. (*istoriko-metodologicheskiy sbornik*) [Russian Urban Settlement (Historical and Methodological Collection)]. Moscow: Publishing House of the Moscow University.

Crawford, R. 2006. *The Effects of Agglomeration on Economic Activity: The Empirical Evidence on Mechanisms and Magnitudes//*Ministry of Economic Development. New Zealand: Occasional Papers.

Chernysh, M. F., V. V. Markin et al. 2020. *Prostranstvennoe razvitie malykh gorodov: sotsialnye strategii i praktiki* [Spatial development of small towns: social strategies and practices]: [monograph]. Moscow: Federal Scientific and Research Sociological Center of the Russian Academy of Sciences. DOI 10. 19181/monogr. 978 – 5 – 89697 – 335 – 5. 2020. ISBN 978 – 5 – 89697 – 335 – 5.

David, R. 2014. "The Economic and Social Consequences of a Demographic Transition." *Demographic Review.* – V. 1. №. 4 (4). pp. 41 – 67.

Decree No. 204 of the President of the Russian Federation, dated 07. 05. 2018, "On the National Goals and Strategic Objectives for the Russian Federation's development up to 2024".

Detochenko, L., Kiyenko T. 2016. Quality of Life among the Elderly Population in Cities: Problems and Tried Solutions//Medical, Socialand Psychological Aspects of Safety in Industrial Agglomerates. —Yekaterinburg, 2016, pp. 12 – 20.

Digitization in Small and Medium-sized Russian Cities. NRU HSE: [website]. 2018. URL: https://www. hse. ru/data/2018/06/06/1149766040/2018 – 06 – GSU – HSE_ pres_ v6. pdf (accessed on: December 10th 2022).

Diprete, T., Philip M., Henriette E., & Hana P. 2003. "Do Cross – National Differences in the Costs of Children Generate Cross – National Differences in Fertility Rates?" *Population Research and Policy Review* (22).

Dityatin, I. I. 1895. *Stati po istorii russkogo prava* [Articles on the History of Russian Law]. St. Petersburg: O. N. Popova Publishing House. p. 631.

Dobrinskaya, D. E. & Martynenko, T. S. 2019. "Perspektivy rossiyskogo informatsionnogo obshchestva: urovni tsifrovogo razryva [Prospects of Russian Information Society: Levels of Digital Gap]" *Vestnik RUDN* [Bulletin of the Peoples' Friendship University of Russia]. Sociology Series. Issue 1. pp. 108 – 120.

Dobrokhleb, V. 2004. *The Resource Potential of the Elder Generation in Modern Russia: Thesis.* M. : [Institute of the Populace's Socio-economic Issues of the Russian Academy of Sciences].

Dobrokhlev, V. 2012. "Active Longevity as a Problem of the Modern Youth," *Populace.* №. 4 (58). pp. 87 – 91.

Dolzhenkov, A. 2022 "The Calm Autumn of 2022," *Expert.* № 34. pp. 13 – 17.

Dorzhu, Z. 2011. Tuvan Family: Trends of Its Life Activity// *Omsk scientific journal.* No. 1. P. 35 – 38 (In Russ).

Dridze, T., et al. 1994. *Prognostic Social Project Development: Theoretical-methodological and Methodical Issues.* Second Edition, Completed and Revised. Moscow: Science: Publishing Firm "Science-philosophy, Law, Sociology and Psychology". ISBN 5 – 02 – 007973 – 1.

Dridze, T. 1998. "Social Communication in Management with Feedback," *Sociological Studies.* № 10. pp. 44 – 50.

Dridze, T. 1994. "Socially Significant Processes as an Object of Management (to the Eco-anthropocentric Paradigm of Scientific Knowledge about Social Reality): Introduction to the Curriculum." *Sociology:* 4M. № 3 – 4. pp. 164 – 170.

Easterlin, R. A. 1978. "What Will 1984 Be Like? Socioeconomic Implications of Recent Twists in Age Structure," *Demography.* V. 15. № 4. pp. 397 – 432.

Esherick, J. W. 1999. "Modernity and Nation in the Chinese City." in Joseph W. Esherick (ed.), *Remaking the Chinese City: Modernity and National Identity*, 1900 – 1950. Honolulu: University of Hawaii Press.

Ekologicheskaya povestka: za desyat mesyatsev do vyborov v Gosdumu (Environmental Agenda as Ten Months Remain until the Duma Election) //VCIOM. 2020. [Electronic resource]. URL: https://wciom. ru/analytical-reviews/analiticheskii-obzor/ehkologicheskaja-povestka-za-desjat-mesjacev-do-vyborov-v-gosdumu. (Date visited: 16. 09. 2022).

Ekologicheskaya situatsiya v Rossii: monitoring (Environmental Situation in Russia: Monitoring Study) //VCIOM. 2019. URL: https://wciom. ru/analytical-reviews/analiticheskii-obzor/ekologicheskaya-situacziya-v-rossii-monitoring. (Date visited: 16. 09. 2022).

Ekologicheskie problemy (Environmental Problems) //Levada Center. 2016. [Electronic resource]. URL: https://www. levada. ru/2016/06/03/ekologicheskie-problemy/. (Date visited: 16. 09. 2022).

Ekologichnye praktiki v zhizni rossiyan (Eco-friendly Practices in the Life of Russians) // VCIOM. 2021. [Electronic resource]. URL: https://wciom.ru/analytical-reviews/analiticheskii-obzor/ehkologichnye-praktiki-v-zhizni-rossijan. (Date visited: 01.09.2022).

Ekomobili: za i protiv (Eco-friendly Cars: Pros and Cons) // VCIOM. 2021. [Electronic resource]. URL: https://wciom.ru/analytical-reviews/analiticheskii-obzor/ehlektromobili-za-i-protiv. (Date visited: 01.09.2022).

Energoeffektivnoe povedenie rossiyan: monitoring (Energy-efficient Behavior of Russians: a Monitoring Survey) // VCIOM. 2019. [Electronic resource]. URL: https://wciom.ru/analytical-reviews/analiticheskii-obzor/energoeffektivnoe-povedenie-rossiyan-monitoring (date visited: 15.09.2022).

Energoeffektivnost i ekonomichnoe potreblenie resursov: kto "v teme"? (Energy Efficiency and Frugal Consumption of Resources: Who "Gets it"?) // VCIOM. 2015. [Electronic resource]. URL: https://wciom.ru/index.php? id = 236&uid = 182. (Date visited: 15.09.2022).

Engels, F. 1988. *Anti-Dühring*. Moscow: Politicheskaya Literatura. ISBN 5 – 250 – 00162 – 9.

Entwisle, D. R. & Alexander, K. L. 1993. "Entry into School: The Beginning School Transition and Educational Stratification in the United States," *Annual Review of Sociology* 19, pp. 401 – 423. https://www.jstor.org/stable/2083394

Ermolaeva, P. O., Basheva, O. A., Kuznetsova, I. B., Ermolaeva, J. V., & Korunova, V. O. 2020. "Environmental Issues in Russian Cities: Towards the Understanding of Regional and National Mass-media Discourse," *Russian Journal of Communication*. Vol. 12. pp. 48 – 65. doi: 10.1080/19409419.2020.1729464.

European Social Survey, ESS, 2018 year, 9 wave. URL: http://www.europeansocialsurvey.org/ (accessed 20.05.2022).

Federal State Statistics Service. 2012. *Social and demographic profile of Russia: Following the results of the All-Russian Population Census of 2010.* Moscow:

Statistics of Russia Informational and Publishing Center. ISBN 978 – 5 – 4269 – 0025 – 7.

Fine, B. & Baylis, K. 2022, "From Addressing to Redressing Consumption: How the System of Provision Approach Helps." *Consumption and Society* 1 (1), pp. 197 – 206.

Forrester, J. 1974. *Urban Dynamics*. M. Progress.

Friedmann, J. 1966. "Two Concept of Urbanization: A Comment," *Urban Affairs Quarterly*, Vol. 1, Issue 4.

FSSS. 2022a. Living Standards: Welfare and Social Aid: The Main Pension Provision Indicators, Number of Pensioners and Average Pension Issued by Type of Pension Provision and Category of Pensioner. URL: https://rosstat. gov. ru/folder/13397 (accessed on: November 18th 2022).

FSSS. 2022b. Status of the Disabled: Medical-social Expertise and Social Service for the Disabled: Stationary Organizations that Provide Social Services for Elderly Citizens and the Disabled (Adults and Children). URL: https://rosstat. gov. ru/folder/13964 (accessed on: November 14th 2022).

FSSS. 2022c. Status of the Disabled: Social Service Coverage, Forms of Provision and Reasons for Services not being Rendered. URL: https://rosstat. gov. ru/storage/mediabank/tab-pi – 2 – 27. htm (accessed on November 26th 2022).

FSSS. 2022d. The Elder Generation: Social Support Measures Provided to Elderly Citizens: Information on the Implementation of Social Support Measures Provided to the Elderly at the Expense of the Consolidated Budget of Subjects of the Russian Federation. URL: https://rosstat. gov. ru/folder/13877 (accessed on: November 10th 2022).

FSSS. 2022e. Russia in Numbers. 2020 (table 4.7) //FSSS RF: [website]. 2020. URL: https://rosstat. gov. ru/storage/mediabank/GOyirKPV/Rus_ 2020. pdf (accessed on: December 10th 2022).

FSSS. 2022f. Russia's Socio-economic Situation. 2022. January-June 2022// FSSS RF: [website]. URL: https://rosstat. gov. ru/storage/mediabank/osn – 07 – 2022. pdf (accessed on: December 1st 2022).

FSSS. 2022g. Population Size of the Russian Federation by Municipality//FSSS, RF：[website]. 2022. URL：https://rosstat. gov. ru/compendium/document/ 13282 (accessed on：December 1st 2022).

Galkin, K. 2022. "Active Longevity Social Policy in Russia and in European Welfare States：Actual Comparative Analysis." *Economic and Social Changes：Facts, Tendencies, Predictions*. V. 15. №. 2. pp. 239 – 252.

Galkin, K. 2021a. "Limited Space：the City during the Pandemic as Perceived by the Elderly." *Interaction. Interview. Interpretation*. V. 13. №. 2. pp. 27 – 40.

Galkin, K. 2021b. "Neighborly Assistance and Caretaking for Senior Citizens Suffering from Chronic Illnesses in Remote Settlements." *Sociology and Social Anthropology Journal*. V. 24. №. 2. pp. 7 – 30.

Galkin, K. 2021c. "Social Exclusion of the Elderly in Rural Areas during the COVID – 19 Pandemic in the Republic of Karelia," *Institute of Sociology Bulletin*. V. 12. №. 4. pp. 193 – 210.

Gaskarov, A., Gontmacher, Y., & Trubin, V. 2022. Russia's Social Security System and the Challenges of the 21st Century. Friedrich Ebert Foundation in the Russian Federation. URL：https://library. fes. de/pdf-files/bueros/ moskau/19081. pdf (accessed on：November 20th 2022).

Generalov, V. & Anisimova M. 2020. "The Problems with Creating Modern Specialized Facilities for the Elderly in Russian Cities," *Traditions and Innovations in Construction and Architecture*. pp. 260 – 265.

Gerber, T. P. 2000. "Educational Stratification in Contemporary Russia：Stability and Change in the Face of Economic and Institutional Crisis." *Sociology of Education*, 73 (4), pp. 219 – 246. https://doi. org/10. 2307/2673232.

Gimpelson, V. & Kapelyushnikov R. 2022. *The Dynamics of the Job Structure in Russia：Polarization, Improvement, Stagnation?* M.：Higher School of Economics Publishing House.

Glavnye problemy nashey strany (The Main Issues of our Country) //VCIOM. 2006. [Electronic resource]. URL：https://wciom. ru/analytical-reviews/

analiticheskii-obzor/glavnye-problemy-nashej-strany（Date visited：01. 09.
2022）.

Golovin A. 2012. "Evolution Processes in Russia's Demographics and Value
Markers," *Southwest State University News.* №. 2 – 2. pp. 50 – 54.

Gorshkov M. K. , R. , R. Krumm, & N. E. Tikhonova ed. 2010. *Gotovo li rossiys-
koye obschestvo k modernizatsii*（Is Russian Society Ready for Modernization）
［Text］/Russian Academy of Sciences, Institute of Sociology, ［Friedrich
Ebert Stiftung］. Moscow：Ves Mir. ISBN 978 – 5 – 7777 – 0494 – 8.

Goskomstat RSFSR. 1991. National Economy of the RSFSR in 1990：*Statistical
Yearbook.* Moscow：Republican Information and Publishing Center.

Goskomstat RSFSR. 1987. National Economy of the RSFSR over 70 years：Statis-
tical Yearbook. Moscow：Finance and Statistics.

Gottdiener, M. & Budd, L. 2005. *Key Concepts in Urban Studies.* London：Sage.

Gradov, G. A. 1968. *Gorod i byt（perspektivy razvitiya sistemy i tipov obsh-
chestvennykh zdaniy）*［City and Way of Life（Prospects for the Development
of the System and Types of Public Buildings）］. Moscow：Construction Lit-
erature Publishing House. p. 258.

Grekov, B. D. 1949. *Kievan Rus*［Text］：Historical Literature. Moscow：Uchp-
edgiz. p. 512.

Grigoryeva, I. , Bershadskaya L. , & Dmitriyeva A. 2014. "On the Path to-
wards a Normative Relationship Model between Society and the Elderly,"
Sociology and Social Anthropology Journal. V. 17. №. 3. pp. 151 – 167.

Grigoryeva, I. 2018. "Elderly Women： 'Descending the Stairs' of Age and
Gender," *Women in Russian society.* №. 1（86）. pp. 5 – 18.

Grigoryeva, I. & Kelasyev V. 2016. "The Internet as Part of Elderly People's
Lives：Intentions and Reality," *Sociological Studies.* №. 11. pp. 82 – 85.

Grigoryeva, I. & Sizova I. 2018. "Aging Trajectories for Women in Modern-day
Russia," *World of Russia. Sociology. Ethnology.* V. 27. №. 2. pp. 109 – 135.

Grigoryeva, S. 2018. "The Issues with Developing an Inclusive Culture in Cities
（on the Example of the City of Astrakhan）," *Frontier Studies Journal.* №. 3

(11). pp. 29 – 40.

Grinin, L. E. 2011. "Lektsiya: prirodnyy faktor v aspekte teorii istorii [Lecture: Natural Factor in the Aspect of Historical Theory]" *Filosofiya i obshchestvo* [Philosophy and Society]. Issue 2. pp. 168 – 200.

Grishina, Y. & Tsatsura Y. 2020. "Issues with the Development of the Noncommercial Sector of Social Services for the Elderly," *The Journal of Social Policy Studies.* 18 (3). pp. 395 – 410.

Gritsevich, I. G. 2011. *Perspektivy i stsenarii nizkouglerodnogo razvitiya: ES, Kitay i SShA v globalnom kontekste* (Prospects and Scenarios of Low-Carbon Development: The EU, China and the USA in a Global Context). Moscow: Skorost Tsveta. p. 36.

Grunt, Y. 2015. "The Consumer Behavior of the Population of a Russian Metropolitan City when Partaking in Shopping," *Society and Authority.* № 2. pp. 12 – 18.

Guldin, G. E. 1997. *Farewell to Peasant China: Rural Urbanization and Social Change in the Late Twentieth Century.* London: M. E. Sharpe.

Gurko, T. A. 2014. "Married Couples' Reproductive Plans," *Sotsiologicheskie issledovaniya* [Sociological Studies]. 2014. No 9. p. 80 (In Russ).

Gurko, T. A. 2017. "Development of Marital Relations in Russia and Implementation of Family Policy," *Sotsyologicheskay nauka i sotsialnaya practica* [Sociological Science and Social Practice]. 5 (3). pp. 51 – 71. DOI: https://doi.org/10.19181/snsp.2017.5.3.5355 (In Russ).

Gurko, T. A. 2020. "Theoretical Approaches towards Studying the Transformation of the Family Institution," *Sotsiologicheskiy Zhurnal = Sociological Journal.* Vol. 26. No. 1. p. 32. DOI: 10.19181/socjour.2020.26.1.7052 (In Russ).

Gurko T. A. 2021a. Dynamics of well-being of fathers and mothers with minor children. Sociologicheskaja nauka I social'naja praktika. Vol. 9, No 3. P. 64. DOI: 10.19181/snsp.2021.9.3.8433 (In Russ).

Gurko, T. A. 2021b. Evolution and Transformation of the Marriage Institution: Analyzing Empirical Indicators. *Sotsiologicheskie issledovaniya.* No. 5, pp.

58 – 69. DOI： 10. 31857/S013216250014117 – 1 （In Russ）.

Gurko， T. A. 2022. "Dynamics of Indicators of Development and Wellbeing of Adolescents in Various Types of Families," *Sotsiologicheskie issledovaniya* [Sociological Studies]. No 10. p. 110. DOI 10. 31857/S013216250021397 – 9 （In Russ）.

Guseva， T. 2017. "The Constitutional Right to Social Security and the Government's Role in its Implementation," *Constitutional and Municipal law*. № 18. pp. 10 – 13.

Hafner， K. A. 2008. "Agglomeration Economies and Clustering： Evidence from German Firms" *CeGE Discussion Paper*. No. 72.

Hall， S. M. 2011， "Exploring the 'Ethical Everyday'： An Ethnography of the Ethics of Family Consumption. " *Geoforum* 42： 627 – 637.

Hardy， W. ， Keister， R. ， & Lewandowski， P. 2018. "Educational Upgrading， Structural Change and the Task Composition of Jobs in Europe. " *Economics of Transition*， Vol. 26. № 2. pp. 201 – 231.

Hassan， Louise， M. ， Edward Shiu， & Deirdre Shaw. 2016. "Who Says There Is an Intention-Behaviour Gap? Assessing the Empirical Evidence of an Intention-Behaviour Gap in Ethical Consumption. " *Journal of Business Ethics* 136 （2）.

Henderson， V. 2002. "Urbanization in Developing Countries. " *The World Bank Research Observer*， Vol. 17， No. 1， pp. 89 – 112.

Hendeson， J. V. . 1974. "Optimum city size： The External Diseconomy Question. " *Journal of Political Economy*， （82） 2. pp. 373 – 388.

Hertwich， E. G. ， & Peters， G. P. 2009， "Carbon Footprint of Nations： A Global， Trade-Linked Analysis. " *Environmental Science & Technology* 43 （16）.

Hochschild， A. ， & Machung， A. A. 2012. *The Second Shift： Working Families and the Revolution at Home*. New York： The Penguin Books.

Household Income， Spending and Consumption//Federal State Statistics Service： [website]. URL： https://rosstat. gov. ru/compendium/document/13271（accessed on January 10th 2022）.

Höpflinger，F. 2015. FrauenimAlter-FeminisierungdesAlters.

Höpflinger，F. 2006. Frauen und Generationenbeziehungen in der ZweitenLeben-shälfte//Die Stadt，die Frauen und die Zukunft. Ministerium fürGenerationen，Familie，Frauen und Integration des Landes Nordrhein-Westfalen. Düsseldorf（Hrsg.)，pp. 255 – 269.

Höpflinger. F. ，Spahni. S. ，Perrig-Chiello. P. 2013. "Persönliche Bilanzierung-der Herausforderungeneiner Verwitwungim Zeit-und Geschlechtervergleich. " *Zeitschriftfür Familienforschung*. T. 25. №. 3. pp. 267 – 285.

HR-index. Statistics for Russia//HeadHunter：［website］. 2022. https：//stats. hh. ru/#structureVacancies% 5Bactive% 5D = true&structureResumes% 5Bactive% 5D = true&hhindexProf% 5Bactive% 5D = true&hhindex% 5Bactive% 5D = true&hhindex% 5Bprofarea% 5D = 1 （accessed on：December 1st 2022）. https：//yandex. ru/news/instory/Rosstat_ nazval_ regiony_ s_ naibolshim_ chislo m_ dolgozhitelej –– eacfc3d11205ad01550f21abca028b59.

Hwan，K. D. 2005. "Coping through Social Capital in Educational Stratification：Relational Alignment and Complementary Ties. " *Development and Society* 34 （1）：147 – 167. https：//www. jstor. org/stable/deveandsoci. 34. 1. 147.

Ikonnikov，A. & Pchelnikov，K. 1973. Kineticheskaya sistema rasseleniya［Kinetic settlement system］//*Gorod i vremya/Nauchno-issledovatelskiy institut teorii，istorii i perspektivnykh problem sovetskoy arkhitektury（Moskva）；Institut osnovnykh problem prostranstvennoy planirovki（Varshava）*［City and Time/Research Institute of Theory，History and Perspective Problems of Soviet Architecture（Moscow）；Institute of Basic Problems of Spatial Planning （Warsaw）］. Moscow：Stroyizdat.

Ilyin，V. 2011. "Creative Consumerism as a Trend in the Modern-day Consumer Society. " *Journal of Sociology and Social Anthropology*. V. 14. № 5. pp. 41 – 54.

Ilyinykh，S. 2011. "The Key Notions of a Consumer Society：Research from a Sociological Standpoint," *Journal of Sociology and Social Anthropology*. V. 14. № 5. pp. 29 – 40. p. 31.

Import-substitution：Fears and Hopes//VCIOM：［website］. 2022. URL：https：//

wciom. ru/analytical-reviews/analiticheskii-obzor/importozameshchenie-stra-khi-i-nadezhdy (accessed on January 10th 2022).

Inglehart, R. 2018. *Cultural Evolution: People's Motivations are Changing, and Reshaping the World.* translation from English by S. L. Lopatina, edited by M. A. Zavadskaya, V. V. Kostenko, A. A. Shirokanova, scientific editor E. D. Ponarin. Moscow: Mysl. ISBN 978 – 5 – 244 – 01202 – 6 (in Russ).

Inglehart, R. & Welzel, c. 2011. *Modernization, Cultural Change and Democracy: The Human Development Sequence.* Moscow: Novoye Izdatelstvo. IS-BN 978 – 5 – 98379 – 144 – 2 (In Russ).

INO. "Levada-Center" Was Added by the Ministry of Justice to the Registry of Non-profit Organizations Acting as Foreign Agents.

International Labour Organization//International Labour Organization: [website]. 2022. URL: https://data. un. org/en/iso/ru. html (accessed on: December 1st 2022).

Internet v Rossii: dinamika proniknoveniya (Internet in Russia: Proliferation Dynamics) //FOM. 2015. [Electronic resource]. URL: http://fom. ru/SMI-i-internet/12275 (Date visited: 19. 09. 2022).

Investments into Non-financial Assets. // FSSS RF: [website]. 2022. URL: https://rosstat. gov. ru/investment_ nonfinancial (accessed on: December 1st 2022).

Ionina, N. A. 2006. 100 *velikih gorodov mira* [100 Great Cities of the World]. Moscow: Veche. ISBN 5 – 7838 – 0821 – 0 – 1.

Irsetskaya, Y. & O. Kitaytseva. 2011. "Shopping Centers as the Ideal Platform for Consumption in a Russian Metropolitan City," *Journal of Sociology and Social Anthropology.* V. 14. № 5. pp. 219 – 229.

Issledovaniye Tinkoff: v 2021 godu rossiyane stali menshe polzovatsya karsherin-gom, sredniy chek poezdki vyros pochti na chetvert (Tinkoff Study: in 2021, Russians Began to Use Car Sharing Less, while the Average Bill for a Trip Increased by almost a Quarter) //Tinkoff. 2022. [Electronic resource]. URL: https://www. tinkoff. ru/about/news/31032022 – carsharing-market – 2021 – tinkoff-data-research/. (Date visited: 19.09.2022).

Ivanov, V. & Suvorov A. 2021. "Current Issues with the Development of Health-care in Russia. Part 1," *Problems related to Forecasting*. № 6 (189).

Jacobs, J. 2011. *The Death and Life of Great American Cities*. Translation from English by L. Motylyov. Moscow: Novoye Publishing House. p. 457. ISBN 978 – 5 – 98379 – 149 – 7.

Ji, Y. 2015. "Asian Families at the Crossroads: A Meeting of East, West, Tradition, Modernity, And Gender." *Journal of Marriage and Family*, 77 (5), pp. 1031 – 1038.

Kachestvo zhizni rossiyan: klyuchevye faktory (Quality of Life among Russians: Key Factors) //VCIOM. 2018. [Electronic resource]. URL: https://wci-om. ru/analytical-reviews/analiticheskii-obzor/kachestvo-zhizni-rossiyan-kly-uchevye-faktory (date visited: 26.09.2022).

Kak umnye shchetchiki sdelayut uchet elektroenergii prozrachnym (How Smart Me-ters will Lead to Transparent Energy Consumption) //RG. RU. 2019. [E-lectronic resource]. URL: https://rg. ru/2019/09/17/reg-ufo/kak-umnye-schetchiki-sdelaiut-uchet-elektroenergii-prozrachnym. html (Date visited: 19.09.2022).

Kamneva, K. 2020. Online Shopping will Continue to be Popular even after the Pandemic. Rossiyskaya gazeta: [website]. URL:// https://rg. ru/2020/05/13/onlajn-pokupki-ostanutsia-populiarnymi-i-posle-pandemii. html (access-ed on January 10th 2022).

Kamolov, S. & Korneyeva, A. 2018. "Technologies of the Future for 'Smart-towns'," *Moscow Region State University Bulletin. Series: Economics*. №. 2. pp. 100 – 114.

Karabel, J. 1972. "Community Colleges and Social Stratification," *Harvard Educational Review*, 42 (4), pp. 521 – 562. https://doi. org/10. 17763/haer. 42. 4. 46m2826725l7k642.

Kasatkina, N. P. & Shumkova, N. V. 2020. "From Self-Education to Self-Em-ployment: Back Entrance for Youth to the Labor Market." *Monitoring of*

Public Opinion: Economic and Social Changes. No. 3. pp. 201—223. https://doi.org/10.14515/monitoring.2020.3.1600.

Khaly, I. A. & Levchenko, N. V. 2017. "The Environmental Consciousness of the Russian Public." in Aksenova O. V. (eds.), *The Asymmetry of Life in Modern Russian Society: the Balance Between Tradition and Innovation.* IS RAS. Moscow: Federal Scientific and Research Sociological Center of the Russian Academy of Sciences. pp. 60 – 83.

Khrapov, S. 2010. "The Transformation of Consciousness in Post-Soviet Russian Society within the Context of the Socio-economic Dynamics of Consumption". *Vlast.* № 2. pp. 56 – 57.

Kiyenko, T. 2020. Age-related Specifics in how Urban Residents Rate Their Cities and the Issue of "Age-friendly" Environments: the Southern Russia Case// XXII Ural sociological readings. National projects and socio-economic development in the Ural region. —Yekaterinburg, 2020. — № 22. pp. 418 – 422.

Klimaticheskiye kolebaniya: teplo li, kholodno li..? (Climate Fluctuations: Hot or Cold?) //VCIOM. 2017. [Electronic resource]. URL: https://old.wciom.ru/index.php?id=236&uid=3043(Date visited: 16.09.2022).

Klimin, I. 2015. On Certain Tendencies in Modern Russia's Demographic Situation //International Affairs and a Dialog between Cultures. p. 181.

Kogan, L. 1990. *To be City Residents.* Moscow: Mysl. ISBN 5 – 244 – 00429 – 8.

Kolpina, L. 2015. "Ageism in the Perception of the Elderly and how it Affects the Social Wellbeing of the Elder Population." *Bulletin of the Russian Society of Experts in Medical-social Examination, Rehabilitation and the Rehabilitation Industry.* № 4. pp. 74 – 81.

Konstantinov, O. A. 1947. Izmeneniya v geografii gorodov SSSR za sovetskiy period [Changes in the Geography of Urban Settlements of the USSR During the Soviet Period] //*Voprosy geografii* 1947. *Sbornik* 6. *Geografiya khozyaystva SSSR* 1917 – 1947 [Geographic issues 1947. Compendium 6. Geography of the USSR Economy 1917 – 1947]. Moscow: OGIZ.

Konstantinovskiy, D. L. 2008. *Inequality and Education. Experience in conducting sociological research on the start of Russian youth's path in life (from the 1960's until the early* 2000's). M.: SFC. ISBN 978 – 5 – 98201 – 029 – 2

Konstantinovskiy, D. L., Popova, E. S. 2022. "From the Perception of Social Changes towards Social Behavior Change," *Universe of Russia*, 31 (1), pp. 6 – 24. https://doi.org/10.17323/1811 – 038X – 2022 – 31 – 1 – 6 – 24.

Konstantinovskiy, D. L., Popova E. S. 2020. "Vocational vs Higher Education," *Universe of Russia*, 29 (2), pp. 6 – 26. doi: 10.17323/1811 – 038X – 2020 – 29 – 2 – 6 – 26.

Konstantinovskiy, D. L., Voznesenskaya, E. D., Popova, E. S., & Cherednichenko, G. A. 2015. . *New Meanings in Educational Strategies of Youth: 50 years of Research.* M.: Social Forecasting and Marketing Center.

Kormyat li, regiony Moskvu ili zhe naoborot stolitsa kormit regiony? [Do the Regions Feed Moscow, or does the Capital Feed the Regions?] // *Otkrytiy zhurnal* [Open Magazine]: [website]. 2021. URL: https://journal.open-broker.ru/research/raspredelenie-nalogov/ (accessed on: November 25, 2022).

Kornilova M. 2020. "The Main Issues with Implementing the Government Program "Moscow Longevity" as Rated by Elderly Residents of Moscow," *Социальнаяполитикаисоциология*. Т. 19. №. 2. С. 71 – 78.

Korolev, A. S. 2015. "Smart City: teoriya i praktika sozdaniya umnogo goroda [Smart City: theory and practice of creating a smart city]" *Upravlenie gorodom: teoriya i praktika* [Urban Management: Theory and Practice]. Belgorod. Issue 4 (19). pp. 19 – 23.

Korotkova, Y., K. Mokrushina, Y. Kuricheva, S. Zhuravlyov, & I. Irbitskaya. 2016. *Managing the Territorial and Economic Development of a City: Hidden Resources.* Moscow: Urban Research Center at the Skolkovo School of Business.

Korovnikova, N. 2021. "How Consumption Changed in the Context of the COVID – 19 Pandemic," *Social Innovations and Social Sciences*. M.: ISISSRAS. № 3. pp. 42 – 53. DOI: 10.31249/snsn/2021.03.03.

Korsunova, V. 2019. "Cultural Consumption in Sociological Research: Reviewing the Approaches Towards Evaluating the Concept," *Economic Sociology*. V. 20. № 1. pp. 148 – 166.

Kosenko, O. 2008. "Conceptual Approaches towards Developing a Social Protection System for the Elderly," *Terra Economicus*. V. 6. № 4 – 3. pp. 212 – 215.

Kosmina, E. & Kosmin, A. 2016. "On the Relevant Sssue of Staying Active while Growing Old," *Creative Economics*. – V. 10. № 5. pp. 529 – 542.

Kozyreva, P. & Smirnov, A. 2018. "Problems of Healthcare in Rural Areas," *Southern Russian Humanitarian*. Volume. 7. № 4. P. 33 – 49.

Kozyreva, P. & Smirnov, A. 2021. "Social Guarantees and Benefits at the Workplace: Instability and Concerning Dynamics," *The Journal of Social Policy Studies*. V. 19. № 3. pp. 389 – 404.

Krasilnikova, M. 2020. "Economic Cycles and the People's Thoughts on Economic Dynamics," *SocialSsciences and the Modern Day*. № 1. pp. 5 – 21. DOI: 10. 31857/S086904990008508 – 0.

Krasnov, R. & Slepchenko, A. 2019. "Organizing Comfortable Living Environments for the Elderly as a Way to Integrate the Elder Generation into Modern-day Society," *Modern Research Bulletin*. № 1. 1. pp. 93 – 97.

Kupriyanov, A. I. 1995. *Russkiy gorod v pervoy polovine XIX veka: obshchestvennyy byt i kultura gorozhan Zapadnoy Sibiri* [A. I. Kupriyanov. Russian City in the First Half of the 19th Century: Social Life and Culture of the Citizens of Western Siberia]. Moscow: Publ. AIRO-KSKS. ISBN 5887350040.

Kurbanov, A. R. & Prokhoda, V. A. 2019. "Ekologicheskaya kultura: empiricheskaya proektsiya (otnoshenie rossiian k izmeneniyu klimata) (Ecological Culture: An Empirical Projection (attitudes Of Russians Towards Climate Change)," *Monitoring obshchestvennogo mneniya: Ekonomicheskie i sotsialnye peremeny* (Monitoring of Public Opinion: Economic and Social Changes). Issue 4. pp. 347 – 370. https://doi. org/10. 14515/monitoring. 2019. 4. 17.

Kuza, A. V. 1984. "Goroda v sotsialno-ekonomicheskoy sisteme drevnerusskogo feodalnogo gosudarstva X – XIII vv. [Cities in the Social and Economic System of the Old Russian Feudal State in the 10th – 13th Centuries]" *Krat-*

kiye soobshcheniya Instituta arkheologii [Brief Communications of the Institute of Archaeology]. Issue 179. pp. 3 – 10.

Kuza, A. V. 1989. *Malye goroda Drevney Rusi* [Small Urban Settlements of Ancient Rus]. Moscow: Nauka. p. 168. ISBN 5 – 02 – 009473 – 0.

Kuza, A. V. 1982. "O proiskhozhdenii drevnerusskikh gorodov (istoriya izucheniya) [On the Origins of Old Russian Urban Settlements (History of Study)]" *Kratkie soobshcheniya Instituta arkheologii* [Brief Communications of the Institute of Archaeology]. Issue 171. pp. 9 – 15.

Kuznetsova, A. 2013. "Reevaluating the Traditional Approaches towards Organizing Government Administration in Modern Cities," *Moscow Witte University Bulletin*. Series 1: Economics and Management. № 2 (4). pp. 59 – 66.

Labor and Employment in Russia. 2017. 2017: data book. Moscow: Rosstat.

Labor and Employment in Russia. 2021. 2021: data book. Moscow: Rosstat.

Lapin, N. 2016. Corresponding Member of the RAS. *Modernization Atlas of Russia and its Regions: Socio-economic and Socio-cultural tendencies and problems.* / Moscow: Ves Mir. ISBN 978 – 5 – 7777 – 0664 – 5.

Lapin, N. 2012. "Gauging the Modernization of Russian Regions and the Socio-cultural Factors of its Strategy," *Sociological Studies*. №9. pp. 4 – 24.

Lapin, N. I. 2011. *China Modernization Report Outlook* (2001 – 2010). Translation from English. Moscow: Ves Mir. ISBN 978 – 5 – 7777 – 0490 – 0.

Lapin, N. I., L. A. Belyaeva. 2011. *From Stabilization to Integrated Modernization of Russia*. Analytical Report. . Moscow: Institute of Philosophy of the Russian Academy of Sciences. URL: https://iphras. ru/uplfile/scult/analit/analiticheskiy_doklad_2011. pdf (accessed on: October 01, 2022).

Lapin, N. I. & L. A. Belyaeva. 2009. *Regiony v Rossii: sotsiokulturnye portrety regionov v obshcherossiyskom kontekste* (Regions of Russia: Social and Cultural Portraits of Regions in the All-Russian Context). Russian Academy of Sciences, Institute of Philosophy, Centre for the Study of Social and Cultural Changes, Scientific and Coordination Council of the Section of the FSPP OON RAS *Problems of the Social and Cultural Evolution of Russia and its Regions*. Moscow: Academia. p. 807. ISBN 5 – 9540 – 0053 – 0.

Lapin, N. 2011. *Review Report on Modernization in China* (2001 – 2010). Translated from English. Moscow: Ves Mir. ISBN 978 – 5 – 7777 – 0490 – 0.

Lappo, G. M. 1987. *Goroda na puti v budushchee* [Urban Centers on the Way to the Future]. Moscow: Mysl Publishing House. p. 236.

Lappo, G. M. , Polyan, P. M. , Selivanova, T. I. 2007. "Aglomeratsii Rossii v XXI veke [Agglomerations of Russia in the 21st Century]" *Vestnik Fonda regionalnogo razvitiya Irkutskoy oblasti* [Bulletin of the Regional Development Fund of the Irkutsk Region]. Issue 1. pp. 45 – 52.

Lee, J. W. & Mckibbin, W. J. , 2018, "Service sector productivity and economic growth in Asia", *Economic Modelling*, vol. 74, pp. 247 – 263.

Lektorskiy, V. 2010. "The Subject in the History of Philosophy: Problems and Achievements. " *The Methodology and History of Psychology*. V. 5. Edition 1. pp. 5 – 18.

Lepskiy, V. 2019. *The Methodological and Philosophical Analysis of the Development of Management-related Subject Matter*. Moscow: Cogito-Center. ISBN 978 – 5 – 89353 – 547 – 1.

Leroy-Beaulieu, A. 1990. *L'Empire des tsars et les Russes*. Paris, Robert Laffont. p. 1392. ISBN 978 – 2221065976.

Lesthaeghe, R. 2014. "The Second Demographic Transition: A Concise Overview of Its Development. " *Proceedings of the National Academy of Sciences* 111 (51).

Lesthaeghe, R. 2010. "The Unfolding Story of the Second Demographic Transition. " *Population and Development Review* 36 (2).

Li, C. , Jian Zuo, Zhen Wang & Xiaoling Zhang. 2020. "Production-and Consumption-Based Convergence Analyses of Global CO_2 Emissions. " *Journal of Cleaner Production* 264.

Lichnoe avto: otkazatsya nelzya ostavit? (Personal Cars: to Drive or not to Drive?) //VCIOM. 2018. [Electronic resource]. URL: https://wciom. ru/ analytical-reviews/analiticheskii-obzor/lichnoe-avto-otkazatsya-nelzya-ostavit.

(Date visited: 16. 09. 2022).

Life after Greta Thunberg, or Consumption During Global Warming//VCIOM: [website]. 2020. URL: https://old. wciom. ru/index. php? id = 236&uid = 10408 (accessed on January 10th 2022).

Liu, Y. , Liu, J. , & Zhou, Y. 2017, "Spatio-temporal Patterns of Rural Poverty in China and Targeted Poverty Alleviation Strategies." *Journal of Rural Studies* 52: 66 – 75.

Living Standards. Living Conditions of Households, Availability of Long-Term Goods//Federal State Statistics Service. 2021. [website]. 2021. URL: (https://rosstat. gov. ru/folder/13397).

Livingston, G. 2015. Childlessness Falls, Family Size Grows among Highly Educated Women. URL: https://www. pewsocialtrends. org/2015/05/07/childlessness-falls-family-size-grows-among-highly-educated-women/(accessed 16. 08. 2022).

Lo, Alex, Y. & Shuwen Liu. 2018. "Towards Sustainable Consumption: A Socio-Economic Analysis of Household Waste Recycling Outcomes in Hong Kong." *Journal of Environmental Management* 214 pp. 416 – 425.

Lodziak, C. 2002. *The Myth of Consumerism*. London, England: Pluto Press.

Lyakhovenko, O. I. , Chulkov, D. I. 2017. "Osnovnye ekologicheskiye problemy rossiyskikh gorodov i strategiya ikh razresheniya (Main Environmental Issues of Russian Cities and Their Resolution Strategy) ," *Rossiyskaya politologiya*. Issue 3. pp. 21 – 26.

Machulskaya, Y. 2004. "Prospects for Russia's Ratification of International Acts related to Social Security," in K. Gusov. M. : Prospect (eds.), *Russia's New Labor Code and Problems Associated with its Application (Materials from the Russian Scientific-practical Conference)*. M. : Prospect.

Mainieri, T. , Barnett, E. G. , Valdero, T. R. , Unipan, J. B. & Oskamp, S. . 1997. "Green Buying: The Influence of Environmental Concern on Consumer Behavior." *The Journal of Social Psychology* 137 (2).

Makarov, I. A. , Suslov, D. V. , Stepanov, I. A. , Serova, D. A. 2021. *Povo-*

rot k prirode: *novaya ekologicheskaya politika Rossii v usloviyakh zelenoy transformatsii mirovoy ekonomiki i politiki* (Turning Towards Nature: Russia's New Environmental Policy Amid the Green Transformation of the Global Economy and Politics). Report summarizing a series of situational analyses. National Research University "Higher School of Economics", Faculty of World Economy and International Affairs. Moscow: International Relations. p. 97.

Makhrova, A. G., Bochkarev, A. N. 2018. "Analiz lokalnykh rynkov truda cherez trudovye mayatnikovye migratsii naseleniya (na primere munitsipalnykh obrazovaniy Moskvy) [Analysis of Local Labor Markets Through Push-pull Labor Migrations of the Population (on the Example of Moscow Municipalities)]" *Vestnik SPbGU. Hauki o Zemli* [Bulletin of St. Petersburg State University. Earth Sciences]. Issue 1. pp. 56 – 68.

Makhrova, A. G. 2016. Trudovye mayatnikovye migratsii naseleniya Moskovskoy aglomeratsii [Push-pull Labor Migrations of Population of the Moscow Agglomeration]//*Sotsialno-ekonomicheskaya geografiya: istoriya, teoriya, metody, praktika: sbornik nauchnykh statey, Smolensk, 14 – 16 oktyabrya 2016 goda* [Social and Economic Geography: History, Theory, Methods, Practices: Collection of Scientific Articles, Smolensk, October 14 – 16, 2016]. Smolensk: Universum. pp. 407 – 414.

Maksimova, S., & Nevayeva, D. 2015. "Social Exclusion of the Elderly in the Modern Region," *Altai State Agricultural University bulletin.* №. 8 (130). pp. 173 – 177.

Malinovskiy, S. S., Shibanova, E. Y. 2022. "The Reasons and Drivers behind Higher Education Ceasing to Expand in Russia," *Sotsiologicheskiy Zhurnal = Sociological Journal.* Vol. 28. No. 3. pp. 8 – 37. DOI: 10. 19181/socjour. 2022. 28. 3. 9149.

Mareeva, S. 2022. "The Social Status of Russian South: Ideas and Reality," *Vestnik Instituta Sotziologii,* 13 (2), pp. 158 – 183. https://doi. org/10. 19181/vis. 2022. 13. 2. 800

Maukhin D. , & Medvedeva O. 2021. "Digital Technologies as a Factor in Improving Quality of Life for the Elderly," Science Diary. №. 12. p. 60.

McDonald, P. 2000. "Gender Equity, Social Institutions and the Future of Fertility." *Journal of Population Research* 17 (1).

McDonald, P. 2006. "Low Fertility and the State: The Efficacy of Policy." *Population and Development Review* 32 (3).

McKinsey Global Institute. The Net-zero Transition: What it would Cost, What it could Bring. 2022. [Electronic resource]. URL: https://www.mckinsey.com/business-functions/sustainability/our-insights/the-net-zero-transition-what-it-would-cost-what-it-could-bring. (Date visited: 01.08.2022).

McLuhan, M. 2005 *The Gutenberg Galaxy: The Making of Typographic Man.* translation by I. O. Tyurina. Moscow: Academic Project; Mir Foundation. ISBN 58291 – 0548 – 9 (In Russ).

Mezhbyudzhetnye transferty iz federalnogo byudzheta. 2022. g. *Moskvy* [Inter-budget Transfers from the Federal Budget of Moscow]. 2022. // Otkrytiy byudzhet Moskvy [Open Budget of Moscow Portal]: [website]. URL: https://budget.mos.ru/budget/relations/fed (accessed on: September 08, 2022).

Milyukov, P. N. 1896. *Ocherki po istorii russkoy kultury. Chast 1. Naselenie, ekonomicheskiy, gosudarstvennyy i soslovnyy stroy* [Essays on the History of Russian Culture. Part 1. Population, Economic, State and Class Structure]. St. Petersburg: Tip Publishing House. I. N. Skorohodova. p. 237.

Mironov, B. N. 2014. "Kto vinovat: priroda ili instituty? Geograficheskij faktor v istorii Rossii [Who is Responsible: Nature or Institutions? Geographical Factor in the History of Russia]" *Obschestvennye nauki i sovremennost* [Social Science and Contemporary World]. Issue 5. pp. 130 – 141.

Modelski, G. 2003. *World Cities: – 3000 to 2000.* Publisher: FAROS2000. p. 245. ISBN 9780967623016.

Monitoring of the Workforce from Different Years//FSSS RF: [website]. URL: https://rosstat.gov.ru/compendium/document/13265 (accessed on: December 1st 2022).

Moreno, C. 2021. *"Introducing the '15 - Minute City': Sustainability, Resilience and Place Identity in Future Post-Pandemic Cities,"* /C. Moreno, Z. Allam, D. Chabaud, C. Gall, F. Pratlong, *Smart Cities*. Issue 4. pp. 93 - 111.

Morris, I. 2011. *Why the West Rules for Now: The Patterns of History, and What They Reveal About the Future*. Publisher Picador. p. 768. ISBN 978 - 0312611 699.

Mossberger, K., Clarke, S. and John, P. 2012. *The Oxford Handbook of Urban Politics*. N. Y.: Oxford Press. ISBN: 9780195367867.

Mossberger, K., Stoker, G. 2001. "The Evolution of Urban Regime Theory the Challenge of Conceptualization." *Urban Affairs Review*. Vol. 36. No. 6. pp. 810 - 835.

Motrevich, V. P. 2012. *Agrarnaya istoriya Rossii (IX - XX vv.)* [Agrarian History of Russia (9th - 20th centuries)]: Tutorial. Yekaterinburg: Ural Agrarian Publishing House. ISBN 978 - 5 - 87202 - 317 - 6.

Mumford, L. 1970. *The Culture of Cities*. /L. Mumford. N. Y.: Harvest Books.

"Musornaya reforma" i razdelnyi sbor otkhodov: rezultaty martovskogo oprosa Levada-tsentra ("Garbage Reform" and Waste Sorting: March Survey Results). Levada Center. 2019. [Electronic resource]. URL: https://www. levada. ru/ 2019/05/15/musornaya-reforma/#_ftn1. (Date visited: 06. 09. 2022).

Mu, Z. & Yu Xie. 2014. "Marital Age Homogamy in China: A Reversal of Trend in the Reform Era?" *Social Science Research* 44.

Nanakina. Y. 2015. "Evaluating Rational Household Consumer Activity through the Lens of Criteria of Public Significance," *Age of Quality*. № 4. pp. 33 - 52. URL: http://www. agequal. ru/pdf/2015/415004. pdf.

Nanakina. Y. 2017. "Relevant Issue Spertaining to Economic Theory when it Comes to Evaluating Household Consumer Activity: as Viewed by Domestic Economic Science," *Age of Quality*. № 3. pp. 77 - 87. URL: http://www. agequal. ru/pdf/2017/317005. pdf.

Nazarov, V. and A. Posharats. 2017. Developing Effective Social Aid for the Population of Russia: Targetedness, Neediness, Versatility. M.: Scientific Research Financial Institute; World Bank. URL: https://www.nifi.ru/images/FILES/Reports/doc _ soz _ 2017. pdf (accessed on: November 5th 2022).

Nielsen, K. S., Nicholas, K. A., Creutzig, F., Dietz, T. & Stern, P C.. 2021. "The Role of High-Socioeconomic-Status People in Locking in or Rapidly Reducing Energy-Driven Greenhouse Gas Emissions." *Nature Energy* 6 (11): 1011 – 1061.

Novikov, V., Y. Artamonova. 2009. "On the Role of Education in Rationalizing Household Consumer Activity," *Economics of education*. № 2. pp. 13 – 17.

OCED, & EU. 2020. *Cities in the World: A New Perspective on Urbanisation*. Paris: OCED.

OECD. 2021. *Assessing the Economic Impacts of Environmental Policies: Evidence from a Decade of OECD Research*. Paris: OECD Publishing. https://doi.org/10.1787/bf2fb156 – en.

OKZ-All-Russian Classifier of Occupations//All-Russian Classifiers: [website]. 2022. URL: https://classifikators.ru/okz (accessed on: December 1st 2022).

Olson, E. L. 2013. "It's Not Easy Being Green: The Effects of Attribute Tradeoffs on Green Product Preference and Choice." *Journal of the Academy of Marketing Science* 41 (2).

One from Home: Remote Work after the Pandemic//VCIOM: [website]. 2022. URL: https://wciom.ru/analytical-reviews/analiticheskii-obzor/odin-iz-doma-udalenka-v-postpandemicheskoi-zhizni (accessed on: December 10th 2022).

Order of the President of the Russian Federation from July 21st 2020 № 474 "On Russian Federation National Development Goals until the Year 2030". URL: http://publication.pravo.gov.ru/Document/View/0001202007210012 (accessed on: December 1st 2022).

Orlova, I. B. 2020. "Aktorno-setevaya teoriya i sotsialnaya praktika [*I. B. Orlo-va. Actor-network theory and social practice*]" *Sotsiologicheskie issledovaniya* [Sociological Studies]. Issue 7. pp. 128 – 137.

Ovcharova, L. , D. Popova. 2013. "Russian Household Income and Expenses: what Changed in the Popular Standard for Consumption," *Mir Rossii*. № 3. pp. 22 – 23.

Ovcharova, L. , O. Sinyavskaya; Y. Andreyeva, S. Biryukova et al. 2022. Social Protection in Russia before and after the Pandemic: Crossroads of the Future: Report Given at the XXIII Yasin (April) International Academic Conference on Economic and Social Development, Moscow, 2022 ; Higher School of Economics University. M. : Higher School of Economics Publishing House.

Ovrutskiy, A. 2016. Urban Style within the Context of Consumption. Urbanistika. № 3. pp. 1 – 10. URL: https://nbpublish. com/library_read_article. php? id = 19561.

Ovsyannikov, A. 2011. "Society of Consumption in Russia: the Systemic an All-encompassing Nature of the Crisis." *MSIIR Bulletin*. № 3 (18). pp. 222 – 235. DOI: https://doi. org/10. 24833/2071 – 8160 – 2011 – 3 – 18 – 222 – 235.

Paddock, J. 2015. "Positioning Food Cultures: 'Alternative' Food as Distinctive Consumer Practice." Sociology 50 (6).

Paid Services Provided to the Russian Population. 2021. 2021: Compilation of Statistics. Moscow: Rosstat. pp. 15 – 17.

Papaoikonomou, E. , Ryan, G. , & Ginieis, M. 2011. "Towards a Holistic Approach of the Attitude Behaviour Gap in Ethical Consumer Behaviours: Empirical Evidence from Spain." *International Advances in Economic Research* 17 (1).

Paramonova, V. 2011. "Modern Urban Models 'for the Elderly'." *V. I. Vernadsky Crimea Federal University Science Memos. Sociology. Pedagogy. Psychology*. V. 24. № . 3 – 4. pp. 231 – 238.

Parfyonova, O. 2019. "The Key Elderly Care Agents in Modern Russia," *Sociology Today in Saint Petersburg*. №. 11. pp. 23 – 35.

Parsons, T. 1940. "An Analytical Approach to the Theory of Social Stratification," *American Journal of Sociology*, 45 (6), pp. 841 – 862. https://www.jstor.org/stable/2769194.

Peattie, K. 2001a. "Golden Goose or Wild Goose? The Hunt for the Green Consumer." *Business Strategy and the Environment* 10 (4).

Peattie, K. 2001b. "Towards Sustainability: The Third Age of Green Marketing." *The Marketing Review* 2 (2).

Pechkurov, I. 2018. "The Axiology of Prestige and Status in Demonstrative Consumption Practices in Russia's Current Social Reality," *Southern Russian Humanitarian*. Volume. 7. № 1. pp. 192 – 200. DOI 10. 23683/2227 – 8656.

Petrakov, N. 2011. *Russia's Modernization: Social and Humanitarian Dimensions*. M. ; SPb. : Nestor-Istoria.

Pisarev, A. 2004. "How the Elderly are Perceived in Modern Russia," *Sociological Studies*. V. 4. pp. 51 – 56.

Plotnikov, V. 2021. "The COVID – 19 Pandemic, the Consumer Market and Digitization," *Russia's Economic Renaissance*. № 3. pp. 92 – 104.

Plyusnin, Y. 2022. *The Social Structure of a Provincial Society*. M. : Common Place "Khamovniki" Social Research Foundation.

Plyusnin, Y. 2013. Zausayeva Y. , Zhidkevich N. , Pozanento A. *Departed Workers*. M. New Chronograph.

Podyachev, K. V. 2013. *Osnovnye formy grazhdanskogo uchastiya v usloviyakh sovremennoy Rossii*. The Main Forms of Civic Involvement in Modern Russia's Reality. Civic Society in Russia [Electronic library]. URL: https://www.civisbook. ru/files/File/Podyachev_ osn. pdf.

Polyakov, E. N. , Kryukova, Yu. E. 2015. "Planirovka i funktsionalnoe zonirovanie drevnegrecheskikh i rimskikh gorodov v trudakh antichnykh avtorov [Planning and functional zoning of ancient Greek and Roman cities in the works of ancient authors]" *Vestnik TGASU* [Bulletin of TSUAB]. No. 2

（49）. pp. 75 – 89.

Popova, E. S. 2022. "Inequality in Educational Opportunities in the Digital Dimension," *Vocational Education and Labour Market*, 1, pp. 55 – 67. https://doi. org/10. 52944/PORT. 2022. 48. 1. 004.

Population of the Russian Federation by Gender and Age. 2022. Statistical Bulletin. Moscow: 2022. URL: https://rosstat. gov. ru/storage/mediabank/Bul _ chislen_ nasel-pv_01 – 01 – 2022. pdf（accessed on: 05. 08. 2022）.

Porfiryev, B. N., Shirov, A. A., Kolpakov, A. Yu. 2020. "Strategiya nizk-ouglerodnogo razvitiya: perspektivy dlya ekonomiki Rossii（Low-Carbon Development Strategy: Prospects for the Russian Economy）," *Mirovaya ekonomika i mezhdunarodnye otnosheniya*（World Economy and International Relations）. Vol. 64, Issue 9. pp. 15 – 25.

Public Libraries of the Russian Federation in Figures, 2012. Moscow: Main Data Processing Center of the Ministry of Culture of the Russian Federation, 2013.

Public Libraries of the Russian Federation in Figures, 2021. Moscow: Main Data Processing Center of the Ministry of Culture of the Russian Federation, 2022.

Radaev V. V. 2020. "Divide among the Millennial Generation: Historical and Empirical Justifications. （Part two）." *Sotsiologicheskiy Zhurnal = Sociological Journal*. Vol. 26. No. 4. pp. 31 – 60. DOI: https://doi. org/10. 19181/socjour. 2020. 26. 4. 7641.

Radaev, V. V. 2018. "Millenials Compared to Previous Generations: an Empirical Analysis." *Sotsiologicheskie issledovaniya* [*Sociological Studies*]. No 3. pp. 15 – 33.

Radayev, V. 2005. "Sociology of Consumption: the Main Approaches," *Sociological studies*. № 1. pp. 5 – 18.

Radina, N., Porshnev A. 2014. "Elderly Urban Residents in Metropolitan Areas and Small Towns: Solidarity, Altruism and Priorities in the Realm of Urban Development," *Sociology of Power*. № 3. pp. 141 – 158.

RAEC: 70 Thousand IT-specialists Departed from Russia in March, it is Expected that Another 100 Thousand will Leave in April//Habr: [website]. 2022. URL:

https://habr. com/ru/news/t/656881/ (accessed on: October 3rd 2022).

Raymo, J. M. , Hyunjoon Park, Xie, Y. , & Yeung, W. J. 2015. "Marriage and Family in East Asia: Continuity and Change." *Annual Review of Sociology* 41: 471 – 92.

Raymo, J. M. , Iwasawa, M. & Bumpass, L. . 2009 "Cohabitation and Family Formation in Japan." *Demography* 46 (4).

Raymo, J. M. & Iwasawa, M. . 2005 "Marriage Market Mismatches in Japan: An Alternative View of the Relationship between Women's Education and Marriage." *American Sociological Review* 70 (5).

Razdel'ny sbor otkhodov (Separate Garbage Collection) //Levada Center. 2020. [Electronic resource]. URL: https://www. levada. ru/2020/05/13/razdelnyj-sbor-othodov/. (Date visited: 06. 09. 2022).

Retail Trade and Public Catering// Federal State Statistics Service: [website]. 2020. URL: https://rosstat. gov. ru/statistics/roznichnayatorgovlya (accessed on January 10th 2022).

Reznik, Y. , & Smirnov, Y. 2002. *An Individual's Life Strategies (an Experience in Comprehensive Analysis)*. M. : Human Institute of RAS: Independent Institute of Civil Society. ISBN: 5 – 901493 – 01 – X.

Richardson, C. J. 1977. "Education and Social Mobility: Changing Conceptions of the Role of the Educational Systems," *The Canadian Journal of Sociology/ Cahiers Canadiens de Sociologie*, 2 (4), pp. 417 – 433. JSTOR. https://doi. org/10. 2307/3340298.

Robinson, J. 2012. *Ordinary Cities: Between Modernity and Development*. London: Routledge.

Rogozin, D. 2012. "The Liberalization of Aging, or Work, Knowledge and Health at an Elder Age." *Sociological Journal*. №. 4. pp. 062 – 093.

Rosstat. 2021. Healthcare in Russia. 2021: Statistical Compilation. M. : Rosstat, 2021.

Rosstat. 2022. Rosstat Report Titled "Elder Generation". 2022. https://rosstat. gov. ru/folder/13877.

Rowe, T. W. 2013. *China: 1300 – 1900*, *Peter Clark (ed) The Oxford Handbook of Cities in World History*. Oxford: Oxford University Press, pp. 310 – 328.

2018. *Russia in Numbers*. 2018: Short data book. M.: Rosstat.

"Russia Longitudinal Monitoring Survey, RLMS-HSE." conducted by the National Research University "Higher School of Economics" and "Demoscope" LLC together with the Carolina Population Center, University of North Carolina at Chapel Hill and the Institute of Sociology of the Federal Center of Theoretical and Applied Sociology of the Russian Academy of Sciences. (RLMS HSE websites: http://www. hse. ru/rlmsиhttps://rlms-hse. cpc. unc. edu).

Russian Federation Demographic Policy Concept for the Period up until the Year 2025. 2020. URL: https://base. garant. ru/191961/53f89421bbdaf741eb2d 1ecc4d db4c33/ (accessed onAugust 6th2022).

Russian Longitudinal Monitoring Survey (RLMS-HSE), Conducted by the National Research University "Higher School of Economics" and "Demoscope" LLC. RLMS-HSE website: http://www. hse. ru/rlms (accessed on: December 1st 2022).

Russian Statistical Yearbook. 2021. 2021: Stat. book. Moscow: Rosstat. p. 124.

Russian versus European Welfare Attitudes: Data from Wave 8 of the European Social Survey (ESS). 2018. URL: https://www. europeansocialsurvey. org/ docs/findings/ESS8_ pawcer_ welfare_ RU. pdf (accessed on: November 15th 2022).

Russia's Social-demographic Portrait: According to the Results of the Russian Census of 2010. 2012. Federal State Statistics Service of the Russian Federation. http://www. gks. ru/free_ doc/new_ site/perepis2010/croc/Documents/ portret-russia. pdf.

Ryzhkova, T. & Y. Tarasenko. 2021. "Caring for Health and Wellbeing: Changes in Consumer Behavior Trends During the COVID – 19 Pandemic," *RSUH Bulletin.* "Economics. Management. Law" series. № 2. pp. 24 – 37.

Safonov, A. & Anyushina, M. 2019. "The Socio-economic Consequences of the

Pension reform being Implemented in Russia and their Impact on the Country's Financial Security," *Labor and Social Relations*. № 4. pp. 5 – 15.

Sassen, S. 2001. *The Global City*: *New York*. Princeton University Press (updated 2d ed., original 1991).

Saushkin, Yu. G. & Glushkova, V. G. 1983. *Moskva sredi gorodov mira* [Moscow Among the Cities of the World]: Economic and Geographical Research. Moscow: Mysl. p. 285.

Schlegelmilch, Bodo, B., Greg, M. Bohlen, & Adamantios Diamantopoulos. 1996. "The Link between Green Purchasing Decisions and Measures of Environmental Consciousness." *European Journal of Marketing* 30 (5).

Schneider, B. 2001. "Educational Stratification and The Life Course." *Sociological Focus*, 34 (4), pp. 463 – 466. https://www.jstor.org/stable/20832142.

Schultz, T. W. 1961. "Investment in Human Capital," *The American Economic Review*. Vol. 51. № 1. pp. 1 – 17.

Scott, A. J. 2017. *The Constitution of the City*: *Economy*, *Society*, *and Urbanization in the Capitalist Era*. Cham: Palgrave Macmillan.

Selective Federal Statistical Monitoring of the Population's Use of Digital Technology and Telecommunication Networks (table 3.1) //FSSS RF: [website]. 2021. URL: https://gks.ru/free_doc/new_site/business/it/ikt21/index. html (accessed on: December 1st 2022).

Senyavskiy, A. S. 2019. *Urbanizatsionnyj protsess v SSSR v ekonomicheskom izmerenii*: *strukturnye i institutsionalnye aspekty* [Urbanization Process in the USSR From the Economic Perspective: Structural and Institutional Aspects]. VTE. No. 2. pp. 147 – 161.

Sergeyev, N., & Subbotina, T. 2020. Prospects for Improving Quality of Life for Elderly Citizens of Russia //Relevant Issues Pertaining to Senior Citizens' Active Longevity and Quality of Life. pp. 201 – 206.

Shabalin, V. 2009. "Medical and Social Issues Associated with the Russian Population's Physiological Aging." *Clinical Medicine Almanac*. №. 21. pp. 11 – 17.

Shabanova, M. , & T. Gitsalova. 2015. "Socio-economic Factors in the Development of Ethical Consumption in our Modern World: is there a Future in Russia?" *Sociological Studies.* № 3. pp. 150 – 160.

Shavit, Y. , & Westerbeek, K. 1998. "Educational Stratification in Italy: Reforms, Expansion, and Equality of Opportunity," *European Sociological Review*, 14 (1), pp. 33 – 47. https://www. jstor. org/stable/522479.

Shcherbakova, E. M. 2019. "Naselenie gorodov mira po otsenkam OON 2018 goda [World Urban Settlement Population According to 2018 UN Estimates]" *Demoscope Weekly.* No. 841 – 842. URL: http://demoscope. ru/weekly/2019/0841/barom01. php (accessed on: 05. 08. 2022).

Shirahase, S. 2013. *Social Inequality in Japan.* London: Routledge.

Shkaratan, O. , & Yastrebov, G. 2007. *Social-professional Structure and its Reproduction in Modern-day Russia: Preliminary Results of a Representative Survey of Russia's Economically Active Population in* 2006. Series WP7. M. : SU HSE.

Shlykova O. 2020. "Digital Consumption of Cultural Content in Conditions of the ' New Normal' of a Removed World," *Moscow State Art and Cultural University bulletin.* № 5 (97). pp. 160 – 169.

Shomina, Y. 1999. *Residents and Housing (Arranging Sector Three in the Housing Industry).* Moscow: EPC "Municipal Government". ISBN 5 – 93158 – 007 – 7.

Shortage of Personnel on the Land. 2004. // Kommersant: [website]. URL: https://www. kommersant. ru/doc/568212 (accessed on: November 1st 2022).

Shulga, Yu. *Ustoychivoye razvitie v Rossii: istoriya, kompanii i fakty* (Sustainable Development in Russia: History, Companies and Facts) //Forbes. 2021. [Electronic resource] URL: https://www. forbes. ru/obshchestvo/428027 – ustojcivoe-razvitie-v-rossii-istoria-kompanii-i-fakty (Date visited: 01. 09. 2022).

Sidorenko, A. 2019. "Madrid International Plan of Action on Aging," *Social Services for Families and Children: a Scientific Methodic Compilation.* №. 17. pp. 33 – 44.

Sinitchkin, A. 2021. "The "Elder Generation" Federal Project: Prospects for its Realization," *Effective Pharmacotherapy*. V. 17. № 36. pp. 38 – 41.

Sinkha, A., Lysenko, V. G. 2016. "*Do Animals Have Consciousness*? (interview)" Philosophy of Science and Technology. Vol. 21, Issue 1. pp. 66 – 67.

Sinyavskaya, O., & Yakushev, Y., Chervyakova A. 2021. Russia's Pension System in the Context of Long-term Challenges and National Development Targets: Report Given at the XXII April International Academic Conference on Economic and Social Development, Moscow, 13 – 30 of April 2021. M. : Higher School of Economics Publishing House.

Sizova, I., & Orlova, N. 2021. "Contradictions and Tensions in Senior Citizens' Employment in Modern-day Russia," *Belarus State University journal. Sociology*. № 1. pp. 107 – 119.

Skolko lyudey zhilo v raznye veka? I skolko bylo by lyudey vsego, esli by chelovek ne umiral? [How Many People Lived in Different Centuries? And How Many People in Total would there be if Humans were Immortal?]. Yandex. Zen: [website]. 2021. URL: https://dzen. ru/media/20012013/skolko-liudei-ji-lo-v-raznye-veka-i-skolko-bylo-by-liudei-vsego-esli-by-chelovek-ne-umiral – 60dd7bf8df4f6532138f747b (accessed on: 25. 11. 2022).

Slavskaya, M. 2014. "Po tsarskomu ukazu: 10 gorodov, osnovannykh Petrom Velikim [By Tsar's Decree: 10 Cities Founded by Peter the Great]." *Vechernyaya Moskva* [website]. URL: https://vm. ru/society/175907 – po-carskomu-ukazu – 10 – gorodov-osnovannyh-petrom-velikim (accessed on: 02. 10. 2022).

Smolenskaya, E. 2021. Inclusion of Urban Space//Traditions and Innovations in Construction and Architecture. Architecture and urban planning. pp. 904 – 909.

Smolkin, A. 2014. "Elderly People's Employment Potential." *Sociological Studies*. № 5. pp. 97 – 103.

Sánchez, M. J. 2010. "Defining and Measuring Environmental Consciousness." *Revista Internacional de Sociología* (RIS). Vol. 68. Issue 3. pp. 731 – 755.

Soboleva, S., Smirnova, N., & Chudayeva, O. 2016. "The Demographic Situation in Russia: Present and Future," *World of New Economy*. №. 3. pp. 106 – 115.

Sobotka, T. 2021. World's Highest Childlessness Levels in East Asia. Population & Societies. Number 595. December, p. 4.

Sobotka, T. 2021. "World's Highest Childlessness Levels in East Asia," *Population & Societies*. Number 595. p. 4.

Solomatina, Y. 2019. "The Theoretical and Methodological Aspects of Studying Consumption and Consumer Practices in Modern Sociology." *Society: Sociology, Psychology, Pedagogy*. № 10. pp. 45 – 49. DOI: https://doi. org/ 10. 24158/spp. 2019. 10. 5

Soron, D. 2010. "Sustainability, Self-Identity and the Sociology of Consumption: Sustainability, Self-Identity, and the Sociology of Consumption." *Sustainable Development* 18 (3).

Spaargaren, G. 2003, "Sustainable Consumption: A Theoretical and Environmental Policy Perspective." *Society and Natural Resources* 16 (8): 687 – 701.

Spaargaren, G. & Vliet, B. V. 2000. "Lifestyles, Consumption and the Environment: The Ecological Modernization of Domestic Consumption." *Environmental Politics* 9 (1): 50 – 76.

Spínola, H. 2021. "Environmental Culture and Education: A New Conceptual Framework," *Creative Education*. Issue 12. pp. 983 – 998. https://doi. org/ 10. 4236/ce. 2021. 125072.

Stamer, N. B. 2018. "Moral Conventions in Food Consumption and Their Relationship to Consumers' Social Background." *Journal of Consumer Culture* 18 (1).

Starym veshcham-novuyu zhizn! (New life to old things!) // VCIOM. 2022. [Electronic resource]. URL: https://wciom. ru/analytical-reviews/analiticheskii-obzor/starym-veshcham-novuju-zhizn. (Date visited: 01. 09. 2022).

State Statistics Service of the USSR. 1989. *Popular Education and Culture in the*

USSR: *Statistical Book*. Moscow: Finance and Statistics. ISBN 5 – 279 – 000155 – 4.

Steinhardt, N. 2013. China, Peter Clark (ed). *The Oxford Handbook of Cities in World History*. Oxford: Oxford University Press, pp. 105 – 126.

Strategies of Actions in the Interest of the Russian Federation's Senior Citizens up until the Year 2025: Russian Government Order from the 5th of February 2016 № 164.

Strebkov, D. & Shevchuk, A. 2022. *What do We Know about Freelance Workers? Sociology of Freelance Employment*. M. : Higher School of Economics publishing house.

Strelnikova, A. 2012. *Sociology of the City: Spatial Practices and Life Trajectories*. Moscow: Trovant. ISBN 978 – 5 – 89513 – 277 – 7.

Statistical Handbook/Rosstat. M. , 2013. 543 pp. Section. 4. 11; Pril. 4. 3 Live… 2021. Ibid.

Surkyn, J. & Lesthaeghe, R. 2004. "Value Orientation and the Second Demographic Transition (SDT) in Northern, Western and Southern Europe: An Update." *Demographic Research* 10 (SUPPL. 3).

Sushko, P. E. 2019. "Osobennosti territorialnoy mobilnosti molodezhi v sovremennoy Rossii [Peculiarities of the territorial mobility of young people in modern Russia]" *Information and Analytical Bulletin*. INAB. Issue 4. pp. 100 – 111.

Sushko, V. , Bukhtiyarova, I. , Zubova, O. 2018. "Ekologyia kak faktor formirovaniya kachestva zhizni: metodologiya sotsiologicheskogo analiza (Ecology as a Factor in the Formation of the Quality of Life: the Methodology of Sociological Analysis) ," *Ekologiya i promyshlennost Rossii* (Ecology and Industry of Russia). Issue 22 (2). pp. 58 – 63. https://doi. org/10. 18412/ 1816 – 0395 – 2018 – 2 – 58 – 63.

Semyonova, V. M. Chernysh, P. Sushko. 2019. *Social Mobility in an ever more Complicated Society: Objective and Subjective Aspects*. M. : ISRAS. ISBN 978 – 5 – 89697 – 307 – 2. P. 15 – 72.

Swanstrom, T. 2001. "What We Argue About When We Argue About Regionalism," *Journal of Urban Affairs*. Vol. 23. Issue 5. pp. 479 – 496.

Temnitskiy, A. L. 2020. "Formation of Individual Subjectivity in Labor among Young Workers in the Modern Russia," *Monitoring of Public Opinion: Economic and Social Changes*. No. 3. pp. 182—200. https://doi. org/10. 14515/ monitoring. 2020. 3. 1660.

Terlau, W. & Hirsch, D. 2015. "Sustainable Consumption and the Attitude-behaviour-gap Phenomenon-causes and Measurements towards a Sustainable Development." *International Journal on Food System Dynamics* 6 (3).

Tews, H. P. 1993. Neue und alteAspekte des Strukturwandels des Alters //LebenslagenimStrukturwandel des Alters. – VS Verlag fürSozialwissenschaften, Wiesbaden. pp. 15 – 42.

The Demographic Yearbook of Russia. 2005. 2002: Statistical Handbook/Goskomstat of Russia. Moscow, 2002. 397 pp. P. 155.

The Demographic Yearbook of Russia. 2005: Statistical Handbook/Rosstat. Moscow, 2005. 595 pp. P. 238; The Demographic Yearbook of Russia. 2013.

The Demographic Yearbook of Russia. 2002. 2002: Statistical Handbook. Moscow: Goskomstat of Russia. p. 155.

The Demographic Yearbook of Russia. 2005. 2005: Statistical Handbook. Moscow: Rosstat. p. 238.

The Demographic Ye-arbook of Russia. 2013. 2013: Statistical Handbook. Moscow: Rosstat. p. 543 Section. 4. 11; Pril. 4. 3 Live...2021. Ibid.

The Demographic Yearbook of Russia. 2021. 2021: Statistical Handbook. Moscow: Rosstat. p. 45; Demography. Total Fertility Rate. Federal State Statistics Service (Posstat). URL: https://rosstat. gov. ru/folder/12781 (accessed 20. 08. 2022).

The Environmental Agenda: Nine Months Before the State Duma Election//VCIOM: [website]. 2020. URL: https://wciom. ru/analytical-reviews/analiticheskii-obzor/ehkologicheskaja-povestka-za-desjat-mesjacev-do-vyborov-v-gosdumu (accessed on January 10th2022).

The Family in Russia. 2008. 2008: Statistical Handbook. Moscow: Rosstat. pp.

11 - 12.

The Russian People's Cultural Activities: Main Indicator Dynamics//VCIOM: [website]. 2018. URL: https://wciom. ru/analytical-reviews/analiticheskii-obzor/kulturnaya-zhizn-rossiyan-dinamika-osnovnykh-pokazatelej (accessed on January 10th 2022).

The workforce, Employment and Unemployment in Russia (Based on the Results of Sample Surveying the Workforce). 2018: data book/. M. : Rosstat. ISBN 978 - 5 - 89476 - 451 - 1.

The Workforce, Employment and Unemployment in Russia. 2022 (table 3. 10) //FSSS RF: [website]. 2022. URL: https://rosstat. gov. ru/storage/mediabank/Rab_sila_2022. pdf (accessed on: December 1st 2022).

Tikhomirov, M. N. 2008. *Drevnerusskie goroda* [Ancient Russian Cities] /2nd ed. Revised and extended. Moscow: Nauka. p. 350. ISBN 978 - 5 - 02 - 026309 - 3.

Tikhonov, A. et al. 2017. *Russia: Reforming the Power-management Vertical in the Context of Issues Pertaining to Regional Socio-cultural Modernization.* Moscow: FSRSC. ISBN 978 - 5 - 89697 - 298 - 3.

Tikhonova, N. 2020a. "Professional Structure in Modern Russia: the Specifics and Dynamics," *Social Sciences and the Modern Day.* № 3. pp. 18 - 34.

Tikhonova, N. 2020b. "Russian Professionals: the Specifics of Job Positions and Human Potential," *Sociological Studies.* № 10. pp. 71 - 83.

Tikhonova, N. & Caravay, A. 2017. "The Effect of the 2014 - 2016 Economic Crisis on Employment in Russia," *Monitoring of Public Opinion: Economic and Social Changes.* № 2. pp. 1 - 17.

Tikhonova, N. 2018. The Model of Income Stratification of Russian Society: Dynamics, Factors, Comparisons between Countries. M. : SPB: Nestor-Istoriya.

Tikhonova, S. 2008. "Means of Consumption and the Globalization of Life," *Vlast.* № 6. pp. 68 - 72.

Tikhonov, A. 2007. *Sociology of Management.* Second edition, completed and revised. Moscow: "Canon + " RPOD "Rehabilitatsia". ISBN 978 – 5 – 88373 – 153 – 1.

Tkachyova, O. 2016. "The Modern-day Concept for Developing Geriatric Care in the Russian Federation," *Roszdravnadzor Bulletin.* №. 4. pp. 31 – 35.

Trade in Russia //Federal State Statistics Service: [website]. 2021. URL: https://rosstat. gov. ru/folder/210/document/13233 (accessed on January 10th 2022).

Trends//RBC: [website]. 2022. URL: https://trends. rbc. ru/trends/social/60c 8e3139a79472ba64fde35 (accessed on: December 10th 2022).

Trifoniova, Z. 2016. "Differences in Demographic Aging between Russian Regions," *Science. Innovations. Technologies.* №. 3. pp. 211 – 224.

Truschenko, O. 1995. *The Center's Prestige: Urban Social Segregation in Moscow.* M. Sociologos.

Tsepilova, O. D. & Holbreich, V. B. 2020. "Ekologicheskiy aktivizm: mobilizatsiya resursov 'musornykh' protestov v Rossii v 2018 – 2020 gg. (Environmental Activism: Resource Mobilization For 'Garbage' Protests in Russia in 2018 – 2020)," *Zhurnal sotsiologii i sotsialnoy antropologii* (The Journal of Sociology and Social Anthropology. Issue 23 (4). pp. 136 – 162. https://doi. org/10. 31119/jssa. 2020. 23. 4. 5.

Tsepilova, O. D. 2019. "Politicheskoe i sotsialno-ekonomicheskoe razvitie sovremennoy Rossii: ekologicheskie ogranicheniya i riski (Political and Socio-economic Development of Modern Russia: Environmental Obstacles and Risks)." *Teleskop.* Issue 6. pp. 20 – 27.

Tsifrovizatsiya uslug v Rossii: uzhe na poroge (Digitalization of Services in Russia: It's almost Here) //VCIOM. 2019. [Electronic resource]. URL: https://wciom. ru/analytical-reviews/analiticheskii-obzor/czifrovizacziya-uslug-v-rossii-uzhe-na-poroge – . (Date visited: 20. 09. 2022).

United Nations, Department of Economic and Social Affairs, Population Division. 2019. World Urbanization Prospects: The 2018 Revision (ST/ESA/SER. A/420). New York: United Nations. URL: https://population. un. org/

wup/publications/Files/WUP2018 – Report. pdf（accessed on：05. 08. 2022）.

United Nations Human Settlements Programme, UN-HABITAT. 2002. *The Global Campaign on Urban Governance/Concept Paper*. 2nd Edition. ISBN 92 – 1 – 131638 – 3.

United Nations. 2019. *World Urbanization Prospects* 2018. New York：United Nations.

Uskova, E. V. 2017. "Soznanie i bessoznatelnoe：evolyutsionnye preimushchest-va soznaniya [Consciousness and the unconscious：evolutionary advantages of consciousness]" *Intellect. Innovations. Investments.* Issue 4. pp. 71 – 76.

Uzzell, D., Rutland, A., & Whistance, D. 1995. "Questioning Values in Environmental Education", in Y. Guerrier, N. Alexander, J. Chase, & M. O'Brien (eds.), *Values and Environment：A Social Science Perspective*. Chichester, UK：John Wiley & Sons. pp. 171 – 182.

van de Kaa, D. J. 1987. *Europe's Second Demographic Transition*. Washington, D. C：Population Reference Bureau.

Vereshchagina, T. A., Degtyarev, P. Y., & Tyunin, A. I. 2018. "Krizis tra-ditsionnoy modeli razvitiya malykh gorodov [The Crisis of the Traditional Model of Development of Small Towns]" *Vestnik Chelyabinskogo gosu-darstvennogo universiteta. Ekonomicheskie nauki.* [Bulletin of Chelyabinsk State University. Economic Sciences]. Issue 60. Issue 3 (413). pp. 53 – 60.

Vishnevskaya, N., Zudina, A., & Sharunina, A. 2021. "How Inequality is In-fluenced by Labor Market Institutions：Mechanisms of Transmission," in S. Mareyeva, O. Voron, L. Ovcharova (eds.), *Inequality of Wages：Dynam-ics, Main Factors, Differences between Regions, Influence of Labor Market Institutions.* . M.：NRU HSE. pp. 59 – 87.

Vishnyakov, Ya. D., & Kiseleva, S. P. 2017. "Ekologicheskaya kultura i rossiy-skaya ideologiya KHKHI veka (Ecological Culture and the Russian Ideology of the Twenty-first Century)," *Nauchnyy rezultat. Sotsialnye i gumanitarnye issledovaniya.* Vol. 3, Issue 4. pp. 4 – 11. DOI：10. 18413/2408 – 932X – 2017 – 3 – 4 – 4 – 11.

Vodarskiy, Ya. E. 2006. *Issledovaniya po istorii russkogo goroda*: (*fakty*, *obob-shcheniya*, *aspekty*) [Research on the History of the Russian Urban Settle-ment: (Facts, Generalizations, Aspects)]. Russian Academy of Sciences, Institute of Russian History. Moscow: IRI RAS. p. 415. ISBN 5 – 8055 – 0165 – 1.

Volkodayeva, I. & Knaub, E. 2016. Accessible Urban Space and the Integra-tion of the Handicapped into Socially Active Life in Society // Humanitarian Foundations for Social Progress: Russia and the Modern day. pp. 67 – 71.

"*Vtoroe dykhanie*": *povtornoye ispolzovaniye i pererabotka tekstilya* (Second Wind: Reusing and Recycling Textiles). 2019. URL: https://plus-one. ru/ ecology/2020/08/24/vtoroe-dyhanie-povtornoe-ispolzovanie-i-pererabotka-tekstilya. (Date visited: 01. 09. 2022).

Walker, A. & Foster, L. 2013. *Active Ageing*: *Rhetoric*, *Theory and Practice*. The Making of Ageing Policy. Edward Elgar Publishing. pp. 27 – 52.

Warde, A. 2003. "Consumers, Identity and Belonging." In Nicholas Aber-crombie, Russell Keat & Nigel Whiteley (eds.), *The Authority of the Consumer*. London: Routledge.

Warde, A. 2017, *Consumption*: *A Sociological Analysis*. London: Palgrave Mac-millan.

Warde, A. 1994. "Consumption, Identity-Formation and Uncertainty." *Sociol-ogy* 28 (4).

Warde, A. 1992, "Notes On the Relationship Between Production and Consump-tion." In R. Burrows and C. Marsh (eds.), *Consumption and class*: *divi-sions and change* (pp. 15 – 31): Palgrave Macmillan.

Warde, A. 2014, "Sociology, Consumption, and Habit." In D. Southerton and A. Ulph (eds.), *Sustainable Consumption* (pp. 277 – 314): Oxford Uni-versity Press.

Warde, A., Welch, D., & Paddock, J. 2016, "Studying Consumption through the Lens of Practice." In M. Keller, B. Halkier, T. Wilska and M. Truninger (eds.), *Handbook of Consumption* (London: Routledge).

Weber, M. 1994. *Selected works. The Image of Society.* Moscow: Yurist. ISBN 5 – 7357 – 0048 – 0.

Weber, M. 1966. *The City.* New York: Free Press.

Wheeler, K. 2022, "Applying a Systems of Provision Approach: Moral Economies and Consumption Work." *Consumption and Society* 1 (1): 207 – 210.

Whyte, M. K. & Han, C. 2008, "Popular Attitudes toward Distributive Injustice: Beijing and Warsaw Compared." *Journal of Chinese Political Science* 13 (1).

Whyte, M. K. & Parish, W. L. 1984. *Urban Life in Contemporary China.* Chicago: The University of Chicago Press.

Wirth, L. 1938. "Urbanism as a Way of Life." *American journal of sociology* 44 (1).

Women and Men of Russia. 2020. Statistical Handbook. Moscow: Rosstat. 2020. p. 79.

Yadova, M. 2017. "The Educational and Professional Strategies of the Post-Soviet youth," *Russia and the World in the 20th Century.* 2017. №2 (95). pp. 91 – 104. DOI: 10.31249/rsm/2017.02.06. p. 92.

Yanitskiy, O. 1988. *Civil Underakings and Popular Initiatives.* Moscow: "Knowledge" Publishing House.

Yanitsky, O. N. 2005. "Ekologicheskaya kultura Rossii XX veka (Environmental Culture in 20th Century Russia)," *Istoria i sovremennost.* Issue 1. pp. 136 – 161.

Yarskaya-Smirnova, E., Naberushkina, E. 2004. *Social Work with the Disabled.* SPB. : Piter. – V. 5. p. 316.

Yechevskaya, O. 2011. Consumption and Differentiation: Social Implications and Consumer Behavior Practices. edited by T. Bogomolova; Russian Academy of Sciences, Siberian subsidiary, RAS facility Institute of Economics and Organizing Industrial Manufacturing RAS. Novosibirsk: IEORMRAS. ISBN 978 – 5 – 89665 – 237 – 3. p. 3.

Yegorov, V. 2007. "Russia's Geriatric Services. Main Development Trends," *Clinical Gerontology.* V. 13. №. 3. pp. 67 – 72.

Yelyutina, M., Trofimova O. 2017. "Solitary Living and Experiencing Solitude

Late in Life," *Social Policy Research Journal*. V. 15. № 1. pp. 37 – 50.

Yevstafyeva, I. 2016. "Household Spending Structure: the Factors that Determine its Dynamics," *Economics and Management*. № 9. pp. 15 – 21.

Yu, L. R., & Li, X. Y., 2021, "The Effects of Social Security Expenditure on Reducing Income Inequality and Rural Poverty in China." *Journal of Integrative Agriculture* 20 （4）: 1060 – 1067.

Zaborova, E. N. 2020. "Budushchee gorodov v informatsionno-tsifrovuyu epokhu ［The future of urban settlements in the Information and digital age］" *Vestnik Permskogo natsionalnogo issledovatelskogo politekhnicheskogo universiteta* ［Bulletin of Perm National Research Polytechnic University］. Social and Economic Sciences. Issue 2. pp. 124 – 134.

Zaborova, E. N. 2021. *Upravlenie gorodom* ［Urban Management］: ［Teaching Guide］. Ministry of Education and Science of the Russian Federation, Ural State University of Economics. — 2nd ed. , revised and extended. Yekaterinburg: UrGEU.

Zaborova, Y. 2014a. *City Management*. Ministry of Education and Science of the Russian Federation, Ural Federal University. Yekaterinburg: Ural. unta publishing house. ISBN 978 – 5 – 7996 – 1130 – 9.

Zaborova, Y. 2014b. *Urban Governance*. Ministry of Education and Science of the Russian Federation, Ural Federal University. Yekaterinburg: Ural publishing house. unta. ISBN 978 – 5 – 7996 – 1130 – 9.

Zabota ob okruzhayushchey srede: khotim, no ne mozhem? （Caring for the Environment: Can but Won't?） //VCIOM. 2019. ［Electronic resource］. URL: https://wciom. ru/analytical-reviews/analiticheskii-obzor/zabota-ob-okruzhayushhej-srede-khotim-no-ne-mozhem. （Date visited: 20. 09. 2022）.

Zakharov, A. B. & Adamovich, K. A. 2020. "Regional Differences in Access to Educational Resources, Academic Results and Students' Trajectories in Russia," *Journal of Economic Sociology*, 21 （1）, pp. 60 – 80. https://publications. hse. ru/articles/339003106.

Zamarayeva, Z. 2017. "To the Sssue of Defining the Terms 'Social Protection' and 'Social Security' (the legal aspect)," *Perm University Bulletin. Juridical Sciences*. Ed. 36.

Zborovskiy, G., & Kostina, N. 2007. *Sociology of Governance: Textbook for College Students Specializing in Humanitarian (Non-sociological) Sciences.* . Moscow: Gardariki. ISBN 5 – 8297 – 0195 – 2.

Zelenaya transformatsiya kak istrument ekonomicheskoy politiki (Green Transformation as an Economic Policy Tool) //Valdai Club. 2021. URL: https://valdaiclub. com/a/highlights/green-transformation-as-an-economic-policy-tool/? sphrase_ id = 1424316. (Date visited: 01. 09. 2022).

Zeleny ofis-put k ustoychivomu razvitiyu (Green Office as a Path to Sustainable Development) //World Trade Center. 2021. [Electronic resource]. URL: https://corp. wtcmoscow. ru/services/international-partnership/actual/ – zelenyy-ofis-put-k-ustoychivomu-razvitiyu/. (Date visited: 22. 09. 2022).

Zemlyanova, E. V., & Chumarina, V. Zh. 2018. "Births' Postponement by Women in Russia within Modern Socio-economic Context," *Social'nye aspekty zdorov'a naselenia* (Social Aspects of Population Health) [serial online], 64 (6). p. 5. (In Russ).

Zemskova, Y., & Gorina, V. 2020. "How Digital Technologies Influence the Nature and Dynamics of Consumption in Russia: Regional Specifics," *Eurasian Sciences Bulletin*. № 2. URL: https://esj. today/PDF/65ECVN220. pdf.

Zhit bez bumagi: realno? (Living without Paper: Can This be Done?) //VCIOM. 2020. [Electronic resource]. URL: https://wciom. ru/analytical-reviews/analiticheskii-obzor/zhit-betz-bumagi-realno. (Date visited: 20. 09. 2022).

Zhizn posle Grety Tunberg, ili potreblenie na fone globalnogo potepleniya (Life after Greta Thunberg, or Consumption amidst Global Warming) //VCIOM. 2020. [Electronic resource]. URL: https://old. wciom. ru/index. php? id = 236& uid = 10408. (Date visited: 01. 09. 2022).

Zimmel, G. 2002. "*Bolshie goroda i dukhovnaya zhizn.* [Big Cities and Spiritual Life]" *Logos*. Issue 3 (34). pp. 1 – 12.

Zolotaryova, A. et al. 2011. *The State of Russia's Social Security System and*

Prospects for its Development. M. : Gaidar Institute.

Zubarevich, N. 2020. Four Russias. Liberal Mission//VK: [website]. URL: https://vk. com/@ liberal. mission-natalya-zubarevich-chetyre-rossii? ysclid = lay2jkfzkd666718388 (accessed on: December 1st 2022).

Zubarevich, N. 2012. Social Differentiation of Russia's Regions and Cities//Humanitarian portal: [website]. URL: https://gtmarket. ru/library/articles/5278 (accessed on: November 1st 2022).

Zubok, J. A. , & Chuprov, V. I. 2020. "Youth Life Strategies: Implementation of Expectations and Social Moods," *Monitoring of Public Opinion: Economic and Social Changes*, No. 3. pp. 13 – 41. https://doi. org/10. 14515/monitoring. 2020. 3. 1602.

Zudina, A. 2022. "Macro-trends on the Labor Market and the New Young Proletariat (interview). " *Sociodigger.* T. 3. № 10 – 11. pp. 16 – 22.

2018 Club of Rome Report. 2018. Chapter 1. 7. Unsustainable Population Growth and Urbanization//Habr. Community of IT Professionals: [website]. 2018. URL: https://habr. com/ru/post/431020/ (accessed on: 02. 10. 2022).

作者简介

导　论

李培林（Li Peilin），中国社会科学院学部委员、社会政法学部主任，中国社会科学院大学特聘教授。曾任中国社会科学院副院长（2013～2019年）、社会学研究所所长（2006～2013年）。主要著作有：《中国社会结构转型：经济体制改革的社会学分析》（1995），《村落的终结》（2004），《另一只看不见的手：社会结构转型》（2005），《和谐社会十讲》（2006）、《李培林自选集》（2010）、《社会转型与中国经验》（2013）、《社会学与中国社会巨变》（2020）。主编年度《中国社会形势分析与预测》（社会蓝皮书）。

米哈伊尔·车尔尼什（M. F. Chernysh），社会学博士，俄罗斯科学院通讯院士，俄罗斯科学院联邦理论与应用社会学中心主任，国立人文大学社会学系主任。研究领域包括社会结构、社会分层、社会不平等、社会流动。曾发表200多篇科学著作，其中一些文章曾登在 Scopus 和 WOS 收录的国际专著和俄罗斯期刊。

米哈伊尔·戈尔什科夫（M. K. Gorshkov），俄罗斯科学院院士，俄罗斯科学院联邦理论与应用社会学中心科学主任，俄罗斯科学院联邦理论与应用社会学中心社会学研究所所长。当代俄罗斯最杰出的社会学家之一，以其在社会哲学、群众意识社会学与公共舆论社会学、社会学研究方法论和方法、青年社会学、身份社会学、社会不平等社会学、俄罗斯日常生活社会学等方面的研究而闻名。出版书籍30本以上，发表各类论文、散文和评论文300多篇，分别以俄语、英语、德语、汉语、蒙古语等语种出版和发表。此外，还担任科学期刊《社会学与社会实践》和《社会学研究所学报》的主编。

第一篇

何祎金 （He Yijin），社会学博士，北京工业大学社会学系副教授。毕业于英国萨里大学社会学系，2013 年至 2016 年为中国社会科学院社会学研究所博士后。研究兴趣包括社会学理论、社会学史与非西方情境下的社会学实践。

埃琳娜·扎波洛娃 （E. N. Zaborova），社会学博士，乌拉尔国立经济大学经济理论与应用社会学系教授，主要研究领域包括城市社会学、城市管理、城市日常生活、城市社会群体、教育社会学。

第二篇

崔岩 （Cui Yan），社会学博士，中国社会科学院社会学研究所副研究员，主要研究方向为发展社会学、社会统计理论。主要研究成果有论文《我国公民环境组织参与的动机研究》《城市化过程中的公众城市性研究》等。

妮娜·克烈尼科娃 （N. D. Kolennikova），社会学研究生，俄罗斯科学院联邦理论与应用社会学中心社会学研究所研究员，主要研究领域包括俄罗斯社会分层、社会地位、社会福祉和社会职业结构。

第三篇

朱迪 （Zhu Di），英国曼彻斯特大学，社会学博士，中国社会科学院社会学研究所研究员、消费与文化社会学研究室副主任，中国社会学会消费社会学专业委员会副理事长兼秘书长；主要研究领域为消费社会学、可持续消费、社会分层、青年消费文化、互联网与社会；主要代表作有《品味与物质欲望：当代中产阶层的消费模式》《努力形成橄榄型分配格局——基于 2006—2013 年中国社会状况调查数据的分析》等。

龚顺 （Gong Shun），日本东北大学社会学博士，中国社会科学院社会学研究所助理研究员；研究兴趣包括社会分层与流动、全球化、青年研究与家庭社会学；在 *Demography*、*International Migration*、*Chinese Sociological Review*、*Journal of Chinese Sociology*、《青年研究》等中英文核心期刊发表文章多篇。

鲍丽娜·科兹列娃（P. M. Kozyreva），社会学博士，俄罗斯科学院联邦理论与应用社会学中心社会学研究所常务副所长；俄罗斯国立高等经济大学社会政策研究所纵向研究中心主任，《社会学研究》主编；主要研究领域为社会分层和相关议题；担任"俄罗斯纵向监测调查（RLMS-HSE）-高等经济学院"的指导人，这是俄罗斯最大规模的纵向调查之一，自1994年开展以来一直持续进行。

阿尔菲娅·尼扎莫娃（A. E. Nizamova），社会学研究生，俄罗斯科学院联邦理论与应用社会学中心社会学研究所高级研究员，国家研究型高等经济大学社会政策研究所纵向研究中心首席专家。主要研究领域包括俄罗斯的人口物质财富、家庭经济不平等和社会适应。

亚历山大·斯米尔诺夫（A. I. Smirnov），社会学博士，俄罗斯科学院联邦理论与应用社会学中心社会学研究所高级研究员；主要研究领域包括政治社会学、巩固俄罗斯社会的社会因素（包括军队、家庭等方面的制度变迁）、俄罗斯人口的社会经济状况变化、现代社会老年人的生活水平，近年来，主要致力于俄罗斯转型社会研究。

第四篇

龚顺（Gong Shun），同上。

塔蒂亚娜·古尔克（T. A. Gurko），社会学博士，俄罗斯科学院联邦理论与应用社会学中心社会学研究所首席研究员；主要研究领域包括家庭研究的理论和方法、发达国家和发展中国家背景下俄罗斯联邦家庭、婚姻和亲子制度的演变和转型、不同类型家庭中儿童和青少年的福祉、家庭政策等。

第五篇

李春玲（Li Chunling），社会学博士，中国社会科学院社会学研究所研究员、青少年与教育社会学研究室主任，中国社会科学院大学社会学院特聘教授、社会学系主任；主要研究领域为社会分层与流动、教育社会学和青年研究；承担过多项国家社科基金重大项目和省部级重大项目，在权威学术期刊上发表数十篇论文，出版多部专著；主要著作有《断裂与碎片——当代中国社会阶层分化趋势的实证分析》《比较视野下的中产阶级形成：过程、影响以及社会经济后果》《中国城镇社会流动》《社会分层理论》、*China's Youth：Increasing Diversity Amid Persistent Inequality* 等。

大卫·康斯坦丁诺夫斯基（D. L. Konstantinovskiy），社会学博士，俄罗斯科学院联邦理论与应用社会学中心社会学研究所教育社会学部门主任；主要研究领域为教育社会学、教育领域的社会分层和社会不平等。

叶卡捷琳娜·波波娃（E. S. Popova），社会学研究生，俄罗斯科学院联邦理论与应用社会学中心社会学研究所主管研究员；主要研究领域为教育社会学、青年社会学、教育动机和青年在教育及劳动力市场中的社会行为。

第六篇

吕鹏（Lu Peng），社会学博士，中国社会科学院社会学研究所经济与科技社会学研究室主任、研究员；中国社会科学院私营企业主群体研究中心（院级中心）秘书长。主要研究兴趣为政商关系、数字治理、社会分层与流动、企业社会责任与创新；担任全国青联委员，全国工商联智库委员会委员，中国社会学会经济社会学专业委员会、社会分层与流动专业委员会、青年社会学专业委员会理事等，同时负责"中国私营企业调查"（CPES）数据的日常管理；出版专著《亲密关系的转变：增长联盟的诞生、破裂与修复》《社会分层理论》，出版译著《无须资本家打造资本主义》《谁统治美国》等；在《中国社会科学》《社会学研究》等报刊上发表多篇学术论文；多次获得中国社会科学院优秀对策信息一、二、三等奖。

严文利（Yan Wenli），中国社会科学院大学博士研究生，主要研究兴趣为数字社会学、企业社会责任与创新。

鲍丽娜·科兹列娃（P. M. Kozyreva），同上。

亚历山大·斯米尔诺夫（A. I. Smirnov），同上。

第七篇

王晶（Wang Jing），社会学博士，中国社会科学院社会学研究所副研究员、社会工作与福利社会学研究室主任，中国社会学会社会政策专业委员会副秘书长。2019 年获得美国富布莱特项目资助，在哈佛大学做访问学者；2014 年获得德国住房储蓄银行资助，在德国曼海姆大学做访问学者；主要研究领域为社会政策理论、老年社会服务、中国社会保障政策，主要代表著作包括《找回家庭：农村代际合作与老年精神健康》《农村市场化、社会资本与农民家庭收入机制》。

康斯坦丁·盖尔金（K. A. Galkin），社会学研究生，俄罗斯科学院联邦理论与应用社会学中心社会学研究所高级研究员；主要研究领域包括年龄和老龄社会学、社会政策、医学社会学、医学人类学、数字化研究、科技社会学、城乡比较研究。

第八篇

李炜（Li Wei），社会学博士，中国社会科学院社会学研究所研究员、中国社会科学院研究生院博士；主要从事发展社会学、社会研究方法、大型社会综合调查问题的研究，中国社会状况综合调查（CSS）执行负责人。主要著作包括《社会福利建设研究的民意视角》《提升社会质量的社会政策建设》《中国社会和谐稳定报告》（与李培林、陈光金、张翼合著），发表论文《中国社会阶层的阶层意识和阶层认同》《社会问题研究中的"个人困扰"与"公共议题"关系的经验研究》《中国当前社会问题的特征及影响机制分析》《农民工在中国转型中的经济地位和生活态度》《近年来农民工的经济状况和社会态度》。

兰雨（Lan Yu），中国社会科学院社会学研究所发展社会学研究室研究助理，社会学硕士。研究方向为社会现代化、社会调查方法。

宫新爵（Gong Xinjue），中国社会科学院大学社会与民族学院本科生。

娜塔莉亚·拉托娃（N. V. Latova），社会学研究生，俄罗斯科学院联邦理论与应用社会学中心社会学研究所主管研究员；主要研究领域包括公众意识的社会心理特征、教育社会学、人类发展、民族计量学，发表 100 多篇科学论文。

尤里·拉托夫（Y. V. Latov），社会学博士，经济学研究生，俄罗斯科学院联邦理论与应用社会学中心社会学研究所首席研究员。主要研究领域包括社会经济体系和社会经济发展理论、制度经济学、公共舆论社会学、经济史、现代俄罗斯社会分层问题、人力资本、影子社会经济关系、教育社会学、变革需求和抗议情绪的社会学分析。发表有 350 多篇科学论文。

第九篇

朱迪（Zhu Di），同上。

奥尔加·巴舍瓦（O. A. Basheva），社会学研究生，俄罗斯科学院联邦理论与应用研究中心社会学研究所高级研究员；主要研究领域包括公民行动主义、紧急志愿服务、公民实践数字化、环境社会学。

第十篇

邹宇春（Zou Yuchun），社会学博士，中国社会科学院社会学研究所副研究员、发展社会学研究室主任，香港中文大学社会学系博士，中国社会学会调查研究方法专委会副秘书长，北京青年研究会副理事长，"中国社会状况综合调查"（CSS）项目组成员；主要研究领域为社会调查研究方法、社会发展与社会治理、社会资本和信任、青少年发展和志愿服务、阶层分析、反贫困研究；主要代表作有《中国城镇居民的社会资本与信任》（专著）、《精准扶贫精准脱贫百村调研·蛛岭村卷："三驾马车"引领脱贫》（专著）、《概率调查和非概率调查：权数的构建与调整》、《主观中间阶层的各级政府信任与主观幸福感的关系研究》和《中国城市居民的信任格局及社会资本影响——以广州为例》等。

王翰飞（Wang Hanfei），中国社会科学院大学社会与民族学院博士研究生，主要研究领域为社会治理、志愿服务、中国社会思想史。

安德烈·莫兹雅科夫（A. A. Merzlyakov），社会学研究生，俄罗斯科学院联邦理论与应用社会学中心社会学研究所主管研究员；主要研究领域为管理社会学、社会技术和信息技术、公民参与、城市和区域管理问题。

图书在版编目（CIP）数据

中俄现代化中的城市发展：变迁与治理／李培林等
著． -- 北京：社会科学文献出版社，2023.10
（中俄社会变迁比较研究系列）
ISBN 978 - 7 - 5228 - 2147 - 4

Ⅰ.①中… Ⅱ.①李… Ⅲ.①城市现代化 - 对比研究
- 中国、俄罗斯 Ⅳ.①F299.21②F299.512.1

中国国家版本馆 CIP 数据核字（2023）第 134137 号

中俄社会变迁比较研究系列
中俄现代化中的城市发展：变迁与治理

著　者／李培林　〔俄〕戈尔什科夫（M. K. Gorshkov）　等

出 版 人／冀祥德
责任编辑／胡庆英
责任印制／王京美

出　　版／社会科学文献出版社·群学出版分社（010）59367002
　　　　　地址：北京市北三环中路甲 29 号院华龙大厦　邮编：100029
　　　　　网址：www.ssap.com.cn
发　　行／社会科学文献出版社（010）59367028
印　　装／三河市东方印刷有限公司

规　　格／开 本：787mm × 1092mm　1/16
　　　　　印 张：31.75　字 数：492 千字
版　　次／2023 年 10 月第 1 版　2023 年 10 月第 1 次印刷
书　　号／ISBN 978 - 7 - 5228 - 2147 - 4
定　　价／198.00 元

读者服务电话：4008918866